21世纪中国高校法学
系列教材

法律方法论

主　编　葛洪义

撰稿人（以撰写章节先后为序）

葛洪义　刘　诚　朱志昊

廖　梅　余　军　黄志勇

贾海龙　陈征楠　张友连

中国人民大学出版社

·北京·

教材编写分工

葛洪义（华南理工大学法学院）：第一章、第二章
刘　诚（中山大学法学院）：第三章
朱志昊（华南理工大学法学院）：第四章
廖　梅（华南理工大学法学院）：第五章
余　军（华南理工大学法学院）：第六章
黄志勇（暨南大学法学院）：第七章
贾海龙（华南理工大学法学院）：第八章、第十一章
陈征楠（华南理工大学法学院）：第九章
张友连（浙江工业大学法学院）：第十章

前　　言

法治不仅是“治国方略”，更是一个以权利的保障和实现为核心的实践体系。这一体系的有效运行离不开个案中法律方法的运用，从而实现“具体的正义”。法律方法乃是法学理论体系中与司法实践“共生共存”的部分。它不仅铸造了法律人独特的、区别于普通人的“思维的法律模式”，甚至可以成为成熟的法治秩序中法律之稳定性和可预测性在智识上的保障。同时，司法实践又为这门学问提供了源源不断的素材，它本身也随着法律人的实践和学者的反思而成熟。正如卡尔·拉伦茨所言，“如果想掌握法律工作中展开的思考方式，就必须密切追寻其轨道。只有借助司法裁判及法教义学中的许多例子，才能充分理解、审查、并且在实务上应用法学方法论的陈述”。

无论是大陆法系国家还是英美法系国家，都存在关于法律方法的理论学说。由于研究传统和文化背景的差异，人们对法律方法及其相关学名采取了不同的称谓，如法学方法论、法律学方法论、法律方法论等。但从总体上而言，与法律方法相关的知识体系其实可以区分为两种存在内在关联但又各自具有鲜明特征、风格迥异的脉络。

一是以法律实践为导向、以法律适用为核心的关于法官在裁判过程中进行法律解释和法律推理的方法和技术，这一知识体系具有专业性、技术性、世俗性和实践性的特点，属于“形而下”的范畴。由于侧重点不同，这一知识脉络往往被冠以“法律方法”（legal method）、“司法方法”（judicial method）与“法律方法论”（legal methodology）等称谓。在判例法传统的英美国家，尤其是实用主义哲学传统浓厚的美国，无论是在法律实践、学术研究或是法学教育中，法律方法都具有非常重要的地位。在美国的法学教育中，设置法律方法课程的目的是给初学法律的学生提供理解法律家在各种各样的职业工作中确定或决定法律的各种方法，并培养学生运用这些方法来完成各项职业任务的能力。

二是涉及法律适用和法律解释的有关法哲学、法理学的问题，即有关法律方法的外向性哲学探究所进行的思辨和论断，这一知识体系具有思辨性和高度的抽象性，属于“形而上”的范畴。在我国法学界颇具影响力的德国法学中的“法学方法论”即属于这一流派。这一流派的研究范围十分广泛：除了考察和研究法律适用和解释的技术以外，同时还研究这些具有技术性的法律方法背后的相关的法哲学问题，如法律适用的一般结构、超越法律规范的评价标准、个案裁判的正当性以及怎样通过法律方法实现正义的问题，等等。

本书所描述、阐释的“法律方法”定位于第一层级，即关于法律适用过程中法律解释、事实认定、法律续造与法律推理的方法与技术。本书在整体框架结构方面，吸收了大陆法系法学方法论注重逻辑严谨、体系完整之特征，但在具体内容的设置与安排上，亦引进了美国法律方法知识体系中的某些重要内容。法律硕士研究生作为我国法学教育所培养的实践型人才，法律方法课程的开设实属必要，这不仅是改革我国当下法学教育课程体系的必要举措（使法律硕士课程体系区别于法学学术型研究生的课程体系），而且有利于塑造学生的法律思维与法律素养，为以后从事法律实务工作打下坚实的基础；与此同时，目前也有越来越多的法律院校在本科生课程体系中增加了法律方法课程或者相关课程，本书亦可作为本科生教材使用。

在我国法学界，历经十多年的戮力耕耘，有关法律方法的学术研究已经初具规模。但在法科学生的教育中开设“法律方法”课程目前尚处于起步阶段，国内学者撰写的这方面的教材亦寥寥无几。华南理工大学法学院作为我国学界法律方法研究之重镇，以葛洪义教授为核心的研究团队长期致力于法律方法的理论研究与教学实践，早在2007年就尝试在本科生、研究生教育中开设法律方法课程。经过几年的探索与实践，现已初步形成一个相对完整与可行的方案，这本教材可以视为这几年实践经验的总结。本教材编写是该研究团队与广东省法律院校有关教师的一次合作，凝聚了诸位教师的努力与辛劳！

法律方法乃是法学体系中博大精深之学问，由于作者水平与能力所限，存在谬误与疏漏之处在所难免。抛砖之作，以求教于大方！

编　者

2013年4月16日于广州大学城

目　　录

第一篇　法律方法之基本原理

第二篇 法律方法之具体形式

第三篇 法律方法之思维方式

第一篇

法律方法之基本原理

第一章
法律与方法

第一节　法律与方法的关系

一、方法的含义与构成

二、法律与方法的联系

第二节　法律方法及其特点

一、法律方法的含义

二、法律方法的特征

第三节　法律方法与相关“方法”

一、法律方法与法学研究方法

二、中国的法律方法与美国的法律方法

三、法律方法与法学方法论、法律方法论

本章导读

本章内容涵盖法律与方法的关系、法律方法的概念与特征、法律方法与法学研究方法及法学方法论等知识领域的联系与区别等内容，目的是对本教材所涉及的法律方法的概念类问题提供一个基本理论方面的阐释，进而重点说明本教材所介绍的法律方法，是指法律工作者在中国的法律实践中运用法律，分析和解决各种具体法律问题的工作方法和思维方式。

法学最鲜明的特征就是其实践性，这是由其研究对象——法律的特性所决定的。法律是为解决现实生活中人们之间存在的各种问题而产生和发展起来的，所以法学必须面对现实问题。在这个意义上，它区别于纯粹的科学认知。人们从事法学学习和研究，不是为了攻克科学难题，不是为了展示某个尖端成果，而是为生活服务，为了人们能够生活在一个美好的公正的社会。[①] 因此，法学研究也注定是“想帮助实务家，特别是法官及行政公务员，他们必须就具体的情况作符合法秩序的决定”[②]。法律与法学的实践性，又决定了法律与方法联系的特殊性，决定了法律工作者和法学研究者工作与思维方法的特殊性。

---

① 参见［德］魏德士：《法理学》，丁晓春、吴越译，235页，北京，法律出版社，2005。

② ［德］卡尔·拉伦茨：《法学方法论》，陈爱娥译，77页，北京，商务印书馆，2003。

第一节　法律与方法的关系

法律是衡量行为的标尺，而方法则是对这个标尺的运用。法律把我们日常生活中的问题转化、上升为具有严格标准的法律问题，从而使各种问题可能在法律范围内依据法律设定的方式得到解决；而方法则是为了实现这个目标而必须依赖的路径和措施。方法是法律生命力的重要保证。没有一定的方法，法律的目的是无法达到的。

一、方法的含义与构成

在现代社会中，每个人都会经常面临从不同的选项中进行选择、作出决定的问题，而根据自己的自主选择，决定做任何一件事情，都会存在一个方法问题。任何一个有生命的健康正常的人，心中都会有愿望和期待，也就需要实现愿望的方法。愿望能否实现，往往取决于方法正确与否。只有良好的愿望，没有正确的方法，可能一事无成。

（一）方法的含义

在我国的有关词典中，对“方法”一词有多种解释。《汉语大词典》对“方法”的解释是：（1）测定方形之法；（2）办法；门径；（3）方术，法术；（4）法则。[①]《现代汉语词典》对“方法”的解释是：关于解决思想、说话、行动等问题的门路、程序等。[②] 台湾三民书局股份有限公司出版的《大辞典》对“方法”的解释则是：（1）量度方形的法则；（2）为达到某种目的而使用的手段、办法；（3）道术，法术；（4）使用科学与逻辑的程序与技术作为研究的途径。[③]

从法学角度看，对“方法”一词的理解，不能按照中文常用的习惯，即将方法分为“方”与“法”分别解释，然后合起来说明，即所谓的测定方形之法。在希腊文中，“方法”的意思可以确定为“论述（正确）行动的途径”。所以，现在“方法”的含义一般引申为：在给定的条件下，为了实现特定目标而采取的正确的途径、路径、步骤、手段、措施等。

从与特定目标相联系的角度看，方法是达到目的的途径、措施，特定的目标需要依赖特定的方法来实现，结论依赖于过程。例如，瑞士法学家马斯托拉蒂以为：“方法是指按照确定的程式进行的有计划的过程。从逻辑的角度来看，方法根据超越特定案件的普遍标准确定，独立于结果，因为结果取决于方法。反之，即首先确定结果，然后为此确定有助于形成特定结果的方法，是非理性的典型情况，在法律上被视为任性。”[④]

就给定的条件而论，方法通常是建立在反映特定内容的形式的基础上的。例如，法律禁止杀人，但是，如果要依据法律方法追究杀人行为（甚至要对杀人者处以死刑）的法律责任，就必须依赖刑法与刑事诉讼法的有关法律条文的形式性规定；若计划上大学，正确地实现上大学的目标，就必须按照教育部的有关规定，完成相应学业，办理相关手续。所以，方法总是借助于特定的形式，依赖于有关规定。反过来，规定越是明确、具体，方法越是容易

---

① 参见《汉语大词典》，第1卷，1560页，上海，汉语大词典出版社，1990。

② 参见《现代汉语词典》，306页，北京，商务印书馆，1983。

③ 参见《大词典》（中），1995页，台北，三民书局股份有限公司，1985。

④ ［瑞士］菲利普·马斯托拉蒂：《法律思维》，高家伟译，载郑永流主编：《法哲学与法社会学论丛（6）》，9～10页，北京，中国政法大学出版社，2003。

确定，指引性越强。

（二）方法的构成

方法一词，包含着两个基本因素。

首先，方法是指某个有待实现的目标的确定。没有目标，或者目标严重脱离实际，也就没有方法的其他各个方面，更谈不上方法的使用。例如，你要去美国，你首先要解决的是去或者不去的问题，去的必要性问题，然后才是怎么去；再如，学生考大学，首先必须解决考不考的问题，考的好处问题，报考的条件如何的问题，然后才是解决如何实现考上大学的目标。“是什么”、“为什么”的问题解决了，“如何办”才能提到议事日程上。

目标能否确定下来，取决于每个人的认识或者认识的能力。人是根据自己的认识去设计目标以及实现目标的途径的。古希腊的先哲们曾经雄心勃勃地认为，世界有一个统一的、深层隐藏着的、依靠聪明人才能发现的决定一切而自身无须任何东西决定的本质。人们相信，只要掌握这个本质，就能够掌握整个世界。但是如何掌握呢？那就是认识。古希腊先哲据此开辟了一条通过人的认识，把握整个世界，从而把握人类自身的知识之路。为什么西方国家一直比较重视知识，重视探求客观真理的知识？就是因为这个思想原因。

然而，这种对人的认识能力的充分信任，近代以来却遇见一个严峻的挑战，即人的认识有没有界限？显然，如果人的认识能力是有限的，人对世界本质的认识就可能受到这种有限认识能力的限制。由此，出现了一场后人称之为认识论转向的哲学思潮。认识论指研究人类认识的本质及其发展过程的哲学理论。这种理论致力于对人的认识能力进行批判性检验，探究人的认识的界限，其研究的主要内容包括认识的本质、结构，认识与客观实在的关系，认识的前提和基础，认识发生、发展的过程及其规律，检验认识的真理性标准，等等。总之，认识论与世界观相联系，而对世界的根本看法则又决定了认识世界和改造世界的方法论。认识论、世界观、方法论就是这样联系在一起的。

如同方法与方法论不同，认识与认识论也不同。方法论与认识论这些涉及更为复杂的哲学问题的理论，不是这里需要讨论的。需要注意的是方法与认识的关系。但是，认识问题与认识论的发展有密切关系。在认识论转向的过程中，康德曾经提出一个重要的观点：人类知识只能达到人类经验的领域，或者说，一个人的认识只能发生于自己的感性和知性的具体对象领域，超出这个范围的东西，就不再是知识的对象，而是信仰的地盘。关于康德的结论，哲学上有许多争论，但是，无论道理何在，仅就必须谨慎地对待自己的认识能力、认识结论而言，康德的确给予我们重要的启发。那就是，尽力把我们自己的判断建立在可靠的知识基础上，认识具体实在的东西，以此确立目标并努力实现它。

准确、小心地确定一个或一系列具体而非宏大的目标，是做实事的前提。帮助每一个人保护自己的合法财产，比帮助人类实现正义要容易得多，因为我们可以比较容易地获得有关合法财产的知识，而要认识什么是正义（甚至真正的正义），则要困难许多。这当然不是说正义是不可知的或无法企及的，而是说，离开具体可靠的知识的正义，离普通人比较遥远，或许它属于哲学家的使命。每一个致力于解决现实问题的人，包括法律人，都必须把自己关于正义或者其他重大问题的理解与现实问题结合起来，从解决现实具体问题着手。把认识具体目标的问题作为方法的首要内涵，即是基于这种考虑。

其次，方法意味着我们必须思考如何选择实现目标的途径与办法。如果决定去美国，那么下来就面临一系列选择：时间、交通工具、地点（出发地与到达地），等等。对需要前往美国的人来说，这些都是必须先行计划和决定的。而影响上述选择的因素则至少可能有：是否有时间上的紧迫性要求？是否方便与美国接待方取得联系？是否存在一些法律上的问题？价格因素当然很重要，安全性也是需要考虑的，最好不要半夜到纽约，等等。常言道，条条大路通罗马。实际上。对不同的人来说，有的道路就是死路一条。

作出正确的选择，一般至少需要两个方面的知识：第一，理性知识。通过课堂、书本、教育、训练、学术研究等所获得的、确定的达到某个特定目标的正确途径、路径、手段、措施等，是可以凭借科学原理或理论原则加以论证的知识。第二，经验知识。通过向前人学习所获得的或自己实践中摸索的对作出正确决定行之有效的经验。经验虽然无法充分论证，也不能上升到理论层面，但在行动中是有效的知识。这两个方面的知识都是重要的，比较起来，在自然科学领域，理性知识更为重要；而在人文社会领域，两者则几乎同等重要。一个典型的例子是：自然科学家的成就往往是年轻时取得的，而一个法律人要成为真正受人尊重的（而不是被树立起来的典型）法官、律师、检察官等，在法治发达的国家，通常都是上了年纪的人。就像我国古代乡土社会中有名望的乡绅往往是德高望重的长者一样。

当然，对于实现不同的目标来说，所需要的选择是不同的，选择时需要考虑的因素也是不同的。对于同一个目标来说，不同的人的选择也是不尽相同。一个自由的时代，也是一个选择的时代、理性的时代，一个人需要根据社会已有的安排，作出自己的选择。需要重复一个老生常谈的观点：选择的结果一定有一个正确与否的问题，不能因为一个人可能作出错误的选择而剥夺他选择的权利。剥夺他人的选择权，自以为是地代替他人选择，其结果一定更糟糕。方法问题之所以重要，一定意义上就在于社会需要建立一个帮助普通人作出正确的自主选择的行为机制，需要为普通人的正确选择创造更好的条件。只有神仙、上帝才不需要选择，那些根本不需要通过思考就能作出正确决定的人，是不需要自由的。

综上所述，方法就是选择目标以及实现目标的途径、措施、手段。由此可知，方法受到广泛重视，是我们现在所生活的现代社会的特点，因为民主、自由、市场经济条件下的社会秩序是通过每个社会成员基于自身需要而自由选择自己的行为而建构起来的。

二、法律与方法的联系

法律是一个世俗社会的规则体系，其核心是确立现实生活中人们相互之间的权利、义务关系，即通过明文规定的方式，在个人与个人、个人与国家及政府、个人与社会整体、个人与企事业单位等之间划定一个利益上的界限，并通过约束各方关系，保持边界安全，从而达到社会稳定有序的目的。

显然，依据中国古代文化传统的标准，法律是一种比较“小人”的人际关系处理模式，是建立在双方之间互不信任的基础上的。所谓“君子喻于义，小人喻于利”[①]，也就是用“义”就可以让君子知道该做什么；而对于小人，则必须用“利”才能让他明白该做什么。可见，中国古代对于追求自己利益的行为，即使不是反对，至少也是不齿的。但利益是法律权利的核心内容，如果每个人追求自己利益的行为都是龌龊的、令人不齿的，法律当然也就不需要了。这种观念与古代中国不重视法治应该是有关的。法律秩序的思想前提其实就是“先小人，后君子”。先假定某个人或组织会因一己之私而觊觎他人的利益以及侵犯他人的财产、生命健康、人格尊严等，进而导致争斗。故而，预防性地先行采取明文规定的方式，划定一个界限，既警告可能冒犯他人的人约束自己的行为，又事先说明如果某一种行为发生，必然引起特定的后果。

法律规则的前提是各种冲突存在的潜在的可能性，一开始就是针对各种可能的争夺利益的

① 《论语·里仁》。

行为，所以，制止冲突、化解矛盾、惩罚侵权行为是其内在的需要。这样一来，法律与方法之间就建立了密切的关系。

法律是将各种可能的行为预先分类，设定相应的处理模式和解决办法，从而调整社会关系。这个规则体系具有一般性，即针对的总是某一类别的人的可能的行为，所以，它的有效性依赖于它对实际发生的行为是否具有约束力。一旦法律预先规定的或禁止、或保护、或鼓励的行为实际发生了，一般性的法律规则是否可能成为处理这一行为的实际依据，就是对法律实效的检验。可见，法律是否有效、是否具有生命，取决于它是否能够适用于对具体的个别行为的指导、引导和评价，取决于它是否能够被运用于解决具体事件和案件。而具体事件和案件的解决过程，则是一个方法问题。方法总是针对相对特定的目标，在法律领域，就是针对特定事件、案件和法案，即依据一般性的规则处理个别法律问题的过程。所以，法律问题的解决和处理，在方法上具有自己的特殊性，即要求与法律紧密联系在一起。这种与法律紧密联系在一起的方法，我们暂时称它为法律的方法。在现代社会，法律问题的解决，需要在实体与程序两个方面依据法律的规定，从而导致法律问题的解决必须遵循法律的方法、依赖法律的方法，进而在法律与法律的方法之间形成密切的关系。这种密切关系表现在：

首先，法律与法律的方法同时产生与发展。一般认为是先有法律，后有法官。其实，这个认识并非准确。在任何一个国家，法律和法官所要解决的问题一定是先于法律和法官而存在，至少以其他形式早已存在。法律与法官不过是为了解决这些问题而产生和发展起来的。因此，有理由认为，解决这些问题的办法和人员应该早于法律和法官的出现。在摩尔根的《古代社会》和霍贝尔的《原始人的法》中，可以看到早期人类是如何处理争议的，有些方法在今天看来甚至非常戏剧化。[①] 曾经长期担任律师的赞恩在他的《法律的故事》中提出，法律生长在历史的岩石之中。他认为，历史上，法律本身或者法律规则从来不是法律发展的重点，法律发展的困难之处在于如何建立一个称职的公正的法庭。罗马人、普通法系对法律史的贡献就在于创建了这样的法庭、诉讼程序和法律人阶层。[②] 这个判断对我们如何定义法律与法官，具有重要的启发作用。中国古代的衙门官员就在裁决纠纷，但我们并不称呼他们为法官。法律存在的同时，就会出现法律的方法。例如，古代中国的官吏，就要依法依律处理案件，原告、被告也需要分别递交诉状或进行辩解。但是，只有当法律发展到一定的历史时期，建立了复杂的诉讼程序，由法官组成法庭，进而要求更加严格地依据形式主义的法律办事，法律方法才凸显出自己的非凡之处。法律是解决问题的规则体系之一，并不是全部；法律的方法也是解决问题的方法之一。它们都是在特定条件下产生和发展的，导致它们产生与发展的条件是相同的。有法律就一定有法律的方法，反之亦然。用法律的方法执行道德、宗教、纪律，或用道德说教、宗教感化、纪律教育来保证法律实现，都是不可能的。法律必须要依靠法律的方法去实现。

其次，法律与法律的方法相互依赖、相互作用。一方面，法律的方法依赖于法律。从表面上看，法律的方法是为了达到特定目标而采取的正确的路径、途径、措施等，似乎与法律无直接关联。其实不然。所谓“正确”，其标准就是合法与否。法律方法，是在给定的条件下寻求问题的解决方式，这个给定的条件，就是法律的有关规定。所以，法律的方法的运用在很大程度上依赖于各种法律法规、法律制度的完善。健全、合理、可操作性强的法律与制度，为法律

① 参见［美］路易斯·亨利·摩尔根：《古代社会》（上、下），杨东莼译，北京，商务印书馆，1997；［美］霍贝尔：《原始人的法》（修订译本），严存生等译，北京，法律出版社，2006。

② 参见［美］约翰·梅西·赞恩：《法律的故事》，孙运申译，第3、7、8章，北京，中国盲文出版社，2002。

问题的解决提供了必要的条件，也有助于人们合理地设计实现目标的路径、措施；而过分简单化或复杂化、脱离实际的法律规定，则可能导致相反的结果，使人无从着手。所以，法律的完善程度直接影响着法律的方法的运用，影响着解决法律问题的方案的确定。另一方面，法律同时又依赖法律的方法而实施，法律的方法的作用过程并不是简单地适用法律的过程，同时也是法律内容的展示过程。一个高明的法官可以使一个复杂案件得到恰到好处的处理。这个法官的高明，很大程度上体现在法律的方法的熟练运用上。例如，善于运用法庭规则，善于引导当事人举证与辩论，善于发现适合于案件的法律规定等，从而通过法律的方法的运用，使法律的内容得到展示、丰富与发展。即使是法律规定有时不太明确（这是普遍存在的现象），高明的法官也可以通过自己娴熟的法律技艺与经验，弥补缺陷，促使法律有效实施。在各个国家，法官与法官之间、律师与律师之间，都存在着官阶、身份、收入上的巨大差异。有的律师，年收入数百万，有的则勉强度日。这说明，他们之间的确存在着能力上的差异。在法治比较健全的国家，这种差异，当然与法律的方法有关。可见，法律与法律的方法相互依赖、相互作用。法律是运用法律的方法的前提，没有法律，就没有法律的方法；法律的方法则是法律具有生命力的保证，没有法律的方法，法律就是一纸空文，无法实现。

再次，法律与法律的方法相互促进、共同进步。法律的进步会促进法律的方法的进步。最早的法律都是比较粗线条的，对裁判官要求并不高，不需要专业的法律工作者，只要饱读诗书、满腹经纶，足可胜任。中国古代的情况足以证明这一点。但随着法律的发展，特别是法律的高度体系化以及国家化，产生了一种重要的社会分工，即职业法律家集团，出现了专业的法官、律师，也形成了专门解决法律纠纷的机构——法院、法庭等。而到今天，法院与律师都出现了进一步的专业分化，分工更加细密，如专门法院、不同级别的法院、专业法官主导的法院与从普通公众中选举产生的法官主导的法院等，这些法院分别承担着不同的审判职能。律师则有刑事辩护律师、普通民事律师、移民事务律师、税务律师、投资事务律师、知识产权律师等分工。不同的法院、不同的律师，工作方法都有自己的特点和专业要求。这种广泛的社会分工，无疑离不开法律体系和法律制度本身的进步；而法律的方法的进步，同样也在推动着法律的进步。有句常说的话：实践出真知。这句话本身正确与否还值得讨论，但是，任何一种制度的变迁和进步，事实上总是来源于实际工作与生活的需要。法律的方法是解决问题的方法，是法律实践者在具体工作中用来化解各种矛盾、处理纠纷的方法。由于法律不可能穷尽一切社会问题，更不可能预想到所有问题的复杂性，因而法律工作者在实践中必然会充分运用自己的聪明才智，思考、研究和解决眼前的各种问题。“无论如何审慎从事的法律，其仍然不能对所有——属于该法律规整范围，并且需要规整的——事件提供答案，换言之，法律必然‘有漏洞’。”① 漏洞的填补，就是法律人的一个日常工作。法律人解决问题的具体办法，一方面，使天然保守、僵化的法律可以与时俱进，不至于脱离实际，成为时代的尾巴。稳定性是法律的一个优点，但是，正如美国法学家庞德所说，“法律必须稳定，但又不能静止不变”②。美国大法官卡多佐也说过：“一方面，我们尊崇法律的确定性，但必须区分合理的确定性与伪劣的确定性，区分哪些是黄金，哪些是锡箔；另一方面，即便实现了法律的确定性，我们仍需牢记：法律的确定性并非追求的唯一价值；实现它可能会付出过高的代价；法律永远静止不动与永远不

① ［德］卡尔·拉伦茨：《法学方法论》，陈爱娥译，246页，北京，商务印书馆，2003。

② ［美］罗斯科·庞德：《法律史解释》，邓正来译，1页，北京，中国法制出版社，2002。

断变动一样危险；妥协是法律成长的原则中很重要的一条。”[①] 另一方面，这些方法也引导着法律自身的体制内的改革与完善。例如，当今我国，许多法院都在通过内部的制度建设，如审立分离、审执分离、审判长联席会议、审判委员会、执行拍卖制度、法官助理制度、裁判文书说理，甚至审判庭与法官办公室的分隔设置等方面的改革，保障依法公正的审判。法律与法律的方法就是在这种相互促进的环境中得以共同发展的。

最后，法律与法律的方法相互约束，共同构成法律实施的核心机制。法律实施一般被认为是法律的遵守、执行和适用的总和。尽管当今的法律实施吸引了广泛的公众参与，甚至产生出了被称为“媒体审判”的效果和影响，但是，其终究必须主要依赖于法律适用机构的公正裁判。因此，完备的法律与具有优良专业素质的法律职业队伍就成为法律实施的最后保障。完备的法律包括法律体系的完整性、法律的明确程度、法律内容的合理性、法律反映社会需要的水平（往往由立法过程的民主化程度决定）、法律的可操作性、法律制度设计的科学性，等等。而法律职业队伍的专业素质是否优良，则需要通过他们运用的方法是否合理、有效加以辨别。德国法学家莱因斯坦说：“法的形成和适用是一种艺术，这种法的艺术表现为何种样式，取决于谁是‘艺术家’。”[②] 优秀的法律人可以凭借自己的丰富经验和深厚理论功底，娴熟地在制度框架内运用法律解决争议。法律给予法律人解决问题的权力，法律的权威则保证法律人的决定的威严，离开了法律，离开了国家制度，法律人无任何优势可言。如同一个法官路遇一起抢劫，他挺身而出，大喝一声：“住手！我是法官！”即使他的嗓门再高，也可以想象出结果。只有在涉嫌抢劫的犯罪嫌疑人被送到法庭上，我们的法官才可能表现出法官的威严。没有法律权威的地方，谈不上法官与律师的权威。如此一来，上述情况下，刑事诉讼法与刑法的有关规定就一定对法庭上的法官构成约束。法官必须依法选取法律的方法并处理案件，这一基本要求对法官选取裁决抢劫行为的方法构成一个制约；反过来，法律的方法对法律也有约束。法律是通过一个个具体的案件、事件、行为而获得自己实际的生命力的，有生命的法律才可能有权威。由于种种原因，不同的法官、检察官、律师解决法律问题的方法是不同的，判断结果也经常是不同的，当然，社会反响也必然是不同的。运用法律的方法的水平不同，对法律的实施结果产生重要影响，从而影响人们对法律的评价、判断。法治发达的国家和地区，通常都有一支专业化水平非常高的法律职业队伍。针对这种情况，我国台湾地区学者杨仁寿说：“清末民初，西学东渐，医学、工程学与法学相继发轫，起点相若。顾 70 余年来，医学、工程学早自‘医生’、‘工匠’阶段起飞，进步一日千里；独法学犹邯郸学步，笼罩在概念阴影之下，良堪浩叹。推其原因，固有多端。然最主要者，厥习法者多不知法律方法为何所致。夫工无利器，将何以善其事？此故不待智者而后知也。”[③] 所以，法律与法律的方法之间也是一种相互约束的关系，两者构成一个整体，共同决定着法律人工作的成效。

第二节　法律方法及其特点

解决问题需要一定的方法，解决法律问题需要专门的符合法律的方法，这种法律的方法的

---

① ［美］本杰明·卡多佐：《法律的成长、法律科学的悖论》，董炯、彭冰译，12 页，北京，中国法制出版社，2002。

② 转引自［日］大木雅夫：《比较法》，范愉译，264 页，北京，法律出版社，1999。

③ 杨仁寿：《法学方法论》，序言，1 页，北京，中国政法大学出版社，1999。

发展，最终形成本教材所说的专门的法律方法。

一、法律方法的含义

法律方法，简言之，就是指法律人为解决特定法律问题、纠纷和矛盾而采取的法律上正确的途径、路径、步骤、措施、手段。

在《牛津法律大辞典》中，对法律方法论作了这样的解释："可用以发现特定法律制度或法的体系内，与具体问题或争议的解决有关的原则和规则的方法知识的总和。"① 作者指出，法律方法论的适用可以分为以下步骤：首先，要找到引起问题的事实和需要通过法律解决的问题。所有的事实都可以在当事人之间协商确定，或者根据证据规则认定。其次，事实问题解决之后，就必须参考特定法律制度的有关分类，按照相关文献，发现应该进一步调查的法律争论点或法律问题。例如，可以把一组事实作为一个私法问题提出，按照债—合同—货物买卖—卖方对瑕疵商品的责任的顺序逐渐推进。分析时必须依据各种法律渊源及参考有关书籍和其他信息性原始资料。作者特别强调，对于事实的分类或归类，必须通过参考法律概念，"而非外行人解决问题时所参考的日常的或常识性标题进行。如瑕疵汽车的销售应适当分析和分类为货物买卖—瑕疵货物的责任，而非根据诸如汽车、道路交通或运输之类的标题予以分析和分类"。再次，要特别注意，某些事实会产生复杂多样的问题，可能涉及许多不同的法律争议问题，如法院管辖权问题、应适用的法律体系问题、所涉及的法律原则问题、原则性事实的意义（如货物是否真正存在瑕疵，或实际上是否足量）问题、有效且适当的救济以及影响救济的因素问题等。这些问题决定一个法律工作者只有具备全面的法律知识和丰富的实践经验，"才能在提出特定事实应适用什么法律和当事人在特定情况下享有什么权利，负担什么义务的意见前了解所有需查明的核心问题"②。

上述介绍说明，一个优秀的法律人必须具有以全面的法律知识和丰富的经验为内容的法律方法。所以，尽管我们可以把法律方法归结为法律人为解决特定法律问题、纠纷和矛盾而采取的法律上正确的途径、路径、步骤、措施、手段等，但是在实际的工作与学习中，法律方法依然是一个十分复杂的问题。例如，定义中，之所以强调法律方法是"法律上正确"的方法，是因为在实际生活中，正确与否其实涉及多个复杂的标准问题，也许按照某个标准是正确的，但换个标准就未必正确。在法律上，任何人打人都是不对的（除非战争等特殊情况），但是不少老百姓就认为打小偷、恶霸、强盗则是可以的，而且会认为这些打人者是侠客义士。所以，必须明确，法律上的正确是法律方法的基本要求，而且这个正确的标准也是时代发展所要求的。

二、法律方法的特征

法律方法的复杂性，就在于其不同于以往历史上的解决纠纷、争议的其他方法，其特点表现在：

（一）说理性

法律是说理的。过去，许多人，甚至绝大多数教科书都认为，法律主要是一种国家的暴力和强制。这个观点是值得商榷的。自从法律产生以来，政治冲突、社会纠纷、意见分歧，就被纳入一个和平说理的解决机制。诚然，法律是以暴力作为后盾的，但是法律本身不是暴力，而

① ［英］戴维·M·沃克：《牛津法律大辞典》，李双元等译，761页，北京，法律出版社，2003。
② ［英］戴维·M·沃克：《牛津法律大辞典》，李双元等译，761页，北京，法律出版社，2003。

是避免暴力的产物。早在1919年，在《作为志业的政治》的演讲中，马克斯·韦伯就借用托洛茨基的话指出："国家都是以暴力为基础的"，但是，现代国家又绝不仅仅是一部镇压机器，它也是一个成功地获得"合法暴力垄断权"的组织。[①] 韦伯的观点同样也适用于法律，法律不是一种单纯的赤裸裸的简单的暴力手段。法律的一个最大的潜在功能，就是为人们理智的对话和话语表达创造条件，进而构筑国家或其他政治社会组织的合法性。[②] 实际上，暴力和强制只是法律的保障因素，法律更重要的特点是说理。纯粹的暴力在摆脱法律约束之后方可为所欲为，任何法律都是对暴力的一种约束。人们之所以需要法律，不是因为需要暴力，而是希望能够过上一种和平的生活，能够尽量以非暴力的方式解决分歧。所以，为达到解决特定法律问题的目标的法律方法，必然是建立在依据各种资源说理的基础上。法律问题的解决之路，与说理密切关联。例如，我们必须假定争议各方都希望说理，并利用可能的规则和制度要求大家都必须讲理；我们必须找到大家都愿意或不得不接受的讲道理的场所、方式；我们必须利用好各种说理的制度（如言辞辩论而不是肢体较量、丛林法则）；我们还要找到保证说理的结果有效的措施和机制。可见，法律方法始终与法律的说理性相联系，是一种说理的方法，离开了说理，法律方法就失去了任何意义。

（二）法律性

如果说，法律的目的是维护、创建公正的社会，那么，坚守法律，则是法律人的基本行为准则。法律人不能以维护法律为天职，就等于给自己判了死刑。"因为以主观的司法价值偏爱为基础的判决，在正常情况下要比以正式或非正式的社会规范为基础的判决表现出更大程度的不确定性与不可预见性。"[③] 这种判决，会使公众对法律失去信心。所以，法律人必须依法办事。法律方法就是建立在法律基础上的方法，要根据法律解决问题，即所要解决的法律问题的具体目标，需要依靠法律建构；通往目标的路径，需要借助法律来设计；所要采取的任何措施，都必须不得违背法律；一切法律思维活动，既要符合人类思维的一般规律，如符合推理的一般规则，又需要符合法律规则、法律原则和法律的基本精神。法律性是法律方法区别于其他职业方法的一个显著特点。医生的医务方法建立在医疗知识基础上，围绕治病救人的原则而展开；新闻工作者的方法建立在新闻规律的基础上，围绕新闻的特点进行新闻的寻找、发现、编辑和发布。当然，在现代社会，医生和记者都不得违反法律。需要注意的是，医生、记者之所以成为优秀的医生和记者，不是因为他们熟悉医学法律或者新闻法，而是因为他们的医疗技术和新闻敏感性。法律方法自然不同于他们的方法，一切都要以法律的明文规定为依据。法律有规定的，必须按照法律办；法律没有规定的，必须在不违背法律的前提下办；法律规定不清楚或者矛盾的，要依据法律原则合理去办。总之，评价法律人的工作，根本标准只有一个，就是法律。这当然不排除其他标准。在符合法律的前提下，法律人还要考虑各种实际情况，包括法院自身的工作制度和要求、公众感情、社会公共利益、民族关系，在我国，还有党的政策，等等。但是，所有这一切的前提是必须合法。这是因为，法律是由民主选举产生的国家机构按照法定的民主程序制定的，体现了公众的一般要求。所以，一般情况下，服从法律，也就服从了多数人的意见。在我国，法律是党领导人民制定的，是党的主张和人民意志的统一，服从法律，当然与党的领导也是一致的。所以，坚持法律标准，是法律方法的重要特点。

---

① 参见［德］马克斯·韦伯：《学术与政治》，冯克利译，57页，北京，三联书店，1998。

② 参见葛洪义：《法与实践理性》，6页，北京，中国政法大学出版社，2002。

③ ［美］E. 博登海默：《法理学：法律哲学与法律方法》，邓正来译，528页，北京，中国政法大学出版社，1999。

（三）正式性

正式性也可以称为体制性。法律方法是一种运行于国家正式体制框架内的工作与思维方法。就法律方法而言，我们一般认为其应该尽可能不要掺杂个人的主观价值判断和情绪，但是，法律方法与国家权力是密切联系在一起的，如德国法学家考夫曼所说，法律方法“不是一个纯粹认识的行为所能确定，而是一种决断，必须借由权力来作成”①。法律是一种说理，是一个道理体系。任何一个社会，都存在多重道理体系，自由的国家，应该允许不同的道理并存。但是，道理之间的分歧和冲突一旦可能危及人们的生命、健康、自由、财产，国家就必须化解这个分歧和冲突。法律扮演的就是这个角色。所以，法律这个道理体系与国家存在密切关系，也只能存在于有序的国家体制之内，即在国家制度的框架内才成为道理。法律人实现目标的路径和措施，虽然有时难免受到一些潜规则的影响，但是，法律方法一定是体制化的，即建立在国家权力机关工作构架内或者与国家机构的工作框架相关。法律人的各种职权职责的分工、各种工作制度、上下级关系、各种决定形成的过程与依据，甚至他们的工作场所和生活来源，都与国家体制有关。在决定采取实现目标的途径、措施、步骤时，法律人是从自己在这个国家体制中的位置出发的。根据法律对自己岗位责任的要求，凭借法律赋予自己的权力和权利，利用各种合法、有利、有效的资源形成问题的解决办法。这些资源，大多是法律的明文规定，如有关审判程序的要求，律师会见委托人的制度，等等。法律人就是通过这些预先设置的国家体制要求，推进目标的实现。可以比较一下国家与帮会。国家从百姓腰包里收取税收，帮会也从百姓腰包里要钱，两者都收钱，只是后者叫保护费。它们的区别绝不仅仅在于称呼不同，更是性质不同。国家收了钱，支持国家体制的运转；帮会收了钱，支持的是帮会的运转；国家维护的是整体秩序，帮会保护的是帮派势力的一己之私；国家是合法的暴力，但帮会尽管可能是合法的（在有些国家的有的时候），但暴力一定不会被允许，暴力的帮会则是非法的。法律人只能在国家体制内工作。帮会也许需要法律人，但是他们是需要法律人为他们争取国家体制内的利益。街头暴力时，不会需要法律人。穿西装、打领带，在国家法律机关里按照体制的要求工作，这就是法律人。

（四）形式性

法律上正确的路径、步骤、措施等一般都是按照形式标准选取的，因为法律规定通常都是形式化的，离开了有关形式，法律上就无法确定行为的方向和内容。这就是为什么法治是建立在形式合理性之上的原因。形式是相对于实质内容而言的。法庭上说理的内容是实质性的，但是法律保护的是“说”这一形式的权利。例如，什么时间宣读、发表起诉书或诉状，什么时间发表代理意见或辩护词，什么时间询问证人，甚至“说”（发表意见）的格式都有要求，双方发表意见的权利，包括次数，都要反映公平；一个孩子犯法，在决定是否对其采取刑事处罚措施时，比较而言，他实际的智力和决策能力不重要，重要的是，他是否已经达到法定的承担刑事责任的年龄；犯罪嫌疑人的供词固然重要，但如果这个供词是用非法方式获得的，如刑讯逼供，在美国则违反正当法律程序，那么，这个供词可能就是无效的，尽管他交代的是事实；决定一部法律为法律的，首先不是它的内容，而是看它是否为享有国家立法权的机构所制定；法律之间发生冲突，不是看哪个法律内容在实质上更正确，而是看它们各自的制定机关哪个更有权威；等等。这就是法律方法，把形式正义置于实质正义之上的解决问题的方法。法律方法的产生与法律实证主义的发展有关，后者是在近代自然科学发展的背景下出现的。现代科学之父伽利略创造了一种研究方法，即把自然现象纳入实验室，并在人为的控制之下加以观察。他的

① ［德］考夫曼：《法律哲学》，刘幸义等译，72页以下，北京，法律出版社，2004。

座右铭是：测量一切可以测量之物；把一切不可测之物变为可测，然后进行测量。这种量化的研究方法，其实也就是法律治理的优势所在。黄仁宇曾从大历史的角度对中国为什么没有出现资本主义提出一个新的看法，即中国历史上总是依靠政治压力和道德宣教领导国家，不善于在技术上提高管理水平，即在技术上不能实现“数目字管理”①。数目字管理，其实就是形式合理性的重要内容。所以，现代社会的法治与法律方法，也是以形式合理性为宗旨的国家治理模式的重要内容。

（五）程序性

程序是指办事的步骤。法律方法的另一个显著特点就是按照法律规定的程序去办事。程序与法律的联系非常紧密，以至于有人把法律等同于程序。狭义地说，程序通常是指诉讼法中所规定的诉讼程序，包括刑事、民事、行政三大诉讼程序；中义地说，是指立法程序、诉讼程序、申诉程序、仲裁程序等各种意见的整合程序，包括争议解决程序；广义地说，还包括一切办事程序。由于法治国家中国家机关必须依法行事，因而国家机关的一切活动都必须依据法律程序进行，公众在政府部门办事同样也要依法定步骤、顺序进行。程序很官僚、很机械，甚至很僵化，但更是对权力的一种制约。我们到政府办事大厅申领因私出境护照，每个步骤都分得很清楚，每个办事人员都有自己的职责，也有明确的时间规定。申办证件的人员或许会仅仅因为表格没有填写正确或者照片不对，就在某个环节上被卡住。这就是程序的作用。中国人移民国外，都需要聘请律师，也多是因为程序复杂。法律方法就包括运用这些程序规定实现特定的目标。在程序进行的不同阶段，人们所要做的事情、所要思考的问题，很可能是完全不同的。法律人凭借自己的法律知识和经验，依靠自己对法律的理解能力，通过各种程序性的规定，最大限度地服务于自己的委托人。由此可见，程序的复杂程度，一定意义上可以决定法律方法的需求程度。

（六）明确性

人们经常在媒体上看到政治家讲话，这些讲话其中一个重要特点，就是回避不便回答的问题。在立法领域，有时也可以看到类似的含混表述。立法是一个政治家与法律家共同活动的场所，难免带有政治思维的特点。例如，新闻发言人对外国的某个做法，经常使用“我们注意到”，等等。法律中当然也有这样一些语焉不详之处。但是，法律方法不同，法律人必须对某一个具体主张作出合法或不合法、罪与非罪、此罪与彼罪以及明确界定是谁的权利或谁的义务、谁又该承担什么样的责任的判断。在法律实施中，必须依靠证据和法律作出是非清楚的判断。即使在法律规定不很明确的情况下，律师也不应该提出一个含混的主张，法官更不应该作出一个模糊的决定。这就是法律方法，其目标是具体而特定的。例如，甲、乙双方对某个房屋的所有权产生争议，要求法院确权。甲作为原告提起诉讼，他的律师就必须就房屋所有权应该属于甲展开代理工作；乙方当然也是如此。他们所依据的，应该都是相关法律所设定的权利、义务的明确规定；即使规定不够明确，他们也要努力加以解释，以证明有关规定实际上是支持自己一方主张的。在任何情况下，法律人都必须就当事人的诉求明确表明态度，不应该含糊其辞。

（七）公开性

法律人为了追求特定目标的实现而采取的途径、步骤和措施，一般都应该以公开的规则、制度、设施等为依据，所作出的决定一般也都是公开的。我们近些年经常可以看到有关司法腐败的报道，也会在每年全国和各地的“两会”期间发现，法院与检察院的工作报告得到的通过票数相对比较低。这当然说明我们国家的法院与检察院工作中还有许多需要改进之处。但不能

① ［美］黄仁宇：《万历十五年》，北京，三联书店，1997。

忽视的是，司法工作也是我国目前各个国家机关中公开度最高的机关，加之必须明确对争议表明态度，所以，在目前的情况下，遭受比较多的批评也并不奇怪。我们之所以推进法治建设，原因之一就是希望把原来作为保密文件对待的各项政策，公开地向海内外、各界宣布，以使大家可以根据我国的法律，选择自己的行动。特别是实行社会主义市场经济体制以来，游戏规则的公开更是关系到市场的公平问题。所以，公开是法律的一个特点。除了法律之外，法院的工作也是公开的，法院的工作制度基本是公开的，法院的审理过程是公开的，判决书还是公开的；律师的意见是公开的，社会反应也是公开的，那么，依据法律实现特定目标的法律方法，当然也必须是公开的。有关各方在参与法律问题的解决过程中，根据自己所掌握的各种资源，确定自己的目标路径。这些资源中的公共资源是公开的，行为结果才具有一定的说服力，其原因也在于公开的需要。可见，公开性是法律方法的又一特点。尽可能公开，是法律方法与其他职业方法的又一重要区别，而我国法治建设之所以还存在诸多被群众诟病之处，也在于背后决定过程中经常存在不公开透明的现象。

说理性、法律性、正式性、形式性、程序性、明确性、公开性，构成了法律方法的独特性，使其成为复杂社会解决矛盾的一种重要方法。

第三节　法律方法与相关“方法”

在我国，法律方法、法学方法论、法律方法论以及一些相近概念，受到法学界的普遍关注，历史并不是很长，也就是21世纪初以来的事情。[①] 在如此短暂的时间里，相关的专题出版物、学术会议，甚至同名课程的设置，都表明这个问题在我国具有独特的研究价值。

我国开展法律方法研究，其关注的问题，既有普遍性，又有特殊性。所谓“普遍性”，是指世界各国学界与法律界所指称的法律方法，都必然围绕法律人实施法律的工作技艺与思想方法来展开；所谓“特殊性”，则是指我国开展法律方法研究需要解决的是与我国法律实施相关的问题。我国法律实施的特殊性，也就决定我们有关法律方法的研究，对法律方法所展开的各种思考，需要更加有针对性地切实解决中国自身所面临的问题。

一、法律方法与法学研究方法

法学研究方法是我国法学学者和学生耳熟能详的概念，我国各种版本的法理学教科书中通常都有“法学研究方法”一节，主要介绍有关法学研究、法科学习中必须坚持的唯物辩证法、实证分析法、价值判断法以及比较、历史、社会学、经济学等方法。我们所说的法律方法，首先不同于这些方法。这不是说法律方法不需要依赖法学研究方法，而是说，两者关心的问题不同。

---

① 在我国，对法律方法中有关问题的研究，如法律解释、法律推理，已经有很长的历史了。但是，用“法律方法”一词统揽此类研究，则是21世纪初以来才被广泛采纳的。我国法学界较早关于法律方法的系统研究，首推梁慧星在最高人民法院所作的有关“民法方法论”的演讲；更为直接的研究则开始于2001年由本书主编葛洪义在西安发起召开的首届全国“法律方法与法律思维”专题学术研讨会（与会者包括张文显、霍宪丹、贺卫方、沈国明、梁治平、郑成良、王晨光、孙笑侠、舒国滢、许章润、吴玉章、陈金钊、谢晖、刘翠霄、徐国栋等著名学者，其中多位学者也都是后来法律方法、法学方法论研究的积极推动者）；较早的相关专门研究成果有2002年陈金钊、谢晖主编的《法律方法》（第1卷）和葛洪义主编的《法律方法与法律思维》（第1辑）。参见梁慧星：《民法解释学》，北京，中国政法大学出版社，1995；陈金钊、谢晖主编：《法律方法》，济南，山东人民出版社，2002；葛洪义主编：《法律方法与法律思维》，北京，中国政法大学出版社，2002。

法学研究方法，一般属于“关于法律的思考”，关注的是法律的根本性问题，诸如法律（包括各个部门法）的性质、内容、作用、特征等，其对人们获取有关法律的认识有很大的帮助。关于法律的思考，主要从法律的外部因素或者法律与外部因素的关系中，深入思考法律的重大且根本性的问题。而法律方法一般则属于“根据法律的思考”，其要求根据现行有效的法律，来思考和解决我们所面临的各种法律问题，把法律作为解决各种问题的依据，侧重于法律系统的组织性和内部实施机制研究，而不是重在对法律的批判性考察和学理性分析。[①] 这一区别也反映在，在我国，作为法学研究方法主要运用者的法学院教师，往往通过方法论的创新，持续、深入地开展对法律的批判性考察。例如，系统方法、“新三论”、社会学方法、经济分析方法、解释学方法等在我国法学界的传播，几乎都是从法学更新的意义上被解读的。而作为法律方法运用主体的法律职业者，通常表现得对现行法律更为忠诚。很难想象一个经常批评法律的法官或者律师会是一个称职的法律人。可见，法学研究方法与法律方法在思维路径上是有所不同的，至少在我国如此。所以，两者之间尽管有一定的内在关联，前者必然影响、指导后者，而后者则是对前者的检验和推动，但无论关系多么密切，它们在侧重点上还是不同的。

法律方法与法学研究方法在目的追求和价值关切点上是不同的。法学研究方法往往以揭示法律的正确性与正当性为主要的研究目的，而正当性问题有时无法从法律自身获得充分证明，鉴于此，法学研究往往必须求助于法律的外部因素。例如，刑法禁止杀人的依据，从实在法角度看，是从上位法——宪法中有关人的尊严与权利的相关规定中获得支持的，但是，就正当性论证而言，这是不够的，因为宪法有关维护人的尊严与权利的规定，还必须在更深刻的规范层面（如伦理道德、宗教规范）获得支持。因此，法学研究方法注定需要借助其他学科的知识作为衡量、评判法律合理与否的标准，如历史唯物主义中的辩证法、政治哲学与伦理学中的正义论、社会学中的实证主义、经济学中的经济分析，甚至心理学、生理学知识等。法律方法则以法律的正确与正当为思维的前提，法律实践中的法律人必须假定法律是正确与正当的（而不能对法律持一种激进的批判态度或虚无主义的观点），至少必须敬畏法律，进而推进纸面上的法律转化为生活中的法律现实，而这是一切法治成为可能的前提。德国法学家拉伦茨就此发表的相关言论就更为激烈：“每种法学方法论事实上都取决于其对法的理解。”[②] 他同时强调：“假使法学不想转变成一种或者以自然法，或者以历史哲学，或者以社会哲学为根据的社会理论，而想维持其法学的角色，它就必须假定现行法秩序大体看来是合理的。它所关心的不仅是明确性及法的安定性，同时也致力于：在具体的细节上，以逐步进行的工作来实现‘更多的正义’。谁如果认为可以忽略这部分的工作，事实上他就不该与法学打交道。”[③] 虽然法学研究方法并非必然忽视法律本身的正当性与正确性，尤其在国外，许多重要的法学研究方法也是为了更好地正确理解法律而被发展起来的，但是，在我国，法学研究方法更多的是站在意识形态的角度关注法律的问题。

这个区别的意义在于：

首先，法治固然需要我们不断深化对法律所反映的客观规律的认识，也必须宽容对法律的批判，但更离不开对法律的坚守。批评需要勇气，坚守同样需要勇气。在中国，改革开放之初，法律思想领域既面对法学体系的建设任务，又面临着针对复杂的各种分歧、混乱认识进行

① 有关“关于法律的思考”与“根据法律的思考”的划分，参见葛洪义：《法律与理性：法的现代性问题解读》，33～34页，北京，法律出版社，2001。

② 陈爱娥：《〈法学方法论〉导读》，载［德］卡尔·拉伦茨：《法学方法论》，陈爱娥译，3页，北京，商务印书馆，2003。

③ ［德］卡尔·拉伦茨：《法学方法论》，陈爱娥译，77页，北京，商务印书馆，2003。

拨乱反正的历史任务。在当时的背景下，中国的法学研究更多的是批判性地创建中国自己的法学理论体系，自然而然地集中于法律的性质及在中国社会主义建设中的作用等宏观问题的思考；而随着法治的不断进步和社会的发展，维护已经生效的法律的权威逐渐成为法治发展的中心问题，这同样是一个我们非常不熟悉的领域。因此，在这个背景下，法律方法才成为一个被普遍关注的研究领域。可见，法学研究方法与法律方法在我国是不同历史时期出现的关注点有所不同的研究领域，针对不同的问题。尽管国内外许多学者所说的法学研究方法同样包含如何正确适用法律的方法，但是，从我国主流倾向、大家的习惯用法上说，法学研究方法依然是一个判断法律正当与否的方法。

其次，法律问题归根结底是一个运用法律解决现实矛盾的问题，法律方法也就成为如何运用法律化解矛盾的方法，其具有一定的专业性、技术性。把法律方法从目前我国法学界更为熟悉的法学研究方法中区别出来，对于推动法律职业者阶层的发展与成熟，具有重要意义。法律实践不同于围绕法律的学术思考，大部分法律职业者不同于法学家，更不同于政治家或者其他行业的人。他们中大部分人缺乏系统的法学理论训练，也不一定关心最新的理论动态，但是他们每天必须处理案件。法律方法就是法律职业者处理法律问题的一种基本技能。法律职业者需要具有一定的素养，能够运用法学理论分析和解决现实问题，但是，他们更需要解决现实问题的技能。而且，无论他们是否喜欢某个法律，他们的职业道德都要求自己必须遵守法律，他们必须在法律确定的框架范围内施展自己的才华。唯有如此，法律人才能对社会作出独特的贡献。因此，法律职业者，包括未来的法律职业者，都必须首先学会运用法律处理问题意义上的法律方法。他们需要理论的纷争来滋养自己的头脑，然而，法律才是他们首要关心的。

二、中国的法律方法与美国的法律方法

我国的法律方法研究，就其对法律实践问题的关心而言，与美国的法律方法是比较接近的。

在美国，法律方法并不是一个受到普遍关注的专门的学术研究对象，也没有被作为一个学科来看待。从学术研究的角度看，学者们更多的是讨论法律实践中的法律推理问题。因此，法律方法主要是一门法学院的课程。相应的，我们可以从法学院的课程设置中了解美国的“法律方法”用语的大致情况。这个情况对于我们推进法律方法研究具有一定的参考价值。

美国各个大学的法学院都普遍开设法律方法、法律写作、法律研究等课程。这些课程有时也被统称为法律方法。当然，不同的学校对于这门课程的安排不同。有的学校把法律方法、法律写作与法律研究作为一门课程，有的把它们作为不同的课程，有的则将法律方法与法律写作合为一门课程。该课程设置的目的是，帮助初学法律的学生系统掌握法律职业者选择、分析、运用法律、特别是案例的各种方法。笔者手头便有一本《法律方法与法律写作》的教科书，其主要内容就是由法律导论、法律方法的基本概念、法律写作的基本概念、办公的备忘录、便签等构成。在法律方法的基本概念部分，重点说明的是：（1）如何理解规则，包括规则的要素及其联系等；（2）辨别与选择分析法律问题的进路；（3）普通法分析；（4）制定法分析；（5）得出结论等；而在法律写作的基本概念部分，则涉及写作文本的结构、对法律的描述、如何说明自己的分析、提要、草拟论点等内容。[1] 这个体例，充分反映出美国法律方法教学的特点，即

① See John C. Dernbach, Richard V. Singleton Ⅱ, Cathleen S. Wharton, Joan M. Ruhtenberg, Catherine J. Wasson, *A Practical Guide to Legal Writing & Legal Method*, Aspen Publishers, 2007, Part B, Part C.

帮助学生了解如何完成自己的法律业务工作。

大体来看，在美国，法律方法、法律写作、法律研究等课程分工如下：法律方法课程主要是培养学生学习根据案例处理具体案件的推理过程，包括法律的确定、推导适用和证据的确认等，着眼点完全在于个别案件的处理。这与美国法律体系的特点是联系在一起的。作为一个判例法国家，一个学生的法律知识与他对具体案件的了解和把握情况是分不开的。因此，法律方法课程更多的是帮助学生了解不同类型案件中推导结论的具体过程及其特点，从这一意义上说，法律方法与法律推理极为接近。法律写作课程则主要帮助学生通过书面的形式归纳法律问题、概括法律问题的要点、寻找真正的理由、学习推理的形式等。有时，他们会让学生将所阅读的几百页资料概括缩写为几页，即用这种方法，训练未来的律师。而法律研究课程则主要是帮助学生学习如何查询各种法律资料。由于美国是一个判例法国家，同时还存在联邦与州两个不同的法律体系，因而如何从浩瀚的资料中认识、识别和发现可资利用的处理问题的法律资源，就是法学院学生的一项重要学习任务。法律研究课程就是解决这个问题的，类似于我们的法律文献检索课程。在美国部分学校里，这门课程甚至是由图书管理人员来承担。不过，在美国法学院图书馆工作的人，一般不仅要具有图书馆的学位，通常还必须同时具有 JD 学位。由此可见，在美国这个比较成熟的法治国家，法律方法、法律写作与法律研究课程更多地侧重于具体案件的处理技能、文件准备和法律文献在相应案件处理过程中的使用等内容的教授。

顺便说一下英国。英国有的大学法学院也有法律方法这门课程。由于英国属于欧盟国家，欧盟国家又是以成文法为主，因而有关教科书相应体现了这个特点。例如伊安·麦克莱德教授2007年版的《法律方法》，其主要内容包括理念与制度、判例法与先例、立法与立法解释三个部分。在最为抽象的理念与制度部分，包括法律与法律推理导论（含作为创造过程的法律方法、法律推理的形式、法律推理的方法、法律实践与法律学术、法律与正义等）、英国法的种类（含普通法、民法、公法与私法、实体法与程序法、事实与法律的界限等）、英国法院系统、法律方法的宪政结构、欧盟法与英国法、人权与基本权利的保护、法律渊源的发现、引证与运用等内容。在其他两个部分，则分别讨论了更具体的话题，即从判例法与先例的关系到制定法与解释的关系。由此可见，英国的法律方法也主要是以法律的运用为中心的。① 在这一点上，与美国类似。英美两国法律方法之间的差别也说明，由于法律方法与法律实践之间的密切关系，不同国家的法律方法的研究，旨趣尽管接近，但内容还是存在很大差异的。

我国的法律方法研究与美国的法律方法研究相比，尽管在基本思路上有许多相似之处，但两者之间也有很大区别。

首先，法律方法是作为一个学术概念被关注的。在我国，法律方法在大部分学校并没有作为一门课程进入本科生或研究生的教学计划。它作为一个研究领域的形成，与中国法律工作职业化、专业化的过程是同步的，是中国法治发展到一定阶段而提出的需要研究的问题。从这个意义上看，我国的法律方法尽管面临着走进课堂的问题，尽管在部分法学院也已经为本科生、研究生开设了类似课程②，但目前还没有一个成熟的被各个法学院普遍接受的课程体系。原因在于，法律方法这个概念是作为一个进一步推动和深化对中国法治的认识的概念而被提出来进行讨论的，其是在学理意义上被使用的。对于这个概念的含义与内容，学者之间依然存在很大

① See Ian mcleod，*Legal Method*，palgrave Macmillan，2007. 该书于1993年初版，2007年版为第6版。

② 据不完全统计，华南理工大学法学院从2004年开始为一年级本科学生开设“法律方法”课程；吉林大学法学院2009年开始为本科生开设“法律方法与法律思维”课程；对外经贸大学法学院也有类似课程。研究生中，这类课程的开设情况则比较普遍。

分歧。进而，在我国目前情况下，人们更为关心的是究竟是否存在一种被称为“法律方法”的方法？如果存在，意味着什么？因此，在讨论的过程中，法律方法还必须通过法治概念证明自身存在的意义，需要通过对法治的理解和分析，论证法律方法作为一个一般概念的含义、特征及存在意义与价值。这个背景决定了在中美之间法律方法研究所关注的领域必然存在很大差别。

其次，法律制度的不同，法治发展水平不同，也造成中美两国之间在法律方法问题上所关注的问题有所不同。对具体案件处理过程中的一般规律进行分析，当然是法律方法不可回避的研究内容。不同的是，我国作为一个单一制的成文法国家，需要研究的是立法权高度统一下（集权背景下）的法律及其实施中的方法问题，而这些方法问题还正在被学者们进行一般性地总结和研究，其中尤其侧重阐释一般原则和规律。也就是说，研究重点尚未进入对具体问题具体分析的领域。而在这些一般性问题上，众所周知，从来就是难以统一的。这种对一般问题表示出极大兴趣的学术现象的背后，则是对法治原则的认识上的不一致。这个问题对于美国这样的法治发达国家，早已不是一个问题；而在中国，则不能不涉及它，甚至要把它作为法律方法研究的重点和基础性问题，进而导致中国的法律方法会研究一些比较初步的但同时具有深刻内容的问题，如法律与制度的关系以及为什么要按照规则与制度办事。

综合上述情况，可以看出，中美两国法律方法研究以及课程设置之间固然有许多可以相互吸收和借鉴之处，但差别也是显而易见的。根本问题在于，美国的法律方法已经是一个成熟的法律实务技能传授的问题，而在中国，法律方法存在的依据还在讨论之中。这个区别，导致法律方法及其研究在两个国家之间呈现不同的侧重点。

三、法律方法与法学方法论、法律方法论

我国的法律方法与法学方法论、法律方法论实际上是非常不同的（仅就我国法学界而言）。目前，法律方法、法学方法论、法律方法论的研究人员经常共同举办学术活动，相互交流，这对法律方法等领域的研究发挥了积极的推动作用。但是，严格地说，它们之间存在很大的差别。因此，明确它们之间的不同，对深化法律方法与法学方法论的研究，应该说，都具有重要意义。

我国的法学方法论研究明显受到欧洲大陆国家，特别是德国的法学方法论的影响，因而具有浓厚的思辨色彩。“方法论”这个词本身就具有高度抽象的哲学意蕴，通常是指针对某个学科领域（如经济学、政治学、法学等）的方法问题的一般性研究，所以，如同方法的方法。这有点类似于语言和语言学之间的关系。德国的法学方法论一般在两种意义上被使用：第一，把它作为一个与法哲学、法律理论、法教义学等并列的学科，进行了相当哲理化的处理。这个意义上的法学方法论更为关心的是法律适用中的正确结论的唯一性问题，探讨主观价值判断与结论正确性之间的关系以及关系形成的过程。第二，把它作为一个与法律解释等同的概念，进而探讨法律适用中的各种法律解释的方法，如萨维尼。由于法律解释的方法问题与对作为法律解释主体的人、作为法律解释客体的法律的哲学理解密切相关，因而后一种对法学方法论的理解目前实际上也已经高度哲理化，研究者的思想资源多来自施德尔马赫、伽达默尔等学者的解释学文献。可见，德国的法学方法论虽然也是以案件的正确解决为目标，但是通常都会归结到哲学问题之上。

20世纪90年代以来，德国学者拉伦茨和我国台湾地区学者杨仁寿的《法学方法论》进入

我国图书市场[1]，在推动我国大陆法学学者关注法律方法问题的同时，也使部分学者开始使用“法学方法论”一词指称法律方法。[2] 有的名为“法律方法”的工作和活动，实际上，命名为“法学方法论”或许更为合适。其实，在不是很严格的意义上，法律方法与法学方法论之间也经常互换使用。我国有些学者正是由此出发，借鉴现代解释学的理论和学说，从哲学的视角进入法学方法论或者法律方法的领域。实际上，我们不使用“法学方法论”这一词汇，很大程度上就是为了避免产生这个误解：“法学方法论”一词，在祖国大陆很早就被用来专指法学研究方法的总体，“法学方法论就是由多种法学研究方法所组成的方法体系以及对这一方法体系的理论说明”[3]。所以，继续这样使用，容易产生混乱，不利于推动法律方法作为一个独立的学术领域的发展。实际上，近年来法学方法论研究的主体，也是院校中法学理论学科领域的学者和青年学生。这个群体虽然在学术方面往往具有很深的造诣，但是对法律实务的了解和熟悉程度明显不足。在有关法学方法论的研究活动、参加者中，具有丰富法律实践经验的学者和实务部门的专家相对比较少，也未能吸引更多的法律实务界和部门法学界同行参与进来。这也说明，在我国，法律方法研究与法学方法论研究实际上有所不同，也应该有所不同。

法律方法研究的目的，是希望借此推动中国的法律实践，使法律工作者能够在体制的框架范围内，依据法律，寻求解决各种法律问题的路径。从这个意义上说，我国的法律方法研究一直都在进行。所有以现实法律争议的解决为目标的有关法律制定与规则适用问题的研究，都是有关法律方法问题的研究。大到如政府依法行政的制度建设，小到如各种具体的诉讼，都会涉及法律方法的运用。现在的问题仅仅是，当法律方法这一概念形成以后，对该领域的研究所具有的意义。法律方法并非仅仅是在概念上统合相关研究，更重要的是试图将体制化的解决问题的方式上升为一般规则，并推进到社会各个领域，所以，其包含着一个重要前提，即对法律与制度的尊重。如同“恶法亦法”的表述之于现代法治一样，法律方法意味着在体制内化解矛盾的努力，同样是法治的重要条件。法治取决于一个法律机制的建立与完善，也取决于一个真正能够尊重法律的法律人共同体的形成，而这些都依赖法律方法。没有共同的制度条件和思想方法，就没有法律人群体。法律人并不是对法律所存在的不足与缺陷无动于衷的群体，而是他们深知，分工决定了他们的角色，他们需要做自己的分内之事，把不属于自己的问题留给其他群体，如政治家；除非在自己的职责范围内，可以运用技术手段解决问题，如法律解释。在这个方面，法学方法论与法律方法的差异很大，前者比较强调法律人、特别是法官的创造性作用。2009年法学方法论论坛之所以选择“能动司法”作为主题，尽管原因很多，但与法学方法论研究固有的倾向性是分不开的。

法律方法是“法律人为解决特定法律问题、纠纷和矛盾而采取的法律上正确的途径、路径、步骤、措施、手段等”[4]，重点是强化法律人对体制与制度的依赖，强调法律作为一个实证的知识领域的专业性，重在提高法律学习者、职业者运用法律、运用体制的力量解决实际问题的能力。所以，尊重法律是前提。如果不是因为这个需要，我们直接使用“法学方法论”即可，没有必要用不同的名称来表述相同的内容，从而造成一定程度的混乱。对现行法律、制

① 拉伦茨著、陈爱娥翻译出版的《法学方法论》2003年在祖国大陆出版之前，该书由（台北）五南图书出版公司出版发行的1997年版，已经流入大陆；杨仁寿的《法学方法论》1999年由中国政法大学出版社出版发行之前，也已经进入大陆。

② 例如由中国政法大学法学院、华南理工大学法学院、浙江大学法学院、山东大学法学院等单位2006年发起的年度性的法律方法学术论坛，名称就确定为全国“法学方法论论坛”。

③ 张文显：《法哲学范畴研究》，15页，北京，中国政法大学出版社，2001。

④ 葛洪义：《法律方法讲义》，13页，北京，中国人民大学出版社，2009。

度、体制的尊重，是法治形成的前提和基础。当然，这并不是说，法律方法就是机械地运用法律的方法，法律方法在于强调法律人不会主动、公开地声称自己不服从法律或者声称自己基于法律的不公正而主动创造法律。实际情况可能恰恰相反，有关法官造法或者“司法能动主义”的帽子，通常是学者给法官戴上的。法官自己不会这么说，他们只是低调地根据自己对法律的理解解释法律，在制度的框架内提出自己的判断。他们是守法的，是法律的守护者。正是基于这个认识，法律方法研究才成为必要。可见，尽管法学方法论对法律解释、法律论证、法律修辞等提供了诸多宝贵的学术资源，但是法律方法研究要避免使自己成为哲学的一个分支，也要尽力避免涉及更多复杂的哲学问题。如前所言，法治是一个世俗的事业，是由一些平凡的、至多是受过系统的法律专业训练的人来操作的，我们希望法律人都能够同时成为伟大的法律思想家，但我们不能把法治的希望寄托在法律人都能够成为法律思想家上。从我国实际出发，我们希望努力使“法律方法”成为一个在法律实践中具有比较强的可操作性的语词，而不至于把法官、律师们吓着。而关于法律人工作方法中更深层次的问题，可以在法学研究方法或者法学方法论的研究领域继续进行。这同样是必要的。因为学者永远都需要保持对现实的批判能力，其中的一个方面，就是对法律的批判。

基于相同的原因，法律方法不是法律方法论。这个区分是针对我国研究现状而言的。实际上，在国外，“法律方法论”的使用似乎并不是很严格。例如，《牛津法律大辞典》对法律方法论的解释：“可用以发现特定法律制度或法的体系内，与具体问题或争议的解决有关的原则和规则的方法知识的总和。”① 这个解释与我们所说的法律方法其实很接近。不过，在我国，方法论始终是一个很体系化的东西。所以，法律方法论一词也侧重于表述一个完整的体系化的法律方法。而我们期待通过法律方法的概念，把围绕法律人的实际工作而形成的由一些零散、缺乏内在关联而实际有益的知识构成的集合体称为法律方法，其中贯穿始终的就是有关法律人工作方式、方法的经验、原理和理论。任何知识的背后都有自己的哲学，法律方法也不例外，但是，我们主张的“法律方法”不是由某一种哲学思想主导的知识与思想领域，而是由多种哲学支撑的，或者说，是由一些有共同或相似倾向的哲学思想或者其他学科思想在背后默默支撑着的开放而非封闭的学术与工作领域。在这个领域中，所有有关法律人工作方法的思考，都是与这种方法所要解决的实际问题联系在一起的，诸如合同是否有效、遗嘱成立与否、律师伪证罪成立与否等。解决这些问题的方法背后，无不显示着人类思想的光辉。实际上，法律方法研究在我国的兴起，与实践哲学在全球的复兴也存在密切的关系。正是因为近年来，法学界将理性、实践理性等概念工具运用于法学研究之中，人们才能更进一步地真切感受到法律实践中法律方法的现实意义与价值。法律方法研究是在自己理论的基础上展开的，有自己的思想资源。但是，一般来说，法律人只是在适用法律，而不是在传播思想或者哲学。本教材所关注的，就是这个意义上的法律方法。

综上，概括起来说，法律与方法存在密切关联，法律方法是法律职业者在法律实践活动中形成的解决法律问题的工作方法和思维方式。目前情况下，与其说我国的法律方法是一个思想体系、学科体系，不如说它是一个将法律作为实践理性而在实践的法哲学思想基础上所形成的工作、职业的指引和引导。法律方法课程，期待为逐渐体制化的中国社会提供一个普通人可能达到的职业与专业思维的维度，以进一步强化法律人作为法治核心要素的民主体制的中坚力量。在这个方面，法律方法与其他知识形态一样，可以推动我国的法治建设。

---

① ［英］戴维·M·沃克：《牛津法律大辞典》，李双元等译，761页，北京，法律出版社，2003。

思考题

1. 什么是“方法”？学习法律，为什么要重视方法问题？
2. 如此定义法律方法，说明了什么？
3. 法律方法有哪些特征？
4. “说理性”为何被列为法律方法的首要特征？
5. 在法律方法的运用中，理性知识与经验知识都能发挥什么作用？
6. 法律方法与法学研究方法、法学方法论、法律方法论有什么区别？为什么要刻意强调这种区别？
7. 本教材所说法律方法与美英等国法学院的法律方法之间有什么不同？又有什么联系？
8. 学习法律方法的意义是什么？

参考书目

1. [英] 戴维·M·沃克．牛津法律大辞典．李双元等译．北京：法律出版社，2003
2. [德] 卡尔·拉伦茨．法学方法论．陈爱娥译．北京：商务印书馆，2003
3. 梁慧星．民法解释学．北京：中国政法大学出版社，1995
4. John C. Dernbach，Richard V. Singleton Ⅱ，Cathleen S. Wharton，Joan M. Ruhtenberg，Catherine J. Wasson. *A Practical Guide to Legal Writing & Legal Method*. Aspen Publishers，2007
5. Ian mcleod. *Legal Method*. palgrave Macmillan，2007
6. 葛洪义．法律方法讲义．北京：中国人民大学出版社，2009
7. 葛洪义．法与实践理性．北京：中国政法大学出版社，2002

第二章
法律方法与法律语言

本章导读

本章内容涵盖法律与语言的关系、法律语言的制度化属性、法律语言的特点等内容，着重阐释法律方法作为一种说理的方法，是如何通过语言建构起来的，进而说明法律语言的独特性及其对法律方法的影响。

法律是说理的，法律方法的第一个特点就是说理性，即通过说话，解决分歧和问题。说话是语言的表达，所以法律方法与法律语言关系密切。美国学者蒂尔斯玛提出：“没有多少职业像法律那样离不开语言”，“法律就是语言的法律”，“道德和习惯也许是包含在人类的行为中的，但是法律却是通过语言而产生的”①。法律与语言之间的关系，由此可见一斑。研究与学习法律，须了解法律中的语言问题；而对法律与语言关系的分析，也可以帮助我们洞察法律方

① 转引自［美］约翰·吉本斯：《法律语言学导论》，程朝阳、毛凤凡、秦明译，5页，北京，法律出版社，2007。

法的奥妙。[①] 本章的目的，主要是希望通过对法律与语言关系的讨论，使学习者对法律及法律方法中的语言问题及其重要性，有一个初步认识。

第一节　法律与语言的关系

法律是用语言文字表现出来的，当然也要受到语言本身规则的影响。法律与语言的联系，一方面来自于法律本身的说理性。法律是说理的，说理是法律的根本特征，语言是说理得以进行的基本条件，而法律方法则是运用语言围绕说理而展开的工作方式和工作进路，所以法律、法律方法都离不开语言。另一方面，法律又不同于道德、习惯等，它本身还是语言活动的结果，需要我们更加自觉地意识到语言问题的重要性。一起纠纷，如果希望其在体制里得到解决，一般就必须遵循预先设定的路径逐步推进。这个纠纷解决过程，基本上是国家预先设计好的、以文字形式（规范的书面语言）规定的、引导人们用说理（包括使用书面语言、口头语言和肢体语言等）的方式解决问题的机制。反过来，语言本身的复杂性，导致这个说理过程的复杂化。通过了解法律语言，可以进一步了解法律，有效地使用法律，这是法律与语言之间存在密切关系的基础。

一、语言沟通生活世界与“法律”世界

当使用法律建构秩序的时候，不应该忘记，法律是通过语言来表达这个秩序的形态的。有学者指出：“语言就像空气，无所不在，因为人人都用，往往就忽略了它的复杂性。”[②] 这种忽略，很容易导致我们忘记法律构建的世界与我们自己生活的世界，其实是两个不同的世界。正如考夫曼所说，“法律也是一个‘世界’，或者我们可以说：当法律‘被使用’、被实现，往往联系两个世界：与法有关的生活事实，这种日常真实的世界与以一个应然规范为内容的法律世界。透过法律的实现，使应然与实然相连结”[③]。雄心勃勃的立法者，经常期待通过法律来创造一个崭新的世界，恩格斯称其为“法学家的社会主义”[④]，进而对其进行了批判。马克思主义法律思想的一个基本观点就是：法律是由社会所决定的，而不是相反。法学家们则往往认为，通过立法者的努力，世界就可以沿着预定的方向前进。由这个对立，我们可以发现，立法者通过法律所规划的世界是不同于我们生活世界的法律世界。

立法者的活动，是凭借语言进行的。比利时法学家胡克认为，“立法是一种特殊的沟通形式，通过立法，立法者设立规范，传达给许许多多当下和/或未来的（法律上的）人，这些人被期待会尊重并遵从这些规范。这不仅是关于新制颁规则之内容的一种信息传递，还是一种典型的语言行为（speech act），或一种施为话语（performative utterance）——据此，法律变更才

① 有学者将20世纪70年代以后出现的围绕法律实践而展开的对法律与语言关系问题的研究分为四种基本类型：(1) 把语言作为实现法律及其目标的手段和中介环节；(2) 通过对法律领域中语言资源的研究，丰富语言研究的内容；(3) 为了了解和解决法律运作的情况、问题而把语言作为法律运行中的一个中心问题进行研究；(4) 为了关注法律的权力而对语言问题进行的研究。参见［美］约翰·M·康利、威廉·M·欧巴尔：《法律、语言与权力》，2版，程朝阳译，2页，北京，法律出版社，2007。

② 吴伟平：《语言与法律——司法领域的语言学研究》，前言，上海，上海外语教育出版社，2002。

③ ［德］考夫曼：《法律哲学》，刘幸义等译，169页以下，北京，法律出版社，2004。

④ 《马克思恩格斯全集》，中文1版，第21卷，545页以下，北京，人民出版社，1965。

得以出现”[1]。语言建立起来的世界，是一个“应该”存在的世界，而不是实际的生活世界。“应有”与“实有”之间存在着一种紧张关系，反映在法律上，就是法律规定的应然状态与现实社会的实然状态的关系问题。造成这种紧张关系的，就是语言。没有语言，就没有人类通过法律创造新世界的抱负和机会。正如梅因所说，“古代法典之所以会创造成功是由于文字的发现和传布”[2]。所以，舒解这种紧张关系，同样也要依靠语言。从这个意义上说，谁掌握了法律的语言，谁就控制了沟通两个世界的通道。

二、法律的权力表现为语言的权力

权力是一种支配性的影响力。把法律世界转化为生活世界或者把生活世界转变为法律世界，是所有法律工作者的共同愿望，而这个愿望的实现，无疑需要依靠权力的力量。法律不能凭空创造保证自身实现的新的权力，只能借助已有的权力或权力结构证明自己的权威，所以，法律总是“反映并复制社会的权力关系”[3]。

过去，人们总是把暴力强制作为法律的最根本的特征，这当然是对法律性质的一种歪曲或不恰当的表述。对暴力的迷信导致拥有政治权力的官员误认为凭借自己手中的政权，就可以为所欲为地制定法律并强迫公众执行和遵守。马克思主义创始人之所以反对所谓的“法学家的社会主义”，原因即在于此。法律的主要特征是说理，外在的暴力强制只是为了保证说理而采取的必要措施。但是，这并不意味着否认法律本身是一种权力话语，是借助公共权力而进行的话语表达。法律方法则是在不断地强化着这个语言权力并逐步展示其内在力量。依靠说话解决纷争，是人类进入文明状态的象征之一。所谓“君子动口不动手”，就是这个意思。然而，说理的“理”在任何一个社会都是多样化的，又所谓“公说公有理，婆说婆有理”。如果任何道理都具有同等效力，那么，等于没有道理可讲，因为不同的、甚至相互对立的道理之间无法建立起服从关系，而没有服从，就没有秩序。所以，法律的说理又多了一层意思，就是在各种道理体系之间，推出一个更为权威的道理体系。它的权威或者来自其代表官方的意思，或者来源于多数人的意见。这个道理体系的优势还在于对不服从者可以施加合法的国家暴力，迫使其接受这个道理体系，从而建构一个社会的基本秩序。

法律话语具有明显的支配性。一方面，任何话语都是一种权力。吉本斯指出，法律系统中存在一个困难——非法律人员不懂法律语言；律师又不懂得不使用标准行话（法律话语）的人们的语言。他转引杰克逊的话说：“虽然英文法律主要是用英文写就，但绝大部分说英语的人都被排除在法律符号之外，因为他们不懂法律语言所使用的特殊语域（register）。”[4] 显然，熟悉法律语言者对外行就构成一种权力关系。另一方面，任何道理都意味着对持不同道理者的强制，所不同的是，法律话语代表着国家或多数人对某种话语的支持以及背后的强大权力，在法定情况下，可以要求所有人无条件地接受。可见，法律的力量来自于法律语言的权力。“语言不仅仅是法律权力借以展开运作的工具，在许多至关重要的方面，语言就是（is）法律权力。被我们称做权力的那个抽象之物，是每天在法律制度的各个层面上发生的、无数个语言互动的

① ［比］马克·范·胡克：《法律的沟通之维》，孙国东译，177页，北京，法律出版社，2007。

② ［英］梅因：《古代法》，沈景一译，9页，北京，商务印书馆，1997。

③ ［美］约翰·M·康利、威廉·M·欧巴尔：《法律、语言与权力》，2版，程朝阳译，234页，北京，法律出版社，2007。

④ ［美］约翰·吉本斯：《法律语言学导论》，程朝阳、毛凤凡、秦明译，197页，北京，法律出版社，2007。

即刻原因和结果。权力因此既由法律实践的语言细节所决定，也决定着法律实践的语言细节。”① 法律排斥粗暴的强制，但同时建立起了一个以法律语言为基础的话语强制体系。法律把社会的秩序性与说理性统一起来，从而成功地将强权置于野蛮的范畴。认识不到这一点，就无法正确理解法律。

值得一提的是，法律作为一种语言的权力，尽管经常被作为批评法律不平等的理据，但是，应该说，它更多地反映、体现了民主制度中的权力关系，为弱者表达自己的意愿提供了以往所不可能提供的机会。

三、法律制度化语言的权力

作为一种话语权力的法律，在其干预、影响其他话语形态的过程中，是通过一个个具体的规则和制度逐步证明法律语言自身的力量的。以婚姻为例，两个人如果只是同居，无子女和财产问题，那么，法律既不禁止，也不保护，因为同居者没有进入婚姻法律制度。如果结婚，只是举行了一个仪式，没有领取法定机构颁发的结婚证明，在我国则依然不受法律调整，因为我国不承认仪式婚。但是两人一旦领取结婚证明，即使没有举行仪式或者婚宴，也等于启动了法律机器，成为一个已婚人士，婚姻法所设计的夫妻关系就成为夫妇之间挥之不去、不可逃避的“围城”。如果有一天两人不打算过下去了，不打算再被框在“夫妻”这个法律语词之下，两人必须按照法律规定领取离婚证，如同当年领取结婚证那样。如果有争议且无法自行解决，可以选择去法院诉讼。如果选择法院，则又进入一个新的法律语言机制。从立案到开庭再到执行，从民事诉状、各种证据材料、代理意见到执行申请，从书面到口头，一切都在法律语言之中。在通过法律程序规定的办事过程中，如办理出国护照和签证，如果你不无事生非，处处依法循章办理，没人与你过不去，甚至不会红脸，通过说话，事情就可以顺利办完。当然，这个办事过程表面上是平和的，事实上，每一个环节都是一种强制，因为你不能违反。当你进入法律程序以后，如果你某个时刻觉得法律对自己不利或者不好玩，想不受它的约束，那对不起，一系列的措施在等着你：批评、训斥、罚款、赔偿、拘留、刑罚等。如同一个精巧的机器，或者一个精心设计的圈套，一旦进入法律话语的体系中，就被纳入法律的运作逻辑，被巨大的力量所吸纳。整个法律的运作过程，都是一种以法律语言及其使用为中心的活动，平和的法律语言中，权力无处不见。

在这样的背景下，法律通过制度化的语言和语言交流得以实现。“语言是法律权力得以实现、运用、复制以及有时受到挑战和被推翻的根本机制。在多数时候，法律是交谈：当事人之间的交谈，律师和委托人之间的交谈，律师、当事人和证人之间的法庭交谈，归约为法条和司法意见的书面形式的法律交谈，还有对像我们这样一些人参与的所有这些其他谈话所做的评论。”② 法律领域所有的语言使用、语言交流活动，都是制度链条的环节。社会需要秩序，秩序依赖于对行为的规制。法律追求和平，就必须建立相关的行为模式。许多人一听到“权力”，就感到被压迫。实际上，任何时候，人都不可能享有不受约束的自由，对普通百姓而言，法律的积极意义则在于为自由提供了一个明确的法律依据。这样，我们就可以以法律为平台，完善法律制定与实施中的民主机制，尽可能吸收更多人的意见，并以多数人的意见为基础形成国家

① ［美］约翰·M·康利、威廉·M·欧巴尔：《法律、语言与权力》，2版，程朝阳译，18页，北京，法律出版社，2007。

② ［美］约翰·M·康利、威廉·M·欧巴尔：《法律、语言与权力》，2版，程朝阳译，171页，北京，法律出版社，2007。

的各项决定。

四、法律活动体现为语言活动

法律中的语言权力体现在法律的具体规定和各个细节之中。

首先，从总体上看，法律工作是国家权力支配下的语言活动。法律是由文字来表述的，法庭工作也是以语言为中心的，一切法律工作都是建立在对法律各种文字规定的语言表达、语言诠释、语言推论、语言实现、语言交流之上。但是，法律语言的实践过程，不是语言自身的活动，而是反映为国家权力的实现过程。运用语言对法律及其实现过程进行设计，运用语言实现依法设定的目标，都不是简单的语词表述，而是国家意志的体现。

其次，语言有自身的规律，语言的规律制约着国家的权力。语言所反映的权力关系以及产生于语言形成过程中的权力结构，先于国家具体的立法者、执法者而存在，经常在自觉或不自觉地发挥作用，约束着立法者、执法者的行为。语言的含义与语言的使用环境有关，语境决定着语义。语词的不同含义往往是不同权力关系的体现，造成不同地域的人对同一个语词中的权力结构可以产生完全不同的理解。语言与文化背景也有关系，某一种规定，在不同的地方，可能产生不同的语言后果。从更深的层次看，某一种对公众而言已经习惯了的语言表达，包括表达方式，在某些人看来，也都具有特定含义，甚至被理解为一种不公平的权力压迫。例如，法律语言研究者经常举的例子：在法庭上要求被强暴的妇女重复强暴过程，被认为是对被害人的再次强暴，是法律中男性权力的体现。“强奸案审判的微观话语是一个关于权力如何通过语言实践得以实现的非常有说服力的例子。强奸受害者确实再次受到了伤害，但是它不是因为强奸案所特有的任何法律规则或实践，而是因为在这种不同寻常的语境之下，交叉询问的普通机制不约而同地反映和重申了男人对女人的权力。交叉询问的基本语言策略是支配与控制的方法。当这些方法在针对强奸受害者的经历这一背景加以使用的时候，它们能够十分微妙而有力地让那一经历重演。”① 男性权力、阶级权力、经济权力、其他特殊身份者的权力等，都可能体现为法律语言中的权力话语，这些都是法律活动中需要加以关注的。

最后，人们的分歧与纠纷一般都是从对语言的分歧开始的，而分歧又都是在语言的边缘地带发生。各种各样的法律争议，几乎都是围绕语词含义、语句所指、话语结构、上下文之间的关联等而展开的，即从语言及其使用的细节开始。尤其要说明的是，对这种可能的争议，尽管可以通过我们的理性与审慎而努力地减少，但是，最终是无法完全消除的，这是语言本身的不确定性所决定的。许多人由此把语词问题作为一个纯粹的语言问题对待，以为可以通过人工语言代替日常语言，减少和彻底消除不确定性。实际上这是不可能的。法律语言是一个社会性的领域，在相对固态的情况下，特别是对法律专家而言，语词、语句的含义通常是明确的，也是可以明确的。但是，对于许多普通人来说，围绕语词、语句所产生的争议，距离自己就比较遥远。所以，法律被部分拥有专门法律知识的人所垄断。即使在法律人内部，围绕语言而产生的分歧，一般也是某种语言背后的权力斗争的结果。在语词、语句含义十分明确的情况下，基于国家权力的强大威慑，一般不会发生争议；所谓含义不明确，多数情况是指，凭借特殊理由，通过挑战法律语言在长期社会交往中形成的传统、经典或典型含义，进而对语言中的原有的权力结构进行挑战，以改变利益分配格局。如许霆案，关键的争议点之一就是对“金融机构”的理解，而金融机构这个词汇本身则是一种语言权力。当有人特别强调某人是盗窃金融机构的时

---

① ［美］约翰·M·康利、威廉·M·欧巴尔：《法律、语言与权力》，2版，程朝阳译，49页，北京，法律出版社，2007。

候，实际上是希望说明，该盗窃行为在法律上具有更加严重的后果。盗窃金融机构不同于盗窃某个公民个人或其他企业的财产，是我国长期形成的制度。对金融机构这个词汇所反映出来的权力意识，一般情况下，不会存在特别的争议。所以，如果是对采用挖掘地道、撬门扭锁的方式盗窃银行的行为严厉惩处，老百姓或许就不会有什么异议；而一旦是银行自己出了错误，导致他人盗窃行为的发生和得逞，人们就会产生疑惑，将长期积累起来的对金融机构特权的不满通过各种方式宣泄出来。所以，有关银行柜员机是否属于金融机构的争论，也可以说，争的是一种由文字细节体现出来的语言权力。

法律方法的运用，也是法律中语言权力的运用过程。法律方法是一种非暴力的、与肢体强制无直接关联的工作方法。一旦需要限制人身自由，甚至戴枷上铐，就说明有关人员对法律中的话语体系的抵制已经十分严重。通常情况下，与法律相关的，需要由法律人完成的工作，同时都是与语言联系着的，离不开语言及其使用。签订和审查合同、起草公司章程、提供法律意见书、书写起诉状、提供代理意见或辩护词、撰写判决书、拟定调解书等文字性工作如此，参加商务谈判、办理企业登记、代表委托人协商离婚、会见被告、出庭支持公诉或发表起诉意见、出示证据、参与调解、法庭辩论等口头活动也同样如此。可以说，法律人的一切工作，只有在法律语言及其使用的范围内，才可能是有效的。因此，法律与语言的联结考察，是探求法律方法的必经之路。

第二节　法律语言与制度化

法律语言是一种制度化的语言，即在制度条件下发展起来并得到固化的语言，因此，了解法律语言，也就需要了解相关的制度知识。

邓小平曾经说过："我们过去发生的各种错误，固然与某些领导人的思想、作风有关，但是组织制度、工作制度方面的问题更重要。这些方面的制度好可以使坏人无法任意横行，制度不好可以使好人无法充分做好事，甚至会走向反面。即使像毛泽东同志这样的伟大的人物，也受到一些不好的制度的严重影响，以至对党对国家对他个人都造成了很大的不幸。我们今天再不健全社会主义制度，人们就会说，为什么资本主义制度所能解决的一些问题，社会主义制度反而不能解决呢……斯大林严重破坏社会主义法制，毛泽东同志就说过，这样的事件在英、法、美这样的西方国家不可能发生。"① 美国著名政治学家亨廷顿说："从现代化发展的价值取向来讲，现代化的过程就是社会全面制度化的过程。"② 制度是理解我们这个社会及其法律运作的一种重要进路。

一、法律与制度的关系

（一）制度、法律制度的含义

翻开辞典，"制度"一词最基本的含义就是：要求大家共同遵守的办事规程或行动准则。制度与规则的含义有时是相通的，制度就是规则，规则也是制度。制度与规则是不可分的，一般情况下，制度是由规则加以规定的，而不同的规则形成了不同的制度。例如，各个单位的纪律，就会形成本单位的有关制度。在这个意义上，按规则办事与按制度办事不存在根本区别。

---

① 《邓小平文选》，2版，第2卷，333页，北京，人民出版社，1994。

② ［美］塞缪尔·亨廷顿：《变动社会中的政治秩序》，李盛平译，12页，北京，华夏出版社，1988。

法律制度，经常被认为就是法律所规定的制度，如我们所说的财产权制度、合同制度、婚姻制度、死刑制度、诉讼制度，等等，都离不开法律的规定。法律制度（Institution，Legal）“这一术语有多种用法，涵盖社会、政治、经济等方面的意义。有时它指一套已经确立的习惯、习俗或惯例以及围绕着它们而形成的法律规则，如婚姻、家庭、契约和财产等。或者它可以指具有法律功能或权能的机构，如合作社、法院、法官协会、公司和工会等。在宗教法上，也指一种程序，即主教可依此将圣灵职位授予一个享有薪俸的教区牧师”①。法律制度（Legal institutions）“这是一个涵义相当不确定的术语。有时指某一法律体系中诸如婚姻制度、财产制度、继承制度和法院制度等业已确立的重要组成部分，区别于每一制度中旨在界定个别事件如何和何时产生或终止其特征、功能、性质以及其在不同情况下的法律后果的大量具体原则和规则的具体规定。因此，在有关财产制度方面，则存在对财产权种类、内容以及其如何创设、转让，出押、赎回和消灭予以规定的各种原则和规则”②。可见，法律领域中，法律制度也就是法律创设的制度。

既然法律与制度联系如此紧密，为什么不直接把法律或者制度作为研究对象？为什么要分别研究法律与制度？其中的原因在于：第一，并不是每个规则都能建立一个制度，规则与制度之间不能画等号。有时，制度是由若干个法律规则共同建立的，如继承制度，就是由诸如被继承人死亡、法定继承、继承人的继承顺序、遗嘱继承、遗赠、债权债务等诸多法律规则共同构成的。从单个规则着手，是不可能准确把握继承制度的完整含义的；不从制度出发，也不可能深入理解某个具体规则的含义与价值取向。第二，法律规则是通过制度实现的，制度好，法律规则就容易实现；制度不好，好的法律规则也无法发挥作用，甚至走向反面。例如，我国法院实行的错案追究制度，原本是希望减少法官的错误判决，但是，由于把上级法院改判的情况作为错案的判断标准之一，因而就走向了制度创建初衷的反面，不但没有减少错案，而且还为纠正错案带来更多的困难。制度好，才能把事情办好。法律规则的实现，当然也就离不开好的制度。

法律工作中所涉及的制度含义比较广泛，不能在制度与法律之间画等号。否则，就会导致忽视制度建设的结果，最终影响法律的有效实施。

（二）法律与制度的联系与区别

首先，现代社会，任何制度都是以法律为基础的，不能违反法律的规定。在这个意义上，一方面，法律是各种制度的基础，在法治社会，各种制度都不能与法律相抵触。但是，另一方面，制度依然不同于法律，其范围宽于法律。由于法律的直接规定而形成的制度，我们可以称为法律制度，如上面所提到的财产权制度、合同制度、诉讼制度等，都是由于特定国家、特定时期法律的规定或认可而形成的制度。但是，除此之外，还有许多制度，一些是与处理法律问题相关的具有法律意义的制度。例如，有关审判机关为保证法律实施而设立的与案件审理相关的制度，如立案制度、缴费制度、举证与质证制度、调解制度（如背靠背调解）、上诉案件的案卷移交制度等；为保证审判质量而建立的审监分立制度、配偶回避制度、离职法官回避制度、审判长联席会议制度、人民代表旁听制度、庭长签发案件制度、审判委员会案件讨论制度等；为了保证裁判文书的书写质量而建立的裁判文书格式、校对办法等制度。法院工作中存在各种各样的制度，检察机关同样如此，例如，立案请示制度设立了检察官立案前的各种请示要求，检察官出庭制度，不批捕是否说明理由的制度，等等，这些制度通常是依据本单位或者本

① ［英］戴维·M·沃克：《牛津法律大辞典》，李双元等译，569页，北京，法律出版社，2003。

② ［英］戴维·M·沃克：《牛津法律大辞典》，李双元等译，679页，北京，法律出版社，2003。

系统的有关规范性文件而产生，与法律没有直接关系。还有一些虽然与法律问题的处理没有直接关系，但是，影响着处理法律问题的法律人的思想、工作、生活的制度。例如，法官、检察官、律师等法律人的工资制度、晋升制度、考核制度、教育培训制度、管理制度、保障制度等。这些制度由其他社会规范创设，如我国的中国共产党的党内文件、上级部门的文件，或者其他国家机关的文件、本单位的文件等。我们经常说，细节决定成败。可以说，司法机关的工作，往往是通过上述细节性的制度体现出来的。而这些制度，虽然不能违反法律，但各级司法机关、律师组织通常都被允许结合本地方、本单位的实际情况加以具体规定。各个单位具体制度方面存在着许多差异，这也就是在我们这个单一制国家，不同地方的司法机关存在不同的工作方式、工作作风、工作效率、工作效果的原因。

其次，法律和制度对法律人个人的行为都有约束作用，所不同的是，制度的约束对法律人来说更为宽泛、直接、具体。法律人必须依据法律处理问题，仅此一点，就说明法律人是被法律所约束的，不可能随心所欲地处理案件。我国《刑法》有关交通肇事罪的规定为：违反交通运输管理法规，因而发生重大事故，致人重伤、死亡或者使公私财产遭受重大损失的，处 3 年以下有期徒刑或者拘役；交通运输肇事后逃逸或者有其他特别恶劣情节的，处 3 年以上 7 年以下有期徒刑；因逃逸致人死亡的，处 7 年以上有期徒刑。由于这个规定，法官即使对某个犯有交通肇事罪的人的行为极其愤恨，他也没有办法突破《刑法》的规定去惩罚他心目中的丑恶行为。这就是法律对法律人行为的约束。制度同样也是约束人的，如诉讼制度，其决定法官没有权力选择案件、选择当事人，法官也没有权力禁止当事人及其代理人发表维护自己权利的意见。但是，不同的是，制度对法律人的约束更为宽泛、直接、具体。还是以法官为例，法官的产生制度决定了法官向谁负责。理论上法官必须忠于法律，但是，实践中的法官，往往接受自己的直接上级的指令办案。如果希望法官独立依法办案，就必须建立能够消除法官法外顾虑的制度，减少、降低依法办案的风险，否则，这个问题是解决不了的。再如，现在我们经常抱怨律师工作环境不好，不少律师成为法官与当事人“交易”的“掮客”。这里，问题依然不是出在规则之上，而是制度。如果我们能够建立一个有效约束法官自由裁量的权力制约机制，相信律师自然不会再去贿赂法官。

最后，制度，包括法律制度，都是在博弈过程中形成的，其中发挥作用的因素并不仅仅是法律。制度是社会性的，是社会规范的产物。社会规范是调整社会关系的，而社会关系是指人与之间的关系。如果世界上只有一个人，或者虽有两个以上的人，但人与人之间没有互动、博弈、交易，就谈不上社会关系的存在，更谈不上制度的存在。制度的形成，与人们之间的互动、博弈、交易以及人类行为的社会环境有关。任何理性的选择，都是建立在对社会约束条件的理解与把握的基础之上的。贿赂也是如此。行贿或者受贿，如果风险大于收益，都会大大减少的。如果风险与收益不成比例，风险过大而收益微不足道，相信没有人会去冒风险。防止、制止贿赂的制度，则是在各种规则、各种思想、各种利益群体的博弈过程中形成的，不是某个单一规则的产物。法律早就禁止贿赂，但是，我们的官员受贿的现象并没有减少，在有些地方、有些领域可能更加严重了。这说明什么？制度不健全。按照诺斯的观点：“制度是个社会的游戏规则，更规范地讲，它们是为人们的相互关系而人为设定的一些制约。”他将制度分为三种类型，即正式规则、非正式规则和这些规则的执行机制。正式规则又称正式制度，是指政府、国家或统治者等按照一定的目的和程序有意识地创造的一系列的政治、经济规则及契约等法律、法规，以及由这些规则构成的社会的等级结构，包括从宪法到成文法与普通法，再到明细的规则和个别契约等，它们共同构成对人们行为的激励和约束。非正式规则是人们在长期实践中无意识形成的，具有持久的生命力，并构成世代相传的文化的一部分，包括价值信念、伦理规范、道德观念、风俗习惯及意识形态等因素。执行机制是为了确保上述规则得以执行的相关制度安排，它是制度安排中的关键一环。在他看来，这三部分构成完整的制度内涵，是一个不可分割的整体。① 这也进一步说明制度形成过程的复杂性。法律人行为的理性选择，并非仅仅由法律所决定。事实上，法律人的决定更多地依赖相关的制度，是在制度的引导下作出决定的，特别要关注的是非法律因素基础上形成的制度影响。而且，这些制度的内容，往往是所有可能影响法律人的规则（包括法律规则、组织人事规则、伦理道德规则、单位的纪律、职业准则以及一些“潜规则”）相互之间博弈的结果。不从制度着手，仅仅从某个单个的规则看问题，就看不到，或者看到了也不会重视制度问题的重要性与复杂性。

上述三个方面的情况说明，制度与法律是两个相互联系但又不能混同的概念。不能离开法律去看制度，也不能离开制度去看法律。法律都是通过制度实现的。

二、制度化与再制度化中的法律语言

（一）制度化与再制度化的含义

制度化，通常是指某个群体和组织的社会生活从特殊的、不固定的方式向被普遍认可的固定化模式的转化过程。与社会化相比，制度化更进一步地说明人类社会的组织性。当我们说一个人社会化了的时候，我们通常说这个人的个性逐渐湮灭，思想与行为逐渐与大众趋同。而制度化则是强调某个群体与组织更加具有组织性，当我们将这个概念运用于说明社会发展的过程，也是表明整个社会生活从不规范或不太规范向规范化、有序化的变迁过程。“制度化是组织与程序获得价值和稳定性的过程”②；“从现代化发展的价值取向来讲，现代化的过程就是社会全面制度化的过程”③。我们把这个概念运用于法律研究，是为了说明法律工作加速推动了社会生活、生产、交往领域中的有序化进程，表现为某个个人、群体、组织、单位的行为在法律的作用下由非正式状态进入到正式体制之中，社会制度从不规范、不健全到依据法律规范、健全的过程。所以，在法律意义上，运用法律建立制度和通过制度实施法律的过程，都是社会生活制度化的重要内容，也都是国家现代化的标志。

从制度化的角度观察社会政治、经济活动的全面转型，可以更深刻地把握社会的变迁；从制度化的角度看待法律，可以从根本上掌握法律的整体性，理解各个法律规则之间的联系以及法律的目的。一般来说，法律规则并不是目的，法律规则的目的都是建立相关的制度，使各种经济、政治、文化生活问题有一个制度化的解决办法。通过法律规则建立制度，是社会生活政治化的一个组成部分。现在，法律主要是由依法产生的国家政治机构如议会、人民代表大会等制定，因此，通过法律推动的制度化，意味着国家政治组织向地方与基层的扩张，政治生活向民间生活的渗透，从而促使整个社会的组织化。所以，现在的制度化，主体就是国家化、政治化，就是要使整个社会的成员（包括单个的个人、企业、事业单位、国家机构、武装力量等个人或组织）的行为纳入国家统一的规范之中，服从法律所体现的统治集团的意志。

再制度化即又制度化，指的是不断地制度化的过程。制度化不是一次完成的，而是在反复地适用、完善制度的过程中逐渐完成的。再制度化是指一种书面宣示的制度在实际运行过程中被制度实施者重新加以诠释而稳定化的过程。这是一个语言的过程。从法律角度设定某种行为准则，代表着国家对某个行为模式的要求。问题在于，国家与社会之间存在着一定的距离，国

① 参见［美］诺思：《制度、制度变迁与经济绩效》，刘守英译，3页以下，上海，上海三联书店，1994。

② 林尚立：《制度创新与国家成长》，559页，天津，天津人民出版社，2005。

③ ［美］塞缪尔·亨廷顿：《变动社会中的政治秩序》，李盛平译，12页，北京，华夏出版社，1988。

家认为正确的行为，并不一定会被社会认同。同时，按照马克思主义的观点，国家是由社会所决定的而不是相反。人民选举自己的代表制定法律，规范社会生活，并不意味着他们就放弃了自己的一切权利，这些权利往往体现在道德、习惯、习俗、乡规民约等社会规范之中。所以，经常出现的情况是，一部法律颁布实施之后，由于其他社会规范的影响，导致法律无法全面实现。例如，我国有关企业破产的法律规定，分别由《企业破产法》与《民事诉讼法》中的破产程序加以规定。但是，并不像人们通常想象的那样，某个企业资不抵债，债权人就会立即申请其进入破产程序。首先，债权人多数情况下并不希望企业破产，因为，这些企业一旦破产，自己的债权可能彻底无法实现；其次，政府一般也不希望企业破产，如果企业破产，就意味着大量失业工人，意味着债权人找政府，意味着无穷无尽的麻烦。相反，不少企业则希望通过破产来逃避债务，有时，地方政府出于地方保护的需要，也会与本地企业一起策划破产逃债的骗局。而之所以会形成这个局面，当然主要不是破产法的问题，而是国家的其他制度造成的，包括中央与地方之间财政收入分配制度、有关下岗工人的安置制度、有关保持社会稳定的制度、国有企业长期形成的保障制度，等等。这些制度都在制约着有关破产的法律规则的实施。在这些制度的综合作用下，各个地方最终形成带有浓郁地方特色的企业破产制度。这时，实际上稳定下来的破产制度往往与立法者的最初设计存在一定的差异。这就是再制度化的结果，也是社会与国家之间博弈的结果。在法律上，对每一个违法行为的处理，就是一次制度化的行动。通过对无数的违反法律的行为的惩戒以及对依法办事行为的褒扬，才能建立起依据法律与制度办事的法治社会。例如，正是通过不断地打击、处理各种类型的盗窃行为，才会真正形成有关处理盗窃行为的相关法律制度。

既然社会力量不断地渗透到制度化过程而成为再制度化的重要力量，那么如何保证制度化的方向呢？如何使其不至于脱离正确的前进方向？这就要依赖相关的法治理念。法治理念的形成，具有社会整合的重要意义。制度化不仅是外在的对法律权威的服从，更是一种对法律的内在信仰。通过相关研究，促使社会成员认同法律、服从法律、相信法律，促使全社会形成依法办事，才能有助于自己的实现最大利益的观念，从而提高法律的权威性；法律的制度化还必须依靠相关的法律来推动。以一定的法治理念为内容的法律，是法律制度化的条件，其目的在于把人们的行为纳入法律所确认的固定模式之中，从而建立起普遍的行为准则。法律的制度化，更要依赖实施法律的组织机构，制度化的过程本身也就是法律实施机构的建立和健全的过程。没有这个机构，或者这个机构及其工作人员不按照法律与制度办事，都不可能完成现代社会的制度化。

（二）法律语言在制度化与再制度化中的作用

制度化与再制度化对社会生活具有积极的作用。从总体上说，现代社会是一个“除魅”的社会，这个社会的典型特征就是理性化，即人们依靠自己的独立判断，选择自己的行为。因此，社会存在着制度化与再制度化的广泛需要，只有制度化的社会，才能为理性的行为选择提供制度基础。具体来说，这种积极作用体现在：

首先，法律语言在制度化与再制度化过程中的稳定运用，促成文明秩序的形成。由于运用语言解决纷争、化解矛盾、构建秩序，是现代文明秩序的基本特征，而语言的权力实际上就是制度权力的体现，因而法律语言权力在制度化与再制度化的过程中同时得以明显扩张，进而又加速了制度化与再制度化的进程。制度化与再制度化，具有生成秩序、促进社会和谐的积极作用。“生成”是德文中 werden 一词的意译，原指一事物向另一事物的转化，新事物的产生并形成。最早提出“生成”思想的是古希腊哲学家赫拉克利特，黑格尔继承和发展了这一思想。黑格尔认为一切事物都是相互转化的，发展是一个矛盾的过程。生成是新事物的成长和旧事物的衰亡的矛盾统一。秩序与法律一样，一定是生成的，而不是创建的。在现代社会，稳定和谐的社会秩序来源于国家与社会的充分交流与沟通，而沟通的媒介就是制度化的法律语言。立法者不可能强制性地推行一部法律，更不能以为自己掌握了起草、制定法律文本的语言权力，就可以左右制度化的进程。事实上，法律所代表的国家意志与其他规则所反映的社会公众意愿之间，需要有一个以法律语言为媒介的沟通机制，而制度化与再制度化则是体现这种沟通的语言过程。建立在充分协商与沟通基础之上的法律，才会成为制度的基础。缺乏沟通与交流的法律，其有效性一定会受到影响，进而无法促进社会和谐。

其次，制度化与再制度化体现了通过法律语言强化社会或社会成员的组织性、整合资源的积极作用。单个的个人，特别是作为私人所有者的个人，原本是分散的。他们组成同一个社会，发生社会关系，纯粹是基于社会的分工而导致社会需求相互依赖的结果。因此，如何保证这种分散的力量始终维持在团结的状态，就是任何一个社会面临的重要任务。在这个问题上，从来就有两种不同的做法：其一，凭借强大的政治压力甚至暴力压制机制，加强这个社会自上而下的控制力，形成社会的组织性；其二，则是通过制度化与再制度化的方式，将社会成员的利益与社会整体的利益紧密结合起来，将组织成员的命运与组织的命运紧密结合起来，从而起到凝聚力量、整合资源的作用，维护社会的统一。两种做法之间存在的主要区别就是，后一种强调自下而上地使社会成员基于自身利益的需要而参与社会的组织化过程，这个过程当然依赖法律语言的自由且有序的表达，这也是法律秩序的特点与目标所在。

最后，通过法律语言的广泛使用，推进制度化与再制度化，具有内化法律规则、稳定行为预期、提升规则约束力的积极作用。法律规则是在不断地被制度化的过程中，融入人的思想、观念与意识的深处，进而转化为人的行为习惯的。我们都知道，要改掉自己身上的一个坏习惯是多么不容易的事情。同样，作为国家意志体现的法律，也是一种“外来”的行为约束或引导，只有当其转化为行为人的行为习惯，被行为人发自内心地接受下来时，才可能最大限度地发挥作用。制度化与再制度化的过程，就是这一强化认知的过程，是法律语言不断重复的过程，也是接受这一规训与理解它的过程。在这个过程中，行为人逐渐形成稳定的基于法律规则的预期，从而自觉调整自己的行为，适应法律规则的要求。这个意义上形成的规则认同，也是语言权力的认同。其不仅可以达到规范人们行为的作用，还可以促使人们从内心接受法律对自己行为的规范，进而深化法律的影响力。在一般的社会层面如此，在单位这个小社会也是如此。单位里的制度或许与法律规则没有直接关系，但是单位目标的实现，则不能违反法律。作为法律人组织的法院等单位，更是必须服务于法律目标的实现。为了保障法官的权力、约束法官的行为，依靠某个纸面上的文件是远远不够的，还必须经过反复的制度化，使法官形成对有关规定的内心确信和认同。在法院，反复的制度化强化了法官对法律的认同，使法官们形成稳定的行为预期，意识到只有维护这些单位的规则，才能维护自己的根本利益，从而产生自觉维护单位各项规章制度的自觉性，积极捍卫法律的尊严。在法治发达的国家，法律人通常是一个比较保守的阶层，就是被一再制度化与再制度化的结果。有人因此而认为法律人的保守乃至僵化是这个群体的缺点，无法适应社会的发展需要，无法及时变通。其实，这恰恰说明这个阶层的独特价值，即通过维护法律语言的权力来捍卫社会的稳定。

第三节 法律语言的特征与类型

一、法律语言的特征

准确、确定、简明、扼要等，这是人们通常喜欢用来描述法律语言特点的词汇。这其中部分是有道理的。“法律语言最好是确切的、简洁的、冷峻的和不为每一种激情行为左右的。最好的法律文本是出色的文学作品，它们用精确合适的词语模塑出一种世界经验，并帮助我们通过同样精确得富有美学意义的语言模式，把人类的共同生活调控到有秩序的轨道上。”① 但这种期待，总的来说，与实际之间差距比较大，有的甚至有些学究化。

实际上，深入了解法律的人，或者，曾经与法律发生这样或者那样联系的人都知道，法律语言包含着丰富的知识内容。对内行来说，法律语言可能使法律规则变得简明、扼要；对外行来说，或许感觉上恰恰相反。国际法律语言学协会第四任主席约翰·吉本斯曾讨论到：“毋庸置疑，法律是一种语言机构。法律是用语言制定的，那些用来构成法律的概念只能通过语言才能为人们所理解。诸如法庭审判、警察调查和狱犯管理的法律过程在很大一部分上也是借助语言进行的。特别是，那些规范我们同伴侣、雇主和交通提供者之间关系的合约主要是一些语言文件。”② 这些语言文件，经常让许多人苦恼不已。例如，有些外行甚至一般学习过法律的人，在签订保险合同、购房合同、运输合同等法律文件时，根本弄不清有些条款的文字含义。我们经常会遇到被要求签字的情况，但多数情况下我们不了解签字的法律后果。相信曾经有过这番苦恼经历的人，都会在内心里对法律语言发出一些抱怨。这些都是由法律语言的特点所决定的。法律语言区别于其他种类语言形式的特征，具体来说，有以下方面：

（一）法律语言的对抗性

法律语言总是基于一种假定的对抗状态而被设计和使用。从法律概念上看，权利与义务、权力与服从、特权与无权、职权与职责、责任与豁免、原告与被告（或加第三人）、上诉人与被上诉人、申请人与被申请人、甲方与乙方等，都是直接设计出来的对抗用语。据传，哈佛大学法学院有句广为流传的话：“当你从这里走出去的时候，眼睛里已经没有男人和女人，只有原告和被告。”足以说明这些对抗性概念给人留下的深刻印象。更有大量的间接体现对抗状态的用词，如违约、违法、犯罪以及各种罪名之间、民事责任之间、行政行为之间均呈现出不同用语之间的差异，进而为某种对抗提供了机会。诉讼程序的有关规定，更是为了在各种对立观点之间加强对抗性而设计的，诸如法庭调查、双方举证与质证、法庭辩论、上诉与申诉、辩护权、审判公开、使用本民族语言文字的权利、无罪推定等。从法律条文上看，每一个法律条文都假定对抗状态的存在。我国《刑事诉讼法》第 3 条规定：“对刑事案件的侦查、拘留、执行逮捕、预审，由公安机关负责。检察、批准逮捕、检察机关直接受理的案件的侦查、提起公诉，由人民检察院负责。审判由人民法院负责。除法律特别规定的以外，其他任何机关、团体和个人都无权行使这些权力。人民法院、人民检察院和公安机关进行刑事诉讼，必须严格遵守本法和其他法律的有关规定。”这一条款区分了几个国家机

① ［德］考夫曼、温弗里德·哈斯默尔主编：《当代法哲学和法律理论导论》，郑永流译，293 页，北京，法律出版社，2002。

② ［美］约翰·吉本斯：《法律语言学导论》，程朝阳、毛凤凡、秦明译，2 页，北京，法律出版社，2007。

关的职权范围。我国《民事诉讼法》第25条规定："因票据纠纷提起的诉讼，由票据支付地或者被告住所地人民法院管辖。"这是对不同法院管辖权的界定。我国《刑法》第50条第1款规定："判处死刑缓期执行的，在死刑缓期执行期间，如果没有故意犯罪，二年期满以后，减为无期徒刑；如果确有重大立功表现，二年期满以后，减为二十五年有期徒刑；如果故意犯罪，查证属实的，由最高人民法院核准，执行死刑。"这是对判处死缓的罪犯，根据缓期执行期间的表现，加以区别对待的依据。上述法律条文，都可能成为对抗时的重要依据。另外，法律人在工作状态中也总是以假想或实际的对立面为工作的出发点。例如，起草合同时各个合同当事人之间的明争暗斗，每个合同条款都可能暗藏玄机；申请信息公开的律师，执意索要书面答复背后的法律对抗意图；法庭调查阶段各方当事人提交证据时的小心翼翼，等等，如此这般，无不关系到各种对抗关系。法律语言，是一种用于在各种假定或实际发生的对抗关系中使用的语言。

（二）法律语言的规范性

这里的规范性有两层含义。第一，法律语言是一种正式的规范化的语言，一般不会出现俗语、俚语、大白话、方言等，有一种比较明显的官气和霸气，是人们在正式场合使用的语言。甚至包括语种，都有特别的规定。在英国，在诺曼底人入侵之前，法律语言是英语和拉丁语；诺曼底人征服英国后，拉丁语继续被用于正式文件、诉讼卷宗和特许状卷宗、诸如格兰威尔和布莱克顿的法律论著中。但在王室法庭上却使用法语。直至13世纪，随着王室法庭的兴盛和地方法院的衰落，法语逐渐替代英语。14世纪以后，又开始使用英语。直到1731年，议会才规定英语为官方法律语言。所以，在英国的法律语言中，含有相当数量的来源于拉丁语和法语的单词和词组。① 现在，我国的香港地区，英语依然是官方的法律语言之一。这些对语言类别的要求，无非是期待法律用词尽可能确定、准确、统一。所以，不仅是在法律文本中，而且在人们根据法律起草的文件以及在正式的法律场合人们之间的口头交流中，通常都必须字斟句酌、反复推敲，不会信口开河。在英美国家的法庭上，不恰当的语词还可能导致当庭被判处藐视法庭而受到严厉处罚。第二，法律语言与法律规范联系密切，一般情况下，都是围绕法律规范内在的逻辑结构表述的。法律规范的逻辑结构由条件、行为模式、法律后果三个部分构成，法律文本中的绝大多数法律语言都可以分属这三个要素。而在法律实践活动中，法律人则围绕这三个方面展开工作，运用自己的法律知识，包括有关法律文本、法律概念、法律语句等方面的知识，来正当化自己或者委托人的行为。规范性的这两层含义之间有一种内在的关联性，因为法律语言直指法律规范的逻辑结构，涉及重要的利益配置，必须严肃对待。在法庭上或其他正式的法律场合，则关系到自己或有关当事人的重大利益，一句不谨慎的话就可能导致非常严重的后果，因此，法律人当然要出言小心，避免给他人抓住把柄。这样，人们就可以看到一个很有趣的现象：在立法机关审议和表决通过法律时，经常为了几个用词而争论不休，投票时则表情严肃。在法庭上，不仅不能乱说话，而且不能乱出声，如大笑、哭闹，也不能使用肢体语言干扰审判，如做鬼脸以及使用藐视、威胁对方的动作。一切都是规范化的，甚至包括在法庭上的着装、仪式语言（诸如起立、坐下等）等，都在刻意强化这种正式性与规范性。

（三）法律语言的专业性

法律语言是一种由专业人士使用的专业语言。"法律是一个于内部定义的由概念意义构成的系统或具有特定法律价值的系统，它是一种专门语言且大体而言在其应用中具有单义性。"②

---

① 参见［英］戴维·M·沃克：《牛津法律大辞典》，李双元等译，651页以下，北京，法律出版社，2003。

② ［美］彼得·古德里奇：《法律话语》，赵洪芳、毛凤凡译，1页，北京，法律出版社，2007。

对于外行来说，法律语言有时就像天书。

通常来说，法律人并非专门地、刻意地创造一套与大众语言不同的法律语言，来给大家制造麻烦。实际情况恰恰相反，法律人在解决法律问题时，都会首先考虑语词最日常的用法，只有当这个词汇产生或可能产生争议的时候，才会考虑从专业角度去把握词义。“在确定当事人意欲通过特定的词语传达什么样的意图，或当事人有权从特定的词语里得出什么样的合理解释时，法庭首先考虑的是该词在英语日常用法中的含义，就这一点而言，标准上乘的字典将成为极好的证据；其次要考虑这个词意欲表述何种专门性的法律含义（当特别是该词出现在某一法律文件尤其是法律专业人士起草的法律文件里时）；再次会考虑，在某一特定的行业、职业或商业惯例中，该词会有什么特殊的或专业性的含义。”① 专业化的法律语言的存在，一方面是法律历史演进的结果；另一方面，这个演进的过程，无疑有着深刻的社会根源。在日常生活中，人类的语言通常是丰富多彩的，许多词都具有不止一个意思。例如，一个人酒后驾驶小汽车造成在人行通道撞死人的后果，究竟属于何种“故意”？是“故意”伤害还是剥夺他人生命的故意？还是违反交通规则的“故意”？一个没有学习过驾驶技术的人，手持非法渠道获得的驾驶证，将油门当刹车踩下去，撞死人，又是何种“故意”？对于上述问题，相信法律内行与外行之间一定存在很大争议，外行之间的争议或许还会更大。法律工作离不开诸如此类的法言法语，法律人必须辨别法条、判决、书籍、契约、遗嘱、当事人陈述或其他资料中各种用词的含义，并且要以诉状、契约、财产转让证书以及其他各种证书、证词或其他形式来表达自己的意思。所以，词语文字是法律工作的一个重要组成部分。“倘若法律像医学、工程学或其他科学一样有更丰富的纯法律专业词汇，那么法律的精确程度会高些。”② “法律语言必须具备一种适合于缔造规范意义的特殊形式，以便人们能够透过语言表象了解规范的文本意义。作为语言形式的高级形态，立法中的逻辑构成也是向法官、一般行政官员和一般社会成员传递法律内容的手段，因此需要考虑它的技术性，以便于法律的适用。”③ 可见，法律语言的专业性根源于人们对稳定有序的社会生活的需要。如果法律含义不明确，人们之间的分歧、纠纷只会更多，而不是更少。即使人们刻意发展能够用于准确表达思想的法律语言，在我们这个社会，依然很难避免因为语言本身的模糊性而产生类似诉讼爆炸的情况。“法律语言不可能消除现实的多样性，它植根于日常语言，它必须用有限的手段去描摹现实的无限多样性，并必须配以评价。这种结论排除了单一的清晰性：语言，与此相关包括法律语言，必须是多种含义的。”④ 据统计，在澳大利亚和英格兰约 40%的法庭活动需要对特定的立法条款的意义作出裁决；在美国各级法院普遍用词典作为一种审理案件的辅助工具，对法律文本进行文义解释；在我国，有学者初步统计我国《刑法》的法条，从《总则》到《分则》运用模糊词语共有一百多条，占全部条文的 50%以上。⑤ 何况，还有许多人或者误用语言或有意识地曲解法律中的语词、语句。

专业化的法律语言，使法律人在现代社会因熟悉法律语言而享有显赫的地位，也有人因此会认为，法律语言成为大众与法律之间的一面墙，影响大家对法律资源的充分利用。这个观点有正确的方面，但基本上是正确的废话。法律是用来解决问题的，而不是为了让人看懂的。在这个前提下，它应该尽可能通俗易懂。两者能兼顾最好，不能兼顾，必须二选一的时候，就只

---

① ［英］戴维·M·沃克：《牛津法律大辞典》，李双元等译，1187 页，北京，法律出版社，2003。

② ［英］戴维·M·沃克：《牛津法律大辞典》，李双元等译，1187 页，北京，法律出版社，2003。

③ ［日］川岛武宜：《现代化与法》，王志安、申政武译，261 页，北京，中国政法大学出版社，1994。

④ ［德］考夫曼、温弗里德·哈斯默尔主编：《当代法哲学和法律理论导论》，郑永流译，302 页，北京，法律出版社，2002。

⑤ 参见王洁：《法律语言学教程》，13 页，北京，法律出版社，1999。

能把解决问题放在首位。必须看到，法律工作的专业化，有着深刻的社会根源。在这个背景下，我们更应该关心的是，通过相应的制度建设，帮助公众享受到各种法律资源，包括专业人士的帮助。

（四）法律语言的强制性

法律语言具有明显的强制性，包含着一种威胁的语气和实际强制的可能性，经常出现“可以”、“必须”、“应该（应）”、“应当”、“有权”、“不得”等词语，让人感到如果不按照法律规定的方式行为，就肯定要承担不利的后果，有时甚至感到不寒而栗。例如，《刑法》第111条规定：“为境外的机构、组织、人员窃取、刺探、收买、非法提供国家秘密或者情报的，处五年以上十年以下有期徒刑；情节特别严重的，处十年以上有期徒刑或者无期徒刑；情节较轻的，处五年以下有期徒刑、拘役、管制或者剥夺政治权利。”什么是“国家秘密”？什么是“情报”？这条规定足以让经常与境外人士交流和打交道的人提高警惕，避免触犯。有的法律，不似刑法这般杀气腾腾，但也透着某种强制意味。例如，在我国引起广泛争议的《劳动合同法》，其第8条规定：“用人单位招用劳动者时，应当如实告知劳动者工作内容、工作条件、工作地点、职业危害、安全生产状况、劳动报酬，以及劳动者要求了解的其他情况；用人单位有权了解劳动者与劳动合同直接相关的基本情况，劳动者应当如实说明。”该条规定的内容，实际上并无相应明确的罚则作为法律后果，但看上去依然属于强制性要求。法律语词中，每一个词汇都意味着不同的法律意义和法律后果，人们围绕法律语词而展开的争执，出发点与归宿点都与法律后果相关。所以，法律语言中总是透着强制的气息。法律人在工作中使用的法律概念，一般都会与相应的强制要求相联结。

（五）法律语言的社会性

法律语言是一定社会关系和社会现实的反映。社会关系是人与人之间的关系，人由于各种原因分属不同的群体，形成不同的人际关系或者说支配与服从的权力关系。在中国古代的儒家学说中，“三纲五常”指的是不同的人应该遵守的规则，而“君君”、“臣臣”、“父父”、“子子”，则是强调人要各守其职，各尽本分：君主要像君主，大臣要像大臣，父亲要像父亲，儿子要像儿子。西方国家也是如此。任何一个社会，人都是分属不同群体的，而不同群体之间存在着经长期的历史积淀和现实斗争而形成的关系准则。法律语言就是这种社会关系的反映和体现。一些国家有着很奇怪的法律。例如，在法国，“严禁把猪命名为‘拿破仑’”；在美国的佛蒙特州，“女性必须经过丈夫同意才能戴假牙”；在英国，“一名男子如果内急想在公共场合解手，那他必须瞄准他车子的后轮并把右手搭在车上”；等等。[①] 这些规定现在看来是不可思议的，但是，一定都有着特定的历史原因，而且产生之时一定也经历过激烈的斗争。现在的法律，在文字表述上已经不会出现如此让人捧腹大笑的规定，但是，依然体现着深刻的社会历史文化背景，是一定的社会关系的反映。首先，法律是一种体制的力量，愿意使用法律语言，意味着尊重这个体制或者期待在体制范围内解决自己或社会的问题。而体制外的力量则通常是拒绝使用现行的法律语言，以对抗法律语言的方式反抗体制。例如，我国政治生活中喜欢使用“腐败”一词描述某些官员，但法律界人士则不会使用这个非制度性的词汇，其次，法律是一种利益分配，不同利益群体之间都在使用各种自己的语言，争取扩大自己在体制内的利益范围。例如，《劳动合同法》有关用人单位与劳动者的语词划分，很容易地就可以帮助我们确定利益关系，类似的还有国家机关、事业单位、企业、民营企业、个体工商户等，无不是一定社会关系的反映。再如，当我们听到政府发言人谈论“公共利益”这个法律词汇的时候，一定会

① 参见宗合：《法国猪取名“拿破仑”属违法!》，载《新快报》，2007-08-20。

联想到某个个人或企业的合法的财产权利，如房屋所有权，受到或将要受到限制。语句的含义由语言使用的具体社会环境所决定，法律语言也是如此，其必然反映特定社会的由一定历史文化因素、现实斗争状况所决定的社会关系和社会需要。

法律语言的上述五个特征，是法律职业者作为一个密切联系的共同体的重要因素之一。“我们注意到知识与专家语言的使用是专家团体成员资格的一个有力的标志，而且这类标志既有助于支持团体的团结，也有助于将其他人排除在这一团体之外。专家语言传达着重要的人际信息，即使它不是使用专家语言的主要动机。”①

二、法律语言的种类

法律语言相比较日常语言来说，是比较单一、枯燥的。但是，作为一种具有普遍社会需要的专业语言，它随着法治的发展和普及，也伴随着法律教育的发展，已经形成一个系统的体系。蒂尔斯玛曾提及：“当律师们在使用这些语言特征的时候，他们很微妙地相互传达着这样一种信息，即他们是这同一个俱乐部或兄弟会的成员。难怪法学专业的学生们如此努力地去模仿给他们上课的教授和律师们的语言！”② 专业化客观上为法律语言的发展提供了巨大的动力。今天，法律语言已经成为一个相对独立的专业语言系统。

我们可以从不同的角度，探讨法律语言的类型，以进一步把握法律语言的丰富性。

（一）有关书面、口头、肢体的语言形式

从法律语言的表达方式上看，法律语言可以分为书面语言、口头语言、肢体语言。书面语言又分为两种，一种是针对一般人、一般事项而书写的，如法律以及其他规范性法律文件；另一种则针对特定人、特定事项而书写的，如遗嘱、合同、公司章程、诉状、代理词、公诉词、辩护词、判决书、调解书、法律意见书等。口头语言则是在正式的法律工作场合，法律人发表的正式法律意见。例如，警官与检察官侦查询问、讯问时的问答，法庭调查、法庭辩论以及庭审过程中的其他口头问答等。肢体语言则是指通过肢体动作传递法律信息的语言形式，包括法律机构的肢体语言和个人的肢体语言两种。一般而言，专业的法律人几乎在任何国家都可以轻易辨认出法律机关的工作场所，因为这些场所通常都有明显的标志，如悬挂一个象征公平的符号体、比较古板等。而走进法庭之后，则可以看到全世界几乎通用的法庭设施，甚至桌椅摆放的位置都是相对固定的。个人的肢体语言则包括法律人开庭时的着装、假发、站立的位置、习惯手势与面部表情、其他动作以及对证人、被告人等参与人的动作要求等。

（二）有关人、物、行为的语词类型

从法律语言的语词概念上看，法律语言可以分为有关人、物、行为等的词汇。涉及人的，如自然人、法人、法定代表人、法定代理人、委托代理人、公司（子公司、分公司）、企业、合伙企业、企业集团、继承人、被继承人、遗嘱人、受赠人、犯罪嫌疑人、被告人、犯人、共犯、教唆犯、从犯、胁从犯、第三人、证人、鉴定人、夫妻、子女、继子女、养子女，等等；涉及物的，如主物、从物、流通物、非流通物、限制流通物、房屋、土地、个人（集体、国家）财产、资产、资金、标的物、证物等；涉及行为的，如合同、要约、承诺、要约邀请、买卖、赠与、遗赠、结婚、离婚、抚养、扶养、赡养、犯罪、违法、违约、侵权、故意、过失、疏忽大意、过于自信、返还原物、赔礼道歉等。

---

① ［美］约翰·吉本斯：《法律语言学导论》，程朝阳、毛凤凡、秦明译，89页，北京，法律出版社，2007。

② ［美］约翰·吉本斯：《法律语言学导论》，程朝阳、毛凤凡、秦明译，43页，北京，法律出版社，2007。

（三）有关授权性、禁止性、义务性的语句结构

从法律语言的语句结构上看，法律语言可以分为授权性、禁止性、义务性等条文。所谓授权性，就是授予权利的法律语句，句中通常有“可以”、“有权”、“有……权（自由、权利）”等字眼。例如，我国《宪法》第35条规定：“中华人民共和国公民有言论、出版、集会、结社、游行、示威的自由。”《律师法》第12条规定：“高等院校、科研机构中从事法学教育、研究工作的人员，符合本法第五条规定条件的，经所在单位同意，依照本法第六条规定的程序，可以申请兼职律师执业。”所谓禁止性，就是法律规定不允许从事的行为时使用的语句，或者说，通过要求行为人不作为的方式实现法律义务的语句，句中通常有“不得”、“禁止”等字眼。例如，《律师法》第11条规定：“公务员不得兼任执业律师。律师担任各级人民代表大会常务委员会组成人员的，任职期间不得从事诉讼代理或者辩护业务。”《宪法》第38条规定：“中华人民共和国公民的人格尊严不受侵犯。禁止用任何方法对公民进行侮辱、诽谤和诬告陷害。”禁止性语句是刑法中常见的语句，有时不以“禁止”等字眼出现，但含义很明确，如前面提到的我国《刑法》第111条规定的“为境外窃取、刺探、收买、非法提供国家秘密、情报罪”，没有出现“禁止”等字眼，但因为附着严厉的惩罚措施，一看就知属于禁止的行为。所谓义务性，则是要求行为人通过自己积极的作为方式来履行法律义务的语句，句中通常有“必须”、“应该”、“应当”、“有……义务”等字眼。例如，我国《合同法》第39条规定：“采用格式条款订立合同的，提供格式条款的一方应当遵循公平原则确定当事人之间的权利和义务，并采取合理的方式提请对方注意免除或者限制其责任的条款，按照对方的要求，对该条款予以说明。”《律师法》第16条规定：“设立个人律师事务所，除应当符合本法第十四条规定的条件外，设立人还应当是具有五年以上执业经历的律师。设立人对律师事务所的债务承担无限责任。”《宪法》第56条规定：“中华人民共和国公民有依照法律纳税的义务”，等等。

（四）有关庭审、谈判、调解、仲裁、行政复议、会见活动的语言形式

从法律语言的交流平台看，法律语言可以区分为庭审语言、谈判语言、调解语言、仲裁语言、行政复议语言、会见语言等形式。这种带有讨论、辩论性质的集体活动，通常有一个明确的主题，被一些语言学家表达为话语活动。首先，话语活动每次通常只有一个话题，参与讨论或者辩论的各方围绕一个话题进行谈话。为了保证谈话的效果，会有一个预先制定或拟订的谈话规则，大家依据规则发表意见。每一种谈话，因为交流对象与程序及谈话规则的不同，都必须经过有针对性的精心准备。例如，民事案件的开庭，参与方至少有职业法官、书记员、对方当事人及其代理人、自己的委托人等，双方当事人维护的是相互对立的利益，既要压倒对方，又要说服法官，还得让书记员记录下自己的意见。而仲裁则有所不同，双方可以从备选名单中选择仲裁员，且备选名单上的候选人基本上都是所属行业的专家，说服他们的方式与说服法官的方式自然不同。而会见刑事案件的被告人，则要立足于建立双方的互信。可见，不同的话语活动，对语言的要求是不同的。其次，话语活动实际上是在一定的权力结构中进行的。每一个集体交流的场合，都同时是各种权力对抗的地方。预先安排的谈话场景，包括时间、地点、参与人员、发言顺序、文本格式等，无不渗透着权力的影响。因此，谈话也是一场权力斗争，需要一定的法律智慧。这些不同的法律活动，在活动的场所、法律文件的准备、交流时的顺序、说话的语气等方面，都是有所不同的。

法律语言的分类方式很多。例如，法律语言还可以按照法律的类型进行分类，如刑事法律语言、民事法律语言、行政法律语言等；也可以从法律文件的类型，即法律渊源角度，进一步分类，这些分类同样也是有重要意义的。有学者将法律语言分为独白式与互动式，“法律语言从广义上可以分为两个主要的领域——法典化的、主要是立法的书面语和其他的法律文件，如

合同等，它们主要是独白式的；和法律过程中更加口语化的、互动的和动态的语言，特别是法庭语言、警察调查语言、监狱语言以及律师与律师之间、律师与其客户之间交流的语言”①。还有人把法律文本分为操作性文件、解释性文件、说服性文件等。② 语言的使用，就是语言的交流活动。法律语言的类型，随着交流形式的不同而不同，呈现出多样化的形态。③

法律与语言的关系很复杂，其中涉及语言本身的复杂性，也涉及制度的复杂性。现代社会思想，又在经历一个语言学转向，诸种因素交织在一起，为理解法律与语言的关系增加了诸多新的内容和变数。但是，把法律一定意义上理解为语言现象，并且作为制度化的语言现象进行实践，对于深入理解法治以及法律人在法治建设过程中的作用，具有特别重要的意义。法律方法，说到底，就是运用法律语言达致特别目的的方法。是否善于运用法律语言通过制度化解矛盾，对每一个法律工作者来说，都是一个重要考验。

思考题

1. 生活世界与法律世界为什么需要语言进行沟通？
2. 法律的权力为什么又是语言的权力？
3. 法律与制度是什么关系？为什么不直接使用法律制度一词？
4. 法律语言在制度化与再制度化过程中能够发挥什么作用？
5. 法律语言的特点有哪些？法律语言的对抗性又包含什么问题？
6. 法律语言有哪些种类？请列举 10 种以上的法律领域的肢体语言？
7. 法律、语言、法律方法三者之间是什么关系？

参考书目

1. [美] 约翰·M·康利，威廉·M·欧巴尔．法律、语言与权力．2 版．程朝阳译．北京：法律出版社，2007
2. [比] 马克·范·胡克．法律的沟通之维．孙国东译．北京：法律出版社，2007
3. [美] 约翰·吉本斯．法律语言学导论．程朝阳，毛凤凡，秦明译．北京：法律出版社，2007
4. [美] 彼得·古德里奇．法律话语．赵洪芳，毛凤凡译．北京：法律出版社，2007
5. [美] 诺思．制度、制度变迁与经济绩效．刘守英译．上海：上海三联书店，1994
6. 吴伟平．语言与法律——司法领域的语言学研究．上海：上海外语教育出版社，2002
7. 王洁．法律语言学教程．北京：法律出版社，1999
8. 葛洪义．法律方法讲义．北京：中国人民大学出版社，2009

① [美] 约翰·吉本斯：《法律语言学导论》，程朝阳、毛凤凡、秦明译，17 页，北京，法律出版社，2007。

② 参见 [美] 约翰·吉本斯：《法律语言学导论》，程朝阳、毛凤凡、秦明译，17 页以下，北京，法律出版社，2007。

③ 有关法律语言的类型问题，请参见吴伟平：《语言与法律——司法领域的语言学研究》，13 页以下，上海，上海外语教育出版社，2002。

第三章 法律方法与法律渊源

本章导读

本章从法律方法的角度讨论法律渊源的方法论问题。本章所讨论的法律渊源特指形式意义上的法律渊源，即从法律职业者的立场来思考一国现行法的表现形式及其适用。形式意义上的法律渊源又可分为直接法律渊源和间接法律渊源、司法的法律渊源和行政的法律渊源。从法律适用的角度看，法律渊源是法律人适用法律、构建大前提的起点，它包含两个层面的问题：其一，从静态层面认识法律渊源的表现形式；其二，从动态层面解决法律渊源内部的规范冲突和漏洞。从规范结构的角度看，法律渊源由法条组成，法条是法律体系的最小单元，法条又可分为完全法条和不完全法条。

本章讨论三个问题：首先，思考法律渊源的含义、功能等一般原理；其次，从法律适用层面探讨法律渊源的类型和适用；最后，探讨法律渊源的最小组成单元——法条，从而认识法律的规范结构。

第一节 法律渊源的含义和功能

法律渊源（source of law）也称为法源，是一个借用自“水源”的象征性用语。在法理学中，法源有多种含义，如形式意义的法律渊源和实质意义的法律渊源，直接的法律渊源和间接的法律渊源。本节讨论法律渊源的含义和功能。

一、法律渊源的含义

（一）实质意义的法律渊源与形式意义的法律渊源

1. 实质意义的法律渊源

实质意义的法律渊源是指从政治、经济、历史、伦理和社会等角度来探讨实在的法律秩序存在的原因和基础。例如，自然法学派坚信法律的根基是人性和人的是非观念，认为法律来自于某种社会主流的价值观念；历史法学派认为法律的基础存在于民族的共同意志中，它的起源和发展取决于民族的特殊历史；法律实证主义认为法律来自于主权者的意志；而马克思主义法学则认为作为上层建筑的法律归根到底是一定社会生产关系的产物。

2. 形式意义的法律渊源

在法理学中，人们通常将形式意义上的法律渊源理解为“一国现行法的表现形式”、“法的创制形式”。具体来说，形式意义的法律渊源是指，由国家或社会所形成的，能被法律人适用并对司法判断或行政行为有拘束力或影响力的不同效力等级的法律规范的表现形式。如果说实质意义的法律渊源侧重于从价值、历史、立法者和经济等外在视角，即法学研究者/认识理性的角度来追问法律是什么，那么形式意义的法律渊源则侧重于从内在视角，即法律职业者/技艺理性的视角来思考法律是什么。基于这一区分，在我们这本讨论如何适用法律的法律方法论教科书里，我们所讨论的法律渊源专指形式意义的法律渊源。①

（二）直接法律渊源与间接法律渊源

以能否直接应用为标准，形式意义的法律渊源可以分为直接法律渊源和间接法律渊源。

1. 直接法律渊源

直接法律渊源也称为正式的法律渊源，是指由一定的国家机关按一定的程序制定或认可的、以规范性文件的形式表现出来的法律规范，如宪法、法律、行政法规、地方性法规、法律解释等成文法。直接法律渊源是法律适用的依据。

2、间接法律渊源

间接法律渊源也称为非正式法律渊源，是指未被立法机关认可，但具有法律意义的资料和因素，如公共政策、法理学说、道德信念、社会思潮和习惯法等。

通常情况下，法律适用者援引直接法律渊源即可作出决定。也就是说，当正式的法律渊源对法律问题能够提供一个明确的回答时，在绝大多数情况下就不需要也不应当去求助于非正式法律渊源。但是，社会不断发展，法律又是一种凝固的智慧，因此，法律总是会出现漏洞，这个时候就需要援引间接法律渊源来填补漏洞。也就是说，间接法律渊源是法官续造法律、填补法律漏洞的基础和来源。在田永诉北京科技大学案中，北京市海淀区人民法院在一审判决中

---

① 在凯尔森眼中，一般情况下，实质意义的法律渊源不具有法学意义；同时，他也指出在特定的时候如疑难案件中，实质意义的法律渊源也能构成形式意义的法律渊源的补充。“‘法律渊源’这一说法最后就被用之于一种完全非法学上的意义。有人也就用来指所有那些实际上影响创造的法律机关的观念，例如，道德规范、政治原则、法律学说、法学专家的看法等等，和前述‘渊源’相比，这些‘渊源’本身并无任何约束力。它们并不像真正的‘法律渊源’那样，是法律规范或法律规范的特定内容。然而，就法律秩序来说，使法律创造机关负有尊重或适用某些道德规范、政治原则或专家看法，将这些规范、原则或看法变为法律规范并从而成为法律渊源，也是可能的。”参见［奥］凯尔森：《法与国家的一般理论》，沈宗灵译，149页，北京，中国大百科全书出版社，1996。

称："……而且退学处理的决定涉及原告的受教育权利，从充分保障当事人权益原则出发，被告应将此决定直接向本人送达、宣布，允许当事人提出申辩意见。而被告既未依此原则处理，尊重当事人的权利，也未实际给原告办理注销学籍、迁移户籍、档案等手续……"在此，对于"应当……允许被处理者本人提出申辩意见"，法院没有指明这一理由的法律依据。事实上，在被告作出退学处理决定时，所有相关的法律、法规、规章和其他规范性文件都没有规定这一程序要求。在此，法官就是依据正当程序原则这一间接法律渊源来填补法律漏洞的。① 即使规则没有漏洞，但适用该规则会导致一个"被绝大多数有理性的人斥责为完全不能接受和完全不合理的结果"，即在这种刚性的法律规定与人的普遍正义观念相冲突的情况下，法律适用者可以援引非正式法律渊源来行使衡平的裁量权。② 在里格斯诉帕尔默案中，法官就是运用"任何人不得从自己的错误中得利"这一非正式的法律渊源创制了纽约州《继承法》所规定的遗嘱自由的例外，从而认定帕尔默无权继承自己祖父的遗产。③

（三）司法的法律渊源和行政的法律渊源

按照法律适用者的不同，法律渊源可以分为司法的法律渊源和行政的法律渊源。

1. 司法的法律渊源

司法的法律渊源是指，对法官审理案件有拘束力或影响力的不同效力等级的法律规范的表现形式。一般来说，法院审理案件只能依据权力机关（人大或议会）立法或者授权行政立法来裁判，行政机关制定的规章以及规章以下规范性文件对法院没有直接的约束力。法院需要先审查规章以及规章以下规范性文件的合法性以及合理性，才能决定是否适用。④

2. 行政的法律渊源

行政的法律渊源是指，对行政主体作出行政行为有拘束力或影响力的不同效力等级的法律规范的表现形式。对于行政主体来说，它既可以根据法律、行政法规来作出行政行为，也可以根据自己制定的规章以及规章以下规范性文件来作出行政行为。例如，交警对超速行驶的汽车给予 200 元的罚款，依据的是全国人大制定的《道路交通安全法》；而某市人力资源与社会保障局认定某参加公务员考试的考生体检不合格，依据的是该市人民政府制定的《××市执行〈公务员录用体检通用标准（试行）〉中有关问题的会议纪要 》这一行政规范性文件。

综上，本书站在法律职业者的立场来讨论法律渊源，它是由国家或社会形成的，能被法律

---

① 参见北京市海淀区人民法院（1998）海行初字第 142 号行政判决书。

② 参见［美］E. 博登海默：《法理学：法律哲学与法律方法》，邓正来译，430 页，北京，中国政法大学出版社，1999。

③ 1880 年 8 月 13 日，富朗西斯·帕尔默立下一份遗嘱，遗嘱约定他的两个女儿——里格斯和普瑞斯顿，即该案的原告，只能继承其遗产中很少的一部分；剩余大部分遗产由其孙子——即该案的被告埃尔默·帕尔默继承。1882 年 3 月，富朗西斯·帕尔默与伯瑞斯夫人结婚。婚前签署了一份协议，约定一旦伯瑞斯夫人后于富朗西斯·帕尔默去世，则由伯瑞斯夫人照管农场、管理财产直至去世。被告帕尔默推测祖父有可能改变遗嘱，且有迹象表明祖父也试图改变遗嘱。为了阻止祖父改变遗嘱，尽快获得遗产，帕尔默毒死了祖父。See 115 N Y—506，22 N. E. 188（1889）.（1899 年纽约法院案例报告，115 卷，506 页；东北案例报告，22 卷，188 页。）

④ 我国《行政诉讼法》第 53 条规定，人民法院审理行政案件依据法律、法规，参照规章。最高人民法院《关于审理行政案件适用法律规范问题的座谈会纪要》规定：国务院部门以及省、市、自治区和较大的市的人民政府或其主管部门对于具体应用法律、法规或规章作出的解释；县级以上人民政府及其主管部门制定发布的具有普遍约束力的决定、命令或其他规范性文件。行政机关往往将这些具体应用解释和其他规范性文件作为具体行政行为的直接依据。这些具体应用解释和规范性文件不是正式的法律渊源，对人民法院不具有法律规范意义上的约束力。但是，人民法院经审查认为被诉具体行政行为依据的具体应用解释和其他规范性文件合法、有效并合理、适当的，在认定被诉具体行政行为合法性时应承认其效力；人民法院可以在裁判理由中对具体应用解释和其他规范性文件是否合法、有效、合理或适当进行评述。

人适用并对司法裁判或行政行为有拘束力或影响力的不同效力等级的法律规范的表现形式。它专指形式意义的法律渊源；它既包括直接法律渊源和间接法律渊源，也包括司法的法律渊源和行政的法律渊源。

二、法律渊源的功能

从法律方法的角度看，法律渊源有两个功能：

（一）“法律渊源是法官发现法律的大致场所”[①]

我国《宪法》第5条规定：“中华人民共和国实行依法治国，建设社会主义法治国家……一切国家机关和武装力量、各政党和各社会团体、各企业事业组织都必须遵守宪法和法律。一切违反宪法和法律的行为，必须予以追究。”第126条规定：“人民法院依照法律规定独立行使审判权，不受行政机关、社会团体和个人干涉。”据此，在一个民主法治社会里，无论是司法裁判还是行政行为，原则上都必须受法律约束。具体来说，司法判决和具体行政行为作出的过程就是发现体现在一般“抽象性的”法律规范中并由法律渊源学说来定义的有效的法，进而根据它对案件事实作出司法判决或者行政决定并进行说理的过程。

如此一来，法官和行政官员在作出判决或者行政行为之前就必须考虑：什么是“法律”？到哪里找到“法律”？如何在大量法律渊源中识别所拟处理案件需要适用的“法律”？上述问题在我们这个社会关系不断变化，各种法律、法规、法律解释如潮水般涌来的时代，显得尤为复杂，即使是专业的法律人也会觉得法律制度极其不透明。如此一来，如何认识浩繁复杂的法律渊源体系并在其中找到判决和决定的依据，是法官和行政官员面临的首要问题。因此，法律渊源的功能首先在于：法律渊源是发现法律的场所，法律职业者在由（狭义）法律、行政法规、地方性法规、规章、自治条例和单行条例、法律解释、国际条约和国家惯例等不同形式的实在法所构成的法律渊源中寻找司法判决和行政行为的论据材料。法律渊源是法律方法运用的前提，是构建大前提、认识案件事实等法律适用问题的起点。

（二）法律渊源是法律适用者识别法律、化解法律冲突、进而填补法律漏洞的基础和来源

法律渊源不仅仅是法律适用者发现法律的场所，法律渊源还是法律适用者针对个案识别法律的基础和来源，即在众多的法律渊源类型如法律、行政法规、地方性法规、规章中，寻找并确定应用于当前案件的法律规范。同时，这些不同类型的法律渊源之间又存在上位法与下位法、特别法与一般法、新法与旧法的关系，法律适用者还要根据诸如上位法优于下位法、特别法优于一般法、新法优于旧法等规则才能正确适用法律。

与此同时，任何立法都不可能是“万全法”，立法不可避免地会出现法律漏洞。这样一来，当法官和行政官员所拟适用的“法律”发生评价矛盾、错误、漏洞甚至与宪法不一致时，该如何解决？通常法官在遇到法律冲突时，一个途径是逐级请示，由最高人民法院提请全国人大常委会予以审查和指示。[②] 不过采取这种方式，对于那些期望通过司法及时获得救济的当事人来

---

① 陈金钊：《法律渊源：司法视角的定位》，载《甘肃政法学院学报》，2005（6）。

② 《立法法》第90条第1款规定：“国务院、中央军事委员会、最高人民法院、最高人民检察院和各省、自治区、直辖市的人民代表大会常务委员会认为行政法规、地方性法规、自治条例和单行条例同宪法或者法律相抵触的，可以向全国人民代表大会常务委员会书面提出进行审查的要求，由常务委员会工作机构分送有关的专门委员会进行审查、提出意见。”

说，正义仿佛有点姗姗来迟了。事实上，我们认为如果没有统一和谐的法律秩序（事实上确实没有），除了寻求立法机关解决之外，法官也可以运用细致、精巧的法律方法在法律渊源体系内获得回旋的余地，即通过和谐化的、解决规范矛盾的解释来创造统一的法律秩序，从而在现行法律渊源的体系内获得问题解决的途径。

第二节　法律渊源的类型与适用

从方法论的角度看，法律渊源是法律人适用法律、构建大前提的起点，它包含两个层面的问题：其一，从静态层面认识法律渊源的表现形式；其二，从动态层面解决法律渊源内部的规范冲突、填补法律漏洞，从而衡平个案。本节分别从上述两个方面讨论法律渊源的类型和适用。

一、法律渊源的类型

（一）直接法律渊源

1. 宪法

宪法是国家根本法。从形式上看，宪法在一国“金字塔形”法律渊源体系的最顶端，一切法律、行政法规、地方性法规、自治条例和单行条例、规章都不得同宪法相抵触。[①] 从实质上看，宪法是其他法律渊源的根源（母法），它催生了一国法律渊源体系，立法机关及其授权机关通过制定法律、行政法规、地方性法规和规章将宪法的基本价值和原则具体化。从性质上看，宪法既是政治文本，又是法律文本。一方面，宪法作为“宪”，它是一种具有政治意蕴的国家根本法，其规定了国家的政治存在形式，是一国人民在创建国家时所作的根本性政治决断；另一方面，宪法作为“法”，它是公民和政治团体行动的规则，无论我们赋予宪法多么神圣的地位，它依然构成整个法律体系的一部分。

对于作为法律渊源的宪法而言，最为重要的问题在于：它能否成为法官依法裁判的基础；换言之，法官能否直接依据宪法作出判断。这就是所谓的“宪法司法化”问题，也是宪法能否作为法律渊源看待的关键。在“齐玉苓诉陈晓琪案”所引发的“宪法司法化”的讨论中[②]，讨论者就提出了这个问题。主张宪法司法化的学者认为，如果说宪法也是法律，那么法院可以解释法律，当然也就可以解释宪法。这其实就是“宪法司法化”主张的基本思路，这种主张推定人民法院具有解释宪法的权力。但是，反对者认为，我国《宪法》并未明确规定法院有解释和适用宪法的权力，从宪法文本的规定来看，宪法解释权是全国人大常委会的

① 《宪法》第5条第3款规定：“一切法律、行政法规和地方性法规都不得同宪法相抵触。”《立法法》第78条规定：“宪法具有最高的法律效力，一切法律、行政法规、地方性法规、自治条例和单行条例、规章都不得同宪法相抵触。”

② 1990年，就读于山东省滕州市第八中学的应届生齐玉苓（本名齐玉玲），原顺利考取山东省济宁商业学校，但被同班同学陈晓琪（本名陈恒燕）冒名顶替成为该校学生。1998年齐玉苓向山东省枣庄市中级人民法院提出民事诉讼。1999年齐玉苓不服一审判决，向山东省高级人民法院提出上诉。山东省高级人民法院经过最高人民法院的批复后，引用《宪法》第46条，于2001年判决被告陈晓琪停止对齐玉苓的姓名权侵犯，并且被告人和单位需赔偿齐玉苓总共人民币10万元。2008年12月18日公布的最高人民法院《关于废止2007年底以前发布的有关司法解释（第七批）的决定》，废止了最高人民法院《关于以侵犯姓名权的手段侵犯宪法保护的公民受教育的基本权利是否应承担民事责任的批复》。

排他性专属权。[①]

2. 法律

在我国，“法律”这个概念具有两种含义：(1) 广义的法律，是指所有由具有立法权的立法机关依据立法程序产生的规范性法律文件。(2) 狭义的法律，是指由全国人民代表大会和全国人民代表大会常务委员会制定的规范性法律文件。此处的法律是指狭义的法律。在我国正式的法律渊源之中，法律的地位仅次于宪法。依据立法机关的不同，法律可以分成两个子类别：(1) 基本法律，是指由全国人民代表大会制定的、关于我国社会生活某一方面的规范性法律文件。例如，《刑法》、《物权法》、《合同法》和《婚姻法》等。(2) 基本法律以外的法律，是指由全国人民代表大会常务委员会制定的规范性法律文件。例如，《保险法》、《海商法》、《反不正当竞争法》等。[②]

3. 行政法规

行政法规包括三类：(1) 执行性行政法规：为执行法律的规定需要，所制定的行政法规，如《〈商标法〉实施条例》；(2) 职权性行政法规：国务院为实现自身的法定职权，所制定的行政法规，如《地震检测管理条例》、《进出口货物原产地条例》[③]；(3) 授权性行政法规：应当由全国人民代表大会及其常务委员会制定法律的事项，国务院根据全国人民代表大会及其常务委员会的授权决定先制定的行政法规，如《车船税暂行条例》(2011 年 2 月 25 日，第十一届全国人大常委会第十九次会议审议通过了《车船税法》，车船税也就成为我国第一个由国务院条例上升为法律的税种)。[④]

4. 地方性法规

地方性法规是指具有立法权的地方人大及其常委会，可以因为执行法律或者行政法规的需要以及针对自身权限范围之内的地方性事务制定的规范性法律文件。依据制定机关等级的不同，地方性法规可以分成两个层次：(1) 省、自治区、直辖市人大及其常委会制定的地方性法规；(2) 较大的市的人大及其常委会制定的地方性法规。[⑤] 由于行政权力具有等级制的特征，因而以上两种地方性法规的效力依次减弱。

---

① 参见强世功：《谁来解释宪法——从宪法文本看我国的二元违宪审查体制》，载《中外法学》，2005 (3)。

② 《立法法》第 7 条规定：全国人民代表大会和全国人民代表大会常务委员会行使国家立法权。全国人民代表大会制定和修改刑事、民事、国家机构的和其他的基本法律。全国人民代表大会常务委员会制定和修改除应当由全国人民代表大会制定的法律以外的其他法律；在全国人民代表大会闭会期间，对全国人民代表大会制定的法律进行部分补充和修改，但是不得同该法律的基本原则相抵触。

③ 《立法法》第 56 条规定：国务院根据宪法和法律，制定行政法规。行政法规可以就下列事项作出规定：(1) 为执行法律的规定需要制定行政法规的事项；(2)《宪法》第 89 条规定的国务院行政管理职权的事项。

④ 《立法法》第 9 条规定：“本法第八条规定的事项尚未制定法律的，全国人民代表大会及其常务委员会有权作出决定，授权国务院可以根据实际需要，对其中的部分事项先制定行政法规，但是有关犯罪和刑罚、对公民政治权利的剥夺和限制人身自由的强制措施和处罚、司法制度等事项除外”。第 56 条第 3 款规定：应当由全国人民代表大会及其常务委员会制定法律的事项，国务院根据全国人民代表大会及其常务委员会的授权决定先制定的行政法规，经过实践检验，制定法律的条件成熟时，国务院应当及时提请全国人民代表大会及其常务委员会制定法律。

⑤ 《立法法》第 63 条规定：省、自治区、直辖市的人民代表大会及其常务委员会根据本行政区域的具体情况和实际需要，在不同宪法、法律、行政法规相抵触的前提下，可以制定地方性法规。较大的市的人民代表大会及其常务委员会根据本市的具体情况和实际需要，在不同宪法、法律、行政法规和本省、自治区的地方性法规相抵触的前提下，可以制定地方性法规，报省、自治区的人民代表大会常务委员会批准后施行。《立法法》第 64 条规定：地方性法规可以就下列事项作出规定：(1) 为执行法律、行政法规的规定，需要根据本行政区域的实际情况作具体规定的事项；(2) 属于地方性事务需要制定地方性法规的事项。除本法第 8 条规定的事项外，其他事项国家尚未制定法律或者行政法规的，省、自治区、直辖市和较大的市根据本地方的具体情况和实际需要，可以先制定地方性法规。在国家制定的法律或者行政法规生效后，地方性法规同法律或者行政法规相抵触的规定无效，制定机关应当及时予以修改或者废止。

此外，根据《立法法》第65条和第81条以及全国人大的有关授权决定，经济特区所在地的省、市的人民代表大会及其常务委员会根据全国人民代表大会的授权决定，有权制定法规，并在经济特区范围内实施。[①] 所以，我国经济特区所在地的市的人大有双重立法权：地方性法规制定权和授权立法权。

5. 民族自治条例和单行条例

依据我国在少数民族聚居区实行的民族区域自治制度，民族自治地方的人民代表大会有权依据当地民族的政治、经济、文化的特点制定自治条例和单行条例。同时，自治条例和单行条例可以依据当地民族的特点，对法律和行政法规的规定进行变通，但是不得违背法律和行政法规的原则。[②]

6. 规章

国务院各部、委员会、中国人民银行、审计署和具有行政管理职能的直属机构可以根据法律和国务院的行政法规、决定、命令，在本部门的权限范围内，制定规章。省、自治区、直辖市和较大的市的人民政府，可以根据法律、行政法规和本省、自治区、直辖市的地方性法规，制定规章。

规章是行政的法律渊源。规章是行政机关制定的行政规范性文件，属于政策制定范畴，是抽象行政行为。行政国的时代，立法机关的立法无法胜任越来越繁杂、越来越专业的行政事务，行政机关不可能像过去那样单纯地落实立法机关的指令和意志。为了更好地实现对社会的治理，行政机关只能自己制定规则，进而援引自己制定的规则如规章来作出行政决定。总之，对行政机关来说，“以国会为师”的时代已经过去，因此，规章是行政的法律渊源。

但是，规章不必然是司法的法律渊源。对法院来说，服从立法机关的指令和意志是审判权的内在要求；但如果让法院去服从行政机关的指令和意志，不仅违反人民主权原则，而且也使得法院无法监督和审查行政机关的抽象行政行为。因此，在司法审判中，规章是否能成为司法的法律渊源是一个（悬而未决的）问题。只有经法院审查确认合法，该规章才能成为法院判决的依据，这时该规章即获得法源的地位；反之，法院经审查后确认规章违反上位法的，法院就可以选择不适用该规章，这时该规章不是法源。这就是《行政诉讼法》第53条“参照”规章

---

① 《立法法》第65条规定：“经济特区所在地的省、市的人民代表大会及其常务委员会根据全国人民代表大会的授权决定，制定法规，在经济特区范围内实施。”第81条第2款规定：“经济特区法规根据授权对法律、行政法规、地方性法规作变通规定的，在本经济特区适用经济特区法规的规定。”经济特区授权立法的授权决定有5个：（1）1981年第五届全国人大常委会第二十一次会议通过关于授权广东省、福建省人大及其常委会制定所属经济特区的各项单行经济法规的决议。（2）1988年七届全国人大一次会议通过关于建立海南经济特区的决议，授权海南省人大及其常委会制定所属经济特区的法规。（3）1992年第七届全国人大常委会第二十六次会议通过关于授权深圳市人大及其常委会和深圳市政府分别制定法规和规章在深圳经济特区实施的决定。（1989年七届全国人大二次会议审议了国务院提请授权深圳市人大及其常委会和深圳市政府分别制定深圳经济特区法规和深圳经济特区规章的议案，决定授权全国人大常委会在深圳市依法选举产生市人大及常委会后，对国务院提出的上述议案进行审议，作出相应决定。据此，全国人大常委会在1992年作出了对深圳经济特区的授权立法决定。）（4）1994年八届全国人大二次会议通过关于授权厦门市人大及其常委会和厦门市政府分别制定法规和规章在厦门经济特区实施的决定。（5）1996年八届全国人大四次会议通过关于授权汕头市和珠海市人大及其常委会、政府分别制定法规和规章在各自的经济特区实施的决定。

② 《立法法》第66条规定：“民族自治地方的人民代表大会有权依照当地民族的政治、经济和文化的特点，制定自治条例和单行条例。自治区的自治条例和单行条例，报全国人民代表大会常务委员会批准后生效。自治州、自治县的自治条例和单行条例，报省、自治区、直辖市的人民代表大会常务委员会批准后生效。自治条例和单行条例可以依照当地民族的特点，对法律和行政法规的规定作出变通规定，但不得违背法律或者行政法规的基本原则，不得对宪法和民族区域自治法的规定以及其他有关法律、行政法规专门就民族自治地方所作的规定作出变通规定。”

这一表述的含义。

7. 法律解释

与西方国家的“法律解释总是一种与个案相联系的司法活动”不同，在当代中国，法律解释被赋予了多重功能。有时候它意味着有法律解释权的主体对作为客体的法律文本的意义和内容的说明，如《立法法》第42条规定，“法律解释权属于全国人民代表大会常务委员会”，这里的法律解释从本质上看是一种立法活动。有时候它意味着司法过程中法官在个案中对法律文本的理解，如在“鼓浪屿水族博物馆诉厦门市鼓浪屿区地方税务局征税案”中，法官需要界定“水族博物馆”是不是《营业税暂行条例》第8条第1款第6项的“博物馆”，从而能够享受减免营业税的待遇，这里的法律解释显然与具体的司法审判相关。

在本章中，我们所讨论的法律解释是指作为一种立法活动的法律解释，是指法定国家机关如全国人大常委会、最高人民法院、最高人民检察院、国务院及其主管部门，省、自治区、直辖市和较大的市的人大常委会，省、自治区、直辖市和较大的市的人民政府及其主管部门，对法律、法规、规章所作的、具有普遍约束力的解释。在中国，作为立法活动的法律解释数量庞大、种类繁多，如全国人大常委会《关于〈中华人民共和国刑法〉第九章渎职罪主体适用问题的解释》、《关于〈中华人民共和国刑法〉第三百一十三条的解释》，最高人民法院《关于财产刑执行问题的若干规定》，最高人民检察院《关于公证员出具公证书有重大失实行为如何适用法律问题的批复》，国务院法制办公室对《关于提请解释〈中华人民共和国行政许可法〉有关适用问题的函》的复函，国家税务总局《关于个人所得税有关政策问题的通知》，等等。具体而言，法律解释可以分为以下几类：

（1）立法解释

立法解释是享有立法权的国家权力机关依照法定职权对自己制定的法律或地方性法规需要进一步明确界限的法律条文的内容和含义所进行的解释。按照我国有关规定，立法解释的主体和权限包括：全国人大常委会对宪法和法律的解释；凡属地方性法规本身需要进一步明确界限或作出补充规定的，由省、自治区、直辖市以及较大的市的人大常委会对其进行解释。在司法活动与执法活动中，对法律的立法解释同法律具有同等的法律地位，对地方性法规的立法解释同地方性法规具有同等的法律地位。立法解释是我国法律适用与行政执法的法律渊源。

（2）行政解释

行政解释是指，国家最高行政机关及其主管部门以及省、市、自治区和较大的市的人民政府或其主管部门依法对法律、法规和规章进行的解释。我国行政解释的主体包括：国务院、国务院主管部门以及省、市、自治区和较大的市的人民政府及其主管部门。行政解释能否成为司法的法律渊源或者行政的法律渊源，要结合行政法的法理具体情况具体分析。一方面，国务院对法律、行政法规的行政解释，国务院主管部门对法律、行政法规和规章的行政解释，由省、自治区、直辖市人民政府主管部门对地方性法规的行政解释，行政机关可以将之作为作出具体行政行为的直接依据，从而构成我国行政的法律渊源。另一方面，国务院对法律、行政法规的行政解释是人民法院审理行政案件的法律依据，构成我国司法的法律渊源；而国务院部门以及省、市、自治区和较大的市的人民政府及其主管部门对于具体应用法律、法规或规章作出的解释不是行政法的法源，对人民法院不具有法律规范意义上的约束力。如果法院经审查认为被诉具体行政行为依据的行政解释合法、有效并合理、适当，在认定被诉具体行政行为合法性时应承认其效力；同时，法院可以在裁判理由中对行政解释是否合法、有效、合理或适当进行评述。

（3）司法解释

司法解释是指最高人民法院和最高人民检察院分别就审判工作和检察工作中如何具体应用

法律的问题所作的具有普遍司法效力的解释。在实践中，我国的司法解释不仅名称繁多、内容广泛，而且绝大多数属于不针对具体个案的抽象解释。《立法法》对司法解释的地位没有明确规定，如果按照新法优于旧法的一般关系原则，我们可以认为《立法法》取消或废止了全国人民代表大会常务委员会《关于加强法律解释工作的决议》中法律的司法解释权。但是，国务院《关于贯彻实施〈中华人民共和国立法法〉的通知》又重申了《关于加强法律解释工作的决议》中有关“凡关于法律、法令条文本身需要进一步明确界限或作补充规定的，由全国人民代表大会常务委员会进行解释……不属于审判和检察工作中的其他法律、法令如何具体应用的问题，由国务院及主管部门进行解释”的内容。而2006年颁行的《各级人民代表大会常务委员会监督法》第33条也间接承认了最高人民法院和最高人民检察院的司法解释权。

在具体实践中，根据最高人民法院《关于司法解释工作的若干规定》和最高人民检察院《司法解释工作规定》的规定，司法解释具有法律效力，是法院审理案件的重要法律渊源。但是，司法解释是否能成为行政的法律渊源，行政机关的态度比较保守，如国家工商行政管理总局工商标字［2004］第14号《关于行政机关可否直接适用司法解释问题的批复》中称：“司法解释是指由国家最高司法机关在适用法律过程中对具体应用法律问题所作的解释，对各级司法机关如何适用法律具有约束力。行政机关在办案时可以参考有关司法解释，但不宜直接适用司法解释。”这是因为我国行政权的从属性表现在对立法权的从属关系上，但是否从属于司法权，目前我国没有明确的定论。

8. 国际条约和国际惯例

国际条约是指我国与外国缔结、参加、签订、加入、承认的双边、多边的条约、协定和其他具有条约性质的文件（国际条约的名称，除条约外还有公约、协议、协定、议定书、宪章、盟约、换文和联合宣言等）。这些文件的内容除我国在缔结时宣布持保留意见不受其约束的以外，都与国内法具有一样的约束力，所以也是我国的法律渊源。

从各国的实践来看，国际条约在国内的适用可概括为三种：（1）转化，即条约的规定经过国内立法机关的立法行为转变为国内法，才能在国内由行政机关和司法机关予以适用。（2）并入，即由国内宪法或部门法作出原则性规定或通过立法机关的行为，从整体上承认国际条约是国内法的组成部分并可在国内直接适用。（3）混合模式，即一个国家根据条约的不同性质和内容，同时采用转化和纳入（并入）两种方式来适用条约。

对于国际条约在中国的适用问题，我国《宪法》没有统一规定，但许多法律、法规和司法解释对该问题作了明文规定。概括起来，主要有三种方式：

第一，部门法明确规定直接适用国际条约，即将国际条约纳入（并入）国内法予以直接适用。例如，《民法通则》第142条第2款，《民事诉讼法》第260条等。而且这些法律还规定条约的优先适用效力。

第二，既允许直接适用有关条约，又将该条约的内容转化为国内法予以实施。例如，《维也纳外交关系条约》和《维也纳领事关系条约》在我国的适用就是这样。

第三，只允许以转化方式适用国际条约。这种情况比较少见，但《香港特别行政区基本法》规定了这种制度。

由此可见，我国在适用国际条约时，对国际私法条约主要采用并入方式，对国际公法条约则主要采用转化方式，兼采并入方式。

在我国，国际惯例也具有适用的效力。当国内法和国际条约没有规定的时候，可以适用国际惯例。国际惯例是指在国际实践中反复使用形成的，具有固定内容的，未经立法程序制定的，如为一国所承认或当事人采用，就对其具有约束力的一种习惯做法或常例。

（二）间接法律渊源

正如博登海默指出，当一种直接法律渊源对法律问题能够提供一个明确的回答时，不需要也不应当去求助于非正式渊源。① 但是，当法律内部出现冲突、法律漏洞的时候，间接法律渊源的功能就凸显出来了。首先，它是法律适用者解决法律冲突、填补法律漏洞的依据；其次，它也为法律适用者续造法律提供了可能；最后，间接法律渊源还有衡平的功能，也就是说，当法官按照直接法律渊源来审理案件会导致不公正的结果，法官可以利用间接法律渊源来衡平，进而实现个案正义。

当然，由于间接法律渊源具有模糊性、不确定性的特点，有可能使得司法判决和行政决定沦为适用者的任意和专断，适用这种法律渊源会危及法治秩序的安定性，因此，它只能作为直接法律渊源的补充。

1. 习惯

习惯是指一种存在于国家之外的社会中，自发形成并获得民众的普遍认可，依靠情感、良好的心理认同、价值利益取向的共同性和社会舆论来实施和维持的规则。世界各国的民法大多承认习惯对制定法的补充地位。例如，《瑞士民法典》第1条即规定，“凡依本法文字或释义有相应规定的任何法律问题，一律适用本法。无法从本法得出相应规定时，法官应依据习惯法裁判；如无习惯法时，依据自己如作为立法者应提出的规则裁判”。《意大利民法典》第1条“法源说明”中明确地将惯例列为法源。在商法领域，习惯法的法律渊源地位更为突出，一些国家商法上甚至明确规定，没有习惯时，方适用法律（制定法）。而在国际法领域，不成文的国际法一般规则作为国际习惯法发挥着重要的作用。我国台湾地区“民法典”第1条规定，“民事，法律所未规定者，依习惯；无习惯者，依法理”。我国《合同法》第61条规定，当事人就质量、报酬、履行地点等问题无法达成补充协议的，可以按照交易习惯确定。《物权法》第85条规定，法律、法规对处理相邻关系有规定的，依照其规定；法律、法规没有规定的，可以按照当地习惯。

习惯法要成为法律渊源必须满足下列条件：第一，从事实上看，要有习惯存在，而交易圈或生活圈内的人普遍遵守该习惯。第二，从主观上看，对该惯行，其生活（交易）圈内的人对之有法的确信，这要求人们在主观上必须认可该习惯。第三，须系法规所未规定之事项，且与制定法不矛盾。第四，不违反善良风俗。第五，须经国家（法院）明示或默示承认。② 例如，《奥地利民法典》第10条规定，“习惯，须法典定为可以适用时，始可适用”；《日本法例》第2条规定，“习惯，仅限于为法令之规定所认，及关于法令无规定之事项，为有效”。最高审判机关（最高法院）的判例，常为习惯法之良好渊源。

2. 法理

法理是指被社会公认的、正当的法律精神和原理。各国和地区对法理的表述有所不同，如德国称为法学家法和自然法，日本民法称为法理，我国台湾地区“民法”也称为法理，奥地利民法称为自然法原理，意大利民法称为法的一般原理。

在我国，法理对司法实践有一定的指导意义，法官在疑难案件中可以援引法理来进行论证。例如，在前文提到的“田永诉北京科技大学案”中，法官就援引正当程序的法理、信赖保护原则的法理来弥补行政法上的漏洞。再如，在1999年《合同法》出台前，我国《民法通则》

① 参见［美］E. 博登海默：《法理学：法律哲学与法律方法》，邓正来译，395页，北京，中国政法大学出版社，1999。

② 参见黄茂荣：《法学方法与现代民法》，6～7页，北京，中国政法大学出版社，2001。

对表见代理未作出规定，司法实践中，法官就是按照民事法理中的表见代理来处理纠纷，从而有利于维护交易安全，促进商品流转，充分体现法律的公序良俗原则和实现保护市场经济发展的目的。

3. 指导性案例

指导性案例是指由最高人民法院、最高人民检察院和公安部发布的案例。2010 年 11 月 26 日，最高人民法院发布《关于案例指导工作的规定》，对法院系统的案例指导工作作了具体的规定。截至 2012 年 11 月，最高人民法院共发布了 12 个指导性案例。2010 年 7 月 30 日，最高人民检察院发布《关于案例指导工作的规定》，截至 2012 年 11 月，最高人民检察院共发布了 3 个指导性案例。2010 年 9 月 10 日，公安部发布《关于建立案例指导制度有关问题的通知》，对公安机关的案例指导工作作了具体的规定。但迄今为止，公安部尚未发布其自己的指导性案例。

我们认为，指导性案例是我国法的间接法律渊源。从法律渊源上讲，指导性案例只具有第二位的意义。也就是说，法官审理案件的依据是制定法的条文，而不是指导性案例。法官是依法判案而不是依（案）例判案，但是，判决书中的“法律说理”、“事实认定”和“判决结果”可以对法官的审判实践提供重要的指导性参考。①

4. 公共政策

在特定的案件中，公共政策也会成为法官考虑的对象，比如国家计划生育的政策、关于经济体制改革的政策、国家的产业政策等。如在“北大方正公司诉高术天力公司等著作权侵权纠纷”中，对于该案争议焦点“陷阱取证”的合法性，最高人民法院在再审判决中指出：“就本案而言，北大方正公司通过公证取证方式，不仅取得了高术天力公司现场安装盗版方正软件的证据，而且获取了其向其他客户销售盗版软件，实施同类授权行为的证据和证据线索，其目的并无不正当性，其行为并未损害社会公共利益和他人合法权益。加之计算机软件著作权侵权行为具有隐蔽性较强、取证难度大等特点，采取该取证方式，有利于解决此类案件取证难问题，起到威慑和遏制侵权行为的作用，也符合依法加强知识产权保护的法律精神。此外，北大方正公司采取的取证方式亦未侵犯高术公司、高术天力公司的合法权益。北大方正公司、红楼研究所申请再审的理由正当，应予支持。”在此案中，最高人民法院将“符合依法加强知识产权保护的法律精神”作为重要的考量因素，所采取的就是一种典型的政策考量方法，体现了司法加强知识产权保护的政策导向。②

5. 章程与合同

章程是社会组织内部自我管理的规范，它是社会组织自治的体现。例如，律师协会、足球协会、中国法学会、居委会、村委会、业主管理委员会等社会组织都会制定相关的章程。

合同是双方当事人订立的确立相互之间权利和义务关系的协议。

在审理相关案件的过程，章程和合同有实定法上的约束力。

二、法律渊源的适用

认识了法律渊源的形态仅仅是正确适用法律的前提。在法律适用中，法律渊源并不是静静地等待我们去适用，它在保持一定的一贯性、稳定性的同时，也随着社会生活不断变动、更替。法律渊源也不是一个可以让法官放心充当“自动售货机”的完美、和谐的秩序，它总是存

① 参见张骐：《指导性案例中具有指导性部分的确定与适用》，载《法学》，2008（10）。

② 参见孔翔俊：《论裁判的逻辑标准与政策标准——以知识产权法律适用问题为例》，见 http：//article.chinalawinfo.com/Article _ Detail.asp？ArticleId=51793，2012－11－05。

在于矛盾和冲突中。

为了维护法律平等、公民对法律的信任以及法律的权威性，法律秩序中的矛盾、冲突应该尽量被排除。根据我国《宪法》有关“国家维护社会主义法制的统一和尊严”的规定，我国实践中通过两种途径来解决法律冲突。一方面，立法机关可以通过裁决、修改以及撤销等方式解决法律秩序内部的矛盾，保障法制的统一性。（参见《立法法》第85条、第86条、第87条、第88条的规定。）另一方面，司法机关根据法制统一原则和宪法至上原则，也有义务与权力在法律适用中通过有效、公正的方法去实现平等、和谐的法律秩序。下面我们将探讨法律适用过程中法律秩序中的各种冲突及其解决。

（一）法条竞合

法条竞合是指由于两个或两个以上的法条的构成要件全部或部分重合，而导致同一案件事实同时符合它们所规范的情形，于是相对于该案件事实，这些法条便处于竞合状态。在法条竞合的情况下，如果这些法条所规定的法律效果相同，那么竞合并不会发生什么问题，因为适用哪一条、不适用哪一条并不会带来多大差别。然而，如果这些法条所规定的法律效果不同，而且互相排斥，那么就需要探讨哪个法条具有优先性。对于法条竞合，在法律适用中针对不同的竞合情形有不同的解决途径。

（二）法条竞合的解决

1. 上位法优于下位法

根据《立法法》第78条、第79条和第80条的规定，对于不同位阶的法条之间的竞合，且存在不同的法律效果的，通常适用顺序原则，即上位法优于下位法。

由于《立法法》的规定过于原则，最高人民法院《关于审理行政案件适用法律规范问题的座谈会纪要》总结审判经验，将下位法不符合上位法的常见情形总结为以下几种：

（1）下位法缩小上位法规定的权利主体范围，或者违反上位法立法目的扩大上位法规定的权利主体范围；

（2）下位法限制或者剥夺上位法规定的权利，或者违反上位法立法目的扩大上位法规定的权利范围；

（3）下位法扩大行政主体或其职权范围；

（4）下位法延长上位法规定的履行法定职责期限；下位法以参照、准用等方式扩大或者限缩上位法规定的义务或者义务主体的范围、性质或者条件；

（5）下位法增设或者限缩违反上位法规定的适用条件；下位法扩大或者限缩上位法规定的给予行政处罚的行为、种类和幅度的范围；

（6）下位法改变上位法已规定的违法行为的性质；

（7）下位法超出上位法规定的强制措施的适用范围、种类和方式，以及增设或者限缩其适用条件；

（8）法规、规章或者其他规范文件设定不符合行政许可法规定的行政许可，或者增设违反上位法的行政许可条件；

（9）其他相抵触的情形。

“上位法优于下位法”的司法适用是有一定条件的，即下位法与上位法相抵触。但是，如果下位法的制定是根据上位法的授权或下位法是对上位法的实施性规定并且没有违反上位法的规定，则会出现“上位法优于下位法”适用规则的例外——下位法的优先适用。具体情况如下：

第一，变通规定优先适用。为了保证上位法的实施，在考虑一些地方的特殊情况的前提下，上位法给予下位法立法主体一定程度的立法变通权，允许下位法立法主体（民族自治地方、经济特区所在地的市人民代表大会及其常委会）根据当地的实际情况对上位法作一些变通规定，这种变通规定在司法实践中可以优先适用。

第二，实施性规定优先使用。根据《宪法》和《立法法》的相关规定，行政法规、地方性法规和规章都可以就执行上位法制定实施性规定。这些实施性规定在不违反上位法的情况下，应当优先适用。

2. 特别法优于一般法

特别冲突原则是指处于同一位阶而且没有新旧关系的法条与法条或者法律与法律之间存在不一致时，特别法较之一般法优先适用。《立法法》第83条规定，同一机关制定的法律、行政法规、地方性法规、自治条例和单行条例、规章，特别规定与一般规定不一致的，适用特别规定。

特别规定与一般规定之间的形式关系包括三种类型：

首先，指同一法律中的特别规定与一般规定。在同一法律中，规定一般适用情形的条款为普通条款，在一般适用情形外规定特别适用情形的条款为特别条款。例如，《刑法》对诈骗罪的一般规定与对信用卡诈骗罪的特别规定；还有一些法律中专门设立一节特别规定，如《行政许可法》。

其次，指特别法中的特别规定与一般法中的一般规定。例如，《反不正当竞争法》的适用对象是市场经济领域的一切经营活动，它调整所有的市场行为，而《烟草专卖法》只适用于烟草专卖领域，《商标法》只适用于商标问题；当《烟草专卖法》和《商标法》对不正当竞争的事项都有规定时，《反不正当竞争法》属于一般法，《烟草专卖法》和《商标法》则是特别法，应当优先适用。

最后，两个不同的法律文件中的特别规定与一般规定。两个法文件之间本身不构成特别法与一般法的关系，但针对某一特定事项作出的规定不一致时，其中一方规定比另一方更特别、更合适。例如，对使用未经检验的气瓶充装危险化学品的处罚问题，究竟是依据我国《特种设备安全监察条例》还是《危险化学品安全管理条例》进行处罚？由于处罚重点在于使用未经检验的气瓶，而不是充装化学品。相比之下，《特种设备安全监察条例》是专门针对锅炉、压力容器（气瓶）等7种涉及生命安全、危险性较大的特种设备进行规范的行政法规，其针对性更强，规定也更为详细、清楚，并规定质量技术监督部门为该条例唯一的管理部门。所以，应优先适用《特种设备安全监察条例》。

3. 新法优于旧法

新法优于旧法原则也称为时间冲突原则，是指处于同一位阶而且没有特别法与一般法关系的法律之间，新法较之旧法优先适用。之所以新法优于旧法是因为我们可以大概推定，立法者想通过公布新法来废止之前的相反规则。《立法法》第83条对此项原则作了明确规定。通常情况下，在制定新法的时候往往会在新法中明确地规定废除与其相反的旧法，但是如果新法没有规定这种废除条款，那么就适用本原则。值得注意的是，特别法优于一般法原则既适用于法条之间的竞合，也适用于法律与法律之间的竞合，而新法优于旧法原则只适用于不同法律之间的竞合。同一个法律内部条文的修正或增加，对其他法条并不构成新法与旧法的关系，因为其他法条虽然没有修正或增加，但是它们与新增或修正法条仍在同一法律内部共存。

在适用该规则的时候要注意：

（1）这是针对同一位阶“法律”的冲突规则。例如，在“张正玉诉刘开广侵权纠纷案”中，法院认为：“虽然我国城市房地产法律、法规规定了共有房地产未经其他共有人书面同意的，不得转让。但这些规定与后来所颁布实施的《中华人民共和国合同法》的‘鼓励交易’原则相冲突，直接破坏了诚实信用原则和交易安全原则，也与《中华人民共和国婚姻法》及最高人民法院《关于适用〈中华人民共和国婚姻法〉若干问题的意见（一）》的司法解释不一致，而且该规定其效力位阶上要低于由全国人民代表大会制定的上述《合同法》及《婚姻法》，根据新法优于旧法及上位法优于下位法的法理原则，该规定并不适用于本案，原告的主张不能对抗本案作为善意第三人的被告。”①

（2）必须是同一机关制定的法律规范，才能适用该项规则。即同一机关制定的法律、行政法规、地方性法规、部门规章、地方政府规章、自治条例和单行条例中关于同一事项的法律规范发生冲突时，才能适用该规则。

（3）《立法法》第 83 条所讲的新法（新的规定）优于旧法（旧的规定）的适用规则，是指在两个规范性文件的规定都有效的情况下，适用从新的原则。

（4）实体问题适用旧法规定，程序问题适用新法规定，但下列情形除外：第一，法律、法规或规章另有规定的；第二，适用新法对保护行政相对人的合法权益更为有利的；第三，按照具体行政行为的性质应当适用新法的实体规定的。“实体从旧，程序从新”原则，主要是认为程序规定之目的仅在于实现实体规范的内容，所以必须居于协助的角色，而不可因程序规定改变或变动实体上的权利义务关系。所以，在过去已经发生并完结的法律事实，于法律程序中舍其发生之程序规定而适用新规定，亦不认为有溯及既往的问题。例如，2008 年 1 月 1 日前，企业所得税税率为 33%，申报缴纳的期限为 4 个月；2008 年 1 月 1 日后，所得税税率为 25%，申报缴纳的期限由 4 个月改为 5 个月，在汇算清缴 2007 年的所得税时，由于这是去年的业务，根据程序法从新、实体法从旧的原则，计算所得税时要用 33%的税率，申报期限是 5 个月。因为税率属于实体法的内容，而纳税期限为程序法的内容。

4. 如果处于同一位阶的法律之间对同一事项的规定既存在新法与旧法之关系，也存在特别法与一般法之关系，那么就要根据不同情形区别对待

第一种情况是新的特殊规定和旧的特别规定不一致，这个非常好解决。

第二种情况是新的一般规定和旧的特殊规定之间发生冲突，根据《立法法》第 85 条、第 86 条的规定，由法律制定机关裁决。进一步，最高人民法院《关于审理行政案件适用法律规范问题的座谈会纪要》还详细规定，法律之间、行政法规之间或者地方性法规之间对同一事项的新的一般规定与旧的特别规定不一致的，人民法院原则上应按照下列情形适用：

（1）新的一般规定允许旧的特别规定继续适用的，适用旧的特别规定。例如，1999 年 4 月 29 日全国人大常务委员会通过的并于同年 10 月 1 日开始生效的《行政复议法》第 31 条第 1 款规定：“行政复议机关应当自受理申请之日起六十日内作出行政复议决定；但是法律规定的行政复议期限少于六十日的除外。”在《行政复议法》通过之前的《食品卫生法》第 50 条第 2 款规定：“复议机关应当在接到复议申请之日起十五日内作出复议决定。”这两种规定不一致。《行政复议法》是对行政复议期限的一般规定，《食品卫生法》中有关行政复议决定期限的规定则是特别规定，而且是旧的特别规定。《行政复议法》认可了《食品卫生法》中的这种规定（“但是法律规定的行政复议期限少于六十日的除外”），毫无疑问，在选择适用这两种规则时，应优先适用《食品卫生法》中关于复议决定期限的特别规定。

（2）新的一般规定废止旧的特别规定的，适用新的一般规定。例如，《行政复议法》第 42 条规定：“本法施行前公布的法律有关行政复议的规定与本法的规定不一致的，以本法的规定为准。”《行政复议法》是有关行政复议的一般法（一般规定），上述规定即明文废止了其施行

① 山东省枣庄市薛城区人民法院（2007）薛民初字第 2587 号民事判决书。

前公布的与本法规定不一致的有关行政复议的规定。该法第 9 条第 1 款规定:“公民、法人或者其他组织认为具体行政行为侵犯其合法权益的，可以自知道该具体行政行为之日起六十日内提出行政复议申请；但是法律规定的申请期限超过六十日的除外。”而制定于 1986 年 9 月 5 日又于 1994 年 5 月 12 日修正的《治安管理处罚条例》第 39 条规定:“被裁决受治安管理处罚的人或者被侵害人不服公安机关或者乡（镇）人民政府裁决的，在接到通知后五日内，可以向上一级公安机关提出申诉，由上一级公安机关在接到申诉后五日内作出裁决；不服上一级公安机关裁决的，可以在接到通知后五日内向当地人民法院提起诉讼。”该法律将行政复议期间规定为 5 日，又没有一般法的授权，应属于与《行政复议法》第 9 条第 1 款的规定相抵触，按照“新法优于旧法”的规则，应适用《行政复议法》的规定。

（3）不能确定新的一般规定是否允许旧的规定是否继续适用的，人民法院应当中止行政案件的审理。属于法律的，逐级上报最高人民法院送请全国人民代表大会常务委员会裁决；属于行政法规的，逐级上报最高人民法院送请国务院裁决；属于地方性法规的，由高级人民法院送请制定机关裁决。例如，《担保法》关于担保物权的规定，相对于《物权法》总则及担保物权编的一般规定，应属特别规定。依据特别规定优于一般规定的规则，将得出《担保法》优于《物权法》适用的相反结论。简言之，《物权法》新的一般规定与《担保法》旧的特别规定不一致时，依据选择法律适用的规则仍不能确定如何适用。对此，《立法法》第 85 条明确了解决路径，即出现这种情形，由全国人大常务委员会裁决。但是，启动立法机关裁决程序非常烦琐。立法者正是预见到这一点，在《物权法》第 178 条规定：担保法与本法的规定不一致的适用本法，从而解决了审判实务中可能面临的选择适用法律的争议和困惑。

5. 地方性法规与部门规章冲突的选择适用

《立法法》并没有明确指出地方性法规和部门规章之间的位阶关系。相关法条规定，地方性法规、规章之间不一致时，由有关机关依照下列规定的权限作出裁决：同一机关制定的新的一般规定与旧的特别规定不一致时，由制定机关裁决。地方性法规与部门规章之间对同一事项的规定不一致，不能确定如何适用时，由国务院提出意见，国务院认为应当适用地方性法规的，应当决定在该地方适用地方性法规的规定；认为应当适用部门规章的，应当提请全国人民代表大会常务委员会裁决。

更进一步，最高人民法院《关于审理行政案件适用法律规范问题的座谈会纪要》还详细规定了地方性法规与部门规章之间对同一事项的规定不一致时，人民法院一般可以按照下列情形适用：

第一，法律或者行政法规授权部门规章作出实施性规定的，其规定优先适用；

第二，尚未制定法律、行政法规的，部门规章对于国务院决定、命令授权的事项，或者对于中央宏观调控的事项、需要全国统一的市场活动规则及对外贸易和外商投资等需要全国统一规定的事项作出的规定，应当优先适用；

第三，地方性法规根据法律或者行政法规的授权，根据本行政区域的实际情况作出的具体规定，应当优先适用；

第四，地方性法规对属于地方性事务的事项作出的规定，应当优先适用；

第五，尚未制定法律、行政法规的，地方性法规根据本行政区域的具体情况，对需要全国统一规定以外的事项作出的规定，应当优先适用；

第六，能够直接适用的其他情形，不能确定如何适用的，应当中止行政案件的审理，逐级上报最高人民法院按照《立法法》第 86 条第 1 款第 2 项的规定送请有权机关处理。

6. 部门规章之间、部门规章与地方政府规章之间对同一事项的规定不一致

《立法法》第 86 条第 1 款第 3 项概括地规定，部门规章之间、部门规章与地方政府规章之

间对同一事项的规定不一致时，由国务院裁决。

更进一步，最高人民法院《关于审理行政案件适用法律规范问题的座谈会纪要》还详细规定，部门规章与地方政府规章之间对相同事项的规定不一致的，人民法院一般可以按照下列情形适用：

第一，法律或者行政法规授权部门规章作出实施性规定的，其规定优先适用；

第二，尚未制定法律、行政法规的，部门规章对于国务院决定、命令授权的事项，或者对属于中央宏观调控的事项、需要全国统一的市场活动规则及对外贸易和外商投资等事项作出的规定，应当优先适用；

第三，地方政府规章根据法律或者行政法规的授权，根据本行政区域的实际情况作出的具体规定，应当优先适用；

第四，地方政府规章对属于本行政区域的具体行政管理事项作出的规定，应当优先适用；

第五，能够直接适用的其他情形。不能确定如何适用的，应当中止行政案件的审理，逐级上报最高人民法院送请国务院裁决。

上述会议纪要同时规定，国务院部门之间制定的规章对同一事项的规定不一致的，人民法院一般可以按照下列情形选择适用：

第一，适用与上位法不相抵触的部门规章规定；

第二，与上位法均不抵触的，优先适用根据专属职权制定的规章规定；

第三，两个以上的国务院部门就涉及其职权范围的事项联合制定的规章规定，优先于其中一个部门单独作出的规定；

第四，能够选择适用的其他情形，不能确定如何适用的，应当中止行政案件的审理，逐级上报最高人民法院送请国务院裁决。

对于通过法律渊源来填补法律漏洞和衡平个案，第一节“非正式法律渊源”部分已经讨论，本节不再赘述。

第三节　法条：法律渊源的基本单元

法条是德国法学方法论中的学术构建。与目前中国法理学教科书的“法的要素”这一理论建构不同，德国的法学方法论构建了“法条的理论”，用来描述一个国家实在法的组成要素。所谓“法条”即一个个的法律条文，它可能是“法的要素”中的“法律概念”，也可能是“法律原则”，也可能是“法律规则”。按照可否作为请求权的独立依据为标准，法条可分为完全法条和不完全法条两种。完全法条是指能够作为请求权的独立依据的法条，该种法条的特征是兼具构成要件和法律效果两个要素；不完全法条通常是不具备法律效果的说明性法条、引用性法条、限制性法条和拟制性法条。我们认为，在法律适用上，我国与德国一样主要采用三段论式的演绎推理。因此，从方法论上看，注重思考“构成要件”、“法效果”的“法条的理论”比“法的要素”更适合中国法律实践。因此，本节进一步讨论法律渊源的最小组成单元——法条——的一般理论。[①]

① 本节写作参考了［德］卡尔·拉伦茨：《法学方法论》，陈爱娥译，第三章，台北，五南图书出版公司，1996；黄茂荣：《法学方法与现代民法》，“法律规定之逻辑结构”，北京，中国政法大学出版社，2001。

一、法条的概念、特征与功能

（一）法条的概念

法条是具有规范意义的语词文句，是立法技术的产物，在制定法上的表现就是一个一个的条文。例如，我国《民法通则》共156个条文，《合同法》共428个条文，其中每一个条文就是一个法条。法条在一部法典中，被归之于一个序号之下，与其他法条排列在一起，依次组成这部法典的节、章、编。同时，法条自身还可被析分为款、项、目等。法条也包括习惯法中的“条文”。

（二）法条的特征

1. 规范性

规范性也叫有效性，也就是说法条或者法律规定对行为人或者裁判者有拘束力，即要求他们依照规范意旨从事某种行为或依照一定标准进行裁判。

2. 普遍性

普遍性也叫一般性，也就是说法条或者法律规定在其效力所及之地域及时间范围内，对所有相同的事件具有适用力。

法条的规范性与一般性是法条区别于行政处理或司法裁判的重要特征。行政处理与司法裁判针对的是具体的个案。所以，法条、法律规定在一般性上区别于行政处理、司法裁判是没有争议的。常常引起争论的是，行政处理与司法裁判是否具有规范性的特征。对此拉伦茨指出，可以从两个方面来进一步认识它们的区别：

第一，法条使用的是规范性句式，行政处理和司法裁判使用的是叙述性（陈述性）句式。陈述性语句是指用于描述被描述客体是什么或者客体与客体之间的关系如何的句式。例如，这辆车是红色的，此时这辆车正在行驶中，甲和乙在1999年10月1日结婚，等等。陈述句的特征是其所描述的关系或事件，在过去或现在事实上存在或发生过，因此可以用真假的标准来衡量它们。反之，法条并非以事实为其描述对象，如出租人应当按照约定将租赁物交付承租人，并在租赁期间保持租赁物符合约定的用途。这段语句并没有主张：出租人向来都，或者未来都将采取此种行事方式。它只是规定：所有依此规定被视为“出租人”的人，就租赁物应该为一定的行为。因此，我们不能探讨此种语句的真假，而只能研究其是否有效，是否为现行有效法秩序的构成部分。行政处理和司法裁判所使用的句式是属于叙述性的，其处理的对象属于过去的生活事实。

第二，行政处理和司法裁决并没有引起法律效果的构成案件的部分。一个完全法条包含两个部分，一个部分是构成要件，另一个部分是法律效果，即以一般方式描述的案件事实（构成要件）被赋予同样以一般方式描述的法效果。例如，在前面的例子中，构成要件是“出租人”，即将物出租给他人的人。规范对此等构成要件所赋予的法效果是：应当按照约定将租赁物交付给承租人，并保持租赁物符合用途。在其中“应当”是规范性语言的关键字，如果想靠陈述事实的语言来定义它们，不免要丧失其特殊含义。可见，法效果始终属于规范性领域。反之，行政处理或者司法裁判没有类似的构成要件，它们所具有的特征就是将一个具体的法律效果归属到一个具体的生活事实，从而使该具体的法律效果因行政处分或者司法裁判而直接发生。在这种性质下，行政处理或者司法裁判便不可能具有规范的性格，因为对过去的生活事实赋予具体的法律效果，只能了结一个过去的生活事实，人们不能通过它来安排未来，以此确认做或不做相关的行为。只有在法官造法中，司法裁判中所持之法律见解对系争案件以外的类似案件，才可能具有规范意义。不过，在此种情形下，还是必须注意到，其规范意义纵使存在，仍然只对与其类似的其他案件有规范意义；而且该见解所享有的这种规范功能，在演变成习惯法之前，其规范意义并不是实在法所赋予的，而是基于平等原则以及信赖保护原则的考虑，才具有事实上的拘束力。[①]

（三）法条、法律规定与法秩序

法律规定是组成法规范（法秩序）的单位，法条是组成各种法律规定（规整）的成员。

1. 法秩序由法律规定组成，法律规定由法条组成

法秩序是一个体系，其下又分为各个较小的规范单元或体系。法秩序必须被整体了解，法规范之下的各个法条实际上先在一个领导性的价值观念下被组合成一个法律规定的单元，而后才发挥其规范功能。换句话说，各个法条只有当其取向于一定之价值标准，针对一定生活类型被组合成一套规定以后，它对系争生活类型之意义才能被相对地确定下来，同时也才能产生规范功能。所以，法条只是组成各种法律规定之成员，法律规定又是组成法秩序的单位。

2. 法条是法律规定的组成部分

法条与法条之间并不是孤立的、不相关的，它们只有取向于一定的价值，针对某种生活类型形成各种组合，而后才成为达成一定规范功能的规定。“法学的最重要任务之一，正是要清楚指出彼等由此而生的意义关联。”不经过组合而孤立存在的法条并不能产生适当的规范功能，或者根本没有功能。从这个意义上看，几乎没有任何法条是完全的，我们后面讲到的完全法条也需要其他法条的补充或说明，所以，拉伦茨指出，“个别的法条，即使是完整的法条都是一个更广泛的规整的组成部分”[②]。总之，法律规定固然是由法条组成，而法条虽然由法律概念和用语组成，但这些概念或者用语若不组成法条，这些法条不组成法规范，它们并不能发挥规范的功能。

为了说明法条是规整的组成部分，拉伦茨以《德国民法典》第 447 条第 1 项（我国《合同法》第 144 条有类似规定）“出卖人如在买受人之请求下，将买卖标的物送交清偿地之外之处所，则自出卖人交付该标的物于运送承揽人或者其他被指定来履行运送事务之人起，标的物之危险转移于买受人承担”为例加以说明。这里“危险转移于买受人承担”需要结合第 232 条（双务契约规则）、第 459 条（买卖合同中物之瑕疵担保责任的规则）才能理解其含义。总之，条文本身只是一个比较广泛的语句组织体的构成部分，只有当它与其他条文相结合时，对它们才会有全然的理解。

3. 法律规定是法秩序的组成部分

当法条组合成法律规定之后，不同的法律规定之间固然具有相对独立性，但它们之间仍然取向于法规范体系以及法规范所追求的目的，以便能够互相协调，特别是当不同的法律规定因以同一生活事实作为规范的对象而形成竞合的情形时，更是如此。

二、完全法条

（一）概念

所谓完全法条，是指同时兼备构成要件和法效果两个部分的法条，即以一般方式描述的案件事实（构成要件）被赋予同样以一般方式描述的法效果。此处的“赋予”是指，当构成要件

① 参见［德］卡尔·拉伦茨：《法学方法论》，陈爱娥译，152～155 页，台北，五南图书出版公司，1996。

② ［德］卡尔·拉伦茨：《法学方法论》，陈爱娥译，150 页，台北，五南图书出版公司，1996。

所描述的案件事实存在，法效果即发生，简言之，即应适用于该具体事件。

例如，《合同法》第107条规定：当事人一方不履行合同义务或者履行合同义务不符合约定的，应当承担继续履行、采取补救措施或者赔偿损失等违约责任。其中，“当事人一方不履行合同义务或者履行合同义务不符合约定的”属于构成要件，“应当承担继续履行、采取补救措施或者赔偿损失等违约责任”属于法律效果。又如，《民法通则》第92条规定：没有合法根据，取得不当利益，造成他人损失的，应当将取得的不当利益返还受损失的人。该条是关于不当得利责任的规定。其中，“没有合法根据，取得不当利益，造成他人损失”是构成不当得利的三个要件，“应当将取得的不当利益返还受损失的人”属于不当得利的法律后果。可见，凡是具备构成要件和法律后果两个要素，并且能够作为请求权依据的法条便是完全性法条，而且它是法条的常态。

（二）完全法条的构成

1. 构成要件

所谓构成要件，指的是权利和义务的规定，是法律规则的中心内容，主要规定人们应该做什么、可以做什么和禁止做什么。关于完全法条的逻辑构成，我们可以结合具体法条来理解。例如：

《刑法》第307条规定，以暴力、威胁、贿买等方法阻止证人作证或者指使他人作证的，处3年以下有期徒刑或拘役；情节严重的，处3年以上7年以下有期徒刑。（禁止做什么）

《行政许可法》第7条规定，公民、法人或者其他组织对行政机关实施行政许可，享有陈述权、申辩权；有权依法申请行政复议或者提起行政诉讼；其合法权益因行政机关违法实施行政许可受到损害的，有权依法要求赔偿。（可以做什么）

《行政处罚法》第31、32条规定，行政机关作出行政处罚决定之前，应当告知当事人作出行政处罚决定的事实、理由和证据，对当事人提出的事实、理由和证据应当进行复核；当事人提出的事实、理由或者证据成立的，行政机关应当采纳。（应当做什么）

2. 法律效果

所谓法律效果，是指法律对具有法律意义的行为所赋予的某种结果。它一般包括肯定性的法律后果，即法律承认这种行为合法、有效并加以保护甚至奖励；否定性法律后果，即法律不予承认、加以撤销甚至制裁。

三、不完全法条

（一）概念

法律中的很多法条不是完全法条。有些法条是用来详细规定完全法条的构成要件、构成要件要素或法效果；有些则将特定案件类型排除于另一法条的适用范围，借此限制起初适用范围过宽的法条；再有一些法条，它们或就构成要件，或就法效果的部分，指示参照另一法条。在语言上，这些法条都是完全的语句，作为法条则属不完全法条。它们不是陈述性语句，虽然内容不完整，但也是法律规范，具有法律效力。这些法条就是不完全法条，它们只有与其他法条相结合，才能发挥其创设法效果的力量。例如，《物权法》中规定，本法所称的物包括动产和不动产。该法条没有法效果的规定，是一个典型的不完全法条。该法条的意思是：只要法律用到“物”这个字，就只能解释为有体物。这不是一种陈述，而是指示所有法律适用者，应将物作这个意义的理解。只有与其他法条结合，这个法条才发生作用，它具有协助理解其他完全或不完全法条的功能。

所以，不完全性法条是指不能够直接作为请求权依据的法条。它们是不具备法律效果规定的法条，它只是被用来说明、限制或引用另外一个法条或章节的规定。这种法条如果不与其他法条相互联系，就不能单独发挥规范功能。不完全法条之所以存在，主要是基于立法技术上的考虑。因为在立法上，如果将所有的法条都规定为完全法条，那么各个规范必然一再重复彼此共同的部分，或者必须将很多事项规定在一个条文中，其结果就会使法条不仅结构复杂，而且显得臃肿不堪。

（二）不完全法条的类型①

1. 说明性法条

（1）概念

说明性法条，要么是为了详细描述其他法条的构成要件要素，要么是为了更进一步充实其他法条的法律效果的内容。大多数描述性法条是针对构成要件要素作的规定，而填补性法条则大多数是对法效果作进一步说明。说明性法条其实就是我们法理学中法的要素之一：法律概念。

（2）类型

描述性法条是指描述其他法条的构成要件要素的法条。例如，《合同法》第 117 条第 2 款规定，本法所称不可抗力，是指不能预见、不能避免并不能克服的客观情况。再如，《刑法》第 14 条规定，明知自己的行为会发生危害社会的结果，并且希望或者放任这种结果发生，因而构成犯罪的，是故意犯罪。

填补性法条是指在考量不同的案件形态下，将一般用语具体化或类型化，或者更进一步充实其内容的法条。大多数填补性法条都是对法效果作进一步的说明。例如，《合同法》第六章第 107 条规定，当事人一方不履行合同义务或者履行合同义务不符合约定的，应当承担继续履行、采取补救措施或者赔偿损失等违约责任。由于该条只对违约责任形式进行了一般性规定，什么是“继续履行”、“采取补救措施”、“赔偿损失”等，以及如何承担都没有具体化，所以《合同法》第 109、110 条关于继续履行的规定、第 111 条关于采取补救措施的规定、第 113 条关于违约损害赔偿的规定、第 114 条关于违约金的规定、第 115 条关于定金的规定，均属于对前述第 107 条规定内容的充实。

2. 限制性法条

如果法律规则的构成要件规定得太宽，以致其字义涵括了一些本不应适用其法效果的案件事实，这样的构成要件就必须通过第二个法律规则加以限制，这里的第二个法律规则就是限制性法条。具体来说，此类限制性法条的形式如下：假使在第一个法律规则的构成要件 t 之外，还存在 m 这种特殊要素，而 m 这种特殊要素本应不适用针对 t 所赋予的法效果，这时候就可以通过第二个法律规则将 m 这种特殊要素排除在 t 之外。例如，《合同法》第 2 条第 1 款规定：本法所称合同是平等主体的自然人、法人、其他组织之间设立、变更、终止民事权利义务关系的协议。按照该条的规定，凡是具有民事性质的协议如收养协议、监护协议、遗赠扶养协议等均可适用合同法，显然这是不符合立法本意的，因为《合同法》所规范的合同范围只能是债权、债务关系的协议。因此，立法者又在同条第 2 款规定：婚姻、收养、监护等有关身份关系的协议，适用其他法律的规定。这一款就是限制性法条。

限制性法条的存在是以被限制法条的存在为前提的，其在本质上是一种排除性规定，因而

---

① 本部分写作涉及的部分实例来自汪渊智：《民法中的不完全法条》，载《山西大学学报（哲学社会科学版）》，2004（4）。

也被称为消极适用性法条，被限制法条则被称为积极适用性法条。在认识、理解和适用法律规范时，只有将限制性法条与被限制法条结合起来，才能获得完整的规范。立法者采取此种立法方式的理由在于：

第一，假使所有限制性因素被吸收到积极性规定的构成要件中，句子可能变得过于笨拙、不优美，或者根本不能理解，因而将限制性法条在另外的条文中予以规定，可以保证被限制法条的文字语句简练、明确和优美，不至于臃肿、笨拙或让人难以理解。

第二，透过原则与例外模式来分配举证责任。被限制法条与限制性法条一起构成“原则”与“例外”的模式，以达到合理分配举证责任的目的。例如，《合同法》第374条规定：保管期间，因保管人保管不善造成保管物毁损、灭失的，保管人应当承担损害赔偿责任，但保管是无偿的，保管人证明自己没有重大过失的，不承担损害赔偿责任。该条但书部分规定无偿保管人只对自己的重大过失负责，一方面限制了保管人的无过失责任，另一方面反向分配了举证责任。

3. 引用性法条

引用性法条是指，法条常在其构成要件或者法律效果的规定中，引用其他的法条。引用性法条是为了避免烦琐的重复规定而设定的不完全法条。在立法上常常采用如下方式进行规定：“适用关于……之规定”，“准用……之规定”或者“比照……之规定”，“……有同一效力”，“依……之规定”。《合同法》第61条规定：合同生效后，当事人就质量、价款或者报酬、履行地点等内容没有约定或者约定不明确的，可以协议补充；不能达成补充协议的，按照合同有关条款或者交易习惯确定。该条是关于合同解释或合同漏洞补充规则的规定，对尊重当事人的合同自由、确定当事人的权利、义务具有十分重要的作用。所以，《合同法》中有25个条文都引用了第61条的规定。如果不进行引用，这25个条文的重复、烦琐现象将是十分严重的。可见，引用性法条是一种立法技术，使用它可以避免立法烦琐、笨重。

4. 拟制性法条

（1）概念

法学上的拟制是指，“有意地将明知不同者，等同视之”，“立法者虽然明知其所拟处理的案型与其所拟引来规范该案性质法条本来所处理之案型，其法律事实由法律上重要之点论，并不相同，但仍将二者通过拟制赋予同一效果；申言之，通过拟制将不同的案型当成相同，然后据之作相同的处理，并非由于立法者之错误而然”[①]。例如，我国《刑法》第267条第2款规定：“携带凶器抢夺的，依照本法第二百六十三条（抢劫罪——引者注）的规定定罪处罚。”这就是典型的法律拟制。

（2）类型

其一，隐藏的引用，即T1与T2不是同一种事例，法律赋予T2与T1相同的法效果。隐藏的引用的特征，在于使被引用之法条的适用范围因而增大。例如，《民法通则》第11条第2款规定：16周岁以上不满18周岁的公民，以自己的劳动收入为主要生活来源的，视为完全民事行为能力人。

其二，隐藏的限缩，即T1与T2是同一种事例，法律赋予T2与T1不同的法效果。隐藏的限缩的特征，则在于使被引用的法条之适用范围因而缩小。例如，《合同法》第117条第1款规定：因不可抗力不能履行合同的，根据不可抗力的影响，部分或者全部免除责任，但法律另有规定的除外。当事人迟延履行后发生不可抗力的，不能免除责任。该条的后段即为隐藏的

① ［德］卡尔·拉伦茨：《法学方法论》，陈爱娥译，160～161页，台北，五南图书出版公司，1996。

限缩。因为依照前段的规定，只要发生不可抗力导致不能履行的，义务人即可被部分或全部免除责任。然而，如果是在义务人迟延履行后发生不可抗力并且导致不能履行义务的，也适用前段的规定（即被部分或全部免除责任），显然是不公平的，因为不可抗力的免责事由不得存在于义务人的违约期间。为了排除该种情形的适用，立法者就采用了隐藏的限缩，即规定当事人迟延履行后发生不可抗力的，等同于未发生。

法定拟制是一项重要的立法技术，立法者常用它来定义、隐藏的引用或者隐藏的限缩。拟制应该由立法者进行，法官裁判时应避免以拟制作为获取判决理由的手段。[①]

思考题

1. 什么是形式意义上的法律渊源？
2. 简述司法的法律渊源与行政的法律渊源的区别。
3. 简述间接法律渊源的司法功能。
4. 结合《立法法》和最高人民法院《关于审理行政案件适用法律规范问题的座谈会纪要》（法［2004］96号）的相关规定，谈谈我国法律冲突的解决机制。
5. 简述我国法律渊源的类型。
6. 规章是我国法院审理行政案件的法律渊源吗？为什么？
7. 简述法条的特征。
8. 简述不完全法条的类型。
9. 谈谈你对法条、法律规定和法秩序的理解。

参考书目

1. ［德］凯尔森．法与国家的一般理论．沈宗灵译．北京，中国大百科全书出版社，1996
2. ［美］E. 博登海默．法理学：法律哲学与法律方法．邓正来译．北京：中国政法大学出版社，1999
3. 陈金钊．法律渊源：司法视角的定位．甘肃政法学院学报，2005（6）
4. 强世功．谁来解释宪法——从宪法文本看我国的二元违宪审查体制．中外法学，2005（3）
5. 黄茂荣．法学方法与现代民法．北京：中国政法大学出版社，2001
6. 张骐．指导性案例中具有指导性部分的确定与适用．法学，2008（10）
7. ［德］卡尔·拉伦茨．法学方法论．陈爱娥译，台北：五南图书出版公司，1996
8. 汪渊智．民法中的不完全法条．山西大学学报（哲学社会科学版），2004（4）

① 拉伦茨指出，“供作法院判决理由手段的拟制与法定拟制应作不同评价”。参见［德］卡尔·拉伦茨：《法学方法论》，陈爱娥译，162页，台北，五南图书出版公司，1996。

第四章

法律方法与法理学

本章导读

法律方法与法理学学说之间的关系是一个值得关注的问题。自然法理论只关注应然法与实然法的二分，而忽视规范与经验的二分，并不关注“根据法律作出决定”的方法论问题；法律实证主义坚守法律与道德、形式与实质、实体与程序、效力与实效的二分，在此影响下，法律方法注重逻辑性与专业性；社会学法学注重法律与社会的关系，强调法律的功能，在此影响下，法律方法较为主动灵活，法官在司法过程中的能动性得到了加强；当代法律方法更加注重主体与客体的关联性，法官的先前理解与法律规则之间形成了双向互动的关系。

对于法律方法的专题性研究虽然在近些年才为人所关注，但不可否认的是，对于法律方法直接或间接的谈论与反思却一直充斥在各种法律学说之中。概而言之，法律方法是“根据法律而思考”的方法，其目的与旨归与其说首先在于回答“法律是什么”的问题，毋宁说是去回答如何根据法律进行思考、解决问题，这一问题的答案在各法律学说中都可以或多或少地找寻到。

第一节　自然法的本体论、认识论与方法论

本体论回答的是"是什么"的问题，在哲学上最具代表性的表现就是从古希腊延绵到近代的形而上学（meta-physics），其目的在于追问世界的本体、本质与本源。希腊哲学试图为世界找到一个真理性的、终极的解释基础，并认为世界存在一个本原性的基质或者本体，而世界中多样的具体事态就统一于这一基质或本体之中。柏拉图区分了理念世界与现实世界，认为感官世界是不真实、非本质的存在，而只有在理念中，事物的存在才是不可改变、永恒的真实存在。亚里士多德创立了作为"第一哲学"的形而上学，认为存在个别的实体，但其背后有着普遍性的本质。他区分了"形式因"、"质料因"、"动力因"、"目的因"，认为存在一个最终的永恒不动的推动者，使事物发生各种运动，因此最终的推动者或称第一原因是至善的，是世界最高的目的。罗马时代新柏拉图主义的著名代表普罗提诺将世界还原到"一"（the ONE，或译为"太一"），认为"一"是绝对的统一体，万物源自于"一"，世界是从神圣的"一"中流溢出来的。①

一、自然法的本体论

在法理学说史上，与之相对应的，就是从古希腊流传下来的自然法理论。在希腊的传统之中，自然与习俗是两分的，自然并非人工造就的，而是自然而然生成的，是"某物或某类物的特征、外观和活动方式。同时也指某物或某类物不是由神或人创造的"②。而除此之外，都不是自然的。因此，自然法就被视作一种外在于人的创制的一种客观法则。于是，人们就试图从自然中找寻作为实体存在的正义与正当。在古希腊最为著名的悲剧《安提戈涅》中，作者索福克勒斯就借安提戈涅之口表达出了一种朴素的自然法思想："它们（永恒的上帝之法）不仅仅现在是，过去也曾经是，将来也必定是，永永远远地彻底超越于人类之上。"古罗马时代的斯多葛学派建立了自然法与理性之间的关系，将古希腊形而上学的自然法理论继承下来。斯多葛学派认为自然法就是人们通过理性发现的世界法则③，而世界的本原将归结于一种理性的基质，而自然法就要展现这种基质。而人性与宇宙的性质是相一致的，只有遵循自然的规律，才能实现自己的目的。罗马法学家西塞罗就对斯多葛派的自然法思想做了最精辟的表述："真正的法律乃是一种与本性（nature）相合的正确的理性。"④

中世纪自然法被纳入神学的范畴之中，认为自然法来源于上帝，因此要求世俗的律法必须与其相符。圣·奥古斯丁区分了上帝之城与世俗之城，并区分了上帝之法与世俗之法。上帝永恒的法律，即为自然法。托马斯·阿奎那区分了四种法律：永恒法、自然法、人法、神法。上帝对其创造物的合理领导具有法律的性质，因此这种法律对于整个宇宙来说就是永恒法，而自然法则是理性的动物分享神的智慧进而参与永恒法的产物，是永恒法对理性动物的关系，人法

① 参见［德］马丁·摩根史特恩、罗伯特·齐默尔：《哲学史思路》，唐陈译，4、7、14～16、64～66页，北京，中国人民大学出版社，2006；［美］梯利：《西方哲学史》，增补修订版，葛力译，89页，北京，商务印书馆，1995。

② ［美］列奥·施特劳斯等主编：《政治哲学史》，李天然等译，绪论第2页，石家庄，河北人民出版社，1998。

③ 参见葛洪义：《法律与理性：法的现代性问题解读》，207页，北京，法律出版社，2000。

④ ［古罗马］西塞罗：《国家篇 法律篇》，沈叔平、苏力译，104页，北京，商务印书馆，1999。

是依靠推理的力量从自然法中得到的特殊安排，神法是防止人内心而非行为中各式各样罪恶的法律。[①] 从其方法论上来讲，中世纪自然法与古希腊罗马自然法一样，都基于一套回溯的推理体系：古希腊的逻辑进路是实在法向自然法的回溯，而中世纪的逻辑进路则是人法（世俗法）向自然法甚至永恒法的回溯。

从古希腊到中世纪，法律学说都试图透过法律的表象来探寻法律的本体、本质与本源，于是在学说中都设定了应然法与实然法的二分，人类的任务就是通过哲学思辨或者宗教信仰使得实然法向应然法靠拢，人们所要追求的是“一个独立于人并支配着人的客观实体意义上的法律”[②]。但注重本体论的法理学说存在的问题就是：（1）人们如何追求这种客观的、应然的法律；（2）人们如何根据这种客观的、应然的法律展开自己的活动。这种法理学说对法律本体的探究优先于对法律方法的思索。

二、自然法的认识论与方法论

希腊哲学所开创的主客二分模式并没有随着时代而淹没，反而在近代理性主义思潮的推动之下达到了顶峰，从而引发了哲学的“认识论转向”（the epistemological turn）。与本体论不同，认识论不过分关注客体的实存与本质，而将更多的精力放在了主体的认识能力之上，哲学所要回答的问题就从“是什么”转变为“如何认识”、“认识如何可能”的问题。认识论转向的开端是近代理性主义，近代理性主义为了摆脱客体对主体的束缚，摒弃了先前对客体理性（逻各斯，logos）的追求，而将关注点放在人自身理性能力（努斯 nous）上面。一般认为，笛卡儿是近代欧洲大陆理性主义的先驱，笛卡儿将精神与肉体两分，从而将主体与客体进一步两分。“我思故我在”就意味着主体并不是依附于客体的证明才得以存在的，主体的存在源泉是主体本身思维、认识的理性能力。近代理性主义流派纷呈，百家争鸣，但共同之处在于，其主要关注点都是知识的性质以及人们获取知识的能力。

近代唯理论自然法是这一哲学传统在法理学说上最具代表性的体现。唯理论自然法（或称古典自然法）是近代启蒙运动的重要组成部分，这一时代的自然法将其关注重点由终极本原的理性转向人自身所具有的理性能力。在唯理论自然法时期，要么从个体化的自由、权利出发建构一种虚构的自然状态，并由自然状态向以社会契约为基础的政治国家转变（如霍布斯、洛克、卢梭等），要么则从人的社会性入手，推导出具有道德内涵的自然法（如普芬道夫等）。[③] 这些理论都试图从一个设定的人性概念入手，通过人的理性来推导出一套应然、正当的法律。这些理论从经验的人性、自然的概念来推导出一种应然性。[④] 唯理论自然法的逻辑进路与古希腊自然法的逻辑进路方向是相反的，古希腊自然法中，自然理性作为一种终极意义上的本原而存在，而在唯理论自然法中，自然（包括自然权利、自然状态、人性等概念）仅仅是一个起点，而得出的是一个关于正当的知识体系。唯理论自然法基于近代理性主义的认识论立场，试图通过主体的理性能力来获得终极的、应然的知识。

由于近代理性主义将主客二分推向极致，并在最大限度上将作为主体的人从客体理性中解

---

① 参见《阿奎那政治著作选》，马清槐译，106～108页，北京，商务印书馆，1963。

② 葛洪义：《法理学基本问题的形成与演变——对法理学知识谱系的一种考察》，载《法制与社会发展》，2004（2）。

③ 参见葛洪义：《法律与理性：法的现代性问题解读》，211～213页，北京，法律出版社，2000。

④ 需要注意的是，作为“自然”的概念在这里已经从先前的超验地位降落到经验的地位，在唯理论自然法时代，自然的概念则完全成为一种经验事实而存在。

放出来，法理学中的方法论问题，即如何认识、获得正当的法律，也逐渐地获得了人们的关注。普芬道夫从人的本性推导出包含了规范性要求的自然法[①]，霍布斯、洛克、卢梭等都从自然状态出发，以不同的方式虚构了一种旨在获取正当秩序的社会契约，康德则试图指出理性自我立法的无上律令。[②] 于是，在认识论转向的思潮影响下，法理学说呈现了一个质的转变，其核心是，正当的法律秩序不再是独立于人的客观存在，而是人类经由其主体能力创造的产物。而在这一核心主线上，各派法理学说都为正当法律秩序的获致提出了自身不同的方法论方案。然而，需要指出的是，这种方法论仍然停留在人类知识与意志的层面之上，对于正当之法的追寻从本质上是基于一种"关于法律的思考"，而就获致正当之法的方法来说，抽象程度过高，可操作性较低，仍然难逃形而上学的窠臼。

近代的自然法理论在方法论上过于抽象含混，并没有过多的不同主张，自然法理论确信：人们可以由人的"自然本性"纯粹以演绎的方式导出法律的内容。[③] 自然法理论仅能停留在价值理念的层面上，而并未过度关注从伦理—政治意志转向法律形式、法律体系过程中的方法论问题，因而也无法真正地运用到制度实践上来。近代资产阶级国家的建立很多是以"社会契约"、"自然权利"等自然法学说为意识形态基础，以《法国民法典》为代表的近代法典编纂运动和以美国 1789 年宪法为代表的立宪主义运动，表达了当时这样一种思潮：通过人的理性，可以制定出一部普适的法典，构建出一套合理的体系。但随着自然法的理想内容逐步地实现，以自然法为意识形态基础的民族国家及其法律逐渐地形式化与实证化，而这种形式化与实证化越来越倾向于在国家制度与法律体系中排除自然法的内涵价值，对自然法进行了一种"诗意的报复"[④]。

究其原因，乃是因为自然法理论在方法论上设定了应然与实然的二分。从古希腊到近代，各种自然法学派都简单地将实在法设定为一种简单的实然存在的形态，而将永恒法、自然法、上帝法设定为一种理念型的应然形态。然而，实在法之中的规范性要求如何实现于社会生活之中的问题，并没有获得自然法理论的关注。而根据凯尔森的纯粹法理论，实在法本身相对于人们的行为，又是一种关于行为的应然规范。因而，自然法理论只关注了应然法与实然法的二元对立，而忽视了实在法与社会事实的二元对立，那么，在如何根据实在法作出法律决定的问题上，自然法是缺位的、失语的，也不可能回应法律方法的问题。

总而言之，方法、方法论问题既在自然法理论内部含混不清，同时由于忽视了规范与经验的二元分立，自然法理论也无法回答如何根据法律作出决定的问题，法律方法在自然法理论中是缺位的。

第二节　法律实证主义与法律方法

一般认为，法律实证主义源于边沁（Bentham）的功利主义及其后奥斯丁（Austin）的主权者模式。他们都认为必须坚持区分法律是什么（law as it is）与法律应当是什么（law as it

① 参见［德］奥特弗利德·赫费：《政治的正义性：法和国家的批判哲学之基础》，68～70 页，上海，上海译文出版社，2005。

② "要这样行动，使得你的意志的准则任何时候都能同时被看作一个普遍立法的原则"。［德］康德：《实践理性批判》，邓晓芒译，39 页，北京，人民出版社，2003。

③ 参见［德］考夫曼：《法律哲学》，刘幸义等译，21 页，北京，法律出版社，2004。

④ ［德］海因里希·罗门：《自然法的观念史和哲学》，姚中秋译，98 页，上海，上海三联书店，2007。

ought to be)，并主张将两者分离。正如奥斯丁所言，“法律的存在是一回事，法律的好坏是另一回事”，这就否认了具有道德性的自然法对于实在法的制约，也就是说，实在法的效力并不来源于其对于自然法的符应，而来源于对幸福最大化原则的遵从或者仅仅是因为实在法是主权者的命令。后世研究者诸如哈特（Hart）认为，边沁与奥斯丁将这种法律与道德的分离与其他两种学说相结合就构成了法律实证主义的理论基础，其一是“对法律概念的纯粹分析性研究、对法律不同词汇意义的研究，与法律的历史、社会学研究相比，对我们理解法律的本质来说同等重要”；其二则是著名的命令学说，即“法律本质上就是一种命令”①。

一、法律实证主义的特征

典型法律实证主义有如下特征：第一，法律是人为的创制而非自然的存在；第二，对于法律的研究必须采用分析性的科学方法；第三，法律的效力来自其产生形式而非其实质内涵；第四，法律的实现必须通过逻辑的方法从规范中推演出来，而非借助政策、价值、社会目标等。

其后，凯尔森（Kelsen）将法律实证主义发扬到极致，试图建立一种纯粹法理论（pure theory of law）。他坚持新康德主义二元论的立场，认为传统意义上的自然法正义观念是一种主观判断，而主观判断是不能纳入科学的范畴之内的，因此，必须把正义观念“从主观价值判断的不可靠领域里撤回，而将其建立在一定社会秩序的可靠基础上”②，因此，正义就等同于符合法律规范的一种合法性（legality）。而法律科学的目的在于认识法律而不在于形成法律，必须对其“是什么”的问题加以描述，而不是站在某种价值立场上去对其进行判断。

后期法律实证主义发生了较大的转变，其最为显著的标志就是抛弃了奥斯丁的“命令学说”。哈特在其《法律的概念》中对奥斯丁的“命令学说”提出了质疑。哈特在批评奥斯丁的“法即命令”的实证主义观点之时，曾经区分了强盗模式和规则模式，并认为，与强盗持械的语境中由于胁迫或理性算计而导致的服从不同，规则模式是行为者持“内在观点”而作出“我有义务……”的表述。③ 哈特抛弃了早期经典实证主义的“主客二分”认识论模式，转向了一种诠释学的模式，进而区分出认识法律的“内在观点”和“外在观点”，法律就不再仅是认识者观察的客体，法律本身也成为主体行动的理据。同时，哈特也对法与道德的“分离命题”作出了修正，承认五种最低限度的自然法，以纳入法律的底线之中。④ 然而，必须指出的是，在哈特版本之中，法律与道德在逻辑上仍然是分离的，这与法律实证主义的传统是一脉相承的。

因此，综合实证主义发展的各个历史阶段，我们可以看到，法律实证主义大体具有如下特征：第一，设定法律与道德在形式上的分离，法律的有效性并不来源于其内容的道德性；第二，法律的效力来源于某种特定的社会事实，诸如奥斯丁的“主权者命令”、凯尔森的“基础规范”、哈特的“承认规则”等；第三，将法学从哲学之中剥离出去，以逻辑、社会、历史、语言等科学方法来审视法律；第四，法律话语在其形成与运行之中具有独立性，法律体系应追求某种程度上的自洽性。法律实证主义的这些特征对于法律方法产生了极其重要的影响。

---

① H. L. A. Hart，“Positivism and the Separation of Law and Morals”，71 *Harvard Law Review*，1958.

② ［奥］凯尔森：《法与国家的一般理论》，沈宗灵译，14页，北京，中国大百科全书出版社，1996。

③ 参见［英］哈特：《法律的概念》，张文显等译，84、90～92页，北京，中国大百科全书出版社，1996。

④ 参见［英］哈特：《法律的概念》，张文显等译，188～193页，北京，中国大百科全书出版社，1996。

二、法律实证主义影响下的法律方法

自然法理论之所以较少地关注法律方法，乃是因为其本身就是对现有法律框架的审思，是一种“关于法律的思考”。而法律方法的核心关注点是“根据法律而思考”，也即在不质疑现有法律框架的正当性与合理性的前提下，对“根据法律而作出决定”的方法进行审思。因此，在法律实证主义之后，法律方法就更多地体现为司法裁判的方法。因此，考察法律实证主义影响下的法律方法，也必须依托于司法的场域。

法律实证主义最为显著的特征就是法与道德的分离，而这种特征就影响到了现代的司法思维。现代法治的各种理论大都要求法官独立，这种独立性可以分为如下三个方面：(1) 制度上的独立；(2) 经验上的独立；(3) 理念上的独立。制度上的独立在各国宪法法律之中多有体现，或明文规定“司法独立”，或规定“法官独立行使审判权”。经验上的独立是制度独立的实际效果，根据不同法律传统而有所不同。理念上的独立就要求法官与道德判断、公共常识及社会舆论保持一定的距离，以法律的规定、正义的原则和案件的事实为主要依据进行审判。

在法律实证主义的影响之下，司法审判过程之中的法律方法就带有着其特殊的品性，大体来说可以分为如下几点：

第一，在事实的认定方面，区分法律真实与客观真实。在现代司法的证据认定中，案件事实的真实性往往来源于经由合法程序而获取的证据，非经合法程序而获得的证据，即使具有客观的真实性也不能被法官采纳。诸如美国著名的“辛普森案”就是因为警方在DNA取证的程序上存在瑕疵，而导致辛普森被无罪释放。在法律实证主义的影响下，法官必须运用合法的证据链来确定案件的法律真实性。

第二，在法律的正义性方面，区分程序正义和实体正义。在实证主义思维的主导下，现代司法越来越倾向于追求程序正义的理念，当程序正义和实体正义发生冲突的时候，自然而然地会向程序正义一方倾斜。

第三，在法律的理念方面，区分形式正义与实质正义。法律实证主义坚守形式正义的理念，形式正义的核心就是平等对待，即“相同情况相同对待，不同情况不同对待”，而判定何者属于相同情况，何者属于不同情况的实质标准，就不被现代司法所考虑，而交由立法者来决断。因此，法律实证主义往往更多地体现在司法审判的过程之中，要求法官依照法律和案件事实进行审判，而不能过分地质疑、追问法律的内在价值。

第四，在法律的适用方面，区分规则与原则。在法律实证主义的影响下，法官必须首先适用规则，而当穷尽所有相关规则之后，仍无法找到法律的依据或者虽然能够找到法律依据，但适用此规则会造成不合理或不正义的后果之时，法官方才可以诉诸法律原则。“尊重规则，谨慎适用原则”，就体现了法律实证主义所要求的技术性与专业性。我国“李慧娟案”中，主审法官超越了法官的权限直接宣布地方性法规与上位法相抵触而无效，这种做法是不合适也是不必要的，因为法官完全可以在现有框架下通过选择适用的方法规避不合理的法律。

第五，在司法的判决方面，区分法律效果与社会效果。法律实证主义将法律设定为一种与外部世界相对独立的封闭而自洽的体系，因此，法官在进行裁判的时候，往往只关注判决的法律效果，而将社会效果交由政治家或立法者来思考与处理。

总而言之，法律实证主义体现了一种“根据法律而思考”的思维，在这种思维的主导之下，人们并不过多地关注“法律是什么”、“法律应当是什么的问题”，而更多地关注如何依靠法律来解决问题。因此，法律实证主义影响下的法律方法，就具有了一种独立性与专业性，是一种法律人的法律方法，是一种不追问现有法律框架之前提而按照规则行事的教义学方法。

附：（一）辛普森案简介

辛普森是一名黑人，也是美国人心目中的英雄。在美国人最崇拜和风行的体育运动橄榄球项目中，他是一位数一数二的顶尖运动员。

1994 年 6 月 12 日午夜，在辛普森前妻妮可的公寓门前，妮可和男友古德曼双双倒在血泊之中。验尸官的报告指出，妮可的脖颈已被砍去大半，颈部脊椎骨已经露出，她的男友古德曼则死得更惨，身上被刺二十余刀。

警方经过周密查证和详细分析之后，宣布辛普森是杀死这两人的唯一凶嫌并发出逮捕令，同时要求辛普森的律师夏皮河通知辛普森在第二天（17 日）中午 11 时前主动投案。到了 17 日中午，辛普森没有按时出现，他在好友柯林斯的帮助下驾车逃跑，洛杉矶警方当即宣布，辛普森已经由一名凶杀嫌犯，变成了一名被通缉的逃犯，并立即开始追捕。最终辛普森向警方投降。

虽然许多人都确信辛普森有罪，最后法庭却宣判其无罪释放。原因在于：

1. 检方自始至终缺少谋杀的现场证明人，也未能找到谋杀的凶器。而其他证明大都是推断，是间接的。

2. 检方所列的作案时间表不能使人信服，许多问题难以解释。这是辩方始终牢牢抓住的一张“牌”。

3. 最重要的是检方倚重的血迹证据出了问题。一方面，提供犯罪证据的警探弗尔曼是个种族主义者。一位名叫麦金妮的女作家提供了弗尔曼暴露其种族仇恨的录音带。弗尔曼的所作所为为辩护律师柯克兰提供了有力武器，他把警方提供的证据定为蓄意栽赃，是充满仇恨的种族主义的体现。另一方面，从 1987 年 DNA 用于诉讼案以来，人们对 DNA 取样的方法和效果一直争论不休。同时，由于警方在取样、检查现场缺少监督，程序不够严格，使取样的可靠性大打折扣。因此，检方最有力的犯罪证据的基础就瓦解了。

但值得注意的是，虽然辛普森没有承担刑事责任，但在民事赔偿上却被判定应当承担责任，这表现了美国司法程序上的形式特征。

（二）李慧娟案简介

2003 年 1 月 25 日，河南省洛阳市中级人民法院开庭审理了伊川县种子公司委托汝阳县种子公司代为繁殖“农大 108”玉米杂交种子的纠纷，此案的审判长为 30 岁的女法官李慧娟。在案件事实认定上双方没有分歧，而在赔偿问题上，根据《河南省农作物种子管理条例》第 36 条的规定，种子的收购和销售，必须严格执行省内统一价格政策，不得随意提价。而根据《中华人民共和国种子法》的立法精神，种子价格应由市场决定。法律与法规之间的冲突使依据两者的赔偿相差了几十万元。

此案经过法院、市人大等有关单位的协调，法院根据上位法作出了判决。然而，判决书中的一段话却引出了大问题：“《种子法》实施后，玉米种子的价格已由市场调节，《河南省农作物种子管理条例》作为法律位阶较低的地方性法规，其与《种子法》相冲突的条文自然无效……”

河南省人大认为，李慧娟无权以法官身份宣布地方性法规无效，洛阳市中院的判决违反了《宪法》。“人大是立法机关，法院是执法机关，主要任务是适用法律，法律的修改和废止是人大职权范围的事情，所以不管是否冲突，法院都无权宣布法规有效还是无效。”河南省人大法制办公室主任毛引端说，这“实质上是对省人大常委会通过的地方性法规的违法审查，违背了我国的人民代表大会制度，侵犯了权力机关的职权，是严重违法行为”。

2003年10月，河南省人大致函河南省高级人民法院和洛阳市人大，要求纠正判决错误，并追究直接责任人的责任。10月21日，河南省高级人民法院在一份对全省下发的通报中称，“个别干警人民代表大会制度意识淡薄，政治业务素质不高……无论案件具体情况如何，均不得在判决书中认定地方法规的内容无效。”

处理的结果是撤销李慧娟审判长职务并免去其助理审判员资格。赵广云是洛阳市中级人民法院民事审判庭副庭长，也因此案被洛阳市中级人民法院撤销了副庭长职务。

第三节　社会学法学与法律方法

19世纪占支配地位的三大法学派是哲理法学派、分析法学派（早期法律实证主义）以及历史法学派，哲理法学派以康德、黑格尔为代表，分析法学派以奥斯丁为代表，历史法学派以萨维尼和梅因为代表。20世纪之后，自然法学经历了两次复兴，分别以施塔姆勒和拉德布鲁赫为代表，而随后富勒、菲尼斯、罗尔斯、德沃金等人也逐渐地丰富、更新、完善了自然法的理论，形成了新自然法学派。分析实证主义也在凯尔森、早期拉德布鲁赫、哈特、拉兹等人的努力下继续发展完善。而德国历史法学派在萨维尼之后就逐渐地将关注点放在了民法典的编纂工作之上，形成了潘德克顿法学派，最终在德国民法典颁布之后完成了历史使命。社会学法学派兴起于19世纪末期的欧洲大陆，后传入美国，在20世纪一度达到鼎盛，与新自然法学派、分析法学派并称20世纪三大法学派。

一、社会学法学的特征与观点

社会学法学派的代表人物主要有马克斯·韦伯（Max Weber）、尤根·埃利希（Eugen Ehrlich）、罗斯科·庞德（Roscoe Pound）、奥利弗·温德尔·霍姆斯（Oliver Wendell Holmes）、本杰明·卡多佐（Benjamin Cardozo）、卡尔·卢埃林（Karl Llewellyn）等人，这些思想家学说纷繁复杂、流派纷呈，但社会学法学派作为一个独立的法理学流派，其特点是鲜明的，有学者指出：“社会学法学，或法律社会学，是一般社会学领域内的特别学术分支，它致力于弄清和解释法律与社会的关系，法律制度（秩序或体系）的社会组织形式，所有与法律制度及其外在表现人物（政治官员、律师、法官、立法者等）之间发生的社会互动，以及人们给予法律现实以何等意义等问题的学科。”[①] 当然，社会学法学（sociology jurisprudence）和法律社会学（sociology of law）在概念上还存在着各种各样的区别[②]，但二者的共同之处即在于并不将法律作为一种独立于社会的知识体系与规范体系，而着力从制度运作的视角厘清法律与社会的关系。

社会学法学通常包含三个层面上的含义。第一，以社会学的观点和方法来研究法律，诸如埃利希提出的“活法”理论，就更加注重人类团体的内部秩序对司法裁判的影响。第二，社会学法学强调法律的“社会化”，强调从“个人本位”转向“社会本位”，这一主张在狄骥的“社会连带关系”理论中尤为明显，在此意义上，社会学法学就颠覆了由近代理性主义自然法和自然权利理论所创立的个体价值观，而逐步地考虑社会有机团结与整合的问题。第三，社会学法学强调法律的实行、功能和效果，这在美国社会学法学派中表现得最为显著。诸如庞德提出法律是一种

① A. Jayier Trevino, *The Sociology of Law: Classical and Contemporary Perspectives*, New York, St. Martin's Press, 1990, pp. 6-7.

② 参见沈宗灵：《现代西方法理学》，220页，北京，北京大学出版社，1992。

"社会工程"或"社会控制"工具，霍姆斯更是直言道："法律的生命不是逻辑而是经验"[①]。

社会学法学在其发展历程上可以分为欧洲社会学法学派和美国社会学法学派。欧洲社会学法学派根源于奥古斯特·孔德的社会学理论和赫伯特·斯宾塞的社会达尔文主义学说。欧洲早期社会学法学派的代表人物是鲁道夫·冯·耶林，他主张法权是一个实践的概念，法律制度既标明自己为之服务的目的，同时也指出目的应当如何被遵循之手段。耶林在其《为权利而斗争》一书中，反对历史法学派和自然法学派的观点，认为实现法权之目的的手段在于斗争，为权利而斗争既是对自己的义务，也是对社会、国家、民族的义务。在哲学与逻辑上，耶林并不过多地关注法之目的本身，而是在法的实施与运行的层面上，更多地关注实现法之目的的手段，即斗争。[②] 这种理论进路就与自然法学、历史法学、分析法学有所不同。

但真正以社会学的方法审视法律的，在欧洲当属埃利希。奥地利法学家埃利希认为，法律的概念应当包含四个要素：由国家制定；法官用以解决当事人之间争执的规则；依照法官的判决，法律构成实行法律强制的基础；法律是一种秩序。[③] 埃利希认为法律发展的重心在社会，人类团体的内部秩序从其产生之初到现在，一直是法律的基本形式，社会经济的变化引起法律的变化，法律与社会、经济之间存在着紧密的关系。埃利希认为，作为社会内在秩序的"活法"早于国家法出现，不仅自古以来，甚至到了现代社会，活法始终是法律的基本形式。埃利希进而支持一种"自由的判决方法"，即根据法官自由发现的法律来进行判决的思路。[④]

真正使社会学法学在学说史上占据一席之地的，是其传入美国之后而产生的美国社会学法学派。美国的社会学法学派的发展大体分为这样几个阶段：早期受实用主义思潮影响而产生的法律实用主义，其代表人物是霍姆斯和卡多佐；其后的发展大体可以分为法律现实主义和庞德的社会学法学。霍姆斯自 1902 年开始担任美国联邦最高法院法官，其法律思想深受实用主义哲学的影响。概而言之，早期美国实用主义哲学的基本观点即"有用即真理"，反映在法律思想上就体现为不去过分关注法律的形式性、规范性，而更多地关注法律的实际效用与效果。霍姆斯提出了一个著名的命题："法律的生命不是逻辑而是经验"，进而指出："众所周知的或尚未被人们意识到的占主导地位的道德或政治理论对公共政策的直觉甚至法官和他的同行所持有的偏见，在法官决定人们都应遵守的法律规范的时候所起的作用要远远大于三段论所起的作用。"[⑤] 这种理论就颠覆了在实证主义法律思维支配之下，法官作为"判决自动贩售机"的形象。与此同时，霍姆斯还认为法律就是法院实际上作出的判决："人们想要知道，在什么情况下以及在什么程度上，他们将冒险去反对比他们本人远为强大的力量。因此，在这种情况下去发现什么时候害怕这种危险就成了一个事物。所以我们研究的对象就是预测，预测法院这一公共力量的影响所及。"[⑥] 在此基础上，霍姆斯提出必须以"坏人"的视角来预测法律，因为坏人关注的是物质性的结果，而消除法律与道德之间的混乱状况则是一个迫切的任务。霍姆斯的实用主义法律思想与法律实证主义一样，要求法与道德的分离，但与法律实证主义特别是分析实证主义不同的是，霍姆斯忽视了法律本身的形式规范属性，而将对法律本身的认知建立在一种非道德化的经验视角之上。

另外一位受美国实用主义哲学影响的法律家是美国著名法官本杰明·卡多佐。在卡多佐看

---

① Oliver Wendell Holmes, *The Common Law*, Cambridge, Harvard University Press, 1963, p. 5.

② 参见［德］耶林：《为权利而斗争》，郑永流译，北京，法律出版社，2007。

③ 参见孙文恺：《社会学法学》，60 页，北京，法律出版社，2005。

④ 参见沈宗灵：《现代西方法理学》，241～249 页，北京，北京大学出版社，1992。

⑤ Oliver Wendell Holmes, *The Common Law*, Cambridge, Harvard University Press, 1963, p. 5.

⑥ Oliver Wendell Holmes, "The Path of the Law", 10 *Harvard Law Review*, 1897.

来，很多案件不存在太大的难度即可作出判决，而在较少的案件中，可适用的法律是明确的，但适用法律的环境存在着争议，在极少数案件中，从诸多视角来作出判决都是说得过去的。卡多佐在《司法过程的性质》一书中探讨了司法审判的四种方法：哲学的方法、进化的方法、传统的方法和社会学的方法。他认为哲学或逻辑的方法具有某种意义上的优先性，除非有足够理由，法官在判决的时候必须以逻辑为基础，而这在英美法中就体现为对先例的判决理由进行分析，然后适用“遵循先例”原则，他指出：“如果机会和偏好应当排除，如果人间事务应当受到高贵且公正性的支配，那么，在缺乏其他检验标准时，哲学方法就必须是法院的推理工具。”① 同时，司法过程也并非全部依照逻辑的方法进行，历史与传统都对法官的判决起着重要的影响。就历史的方法而言，其强调要在历史的演进历程中对待法律概念，法律概念本身是“从法律的外部而不是从法律的内部来到我们面前的；它们所体现的，许多都不是现在的思想，更多的是昔日的思想；如果与昔日相分离，这些概念的形式和含义就无法理解并且是专断恣意的”②。而就习惯的方法而言，卡多佐认为，在司法过程中，习惯的作用也不可忽视。而卡多佐最为注重的就是社会学的方法，他将法律的目的归因于社会的福利，并认为法官在司法过程中是以立法者身份而出现的：“作为它所导致的产品，这个法律就不是发现的，而是制作的。这个过程由于是立法性的，就要求有立法者的智慧。”③ 因此，卡多佐主张根据正义、道德、社会福利、社会风俗等外在依据，法官可以在遵循先例的同时，创造新的法律：“我已经渐渐懂得：司法过程的最高境界并不是发现法律，而是创造法律；所有的怀疑和担忧，希望和畏惧都是心灵努力的组成部分，是死亡的折磨和诞生的煎熬的组成部分，在这里面，一些曾经为自己时代服务过的原则死亡了，而一些新的原则诞生了。”④

现实主义法学立足于现实，主张区分“书本上的法律”和“行动中的法律”。现实主义法学强调法官等人的行为而贬低甚至否认法律规则，强调经验事实与法的不确定性，总体来说，现实主义法学是社会学法学中的一个较为激进的分支，对于形式法治和规则之治的批判是其最为显著的特征。现实主义法学的代表人物是卢埃林和弗兰克。卢埃林主张，“那些负责做这种事的人，无论是法官、警长、书记官、监管人员或律师，都是官员。这些官员关于纠纷做的事，在我看来，就是法律本身”⑤。弗兰克则指出，认为法律可以是静止或确定的是非理性的观点，是一种基本法律神话，这一神话源自一种儿童心理：在现实的惶惑、动荡和疲惫之时，人们期望回到一种稳定的环境，希望“重新发现父亲”，而法律就扮演了这一角色。弗兰克更进一步指出，法律不是书本上的法律，而是行动中的法律；不是固定的规则，而是官员特别是法官的行为；不是一个规则体系，而是一批事实。⑥

而将社会学法学发展到极致的就是庞德的理论。庞德是第一个系统性地阐释社会学法学的人，他指出了社会学法学的八点纲领：第一，研究法律制度和法律学说的实际社会效果；第二，为准备立法进行社会学的研究；第三，研究使法律实效生效的手段；第四，法律研究的方法应该是既对司法、行政和立法以及法学的活动进行心理学研究，又对理想的哲理进行研究；第五，对法制史应当进行社会学研究，即不仅仅研究法律原理如何演变，而且还要研究这种原

---

① ［美］本杰明·卡多佐：《司法过程的性质》，苏力译，19页，北京，商务印书馆，1998。

② ［美］本杰明·卡多佐：《司法过程的性质》，苏力译，33页，北京，商务印书馆，1998。

③ ［美］本杰明·卡多佐：《司法过程的性质》，苏力译，71页，北京，商务印书馆，1998。

④ ［美］本杰明·卡多佐：《司法过程的性质》，苏力译，105页，北京，商务印书馆，1998。

⑤ Karl N. Llewellyn, *Jurisprudence: Realism in Theory and Practice*, Chicago, The University of Chicago Press, 1962, pp. 55 - 57.

⑥ 参见沈宗灵：《现代西方法理学》，293～297页，北京，北京大学出版社，1992。

理在过去发生了什么社会效果以及是如何发生的；第六，承认对法律规则分别情况加以适用的重要性，力求个案能够正当合理地得到解决；第七，研究普通法系司法的作用；第八，力求使法律秩序的目的更有效地实现。[①] 在此基础上，庞德认为，法律是一种"社会工程"或"社会控制"的工具，法律的作用和任务在于承认、确定、实现和保障利益，或者说以最小限度的阻碍和浪费来尽可能满足各种相互冲突的利益。庞德强调法律的社会目的、效果与作用，不仅仅考察法律的影响，而且还设定了一系列方法论体系来促进法律对社会的影响，相较于其他美国社会学法学派的学说，庞德的理论较为系统，也较为稳健。

二、社会学法学影响下的法律方法

在介绍了几个较具代表性意义的社会学法学派的观点之后，我们来看一下在社会学法学的影响之下，法律方法的发展呈现出了何种样态。

不管是自然法学还是实证主义法学，都并不关注法律与社会的关系。自然法学关注的是价值原则、道德规范与法律的关系，实证主义法学关注的则是法律体系内部的逻辑结构，用一种孤立而自给自足的视角来审视法律，社会学法学就成为沟通法律与社会的桥梁。大体而言，在社会学法学的影响下，法律方法的发展具有如下特征：

首先，不再严格坚守法律的形式性与确定性，不再以规范性的视角来审视法律，取而代之的是注重法律的功用与效果，注重法律在运行过程中所呈现出的多样的不确定的样貌，以经验性的视角来审视法律。在这样一种法律思维的框架下，"根据法律而思考"的经典法律方法模式就遭受到了挑战，因为作为大前提的法律规范不再是不成问题的，三段论的推演模式不再具有十足的说服力。这一点，尤以霍姆斯的"预测论"、弗兰克的"确定性神话"以及卢埃林的"官员行为论"为代表，在这些理论中，法律在司法适用过程中，不再是毋庸置疑的大前提，法律的适用者在法律适用之时所面对的社会事实都将影响对"法律是什么"这一问题的界定。

其次，社会学法学不再过多地关注法律的规范性和逻辑结构，而更多地从功能主义的视角将法律作为一种社会事实来审视，因而法律就与道德、官员决定、社会福利、政治政策等其他社会事实相联系，而丧失了在法律实证主义那里所具有的独立性与自洽性。社会学法学强调了法律与其他社会规范、社会制度、社会控制工具的联系，既注重其他社会事实对于法律的影响，同时，也试图通过法律来进行社会控制与引导。法律并不是与社会绝缘的规则或命令，法律是实现社会目的的工具，法律与社会之间产生了多元互动的关系。在这种思路之下，法律的适用者被赋予了更多的职责与使命，不仅要掌握书面上的法律，还要对社会事实，诸如道德、正义、社会目标、政治政策等有着极强的领悟与把握能力，依据多种资源作出司法判决，以求司法判决能够产生积极的社会效果。

最后，由于法律规范的不确定，法律相对于社会的独立性被否认，法官的角色也逐渐地发生了转变，在社会学法学看来，法官不仅应当具有专业的法律知识与法律技能，而且需要担当起社会变革之践行者的角色。特别是在普通法系的法律传统之下，"法官造法"逐渐地打破了"遵循先例"的严格约束，法官身处时代变革的背景之下，要对社会的发展承担起一种历史的使命。诸如美国法官卡多佐、庞德等人，都身处于时代剧变的背景之下，他们的"造法"活动给社会学法学派留下了深刻的烙印。

为了更好地理解社会学法学对于法律方法的影响，我们举一例试说明之。

---

① 参见沈宗灵：《现代西方法理学》，251～253页，北京，北京大学出版社，1992。

英美法的主要法律渊源，并非高高在上的立法者的意志表达，而是司法者常年积累而最终孕育而成的，很大程度上，规则本身就来源于社会事实。与大陆法系相比，英美法系的法律体系并不是刚性的，而是柔性的。因此，法官无须为了一个法条中的概念而苦思冥想，不必担心自己的理解会被冠之以“僭夺立法权”的恶名。尽管法官必须遵守先例，但通过区分技术（distinguishing technique），法官就足以在不损害体系确定性的前提下，对体系本身的合理性进行修正。区分技术将判例分为判决理由和附带意见。一个有拘束力，另一个有说服力。判决理由涉及技术性的论证，而附带意见往往是非技术性、相关联性、叙事性的陈述。如果一个先例的判决理由适合于本案，那么这个先例就对本案有拘束力，就是 binding precedent。于是区分技术就成了判例法中一个核心的概念，在司法推理和司法技术中起着至关重要的作用。但值得注意的是，区分技术并不只在技术性的层面上发挥作用，在社会学法学的影响下，区分技术在法治进程中也有特别重大的变革意义。判决理由并不自我显示其存在，需要法官通过对先例的解释进行确认，那么法官就可以根据社会与现实的需求，将现有案例与本应遵从的先例的判决理由相区别，然后认定判决理由适用或不适用于本案，从而避免了因严格遵从先例而可能产生的不公，也避免了推翻先例而对法律秩序的确定性、预测性与权威性的冲击，而且使得自己免于受保守派的攻击。区分技术成为法官为了实现其意识形态而走中间道路的一个工具。典型的案例是本杰明·卡多佐所作的“麦克弗森诉别克汽车公司案”（MacPherson v. Buick Motor Co.），卡多佐运用区分技术扩展了“托马斯诉温切斯特案”（Thomas v. Winchester）的适用，能动地将其适用于新的情况，并指出：“从坐马车旅行的时代中所引的前例不适合现代旅行的条件。危险必须是急迫的原则并不改变，但服从这一原则的事物的确有改变。这些事物是正在发展中的文明所要求的生活需要。”[①]在这里，卡多佐就通过对概念的解释完成了对判决理由的区分，进而以技术的手段完成了价值的选择。“麦克弗森诉别克汽车公司案”简介如下：

> 被告别克汽车公司向汽车零售商出售一辆别克汽车，零售商又把此车售给原告麦克弗森。由于一车轮在制造上有缺陷，汽车在行进中突然翻倒致原告麦克弗森受到伤害。有关证据表明，如果事前被告对车轮进行合理的检查就能发现其缺陷，但被告没有这样做。而由于原告并非从被告那里直接购得该汽车，因而被告应否承担过失责任，尚有疑问。这成为该案处理的关键问题。卡多佐法官引证了许多先例，试图从诸多先例中归纳出适用于本案的法律规则：1852 年的“托马斯诉温切斯特案”中被告由于过失把颠茄剂这一毒药贴以蒲公英制剂的标签，出售给药剂师。药剂师又将此药卖给原告，致原告中毒。法院判原告胜诉，认为把毒药错贴标签会给任何得到它的人带来急迫的危险，不论药物的合法使用者是否与被告有合同关系，被告都应负过失责任。而 1882 年的“德夫林诉史密斯案”中，被告将其制造的有一缺陷的脚手架卖给油漆师，结果油漆师的雇员从脚手架上跌下致死。法院判决原告胜诉，理由是“像脚手架这样的东西，如果在制造上有问题是极其危险的。被告知道脚手架是给工人用的，因此，不仅对与其有合同关系的油漆师，而且对与其无合同关系的工人，被告都有确保质量的义务”。在 1909 年的“斯塔特勒诉雷制造公司案”中，原告从批发商那里买得一个被告制造的大咖啡壶，由于做工有缺陷致使咖啡壶在加热过程中爆炸，致使原告严重受伤，法院判决原告胜诉。因为像咖啡壶这类东西，如果制造上有问题，在使用中会给许多人带来严重的危险。

---

① 相关判例英文原文参见：http://www.lawrence.edu/fast/boardmaw/MacPhrsn_Bu.html，相关中文表述参见沈宗灵：《比较法研究》，219～220 页，北京，北京大学出版社，1998。

通过考察这些先例及其他先例，卡多佐法官得出了适用于本案的法律规则。他在判决中指出：具有急迫危险性的产品的概念并不局限于毒药、爆炸物或其他同类物品，而应扩大到对人身有危险性的一切物品。如果一物品制造上有过失，依其本质可合理地确定将使生命和躯体处于危险之中，那么它就是一件危险物品。除此项危险因素之外，制造者知悉该物品将由购买者之外的第三人不经检验而使用，则无论有无契约关系，该危险品的制造者都负有仔细加以制造的义务和责任。卡多佐法官在该案中宣布：制造商给予注意的责任不受合同关系的限制，受害人无须与制造商有相互关系即可获得赔偿。纽约州法院依此判定别克汽车公司应向麦克弗森承担过失责任。

第四节　当代法学流派与法律方法

第二次世界大战之后，西方经济社会逐渐稳定，学术研究得到了进一步的发展。战后的社会思潮纷繁复杂，即使是在以资本主义、自由主义为主流意识形态的西方世界，也有着诸多不同的声音。20 世纪后半叶，伴随着宗教信仰的衰落，社会问题层出不穷，西方社会遭遇到了“整体性危机”，整个人类整体对前途、发展、归宿等终极问题感到困惑，即“清楚意识到有限的生命正趋于终结时的绝望”[①]。在此背景之下，后现代主义思潮逐步兴起。同时，资本主义自身的症结并未随着战争的结束而消解，西方社会内部对于资本主义、自由主义及其民主法治也产生了质疑。而这些思潮在学术上也有所体现，伽达默尔的诠释学就推翻了自古希腊以降流行于西方世界的“主客二分”范式，以维特根斯坦为代表的“语言学转向”打破了传统知识论的研究范式，法兰克福学派展开了对启蒙和工具理性的猛烈批判，海德格尔、福柯、德里达、巴塔耶等人的后现代思想则更进一步地挑战了西方传统学说体系的规范性基础，集诠释学、西方马克思主义、语言哲学、德国古典哲学、社会理论、自由主义政治法律哲学等学术流派于一身的哈贝马斯，则坚定地捍卫现代性，试图为现代社会重建规范性基础。在这种思想巨变的背景下，当代法学理论流派纷呈，无法执一而论，以下选择较具代表性的学说阐释之。

一、当代法学流派

考夫曼（Arthur Kaufmann）是当代德国最为知名的法哲学家之一，曾师从德国知名法学家古斯塔夫·拉德布鲁赫（Gustav Radbruch），但由于德语在世界语言传播中的地位，其名姓并不经常出现在英语世界的思想史著作之中，但这并不妨碍考夫曼在法学思想流派中所占据的重要地位。由于其与拉德布鲁赫的师承关系，考夫曼在法哲学基本问题的态度上与拉德布鲁赫相同或相似，而值得注意的是，考夫曼在研读哲学之时，又受业于伽达默尔，后者的哲学诠释学的思想对其法哲学理论的构建来讲至关重要。考夫曼认为，传统认识论哲学的“主体—客体”模式的思维方式已经过去，而具体到司法适用过程中，法官进行判决的过程并非是简单的三段论推理，法官在案件中存在着先前判断和先前理解，简单地认为法官在一个纯粹客观的情况下将案件事实涵摄到法律之下的想法是不合适的。法官的是非感或者先前理解、先前判断都对法律推理过程产生着影响，“法学的科学性只在于一种合理分享不是处处都合理的法律发现过程”[②]。在对法律逻辑与方法论问题进行分析之时，考夫曼指出，法律发现的过程是从两个

① ［美］伯尔曼：《法律与宗教》，梁治平译，8 页，北京，中国政法大学出版社，2003。

② ［德］考夫曼：《法律哲学》，刘幸义等译，90 页，北京，法律出版社，2004。

方向同时入手的隧道式的构造，其核心是类推。司法过程中，法律方法的核心不在于逻辑而在于比较，语义解释、目的解释、类推与法官自由造法等不同的法律发现模式并不存在本质上的区别，而是法律扩张程度不同。法官是法律发现过程的一部分，他使法律说话，使其说出它具体的与案件关联的意义，使其产生革新的效力，从抽象的僵硬中复活变成历史的存在。①

20 世纪 70 年代，批判法学研究在美国兴起，其主要特点就是怀疑正统，对自由主义法学进行猛烈批判。其主要观点如下：第一，法律与政治密不可分。批判法学否认自由主义法学所秉持的政治与法律的分离，并认为，法律是一种旨在维护政党和阶级利益的意识形态，而服务于社会经济不平等的现状。第二，法律是不确定的。批判法学认为，实体法对于裁判者的约束远远没有达到预期的效果，塔什内特就得出了“法治必定是人治”的结论。② 第三，法律所宣称的与法律实际倾向的完全是两回事，法律在本质上是社会非正义的工具。第四，法律要素具有内在的矛盾，诸如主观与客观、男性与女性、自我与其他、个人与团体、个人主义与利他主义、形式严格性与衡平灵活性等。批判法学反对资本主义，并把自由主义当成资本主义的最大辩护者。③ 总而言之，批判法学否认形而上学的主体，也否认世界具有真实的客观性，注重人与人性，反对把人工具化，主张以往被现代性抛弃的情感等因素。他们怀疑法律的中立性，认为其只不过是政治力量斗争的结果，并不存在如自由主义所谓的人民可以因之而保卫权利。他们也反对中立性的法学方法论，认为其也必然受到意识形态的巨大影响。批判法学批判了法律是封闭性体系的观点，而认为其只是政治斗争的工具。现代性也不再具有必然性，而只是偶然的产物。在批判法学看来，一切使世界显得合乎自然和显得必然的理论都是不可信的，哲学的、道德的绝对主义都是被否定的。社会、经济、历史都不是必然性的产物。法律提供的契约自由、权利等概念成为一种霸权来维系统治阶级固有的利益。在司法过程中逻辑的推理和准确性都是值得怀疑的，法律材料只是为法官的解释性判决提供了一种相关联的思考。但存在的问题是，批判法学的批判性使得自己无法构建一个完整的体系，因为体系本身也是受到批判的，而且批判法学很容易转向虚无主义，激情似乎也在其中占有很大因素，使得学说很难有理论上的说服力。批判法学在当代思潮中转瞬即逝，如昙花一现。

女权主义法学在当代也是一个较具影响力的法学流派。女权主义法学认为，女性在前现代的社会中，因为种种原因沦为和奴隶一样的地位，在现代性的进程中，为世界除魅并没有使得女性的地位获得更多的改善，而女性因被视做非理性而被排除在了现代性建立的自由、权利等这些概念的大厦之外。现代性所许诺的一切都不是针对女性的，而被女性主义者认为是男性主义的话语。于是，女性主义运动开始了。从最初的争取平等权利到最后对整个体系的否定，女性主义法学可以大致分为以下几个流派：自由主义的女性主义、激进女性主义、文化女性主义、黑人女性主义、后现代女性主义。自由主义的女性主义主要是关于对政治权利和其他相关权利的争取，尽力去争取和男人一样的地位。凯瑟琳·麦克金农（K. MacKinnon）是激进女性主义者的代表，她的观点在某些方面和马克思主义的方法论相似。她认为，对于男性国家所建立起来的法律体系，即使不去反抗也要持有怀疑的眼光，因为在这个语境下，女性被客体化了，成为男性泄欲和传宗接代的工具。文化女性主义似乎比较温和，所以激进女性主义认为它只是为压迫提供一个正当的理由。文化女性主义从心理学出发，证明女性与男性不同，后者更

① 参见［德］考夫曼：《法律哲学》，刘幸义等译，71～145 页，北京，法律出版社，2004。

② 参见［美］马克·塔什内特：《宪政和批判法学》，载［美］罗森鲍姆：《宪政的哲学之维》，郑戈、刘茂林译，北京，三联书店，2001。

③ 参见范季海：《批判法学》，11～15 页，北京，法律出版社，2008。

注重理性更希望个体性，而女性则更习惯爱与责任，而恐惧与社会的分离，所以，霍布斯所假设的人与人之间的紧张关系，并不完全适用于女性。在男性主义的语境下，自由主义使得个体性得到充分发展，而这并不适合女性。黑人女性主义则承担了更多的重任，一方面是对种族的平等的呼唤，另一方面是女性主义的抗争。而后现代女性主义则无法确定既定的立场，因为其根本没有什么元理论的存在，而将后现代的思考建立在了女性主义的视野之上，也是反对同质性的。

当代极负盛名的思想家尤尔根·哈贝马斯（J. Habermas）晚期也逐渐转向法律哲学，他主要关注法律的事实性与有效性之间的张力。法律之事实性与有效性的张力涉及服从与强制的关系，意指法律的实证性和合法性之间的张力，在哈贝马斯的商谈理论的脉络中，是指私人自主与公共自主的张力。哈贝马斯认为，要解决法律实证主义所造成的危机，就需要这样一种法律体系，这种法律体系：（1）"必须通过事实性的强制与正当的有效性，才能使人愿意遵守"；（2）"赋予主观行动自由以客观法的强制"①。哈贝马斯认为，法律具有双重性质，既是一个知识系统，同时又是一个行动系统，因而，现代法体系可以成为勾连系统与生活世界的媒介："法律代码不仅仅同生活世界的旨在社会性整合的理解功能借以实现的日常语言媒介相联系；它还赋予来自生活世界的信息以一种能为权力导控之行政和货币导控之经济的专业代码所理解的形式。就此而言，法律语言，不同于局限于生活世界领域的道德交往，可以起全社会范围内系统和生活世界之间交往循环制转换器的作用。"② 从这个角度来讲，法律机制在化解现代社会合法化危机的过程中起着至关重要的作用。而现代法律所遭遇的问题在于："具有合理推动力的信念和外部制裁的强制"，解决这一问题，就需要通过公共自主的方式，使得现代法律机制具有自我合法化的能力。哈贝马斯主张将公共自主与私人自主统合在一起，经由公民的政治参与在立法中将个体自由等价值实现至法律体系之中，从而实现法律制定者与法律服从者身份的同一。哈贝马斯借助商谈理论构建了程序主义法律范式，这种范式之下的民主法治国之所以能够让法律自我合法化，乃是因为通过公共自主的方式，私人权利得到了明晰与确认，法律的制定者因而同时也是服从者。哈贝马斯的程序主义范式还设定了诸多理想的条件，诸如：公共领域的复兴；以共识为取向的沟通行为而非以成功为取向的策略行为；无强制的自由的理想商谈情境；伦理动机与道德理由相分离等。商谈理论之下的程序主义法律范式，在法律的场域之中，直面现代性所存在的问题，同时又反对后现代对于规范性、确定性的颠覆，这使得哈贝马斯的理论极具魅力。

二、法律方法的新发展

由于当代法学流派纷呈，当代法律方法的发展也是多样的，大体而言，有着如下特征：

第一，由于主客二分模式被抛弃，当代法律方法更加注重主体与客体之间的交互关系，即法律适用者对于法律本身所产生的影响。在当代的法律学说中，法律的确定性都遭受到了质疑，法官的前理解结构与法律规定之间产生了某种竞合关系，传统的三段论模式，即将规则视为大前提，案件视为小前提，而推导出判决结论的思维方式，已经不再被人接受。作为大前提的法律规则，往往是从结论出发而进行的法律发现或选择适用的结果，实证主义所主张的程序

① ［德］哈贝马斯：《在事实与规范之间：关于法律和民主法治国的商谈理论》，童世骏译，33页，北京，三联书店，2003。

② ［德］哈贝马斯：《在事实与规范之间：关于法律和民主法治国的商谈理论》，童世骏译，98页，北京，三联书店，2003。

对于法官推理的阻隔已经不再是不可置疑的信条。当代法学家，诸如考夫曼、德沃金等，都主张将诠释学引入司法过程之中，是非感、适当感等个人主观意识，不仅不再作为非理性的因素被排除在司法过程之外，反而与法律规则一起成为获取正当判决的理据。

第二，当代法律方法更加注重语言的应用。当代哲学的语言学转向在法学上也有所表现，语言不仅被理解为一种表意工具，而且也被作为一种沟通媒介，法律与语言之间也存在着极其紧密的关系。语言学的兴起对于法律解释、法律推理产生了极大的影响，而与之相关的商谈理论也为法律共识的达成、私人权利的明晰提出了方法论的范式。

第三，当代法学思潮更加注重法律运作的经验性、事实性和偶然性，而对本质主义、形而上学产生了天然的排斥。因此，法律方法的发展更加多元化，也更加灵活。诸如法律解释理论，当代学者就逐渐地突破了传统的文义解释、历史解释、体系解释等主观解释理论的框架，转向一种更加适应于现实社会需要的客观解释理论。客观解释理论不再试图寻求“立法者原意”，放弃了对法律本身文义性、体系化、历史性的考察，进而转向一种功能主义的方法，即考察法律本身现实“客观性”的作用。客观解释理论认为，法律一经颁布便与立法者无关，适用者根据“客观性”来决定如何解释法律，这就使得法律解释与法律续造难以区分。

总而言之，当代法律方法的发展呈现出诸多向度，挑战了传统法律方法的地位。为了更好地说明这一问题，这里试举例说明之。

考夫曼在《法律哲学》一书中提到了著名的“盐酸案”，案情如下：X 携带盐酸泼洒于一名女会计的脸上，进而抢走她的钱包。在联邦法院的判决书中，本案涉及的问题在于：X 是否违反了加重强盗罪。根据行为当时有效的《刑法》第 250 条的规定，加重强盗罪的构成在于：“当行为人……携带武器实施了本行为，而以武力或以武力胁迫，防止或压制他人的反抗时”。因此必须判断的是在该案中使用的盐酸是否为一种“武器”。联邦法院肯定了这点。因为这个判决相当有争议，而且多数人认为应该被否定，所以立法者相应地修改了《刑法》第 250 条，现在的规定是“携带武器或其他器械或方法实施了本条行为，而……”，不再有争论了。但这个案件就方法论而言仍然相当具有教育意义。①

考夫曼认为，联邦法院之所以得出“盐酸是武器”的结论，根据的是一个极端客观目的论的、扩张的解释，其本质是一种类推，这种类推是结合设证、归纳及演绎于一体的，此时，案件与规范是相互加工筛选的，规范成为“符合存在”的规范，案件成为“符合规范”的案件。武器并不是一种概念，而是一种类型，法律方法所需要考虑的是在何种范围内，此种类型概念可以被打开，以及在何种范围内，抽象普遍的概念必须被划定界限。经由一系列的分析，考夫曼并没有给出详细的方法论设置，而得出一个初步的结论：应当谨防过度的“逻辑的”推论。由此可见，在当代，法律方法的发展是多样的、难以统一的。

思考题

1. 为什么自然法理论对于法律方法缺少必要的关注？
2. 法律实证主义理论对于法官审判案件有什么样的要求？
3. 如果你是“李慧娟案”的主审法官，你将如何进行判决？
4. 社会学法学理论对于法官审判案件有什么样的要求？
5. 美国法官卡多佐所提出的司法方法有哪些，这些方法之间有什么样的关系？

---

① 参见［德］考夫曼：《法律哲学》，刘幸义等译，107 页，北京，法律出版社，2004。

6. 如何通过英美法系中的“区分技术”实现法治的变革?

7. 如何理解批判法学提出的“法治必定是人治”的观点，法律规则与法官之间的关系是什么?

8. 如何理解考夫曼所提出的“法学的科学性只在于一种合理分享而不是处处都合理的法律发现过程”?

参考书目

1. [德] 考夫曼．法律哲学．刘幸义等译．北京：法律出版社，2004

2. [英] 哈特．法律的概念．张文显等译．北京：中国大百科全书出版社，1996

3. 沈宗灵．现代西方法理学．北京：北京大学出版社，1992

4. [美] 本杰明·卡多佐．司法过程的性质．苏力译．北京：商务印书馆，1998

5. H. L. A. Hart，“Positivism and the Separation of Law and Morals”，*Harvard Law Review*，1958

6. [德] 马丁·摩根史特恩，罗伯特·齐默尔．哲学史思路．唐陈译．北京：中国人民大学出版社，2006

7. 孙文恺．社会学法学．北京：法律出版社，2005

8. 范季海．批判法学．北京：法律出版社，2008

第二篇

法律方法之具体形式

第五章 法律解释方法

本章导读

法律解释是重要的法律方法，整个法律适用过程就是围绕法律解释展开的。本章中的法律解释，其内涵仍限定在传统方法论意义上，主要指在法律适用过程中，解释主体围绕与法律条文适用相关的案件事实，阐明法律条文含义的活动。法律解释的“正确性”在于对规范适当并且有充分根据的认识。法律语言的非精确性及法律规范的竞合导致法律解释的必要性。法律解释与漏洞填补、价值衡量以及法律论证联系紧密，但属于不同种类的法律方法。文义解释、体系解释、目的解释是基本的法律解释方法。其中，法的稳定性和权威性要求文义解释优先，以体系解释、目的解释为补充。

法律解释无疑是法律适用中一个至关重要的环节。法律条文是抽象的，案件事实是具体的，司法过程就是将抽象的法律条文适用到具体的案件事实中的过程。这个过程需要法律适用者将具体案件事实抽象化，对抽象法律条文的含义具体阐明，以决定法律规范能否适用于具体的案件，这就是法律解释的过程。法律解释是法律实践中经常运用的、重要的法律方法。本章将对法律解释的概念、必要性、目的、方法及方法的序列性有无等问题进行简要探讨。

第一节 法律解释的基本问题

一、法律解释的概念

要界定法律解释的概念，首先要大抵廓清法律解释的历史发展脉络。

受近代哲学理性主义思想的影响，以实证主义法学为代表的近代西方法学形成了“规范与事实相分离”的原则，反映在法律解释上，就是将作为法律解释前提的法律规则设定为确定的、无价值判断的既定规则，要求解释者从法律规则制定者的本义出发，维护法律形式上的客观性和确定性，探求历史上立法者的意图、想法和价值观。① 与这种探讨立法原意的解释目的一致，在法律解释的方法上，近代西方法学主张严格的文义解释。这种严格限制法律解释的做法也体现了当时三权分立思想的要求。

受当代实用主义思想的影响，以社会学法学为代表的当代西方法学推崇法律的实质价值判断，社会目的、利益、经验等动摇了传统法学中法律规则至高无上的地位，反映在法律解释上，就要求解释者在解释法律时，不仅应遵循法律的字面含义，而且应权衡社会的整体利益、所欲实现的社会目的。与这种实现法的价值和实质目的的解释目的一致，在法律解释的方法上，当代西方法学开始强调实现法律目的的目的解释。

现代的法律解释理论出现了与先前理论的截然不同的走向。无论是严格文义解释，还是合目的解释，都认可解释主体与解释对象的分离，即法律解释是解释主体对作为解释对象的法律规范的解释，属于方法论意义上的法律解释。而在现代，“语言”、“理解”成为哲学中的重要命题，反映在法律解释上，则出现了本体论意义上的法律解释。这种法律解释反对传统三段论式的涵摄推理模型，打破了解释主体与解释对象之间的对立，解释主体不是消极地反映解释对象，而是本身参与了作为解释结果的了解本身。解释的目的不是追求文本本身的正确性，而是注重解释的合理性。解释者在解释过程中有充分的能动性，解释者也不再限于传统的法官，立法者、法学家和一般大众都可以解释法律。②

可见，法学理论发展到现代，法律解释的面目已经与古典时期的法律解释大相径庭。因此，界定本章所指的法律解释的概念至关重要。鉴于目前理论和实践关于法律解释的探讨还主要集中于传统法学方法论意义上的法律解释③，本章中的法律解释，其内涵仍限定在传统方法论意义上的法律解释，主要指在法律适用过程中，解释主体围绕与法律条文适用相关的案件事实，阐明法律条文含义的活动。

但是，即使不采用本体论意义上的法律解释概念，现代法律解释也不能回避的问题是，法律规范实际上是通过解释者的法律解释而发生真正的法律效力的，然而每一个解释者对法律规

---

① 参见［美］E. 博登海默：《法理学：法律哲学与法律方法》，邓正来译，527页，北京，中国政法大学出版社，1999。

② 有学者认为本体论上的法律解释应该界定为法解释学，而不是法律方法中的法律解释。这种观点可详见梁慧星：《民法解释学》，189～190页，北京，中国政法大学出版社，1995；梁治平：《解释学法学与法律解释的方法论》，载梁治平主编：《法律解释问题》，87～104页，北京，法律出版社，1998。关于法律解释的历史发展脉络、哲学背景，参见陈金钊、焦宝乾等：《法律解释学》，55～80页，北京，中国政法大学出版社，2006。

③ 参见陈金钊、焦宝乾等：《法律解释学》，2页，北京，中国政法大学出版社，2006；王利明：《法律解释学》，11页，北京，中国人民大学出版社，2011。

范的理解各不相同，那么，从法所要求的安定性和权威性出发，法律解释有无“正确性”的要求？这种“正确性”如何判断？传统法律方法理论认为，法律解释虽然必然掺杂解释者创意的精神活动，但只要法律解释遵循适当的法学方法进行，就可以获得具有价值的“正确性”。此“正确”不是指永恒不变的真理，随着社会的变迁，这种“正确”也并不是终局的“绝对正确”，而是指就此法秩序于此时的正确性，是对规范适当并且有充分根据的认识。①

二、法律解释的必要性

法律解释的必要性首先源于法律用语的非精确性。“法律经常利用的日常用语与数理逻辑及科学语言不同，它并不是外延明确的概念，毋宁是多少具有弹性的表达方式，后者的可能意义在一定的波段宽度之间摇摆不定，端视该当的情况、指涉的事物、言说的脉络、在句中的位置以及用语的强度，则可能有不同的意涵。”② 即法律适用者在将法律用语适用于具体案件事实时，需明确法律用语的具体含义。如1997年《刑法》修订后第196条规定了信用卡诈骗罪，但当时具有透支功能的信用卡并未在社会上普及，人们使用的银行卡主要是不具有透支功能的借记卡，相应地社会上大量存在的是针对借记卡的犯罪行为，因此，在《刑法》修订生效实施后近十年的时间内，对该条中信用卡的具体指向存在诸多争议，其争议的焦点问题在于借记卡是属于信用卡的一种，还是完全不同于信用卡的银行卡。针对该问题，2004年全国人大常委会作出立法解释，将刑法中的信用卡界定为“具有消费支付、信用贷款、转账结算、存取现金等全部功能或者部分功能的电子支付卡”，将不具有透支功能的借记卡解释为信用卡，解决了刑法中的“信用卡”的内涵问题。

在法律发生竞合的场合，需要通过法律解释以确定适用何种法律规范。“因为针对同一案件事实，有两个法条赋予彼此相互排斥的法效果，如此亦将产生解释的必要性”③。这种竞合包括不同规范对同一案件事实作了规定，也包括一个案件事实可以被不同法律规范所评价。这也需要法律解释厘清法律适用问题。例如，我国刑法中规定有诈骗罪与招摇撞骗罪。诈骗罪的行为方式是虚构事实、隐瞒真相骗取他人财物，招摇撞骗罪的行为方式是冒充国家机关工作人员招摇撞骗，招摇撞骗的内容可以是骗财、骗色或者骗取各种荣誉等，两罪在适用范围上存在竞合，如果行为人冒充国家机关工作人员骗取财物，其行为符合诈骗罪和招摇撞骗罪两个犯罪构成，在这种情况下，对行为人适用何种罪名需要通过法律解释来确定。

三、法律解释的目的

在本章的起始部分，笔者对法律解释的历史进行了简单的回顾。法律解释的历史，也是法律解释目的不断变化的过程，可见，法律解释者试图通过法律解释达到的目的是法律解释中的重要的问题。法律适用的最终目的是“寻找正当的个案裁判”④，应达到何种目的才能实现裁判的“正当性”？与此相关的理论争议是，法律解释是为了达到立法者的初衷，还是为了实现司法者的特定目的？

1.“主观论”和“客观论”

关于解释目的的争议，19世纪后半叶，法哲学与方法论的文献就法律解释的目标已经形

① 参见［德］卡尔·拉伦茨：《法学方法论》，194～196页，北京，商务印书馆，2004。
② ［德］卡尔·拉伦茨：《法学方法论》，193页，北京，商务印书馆，2004。
③ ［德］卡尔·拉伦茨：《法学方法论》，194页，北京，商务印书馆，2004。
④ ［德］卡尔·拉伦茨：《法学方法论》，18页，北京，商务印书馆，2004。

成两种见解：

一方面是以探究历史上立法者的心理意愿为解释目标的“主观论”或“意志论”，这种解释目的在于探讨历史上立法者的意图，所以也称之为“历史解释”。在“主观论”看来，只有立法者才有权决定应该用何种方法来实现所需实现的目的和价值，法律适用者的任务只是忠实地去实现立法者的立法原意。法律适用者必须尊重法的权威。“主观论”的优点在于，它限制了司法者的权力，实现了法的可预测性和稳定性，较好地维护了立法、司法之间的关系，使二者各司其职，实现权力的分权和制约。

另一方面是以解析法律内在的意义和目的为解释目标的“客观论”①。“客观论”认为，由于立法行为，制定法使自己与自己的作者分离开来，且被提至客观的存在之中，作者已经不起作用了，他退至其作品之后。制定法文本的内容是法律适用唯一的权威内容，即使文本内容的立法者的观念和期待，也不具有约束力，相反，法的制定者要服从制定法本身。制定法的意义，可能比立法者在他们工作中所想到的一切更加丰富，制定法的内容，也不会像所有的历史经历那样是静止的，而是活生生和可变的，随着法秩序的改变而发生变化，因而具有适应力，所以在法律解释中必须依据法规定本身探求法的意旨。②

支持“客观论”的理由是：首先，立法者的意图难以查明。“如果试图通过使用当时的立法准备资料来探究立法目的，那么这种努力过程中就会充满陷阱和圈套”，“只不过是一种虚幻的徒劳无益的工作”③，从而破坏制定法应具有确定性和明确性。其次，根据一定的目的依据法律文本进行解释可以很好地适应社会变化的需要，“这种认为立法者能够通过规范对于每个案件都预先定出完整、终局之决定的想法，已经被证实是一种错觉、幻象”④，“如果某一法规赖以为条件的社会情势、习俗和一般态度自该法规通过之时起已发生了一种显著的、实质性的和明确的变化，那么法院就应当达致一个不同的结果”⑤。

从上述争议来看，“主观论”的优点正是“客观论”无法克服的缺点，而“客观论”的优点也正是“主观论”不具备的特征。虽然目前“客观论”略占优势，但关于解释目的的“主观论”和“客观论”的争议一直存在。⑥

从司法实践的历史发展来看，解释目的的“主观论”和“客观论”分别在司法实践的某个时期居于主导地位。例如在英国中世纪历史的某些时期，法规频繁地被扩大适用于它们不曾明确规定的情形。14 世纪初叶，普通法法官在如何对待法规方面享有较大自由，司法机关对成文法进行实质性修改的情形也经常发生。尽管这种解释自由在日后逐渐受到了约束，而且随意扩大适用制定法规范的做法也渐渐被认为不恰当，但是日渐形成的法规衡平释义原则，仍然准许按照法规之目的对法规作自由解释。而到了 19 世纪，法官的职责仅仅在于确定议会在其法规中所表述的内容，并将法规语词适用于其所受理的案件。人们认为，法规的真实含义同其语词的明确含义所传达给法官的那种意义相一致，法官应尽可能地给予法规所使用的语词的字面

---

① ［德］卡尔·拉伦茨：《法学方法论》，197 页，北京，商务印书馆，2004。

② 参见［德］卡尔·恩吉施：《法律思维导论》，郑永流译，109 页，北京，法律出版社，2004。

③ ［美］E. 博登海默：《法理学：法律哲学与法律方法》，邓正来译，528～531 页，北京，中国政法大学出版社，1999。

④ ［德］Ingenorg Puppe：《法学思维小学堂——法律人的 6 堂思维训练课》，蔡圣伟译，66 页，北京，北京大学出版社，2011。

⑤ ［美］E. 博登海默：《法理学：法律哲学与法律方法》，邓正来译，528～531 页，北京，中国政法大学出版社，1999。

⑥ 参见［德］卡尔·恩吉施：《法律思维导论》，郑永流译，102～106 页，北京，法律出版社，2004。

含义以充分的效力，法官的目标就是从法规所运用的语词中搜寻立法机关的意图，即使这种解释的后果有可能是具有危害性的。到了现代，大量运用可以反映某法规立法沿革的委员会报告和其他资料，是美国法院的习惯做法，也就是尊重立法原意，遵从法律解释的“主观论”，但当某制定法规定的措辞极为明确，它明显只能有一种解释的时候，美国的许多州的法院也会对该法规作出这种解释，而无须探究其立法沿革。也就是说，在美国，法规解释法亦处于不断的变化之中，“主观论”和“客观论”这两种相互冲突的倾向在法院中都起着作用。①

我国理论上有学者针对“主观论”和“客观论”各自的缺陷，提出折中说。还有的学者则提出以“客观论”为主、兼采“主观论”②，或者以“主观论”为主、兼采“客观论”③。前者认为立法者的原意往往难以被确定，或者已不能符合现实的需要，所以在法律解释中，首先应该从客观的文本出发来探求立法原意，法律解释应当从客观的文义出发来探究立法者的意思；后者则认为法律解释原则上应当根据立法者原意进行，只有在根据主观说将导致不正义或有足够的理由认为法律原有的价值判断已明显滞后或者立法表述不明、甚至出现错误时，法官才能按照客观说，从文本出发进行解释和补充。

2. 寻求法律解释结果“正当性”的法律解释目的

关于解释目的的争议主要在于，在立法者、解释者和法律文本发生冲突时，采用何种标准进行法律解释，所以也有学者把法律解释目的的冲突理解为法律解释标准的冲突。④ 从现实来看，社会在不断发展，与此相应的法秩序也在不断变化，仅仅墨守本身难以预测的立法原意对法律文本进行解释显然不能满足司法实践的现实需要。因此，一个立法机关应当以默许的方式把对法规的字面用语进行某些纠正的权力授予司法机关，只要这种纠正是确保基本公平和正义所必要的，只要这一权力能够以审慎的、节制的方式行使。⑤ 保证解释法律的权力能够以审慎、节制的方式行使，从技术上来讲是严格遵循法律解释的法律方法。

同时，“说到底，技术只是辅助性的手段，其意义取决于运用。法律解释方法也是如此。要提出有意义的问题，作出正确的判断和恰当的选择，需要的乃是反思、想象和创造……解释学法学向我们指出了理解的历史情境：不仅是一项法规、一种学说的历史情境，而且也包括理解者的现实处境。这种反思并不能也无意使解释者摆脱其历史性，它只是把这种历史性暴露出来，帮助解释者一次又一次超越当下的视域……人们既无须诉诸独立于历史之外的标准，也不至堕入虚无主义的陷阱”⑥。要实现法律解释的合理性，不仅需要作为方法论的法律解释技术，还需要法律解释者有较高的理解和创造力，最终实现法律解释的“正当性”。

3. 法律解释目的与法律解释方法之间的关系

值得注意的是，在各种法学文献中，对于法律解释目的和法律解释方法的称谓并不相同。如萨维尼把“文法”、“逻辑”、“历史”及“体系”作为“解释要素”理解，而卡尔·拉伦茨则把萨维尼指称的“解释要素”认定为“解释的标准”⑦。不管称谓有何不同，从法律解

① 参见［美］E. 博登海默：《法理学：法律哲学与法律方法》，邓正来译，528～531页，北京，中国政法大学出版社，1999。

② 王利明：《法律解释学》，31页，北京，中国人民大学出版社，2011。

③ 李希慧：《刑法解释论》，79～80页，北京，中国人民公安大学出版社，1995。

④ 参见张志铭：《法律解释的操作分析》，36页，北京，中国政法大学出版社，1998。

⑤ 参见［美］E. 博登海默：《法理学：法律哲学与法律方法》，邓正来译，538页，北京，中国政法大学出版社，1999。

⑥ 梁治平：《解释学法学与法律解释的方法论》，载梁治平主编：《法律解释问题》，100～101页，北京，法律出版社，1998。

⑦ ［德］卡尔·拉伦茨：《法学方法论》，200页，北京，商务印书馆，2004。

释的实践操作过程来看，法律解释目的并非法律解释理论中单纯的形而上的目标，它往往与下文所讨论的解释方法联系起来，共同完成法律解释的任务。尽管一般将这种立场理解成是在文义解释、体系解释及目的解释之外的解释方法，但事实上并非如此，这种立场应该是在上述三种解释方法中所要运用的决定标准。如就文义解释这一解释方法来讲，“历史的文义解释所要追问的是，历史上的立法者是在哪种意义下在法律中使用了某个特定概念；客观的文义解释所要追问的则是，于今日的观点下，应该要在何种意义下理性地使用、理解这个法律概念”①。

在下文所述的解释方法中，有“目的解释”的方法，这个“目的解释”则是指一种解释方法。“主观历史的法律解释与客观的法律解释这两种立场，在目的论解释那里对立得最为鲜明，也就是在我们不再能够援引规范的文义或是规范的体系关联解释，而只能直接回溯到规范目的的情形。历史解释方法会在法律资料中去研究‘立法者于公布此规范时要追寻何种目的’，反之，客观解释方法则是要追问，应该通过这样的规范理智地追寻何种目的。”② 可见，同样是“目的解释”，其法律解释的目标不同，可以得出历史目的解释和客观目的解释两种完全不同的结论。

四、法律解释与其他法律方法的关系

1. 法律解释与漏洞填补

无论是法律解释还是漏洞填补，都是形成“确定法效果的三段论法”中的大前提的过程。法律解释，是对既存法规范的意义及效力范围的掌握；而漏洞填补，则是在欠缺法规范时所使用的方法。③ 但法律解释与作为法的续造的漏洞填补，并非本质截然不同的事物，而是同一思考过程的不同阶段，二者都是理解者富有创意的成果，二者的区别仅仅在于程度不同。④

如学者在论述法律漏洞时，常常与类推解释、历史解释等解释方法紧密相连。“我们经常可听到，法规范的类推适用是以一个违反计划的法为前提的。没有问题的是，当法律已经有一个规范明文对于所要处理的案件设有规定，自然就不再会有类推适用其他规范的空间。但如果情形并非如此，‘是否当中能够看到法律漏洞’这个问题，实际上就已经等同于‘是否需要类推适用某个法规范’或‘是否这个案件应该保持在不适用任何规定的状态’这个问题。‘违反计划的法律漏洞’这个表述，涉及历史立法者的意志。只有仅认可主观的解释方法时，如此这般的计划违反性才会被看成是类推不可或缺的前提。反之，依据客观的解释方法，即便我们证明了历史上的立法者无意要让此种案件连接任何的法律效果，人们也还可以得出‘类推适用是适当的’，亦即‘存有法律漏洞’的结论。”⑤ 也就是说，在论证是否存在法律漏洞时，需要运用一些法律解释的方法，在填补法律漏洞时，也常常需要运用大于法律规定文本字面含义的类

① ［德］Ingenorg Puppe：《法学思维小学堂——法律人的6堂思维训练课》，蔡圣伟译，67页，北京，北京大学出版社，2011。

② ［德］Ingenorg Puppe：《法学思维小学堂——法律人的6堂思维训练课》，蔡圣伟译，67页，北京，北京大学出版社，2011。

③ 参见陈爱娥：《法学方法论导论——代译序》，载［德］卡尔·拉伦茨：《法学方法论》，陈爱娥译，12页，北京，商务印书馆，2004。

④ 参见［德］卡尔·拉伦茨：《法学方法论》，陈爱娥译，247页，北京，商务印书馆，2004。

⑤ ［德］Ingenorg Puppe：《法学思维小学堂——法律人的6堂思维训练课》，蔡圣伟译，91页，北京，北京大学出版社，2011。

推解释方法和小于字面含义的目的论限缩解释方法，问题在于，这种类推适用和目的论限缩能否获得“正当性”的价值而被认可。二者无法截然分开。但是从维护法的稳定性出发，需要限制大于法律文本字面含义的类推解释和小于字面含义的目的论限缩解释，有必要在法学方法论中设立一个漏洞填补的专门领域，设定一些专门的理论和技巧要求。因此，有学者将漏洞填补作为狭义法律解释之外的法律解释方法。①

2. 法律解释与价值衡量

先进的法律制度往往倾向于限制价值衡量在司法过程中的适用范围，因为以主观的司法价值偏爱为基础的判断，通常要比以正式或非正式的社会规范为基础的判断表现出更大程度的不确定性和不可预见性。在核心含义清晰明了的规范可明确适用于某个案件的事实时，司法审判是不需要价值判断的，只有在价值判断被整合进宪法或者其他法律文件中成为审判的客观渊源时，价值利益衡量才会成为法官适用或不适用法律规范的理由。② 可见，价值衡量是阐释和解释法律过程的一部分，能够解释法律的正当性，但是它不能发现立法者的真意，所以，只能作为附随于法律解释方法的论证方法。③

值得注意的是，解释者在一定解释目的下，运用一定解释方法得出了法律解释，并不意味着法律解释的最终完成，在这之后，我们还要讨论，“结论符合事物的正义，其是否也是正当性的标准之一”④，也就是说，解释的实践后果纵使不是法律适用者通过解释追求的，实际上还是会与其解释结合在一起；为了要让法律适用者留意进一步的实践后果，有必要在目的论的解释方法之外，另设一个解释后果的特别审查，也就是所谓的“后果考察”⑤。因此，价值衡量还会成为对法律解释结论合理性判断的方法。

3. 法律解释与法律论证

方法论上的法律解释和法律论证联系密切。所谓法律论证，是指通过提出理由（前提）以证明特定法律结论的正当性和妥当性的活动。法律论证是整个法律解释过程中的思维活动。法律解释的过程、方法、结论都需要解释者进行论证。从解释方法来讲，解释结论距离被解释的法律规范字面含义越远，解释者论证的义务就越大，使用广义的法律解释方法的论证义务大于使用狭义的法律解释方法的论证义务。⑥

本体论法律解释的哲学背景与方法论法律解释的哲学背景迥异，本体论上的法律解释摆脱了方法论上的法律解释片面追求规范文本的客观确定含义，而更注重判决的合理性和可接受性，因此在本体论法律解释理论看来，法律论证理论大有取代法律解释而独大的趋势，这种取代首先体现在对传统司法三段论的批判，用逻辑或修辞的说服方法来论证法律解释过程的合理性，解释学与论证理论出现了一致性和融合性。⑦ 但不管理论契合实践的视角如何嬗变，都不能改变司法实践中法律论证和法律解释之间密不可分的关系。

---

① 参见王利明：《法律解释学》，68页，北京，中国人民大学出版社，2011。

② 参见［美］E. 博登海默：《法理学：法律哲学与法律方法》，邓正来译，504～505页，北京，中国政法大学出版社，1999。

③ 参见王利明：《法律解释学》，27页，北京，中国人民大学出版社，2011。

④ ［德］卡尔·拉伦茨：《法学方法论》，陈爱娥译，200页，北京，商务印书馆，2004。

⑤ ［德］Ingenorg Puppe：《法学思维小学堂——法律人的6堂思维训练课》，蔡圣伟译，67页，北京，北京大学出版社，2011。

⑥ 参见王利明：《法律解释学》，54～60页，北京，中国人民大学出版社，2011。

⑦ 参见陈金钊、焦宝乾等：《法律解释学》，126～133页，北京，中国政法大学出版社，2006。

第二节　法律解释的方法

关于基本的法律解释方法种类，法律方法理论上已经形成了共识。一般来讲，“根据语言意义的解释（‘语法’的解释），从思想的关联中进行解释（‘逻辑的’或‘体系的’解释，这和解释把握着一个规定在制定法中的地位及与其他规定的关联），从历史的关联、特别从‘产生史’中进行的解释，最后基于规定的理性、目的、理由的解释（‘目的的’解释）。在这种或相似的形态中，自萨维尼以来的4种解释类型属于法律诠释学相当固定的组成部分”①。可见，文义解释、体系解释、目的解释是学界获得较多认同的、较成熟的法律解释方法。这些解释方法可以单独适用，也可以相互合作。要得到“正确的”解释结果，往往还要运用不同的解释方法，在不同的解释结果之间“比较衡量”，才能最终澄清不同观点的重要性。

下文主要探讨文义解释、体系解释和目的解释的相关问题，同时对各种解释方法序列性的有无进行简单阐释。

一、文义解释

1. 文义解释的基本问题

文义解释，是指对法律文本的字面含义所作的解释。例如，刑法上的“盗窃”，是指以自认为不为他人所知的方式将他人占有的财物置于自己的控制之下。立法者运用语言来表达自己的立法意图，由于语言含义具有弹性，在面对立法文本时，解释者有时还要根据立法原意、法的逻辑结构、法律规范的目的等标准来确定文本的含义，但是不论采取何种解释方法，解释均起源于文字，也就是一切法律解释方法的起点都是要界定法律规范的具体含义。②

立法者所使用的立法语言，既包括普通大众使用的普通语言，也包括为准确简洁表达的法律语言。不论使用什么语言，在进行文义解释时，都必须尊重文本，按照通常的理解来解释文本，在同一法律部门中，同一概念应当获得相同的解释结果。如果立法者采用的是特殊的法律用语，则应按照其特殊含义予以阐明。③

与文义解释相关的一个问题是，文义的含义是以立法当时的语言用法为标准，还是以当下法秩序下文义的含义为标准？从尊重立法原意、实现立法初衷、维护法的稳定性和权威性角度出发，作为法律解释基本方法的文义解释，其文义的含义应该以立法当时的语言用法为标准。例如，在电力没有为人类所使用的时代，财产犯罪的犯罪对象仅限于有体物，在电力成为一种商品为人类使用后，刑法理论界出现了争议，即电力这种无体物是否属于财产罪的犯罪对象？德国过去的帝国裁判所从有体性说的立场出发，认为电力不具有财物性，对盗用电的行为应该另外立法。④ 这种法律解释司法实践说明，立法当时的语言用法在文义解释中具有重要意义。

---

① ［德］卡尔·恩吉施：《法律思维导论》，郑永流译，87～88页，北京，法律出版社，2004。

② 正是基于此，有学者把所有的解释方法都归属于文义解释之下，此种观点参见陈金钊、焦宝乾等：《法律解释学》，178～189页，北京，中国政法大学出版社，2006。

③ 参见王利明：《法律解释学》，88页，北京，中国人民大学出版社，2011；［德］卡尔·拉伦茨：《法学方法论》，陈爱娥译，203页，北京，商务印书馆，2004。

④ 参见［日］大塚仁等：《刑法解释大全》，第九卷，165页，日本，青林书院，1988。转引自刘明祥：《财产罪比较研究》，22页，北京，中国政法大学出版社，2001。

再比如，我国《刑法》第358条规定了“组织卖淫罪”，该罪是指组织他人卖淫或者强迫他人卖淫，情节严重的行为。立法时即20世纪90年代初，“卖淫”主要指“妇女卖淫”，因此，根据文义解释，“男性卖淫”就不能包含在本条“卖淫”的概念中。

2. 文义解释是划定解释界限的标准

关于法律解释的过程，“过去在法学方法论上，人们提出了概念核心与概念外围的主张。那些可清楚地被包摄到概念下的对象或案例，也就是所谓的‘肯定（积极）选项’组成了概念核心。位于这个概念之外的，亦即那些明显不会落入这个概念的情形，则是；‘否定（消极）选项’。概念外围，则是由‘中立（中性）选项’所组成；这些‘中立选项’，是指那些根据一般的概念界定或语言使用习惯，无法清楚确认是否应落入此概念下的情形。也就是说，这些情形是否可被包摄到该概念下，必须要由法律适用者或法学家决定。法律适用者或法学家当然不能恣意地作出这个决定，而必须附具理由。这里所称的理由，可以通过比较得出；亦即，我们把中立选项拿来和那些可清楚地被包摄到法律中的案例（也就是肯定选项）相比，或者是以之和那些明显不能被包摄到法律中的案例（也就是否定选项）相比。用来比较相关案例的着眼点，就是法律的意义与目的。如果中立选项在此观点下和某个肯定选项相似，就支持我们对于这个法律概念作出较宽松的解释，把中立选项也一起涵括进来。相反，如果在这个观点下，中立选项是和否定选项相似，就是一个支持紧缩解释的论据”[①]。

从上述关于法律解释过程的阐释中可以看出，“肯定选项”属于文义解释的范围，“否定选项”在文义解释下则不存在适用法律规范的可能性，而“中立选项”属于是否适用法律规范存疑的领域。“中立选项”是否适用法律规范的决定因素是“用来比较相关案例的着眼点，就是法律的意义与目的”，如果与“肯定选项”相似，则纳入适用范围，反之，则不纳入。一般经典著作也都预先承认一个理想的前提，就是可以区分出“肯定选项”和“否定选项”，“解释及（补充或改造法律的）法的续造，两者的界限只能是语言上可能的字义，实在不能发现其他的界分标准”[②]。

可见，文义解释被法学家视为界定解释界限、区分司法过程中的法律解释和填补漏洞的造法的标准。

二、体系解释

法律体系是由具有内在逻辑联系的制度和规范所构成的，是由具有内在一致性的价值所组合的体系结构。法律体系分为外在体系和内在体系。外在体系，是指篇章节、基本制度的安排等形成的逻辑体系。内在体系，又称为实质体系或价值体系，是指各单个法律制度之间基本价值的内在联系。[③] 体系解释的前提是，解释者确信法律是一个合理的、符合逻辑的完整体系，每一个制度、规范都是法律体系的组成部分。所谓体系解释，就是以法律的外部体系为依据进行的解释。[④]“意义脉络的标准首先要求考虑上下文脉络的关系，这是理解任何意义相关的谈话或文字所不可或缺的。此外，它也意指规整脉络中许多条文间事理上的一致性、对法律的外

① ［德］Ingenorg Puppe：《法学思维小学堂——法律人的6堂思维训练课》，蔡圣伟译，53页，北京，北京大学出版社，2011。

② ［德］卡尔·拉伦茨：《法学方法论》，陈爱娥译，203页，北京，商务印书馆，2004。

③ 参见王泽鉴：《法律思维与民法实例》，225页，北京，中国政法大学出版社，2001。

④ 参见王利明：《法律解释学》，92页，北京，中国人民大学出版社，2011。

部安排及其内在概念体系的考虑"[①]。可见，体系解释就是以法律文本的篇章节、基本制度的安排等形成的逻辑体系为标准所作的解释。

体系解释是法律解释中的重要方法。体系解释在下述几个方面发挥着重要作用：

第一，既然我们相信法律是一个合理的、符合逻辑的有机体，每一个制度、规范都是法律体系的必要组成部分，那么，法律的体系有助于个别字句的理解。例如我国《刑法》第 20 条第 3 款规定："对正在进行行凶、杀人、抢劫、强奸、绑架以及其他严重危及人身安全的暴力犯罪，采取防卫行为，造成不法侵害人伤亡的，不属于防卫过当，不负刑事责任。"这里，在对"行凶"这一在文义上内涵和外延都非常宽泛的概念进行解释时，必须考虑该概念在条文中所处的位置，与其并列的犯罪行为是"杀人、抢劫、强奸、绑架"，而且法条在列举了这些具体的行为类型后，兜底了一个"严重危及人身安全的暴力犯罪"的概念，因此从符合体系逻辑的角度出发，这里的"行凶"在程度上必须等同于"杀人、抢劫、强奸、绑架"，且必须属于"严重危及人身安全的暴力犯罪"。

第二，法律经常由不完全的法条（说明性的、限制性的或指示参照性的法条）所构成，它们与其他条文相结合才构成一个完整的法条，或相互结合成一个规整。只有视其为规整的部分，方能获悉个别法条的意义。[②] 例如，我国《刑法》第 399 条第 1 款规定，司法工作人员徇私枉法、徇情枉法，对明知是无罪的人而使他受追诉、对明知是有罪的人而故意包庇不使他受追诉，或者在刑事审判活动中故意违背事实和法律作枉法裁判的，构成徇私枉法罪；第 2 款规定，司法工作人员在民事、行政审判活动中故意违背事实和法律作枉法裁判，情节严重的，构成民事、行政枉法裁判罪；第 3 款规定，在执行判决、裁定活动中，严重不负责任或者滥用职权，不依法采取诉讼保全措施、不履行法定执行职责，或者违法采取诉讼保全措施、强制执行措施，致使当事人或者其他人的利益遭受重大损失的，构成执行判决、裁定失职罪、执行判决、裁定滥用职权罪；第 4 款规定，司法工作人员收受贿赂，构成前 3 款的徇私枉法罪、民事、行政枉法裁判罪以及执行判决、裁定失职罪、执行判决、裁定滥用职权罪，同时又构成受贿罪的，依照处罚较重的规定定罪处罚。根据第 399 条第 4 款的规定，收受贿赂，又犯徇私枉法罪、民事、行政枉法裁判罪以及执行判决、裁定失职罪、执行判决、裁定滥用职权罪的，虽然属于异种数罪，但不并罚，而是从一重处罚，那么由此必须解决的一个问题是，行为人触犯了《刑法》第九章规定的其他渎职罪，尤其是司法渎职罪，同时又构成受贿罪的，是应当数罪并罚还是从一重罪处罚呢？如果我们把第 399 条第 4 款的规定理解为仅仅是对第 399 条的一个限制性规定，则行为人触犯了《刑法》第九章规定的其他渎职罪，即使是司法渎职罪，也必须数罪并罚，并不受第 399 条第 4 款的约束。如果我们把第 399 条第 4 款的规定理解为一个指示性的规定，即通过第 399 条作出一种指示，凡是犯司法渎职罪又犯受贿罪的，都不应当数罪并罚，则行为人触犯了《刑法》第九章规定的其他司法渎职罪的，也应当从一重处罚。这里，由于对第 399 条第 4 款规定的性质理解不同，因而通过体系解释的方法得出了不同的法律解释结果，但这些结果都是从法律体系逻辑统一性这一前提出发所作的合理解释。（参见 2012 年 12 月 7 日最高人民法院、最高人民检察院《关于办理渎职刑事案件适用法律若干问题的解释（一）》第 3 条。）

---

① ［德］卡尔·拉伦茨：《法学方法论》，陈爱娥译，207 页，北京，商务印书馆，2004。

② 参见［德］卡尔·拉伦茨：《法学方法论》，陈爱娥译，204 页，北京，商务印书馆，2004。

第三，在存在多个文义解释可能性时，选择体系解释有助于维持法律规定之间“事理上的一致性”[①]。例如，我国《刑法》第121条规定了劫持航空器罪，是指“以暴力、胁迫或者其他方法劫持航空器的”行为，其中“致人重伤、死亡或者使航空器遭受严重破坏的”，处死刑。第239条规定的绑架罪，是“以勒索财物为目的绑架他人的，或者绑架他人作为人质的”行为，其中“致使被绑架人死亡或者杀害被绑架人的”，处死刑。《刑法》第317条规定了暴动越狱罪，是指“暴动越狱”的行为，其中，“情节特别严重”的，处死刑。在这三个罪名中，行为方式都包含了“暴力”行为，最高刑都是刑法中较少见的绝对死刑，最高刑对应的情形分别是“致人重伤、死亡或者使航空器遭受严重破坏”、“致使被绑架人死亡或者杀害被绑架人的”和“情节特别严重”。但只有绑架罪行为方式的法律规定中，直接用了“杀害”字样，即绑架过程中杀害被绑架人的，法律明文规定不再单独定故意杀人罪，直接定绑架罪。从维护刑法体系前后用语的一致性出发，虽然“暴力”有多种解释，但故意杀人的暴力无疑符合劫持航空器罪中“致人重伤、死亡”的条件，以及符合暴动越狱罪中足以处死刑的“情节特别严重”的条件，因此，劫持航空器罪中的“暴力”，以及暴动越狱罪中的“暴力”，也都应包含故意杀人行为，行为人在劫持航空器和暴动越狱中故意杀人的，都应当与绑架罪一样，不再单独定故意杀人罪，直接定劫持航空器罪和暴动越狱罪。

综上，体系解释“不是单独地孤立观察某个法律规范，而是要观察这个规范与其他规范的关联。这个法律规范和其他规范都是共同被规定在某个特定法领域中，形成一个体系。体系解释要求各法条之间无矛盾、不赘言，强调完整性和体系秩序”[②]。

体系解释中的“体系”一般指“外部体系”，法律体系中的内部体系则是目的解释所需要考虑的标准。“然而，这所有种种对解释的价值都有限。经常只有追溯到法律的目的，以及（由准则性的价值决定及原则所构成之）法律基本的‘内在体系’，才能真正理解法律的意义脉络。意义脉络的问题本身已经引出目的性的标准”[③]。可见，与“外部体系”密切相连的体系解释常常需要同与“内部体系”相关的目的解释结合才能得出合理的法律解释。

三、目的解释

目的解释是指以某种目的来阐释法律规范的法律解释方法。目的解释中存在主观目的法律解释与客观目的法律解释两种不同的目的解释。主观目的解释探求立法者的目的，所以也称历史解释。客观目的解释则探求所谓客观的由法律规范文本所表现出来的规范目的。近代以来，随着自由法学的发展，可大大发挥解释者能动作用的客观目的解释方法备受瞩目，被称为“解释的王冠”[④]。我国学者则统称之为目的解释。[⑤]

1. 主观目的解释（历史解释）

主观目的解释以探求立法者立法目的为解释标准，因此，首先应当明确的是何为立法者的目的。一般来讲，立法者的意志只能是已显示之立法者的根本意向以及在立法团体或其委员会

---

① ［德］卡尔·拉伦茨：《法学方法论》，陈爱娥译，204页，北京，商务印书馆，2004。

② ［德］Ingenorg Puppe：《法学思维小学堂——法律人的6堂思维训练课》，蔡圣伟译，56页，北京，北京大学出版社，2011。

③ ［德］卡尔·拉伦茨：《法学方法论》，陈爱娥译，207页，北京，商务印书馆，2004。

④ ［德］Ingenorg Puppe：《法学思维小学堂——法律人的6堂思维训练课》，蔡圣伟译，67页，北京，北京大学出版社，2011。

⑤ 参见王利明：《法律解释学》，120页，北京，中国人民大学出版社，2011。

的讨论中曾经被提出并且并无异议的想法。解释时如果要探讨立法者的规范想法，即应以此为准则。主观目的解释面临的一个质疑是，立法者的目的是不是一定优先于法律规范本身所体现的客观目的，以及在社会发展、法秩序变化的情况下，立法者的立法目的是否还应被遵循。其次，立法者往往并不是一个单独的个人，在现代社会通常表现为一个集体，如议会、人民代表大会等，立法的过程又是一个法律草案不断修改和完善的过程，那么谁代表立法者、哪一个阶段的法律文件代表立法者的想法，就是颇具争议的问题。

但是在某些情况下，立法制定过程中的草案、立法说明对于得出合理的法律解释具有重要意义。例如，第十一届全国人大常委会第四次会议对《中华人民共和国刑法修正案（七）（草案）》进行了初次审议，后颁发了《刑法修正案（七）草案全文及说明》，其中“草案”部分第2条规定：“……证券、期货交易内幕信息的知情人员或者非法获取证券、期货交易内幕信息的人员，在涉及证券的发行，证券、期货交易或者其他对证券、期货交易价格有重大影响的信息尚未公开前，买入或者卖出该证券……或者建议他人从事上述交易活动，情节严重的……”而正式出台的《刑法修正案（七）》第2条将“草案”中的相关规定修改为：“……证券、期货交易内幕信息的知情人员或者非法获取证券、期货交易内幕信息的人员，在涉及证券的发行，证券、期货交易或者其他对证券、期货交易价格有重大影响的信息尚未公开前，买入或者卖出该证券……或者明示、暗示他人从事上述交易活动，情节严重的……”从这些立法过程中颁布的立法文件来看，立法者将内幕信息的知情人员“建议”他人从事内幕交易的行为方式，最终修改为“明示、暗示”他人从事内幕交易的行为方式，说明立法者对该种行为方式成立犯罪所要求的条件在不断降低，因此，在解释“明示、暗示”行为时，不仅包括明示的建议行为，还包括暗示他人从事内幕交易的行为，这种暗示不一定要达到建议的程度。因此，在法律解释时如果充分掌握有效、确定的立法资料，了解立法者的立法目的，那么探求历史上的立法目的的解释方法可以得出合理的法律解释结论。

2. 客观目的解释

如前所述，客观目的解释，就是以探求法律规范的客观目的为标准的法律解释方法。自19世纪以来，客观目的解释在法律解释中的作用日益凸显。有学者认为，客观目的解释中的解释，实质上是解释者自己放入法律解释中的观点。[①] 在有些情况下，立法者的立法目的与法律规范的客观目的是一致的。在这种情况下，立法和司法得到了统一，法治在和谐中得以确立，解释者所作的目的解释也不会受到过多的质疑和限制。但是，当立法者的立法目的与法律规范的客观目的不一致时，由于客观目的解释会有为追求所谓客观目的而超出的字面含义解释的现象，因而确立客观目的解释存在的场合尤其重要。也就是，在什么情况下，会需要客观目的解释？

首先，法规范中的某些概念，本身存在多种理解，如刑法中的规范要素，例如“猥亵”、“色情”等，属于待评价的构成要件要素，法律解释者的价值观念不同，所作的解释必然不同，其所作的解释也不一定与立法者的立法目的相吻合。其次，法规范本身存在适用结果的矛盾时需要客观目的解释。即由法的客观目的产生之客观的目的论的标准，来自正义思想，要求（依该当法秩序之一般评价而言）同种的事物（或具有相同意义的事物）应予相同处理。再次，如前所述，法律内部体系中存在多种基本价值，这些基本价值往往体现在各种原则中，而各种原则的适用范围及其相互作用的标准需要法律解释者予以确立，法律解释者必然在法律解释中基

① 参见［德］Ingenorg Puppe：《法学思维小学堂——法律人的6堂思维训练课》，蔡圣伟译，69页，北京，北京大学出版社，2011。

于不同的目的运用这些原则，此时也存在进行客观目的解释的必要。①

在运用客观目的解释时，这种“客观”的目的，必须通过以下三重考验：第一，必须确认所要追求的目的本身是正义的、理性的，以及有益的；第二，对于完整实现这个目的而言，规范必须是一个是适当的手段；第三，实现这个规范目的不得引起超乎规范目的的价值的不利附随后果。②

客观目的解释很好地发挥了解释者的能动作用，有利于法秩序的活力，然而其虽宣称客观目的，但实际上带有强烈的解释者主观性。因此，文义是法律解释的起点，同时也是划定法律解释活动的界限，尤其是客观目的解释方法的界限。当解释者主张规定的意义和目的优先于语言上明确的字义时，当他主张的解释不限于字面含义时，实际上他所从事的是漏洞填补、类推适用。而类推适用在某些法律领域是绝对禁止的。

四、类推解释

本章前文中讨论了传统法律方法中获得较大认同的三种解释方法。在法学理论中，还常常会遇到类推解释的概念。从严格的法律解释概念来讲，类推解释至少不属于狭义法律解释方法，因为其虽名为解释，但实际上已经超出了司法适用的范围，有造法之嫌。“之所以有必要区分解释以及——补充或改造法律的——法的续造，乃是因为：为保障法律作为优先适用的决定标准之地位，只有在满足特定条件的情况下，才可以从事法的续造”，但是，“可能的字义未必始终能精确界定，因此在某些事例，究竟是还在作扩张解释，或者已经是透过类推适用在作漏洞填补，有时不无疑义”③。类推解释往往与扩大解释一起被人提及，而二者的区别即使在明令禁止类推的刑法领域都存在模糊之处，因此有必要对类推解释进行探讨。

按照我国法学理论比较通行的看法，扩大解释是通过解释使法条的字面含义扩张的解释方法，它必须在可能的文义范围内进行解释，也就是说，扩大解释在理论上仍属于包含于文义可能范围内的法律解释。④

类推解释则在某些法律领域是被禁止的，尤其在刑法中。其最基本的原因是类推解释违反了罪刑法定原则。罪刑法定原则是刑法中的基本原则，也是现代法治的基石。罪刑法定原则的一个基本内容是罪与刑应该由立法机关事先明文规定，法无明文规定不为罪，法无明文规定不处罚。因此，出于人权保障的需要，绝不允许通过类推的形式将法无明文规定的行为纳入刑法的调整领域。

如果仅仅是区分概念，上述概念的界定就可以非常清楚地将二者区别开来，但一旦进入某些法律解释的操作领域，二者就会出现性质界定的难题。举例来讲，“隐匿”他人财物的行为是否属于故意毁坏财物罪中的“毁坏”？运用不同的解释语言，结论虽然相同，但解释方法的性质界定完全不同。如果认为“毁坏”不限于在物理上改变其形状，而是广泛地包含使财物丧失其本来用途的一切行为，则使他人不能发现其财物所在、难以按照其本来用途加以利用的“隐匿”行为当然被包括在“毁坏”的概念之内，这种解释属于扩大“毁坏”含义的客观目的解释。但是，如果将“毁坏”限定为在物理上改变其形状、破坏其机能，则仅仅让人难以发现

---

① 参见［德］卡尔·拉伦茨：《法学方法论》，陈爱娥译，207～209页，北京，商务印书馆，2004。

② 参见［德］Ingenorg Puppe：《法学思维小学堂——法律人的6堂思维训练课》，蔡圣伟译，69～71页，北京，北京大学出版社，2011。

③ ［德］卡尔·拉伦茨：《法学方法论》，陈爱娥译，202页，北京，商务印书馆，2004。

④ 参见王利明：《法律解释学》，135～136页，北京，中国人民大学出版社，2011。

其位置所在的“隐匿”就不能说是“毁坏”。然而，“隐匿”由于使人不能发现物之所在，难以按照其本来用途加以利用，在“难以按照其本来用途加以利用”这一点上，与在物理上改变形状、破坏机能的“毁坏”之间，具有类似之处，因此，“隐匿”财物也可以说是“毁坏”财物，这种解释方法就是类推解释。再如非法制造土炮的行为是否构成非法制造枪支罪的解释，如果对“枪支”作超出日常生活的理解，说其是“通过管状物体发射弹丸的武器”，则土炮就是枪支。这种解释属于扩大字面含义的客观目的解释。如果认为尽管枪支和土炮在口径上存在差别（一般来说，枪支的口径在2厘米以下），则枪支不包括土炮，但由于土炮在“通过发射弹丸，能在较远的距离上瞬间剥夺他人生命”这一点上与枪支具有类似性，所以，土炮也是枪支。这种解释明显属于类推解释的范畴。①

一般来讲，主张类推解释是通过类比推理的方法阐释刑法条文含义的学者，必然赞成类推解释。② 如德国学者考夫曼指出，类推一直是人类认识包括法律认识的重要思维方法，并非单纯的法律漏洞的填补方式。可允许的解释与被禁止的类推之间的实际界限完全是不可分的。法是当为与存在的对应，立法是使法律理念与将来可能的生活事实调适，法律发现是使法律规范与现实的生活事实调适。要实现上述对应和调适就必须有能使规范与事实当中取得一致的第三者，这个第三者就是“事物的本质”，在刑法中，“事物的本质”就是“不法类型”③。也正如我国学者所言，“广义上讲，刑法适用的过程，就是一个寻找事实和刑法规范所规定的行为类型之间的相似性的类比或者说类推的过程”，“司法的过程，简化为一个逻辑过程而言，实际上就是法官的目光在大、小前提之间来回移动，寻找其二者之间的相似性，从而得出判决结论的类比过程”④。有学者进一步指出，类推解释和违反罪刑法定的“类推适用”并不相同，重要的是，需要在“不法类型”观念的指导下，就如何寻找事实与规范之间的“相似性”展开讨论。⑤

有的学者则根本否认扩大解释存在的余地，认为扩大解释本身不是一个严谨的法律用语。所有的解释方法都必须在文义可能的范围内进行，否则就不属于法律解释，而属于法的续造行为。⑥

有的学者则坚持刑法中类推解释的禁止，认为“罪刑法定原则所禁止的类推解释，是指超过了通过解释可以得到的刑法规范规定的内容，因为是制定新的刑法规范的一种方法。”但同时他们认为，类推解释与扩大解释的区别具有相对性，二者之间可谓只有程度的差异，在某种意义上，类推解释就是扩大解释，但是扩大解释有合理与不合理之分，违反罪刑法定原则的不合理的扩大解释就是禁止的类推解释。⑦

这种对类推解释和扩大解释之区分的疑惑已经使学者开始质疑有效司法解释的合理性。如2003年5月15日施行的最高人民法院、最高人民检察院《关于办理妨害预防、控制突发传染病疫情等灾害的刑事案件具体应用法律若干问题的解释》第3条第2款规定，医疗机构或者个人，知道或者应当知道系前款规定的不符合保障人体健康的国家标准、行业标准的医疗器械、

① 参见黎宏：《“禁止类推解释”之质疑》，载《法学评论》，2008（5）。

② 参见张明楷：《罪刑法定与刑法解释》，95页，北京，北京大学出版社，2009。

③ ［德］考夫曼：《类推与“事物本质”：兼论类型理论》，吴从周译，9～11页，台北，学林文化事业有限公司，1999。

④ 黎宏：《“禁止类推解释”之质疑》，载《法学评论》，2008（5）。

⑤ 参见黄继坤：《刑法类推解释如何得以进行——刑法演绎推理中的类推解释》，载《现代法学》2011（5）。

⑥ 参见［德］卡尔·拉伦茨：《法学方法论》，陈爱娥译，228页，北京，商务印书馆，2004。

⑦ 参见张明楷：《罪刑法定与刑法解释》，97～98页，北京，北京大学出版社，2009。

医用卫生材料而购买并有偿使用的，以销售不符合标准的医用器材罪定罪，依法从重处罚。该解释将医疗机构有偿使用明知是不合格医疗器械、医用卫生材料解释为“销售”，对于这种解释，理论界一直有类推解释的质疑。

至少从技术上来讲，区分类推解释和扩大解释是一件非常困难的事情，现在理论界还没有提出有效的区分标准令理论界信服以及指导司法实践。赞成类推解释的学者所提出的理由中，关于“不法类型”作用的探讨符合解释者在解释法律时的一般思路，即只要文义不是可以明白无误地适用于某个对象，解释者就必须通过类比的方式决定某个对象是否可以适用于法律规范，前文关于法律解释过程的探讨正说明了这一点。从这个意义上来讲，所谓的类推解释与扩大解释的本质是一样的，只是程度的区别，事实上从法律历史的实践操作来看，类推解释的适用并非一向被视为“禁地”，“罗马法系还优先倾向于这样一种作法，即允许把制定法规定扩大适用于下述情形：尽管该规定措词的最宽泛的含义亦无法涵括这些情形，但是它们却的的确确属于该法规所构想的原则或社会目的的范围内。这种方法被认为是类推方法”，“意义应该不仅在一个非常多义的字面含义的边界内部，而且在挣脱字面含义的束缚或在限制太宽泛地猜测制定法的表达的情形下透出”①。

但是，罪刑法定原则必须被维护，其中蕴涵的深层含义是保护人权，限制国家的刑罚权，禁止刑罚权的滥用。因此，所谓禁止类推解释，实际上禁止的是“法无明文规定也处罚”的思维与做法。对于刑事司法而言，贯彻罪刑法定原则的关键是通过禁止类推解释杜绝“法无明文规定也处罚”的现象，若认为允许类推解释，则意味着司法机关可以进行类推解释，这对于限制刑事司法权力、维护罪刑法定原则有害。② 因此，类似推论（类推）虽然是常见的司法技术，运用这项技术进行的法律解释过程也极易使类推解释和扩大解释发生混淆，但从法律方法最终服从于法治需要的理念出发，类推解释必须慎重，而刑法上的类推解释必须禁止。

五、解释方法之间的关系及其序列性

对于法律解释方法之间关系的理解，首先应对“理解程序的往返流转的特质”有所了解，即法律解释者并非在解释之初就选择一种解释方法，而是以法律规范的字面含义为起点，考察法律规范的目的，同时可能参照其他解释方法，再回到文义解释的程序上来。卡尔·拉伦茨以德国民法典中的“遗失”的解释为例很好地阐释了这个过程：“首先由两项规定的意义脉络才认识到，民法典第九三二条所宣示的规则被第九三五条第一项所限制。限制理由何在的问题又引导我们到立法者的构想以及构想中包含的利益评价，由此出发，眼光又回到个别表达方式（于此：‘遗失’一词）的意义，借此更精确地加以界定。如果借此发现的解释存在于可能的字义范围内，对之又别无疑虑之处，循环就取得终点”③。

通过对上述“理解程序的往返流转的特质”的理解，我们发现，这些传统的解释方法并非各自独立的“方法”，它们在具体程序中相互补充、支撑、印证，以达到“正当性”的法律解释。

不管对法律解释方法如何排序，理论一般都认为文义解释具有优先性。从法治对法的服从的基本要求来看，从维护法的稳定性和权威性出发，如果所作的文义解释没有违反立法者的原

---

① ［美］E. 博登海默：《法理学：法律哲学与法律方法》，邓正来译，527页，北京，中国政法大学出版社，1999。

② 参见张明楷：《罪刑法定与刑法解释》，97～98页，北京，北京大学出版社，2009。

③ ［德］卡尔·拉伦茨：《法学方法论》，陈爱娥译，206页，北京，商务印书馆，2004。

意，且是符合文义的合理解释，则文义解释具有"正当性"，文义解释在所有法律解释方法中居于优先的地位。但是，当文义解释出现复数解释结论、违反宪法、明显违反立法目的或导致体系违反时，则应考虑使用其他法律解释方法。①

而在探求某法律用语在法条体系中的意义时，必须采用体系解释方法。有些情况下，体系解释方法是文义解释的必要补充，对于确定文义解释的合理性具有重要意义。如果根据文义解释和体系解释仍然不能确定法律条文的含义，则应考虑适用主观目的解释方法。如果上述途经仍不能满足法律解释的需要，可以适用客观目的解释方法。如果案件不能被包摄到法条下，而目的论又认为应适用法条，则只能通过类推的途径予以适用，只要没有禁止类推的限制。如果案件能清楚地被包摄到法条下，而目的论又认为不应适用法条，则法律的适用范围可以通过目的论限缩予以限制。②

思考题

1. 方法论意义上的法律解释与本体论意义上的法律解释有何区别？
2. 关于法律解释目的的争议有哪些？关于本问题，你的看法是什么？
3. 为什么在法律解释中文义解释是基本的法律解释方法？
4. 如何进行体系解释？
5. 如何限定目的解释中目的的"正当性"？
6. 类推解释与扩大解释能否进行有效区分？为什么？

参考书目

1. ［德］卡尔·拉伦茨．法学方法论．陈爱娥译．北京：商务印书馆，2004
2. ［德］卡尔·恩吉施．法律思维导论．郑永流译．北京：法律出版社，2004
3. ［德］Ingenorg Puppe. 法学思维小学堂——法律人的 6 堂思维训练课．蔡圣伟译．北京：北京大学出版社，2011
4. ［德］考夫曼．类推与"事物本质"：兼论类型理论．吴从周译．台北：学林文化事业有限公司，1999
5. ［美］E. 博登海默．法理学：法律哲学与法律方法．邓正来译．北京：中国政法大学出版社，1999
6. 葛洪义．法律方法讲义．北京：中国人民大学出版社，2009
7. 梁治平主编．法律解释问题．北京：法律出版社，1998
8. 王利明．法律解释学．北京：中国人民大学出版社，2011
9. 张明楷．罪刑法定与刑法解释．北京：北京大学出版社，2009
10. 陈金钊，焦宝乾等．法律解释学．北京：中国政法大学出版社，2006

---

① 参见王利明：《法律解释学》，88 页，北京，中国人民大学出版社，2011。

② 参见［德］卡尔·拉伦茨：《法学方法论》，陈爱娥译，220～221 页，北京，商务印书馆，2004；［德］Ingenorg Puppe：《法学思维小学堂——法律人的 6 堂思维训练课》，蔡圣伟译，83 页，北京，北京大学出版社，2011。

第六章

法律续造方法

第一节　法律续造的前提条件：“规则穷尽”

一、“规则穷尽”的两个层次

二、以“规则穷尽”为前提的法律续造与法律解释的关系

三、“规则穷尽”的具体情形

第二节　规则空缺（法律漏洞）的解决方法

一、开放的漏洞、隐藏的漏洞与超越法律的漏洞

二、开放的漏洞及其填补方法

三、隐藏的漏洞及其填补方法

四、超越法律的漏洞及其填补方法

第三节　规则悖反的解决方法

一、规则悖反的判断

二、目的论限缩向权衡模式的转化

第四节　规则冲突的解决方法

一、规则冲突的含义

二、规则冲突中的权衡模式之运用

第五节　规则模糊的解决方法

一、规则模糊的两种形态

二、规则模糊的解决方法

本章导读

法律适用过程中不可避免地将出现事实与规范的不调适性，此可归结于个案事实的非常规性（出现疑难案件）。疑难案件可以分为规则空缺、规则模糊、规则冲突和规则悖反四种情形。法律适用过程中疑难案件的解决方法已然超越了普通法律解释方法的范围，而具有法律续造的性质。对于规则空缺，学理上一般将其分为开放的漏洞、隐藏的漏洞与超越法律的漏洞，在法律适用过程中运用目的论扩张、类推适用、目的论限缩、原则权衡等方法予以解决；而对于大

前提出现的规则模糊之情形，常用的方法为价值填充和类型化；规则悖反与规则冲突则须进入个案中进行原则权衡、法益衡量，结合个案事实创制新的规则以追求个案中的公正。

第一节　法律续造的前提条件："规则穷尽"

一、"规则穷尽"的两个层次

法律适用过程中的首要任务在于法律解释，但其任务不止于此。无论如何被审慎解释的法律，仍然不可能对所有属于法律调整范围内的事件都提供答案，即法律适用过程中不可避免地将出现事实与规范的不调适性，此可归结于个案事实的非常规性（出现疑难案件）[①]，但法律方法论往往将其归咎于法律规范的局限性，并以此作为解决问题的出发点。此种所谓法律规范的局限性，是指对于待决案件事实而言，即使法律适用者穷尽所有的法律解释方法，仍无法获得作为裁判大前提的明确的法律规则。法律适用者须对法律规定作出超越字义范围的理解才能获得明确的法律规则；甚至在某些极端的情势中，不仅是作为裁判大前提的明确的法律规则的缺失，而且就待决案件事实而言，法律的规范意图亦不明确，法律适用者不得不通过一些"超常规"的方法作出裁判。上述情形可称为法律适用中的"规则穷尽"，而法律适用者针对此情形作出裁判，必然会创制出一些原本法律规定所未包含的新规则，甚至是超越原本法律调整计划的新规则，此项作业可称为"法律续造"。完成这项作业的具体方法则称为"法律续造方法"，属于法律方法中与法律解释方法同样重要的内容。

以规范与事实的不调适性的程度为标准，法律适用中的"规则穷尽"可以在两个层次上得以认识：

首先是对于待决案件事实而言，作为裁判大前提的法律规则出现"违反法律调整计划的不圆满性"（即法律规则处于缺失、模糊的状态，或者虽有法律规则但适用于案件时将出现令人难以接受的结果）[②]，但法律的规范意图或立法目的依然可见，这就是所谓的法律漏洞与规则模糊。在此情形中，法律适用者为获得作出裁判所必需的大前提（明确的法律规则），依据法律的规范意图或立法目的所作的超越法律规定字义范围的法律续造可称为漏洞填补。

其次是对于待决案件事实而言，不仅是作为裁判大前提的法律规则处于缺失的状态，法律的规范意图或立法目的亦处于模糊或不可探知的状态，即案件事实超出了法律调整的计划范围（一般称为超越法律的漏洞）。法律适用者出于现实需要或者基于意义嗣后始被认识的法律价值或法律原则所作的法律续造，可称为"超越法律的法续造"，因为法律适用者在裁判中所创制的法律规则，不再取向于法律内在的目的本身，而是超越法律的调整计划（以法律外在的合理性价值为依据）。当然，这种法律续造不能抵触法秩序的一般原则，相反，只有与这些原则保持一致才能获得正当性。因此，这种法律续造虽然在"法律之外"（超越实在法的调整计划），但仍在"整体法秩序之内"（仍需坚守整体法秩序及其根本的法律原则所确定的界限）[③]。

---

① 参见陈林林：《裁判的进路与方法》，第二章，北京，中国政法大学出版社，2007。

② 按照法律方法论之通说，这种情形一般称为法律漏洞，但我们认为，作为裁判依据的法律规定中若包含"不确定法律概念"或"概括性条款"，进而导致的规则模糊，亦属于法律规范意图明确但规则存在欠缺的情形。

③ [德] 卡尔·拉伦茨：《法学方法论》，陈爱娥译，321页以下，台北，五南图书出版公司，1996。

二、以“规则穷尽”为前提的法律续造与法律解释的关系

在法律方法论中，法律适用者在“规则穷尽”时所作的法律续造，与其在处理常规案件时所作的法律解释并非截然不同之物。相反，常规的法律解释与“规则穷尽”时所作的法律续造，可以视为法律适用者在同一思考过程中的不同阶段。它们之间的关系可用“法律规则是否明确”与“法律规范意图是否明确”两个标准予以衡量。

首先，常规的法律解释是在案件事实与法律规范调适的状态下，适法者运用文义解释、逻辑—体系解释、目的解释等方法，在法律规定的文义所能涵盖的范围内所作的对法律条文的理解。在这种状态下，法律规范对于案件事实而言，不仅存在着经过一定的解释可获得明确逻辑构造与意义指向的法律规则，而且其规范意图亦属明晰可辨。

其次，在法律漏洞或规则模糊的情形下，法律适用者所面对的是明确法律规则的缺失，但法律的规范意图（或立法目的）仍然是可以辨析的、明确的。适法者所作的法律续造实际上是在既有法律规范意图的指引下所作的“法律内的法续造”。

最后，而在所谓“超越法律的漏洞”之情形下，适法者所面对的不仅仅是明确法律规则的缺失，而且法律对于待决案件事实的规范意图或调整意向亦尚付阙如。基于必须作出裁判的压力，法律适用者不得不运用超越法律以外的、但又必须与整体法秩序相吻合的原则或价值标准作为判准而作出裁判，此种意义上的漏洞填补或法律续造被称为“超越法律的法续造”。

综上可知，作为法律适用过程中“规则穷尽”的两个层次，其与通常情形中的法律解释的关系与区别，可以通过“法律规则”与“法律规范意图”两大要素是否具备得以呈现。其间的关系可用下表表现：

	法律解释	法律内的法续造	超越法律的法续造
法律规则	通过一定解释方法的运用可获得明确的法律规则	缺失、模糊；或存在法律规则，但适用结果让人难以接受	缺失
法律规范意图	明晰、可以辨识	明晰、可以辨识	缺失

三、“规则穷尽”的具体情形

基于“法律规则”与“法律规范意图”两大要素是否具备之标准，我们可以将“规则穷尽”区分为上述两个层次。但从法律适用的角度看，尚须进行更为细致的分类，进而根据具体情形发展出各种具体的法律续造方法。依据德沃金的理论，法律适用中出现“规则穷尽”的情形，实际上是指系争的个案事实无法与规范事实对应或直接等置，因而体现为裁判者无法给出一个排他性的正确答案之疑难案件（hard case）。法谚云，“疑难案件使法律徒具虚名（hard cases make bad law)”，它直接映衬出法律规范的不确定性、不完备性和可争议性。疑难案件中的规范局限性，可解析为以下四种情形：

（一）规则空缺

规则空缺是指适用于个案的法律规则并不存在，或者存在规则漏洞。规则空缺分三种情况：一是“法律的有意沉默”，即立法者认为系争事实并不属于法律所规范的对象，视之为“法外空间”而保持沉默。例如，对于纯粹精神活动的思想和情感，只要不发展成为在法律上有意义的行为，则属于法律对其保持沉默的“法外空间”。于此，裁判者可以通过认定个案不具有“可诉性”为由，裁定驳回请求。二是“违反计划的不圆满性”，即依法律的规定或其整

体脉络，对于系争事实，法律应当予以规范却没有规范，构成“开放的漏洞”；或者说，虽有若干指示，但欠缺期待中的具体规则（隐藏的漏洞）。三是指在极端的情况下，不仅法律规则处于缺失状态，而且法律对于个案事实的调整意向亦处于不明了、无法探知的状态，即个案事实超出法律的调整计划，此即所谓“超越法律的漏洞”。对于第二种情况，裁判者不得以法无明文规定或者个案缺乏“可司法性（justiciablity）”为由，拒绝进行裁判。裁判者必须基于“类似案件类似处理”的裁判原则，以类推适用的方式将个案归摄到一条最接近的规则之下。当然，在类推之际，裁判者也须受到准用规则的意图、计划及内在目的的约束。但是，倘若相关的规则处于空白状态——连可供类推的相似规则都没有，那么裁判者只能权衡相关的法律原则，并在不违背法秩序的基本原则及价值秩序的前提下，结合“事物的应然之理”，自行作出法律决断并制定个案规则。对于“超越法律的漏洞”，由于法律规范意图或法律调整计划的缺失，适法者若进行法律续造，已达致法律适用的“极限”，即传统意义上立足于司法权与立法权的功能划分而生的界限。这个界限简言之就是适法者不能取代、僭越政治部门作政策决定。这是法律方法领域一个充满争议的“边缘地带”。拉伦茨对此提出了法律适用者的行动界限，他认为，只有在下述情况下，才能认可法院逾越传统意义上的司法功能而从事超越法律的法续造：因立法者长期不能发挥作用，以致产生一种真正的“法律紧急状态”[①]。（详细阐述见下文。）

（二）规则模糊

规则模糊是指，对于具体案件存在单一的法律规则，但规则的内容（通常是其所包含的概念）并不清楚，并且无法通过解读规则的字面意思，来认定个案是否具备规则构造中的事实要件，因而裁判者只能诉诸规则之目的、原意和体系内的评价标准，来决定其能否涵摄当下个案。这种模糊性源于立法者的概括不当以及法律语言的精确性不足，而哈特所言具有“开放结构（open texture）”的法律规则遇到边缘案子时，即为此类事态之典型。[②] 导致规则模糊的具体原因往往可归结于法律规定中含有“不确定法律概念”和“概括性条款”。所谓“不确定法律概念”，是指在内涵与外延上都具有高度不确定性的概念，由于其涵盖领域过于广泛以及语义的模糊与开放性，立法不可能对其含义作出法律规则式的准确规定。[③] 例如，公共利益、公序良俗、合理期待等。而“概括性条款”是指在成文法中居于重要地位的、能够概括法律关系共通属性的、具有普遍指导意义的条款。概括性条款往往具有统率性和抽象性之特征，它发挥着克服法律规定过于具体、详尽而难以具有足够包容性的缺陷。例如，各国宪法中的“概括性人权保障条款”，可以克服因人权的列举规定而导致的保护不周。在法律适用过程中，作为裁判大前提的法律规定中若含有不确定法律概念或概括性条款，通过一般性的文义解释则难以获得足以涵摄个案事实的构成要件，适法者往往需要运用各种解释方法创制出超出法律规定字义范围的新规则。

（三）规则冲突

规则冲突是指对于个案事实存在两个以上的法律规则，这些规则分别指向不同的判决结果，即作了不同规定和指示，并且相互间不存在适用上的位阶顺序。一条规则对个案给出了答案A，而另一条规则给出了答案B，于此，法律实际上等于没有提供任何答案。规则冲突就其实质而言，是指法律对具体案件并未提供任何具体规则，因此也可归入“隐藏的漏洞”之范

① ［德］卡尔·拉伦茨：《法学方法论》，陈爱娥译，第六章，台北，五南图书出版公司，1996。

② See H. L. A. Hart, *The Concept of Law*, 2nd edition, Clarendon Press, 1997, p. 124.

③ 参见余军：《公共利益的论证方法探析》，载《当代法学》，2012（4）。

围。规则冲突属于“没有规则可得适用”的情况，并且裁判者也“无法借由类推适用”进行裁判，因此可将其视为“规则穷尽”的事例。于此情形，裁判者只能借助于各种解释方法，根据规则外的实质性考量，或者权衡规则背后的法律原则，选取一条最佳规则，并排除其他规则的准用性。

（四）规则悖反

规则悖反是指，存在适用于个案的单一法律规则，但规则的适用结果，却有悖于规则的设立目的，甚或无法让人接受。例如 *Riggs v. Palmer* 案中的遗嘱继承规则[①]，若予以适用则案件判决结果有违一般人的理性与道义感。此时裁判者只能求助于实质性考虑和相关的法律原则，通过解释，对准用规则的适用范围进行“目的论限缩”，或者说，另行创设一条针对当下个案的例外规则。[②] 规则悖反有时被视为“隐藏的漏洞”，因为，虽然规则对此类实践并不适宜，但乍看之下并未欠缺可资适用的规则，所以称之为“隐藏的漏洞”。将规则悖反划入“规则穷尽”的范围在理论上并无障碍。但是，如何“认定”适用既有规则将导致事实上的“悖反”效果，却是一个富有争议的话题。倘若基于法的安定性和权威性考虑，那么“悖反”只能是指适用法律规则将导致个案结果极不公正的情况。“悖反”的认定，必须结合个案，并得参考德国法哲学家拉德布鲁赫（Gustav Radbruch）针对“实定法与正义冲突之际”的解决公式（Radbruch Formula）进行。这一解决公式即为闻名遐迩的“法律的不法与超法律的法”：“依据国家权力并正确制定的实证法规则具有优先的地位，即使该规则可能是不公正的，并且违背大众福利。但当规则违背正义达不可容忍的程度以至事实上成为‘非法的法律’时，它必须向正义作出让步。”[③]

第二节　规则空缺（法律漏洞）的解决方法

一、开放的漏洞、隐藏的漏洞与超越法律的漏洞

按照法律方法论之通说，法律适用过程的规则空缺总体上可以分为两个层次，即“法律内部的漏洞”与“超越法律的漏洞”。依据拉伦茨的理论，“法律内部的漏洞”又可进一步区分为“开放的漏洞”与“隐藏的漏洞”两种。由此构成规则空缺的三种情形，即“开放的漏洞”、“隐藏的漏洞”与“超越法律的漏洞”。

“法律内部的漏洞”可理解为，根据法律本身的调整意向或整体脉络，法律规定对于待决案件事实出现了“不圆满性”，即对于系争事实，法律应当予以规范却没有规范，或者说虽有若干指示，但欠缺期待中的具体规则。前者系“开放的漏洞”，后者属于“隐藏的漏洞”。两者的区别在于：“开放的漏洞”完全欠缺针对特定案件事实所要求的规则，而“隐藏的漏洞”虽

---

① See Frederick Schauer, “Easy Cases”, 58 *California Law Review*, 1985, p. 415.

② 参见［德］卡尔·拉伦茨：《法学方法论》，陈爱娥译，254页，北京，商务印书馆，2003。

③ Gustav Radbruch, “Gesetzliches Unrecht und übergesetzliches Recht”, cited from James E. Herget, *Contemporary German Legal Philosophy*, Philadelphia: University of Pennsylvania Press, 1996, p. 4. 译文依据通行的英译，有关该文的德文中译本，参见［德］古斯塔夫·拉德布鲁赫：《法律智慧警句集》，舒国滢译，161～177页，北京，中国法制出版社，2001。当然，拉德布鲁赫公式也是有局限的，例如“如何探求正义的具体标准”，“何为不可容忍的程度”等内容都缺乏细致的说明，因而只能说它提供了一个大致的指示。

具有一般性的规则，但由于欠缺对此一般性规则的限制，使得该规则无法适用于系争事实。填补“开放的漏洞”一般运用类推适用之方法[①]，而“隐藏的漏洞”一般以目的论限缩方法予以填补。无论是“开放的漏洞”还是“隐藏的漏洞”，法律对特定案件事实均存在着规定意向或内在目的，只是在具体规定方面出现了缺漏。因此，“法律内部的漏洞”虽然超出了法律文本的涵盖范围，但对它们的填补尚未超越法律的规定计划，属于法律内的法续造。[②] 在实务上，填补“法律内部的漏洞”的前提条件是确认漏洞的存在，这关涉对特定法律规定意向的探知，因为漏洞就是基于法律的规定意向所作的“不圆满性”的判断。只有阐明法律对特定案件事实存在着规定意向或规定计划，才能判断法律规范是否存在着具体规定上的不圆满性。

“超越法律的漏洞”是指法律对于具体案件不仅缺乏可适用的规则，而且规定意向（规范意图、立法目的）亦处于不可探知的状态。对于这类法律漏洞的填补，不仅超越了法律文本的涵盖范围，而且意味着立法者在创制法律时尚未形成相关的规定计划或内在目的。法律适用者即使运用客观目的解释方法，亦无法发现法律体系内存在着相关的规定意向。“法律内部的漏洞”欠缺的是符合法律规定意向的具体规则，但“超越法律的漏洞”则从根本上欠缺针对案件事实的调整意向。因此，对于此类漏洞的填补属于法律外的法续造，运用常规的漏洞填补的方法并不足以解决法律外的法续造之问题，实践中常常运用原则权衡、利益衡量等具有“结果考量”取向的方法。超越法律计划的法续造意味着不再取向于法律的内在目的，但这种法续造亦不能抵触法律秩序的一般原则或宪法的“价值秩序”，衡量或权衡的结果只有与之契合才具有正当性。因此，超越法律计划的法续造虽然超越了法律条文的文义与法律内在目的，但仍然属于法秩序之内的法续造。

二、开放的漏洞及其填补方法

所谓“开放的漏洞”，是指法律对于特定的案件类型存有规定意向或规范目的，其所欠缺的是针对特定案型的具体规则。按照传统法学方法论中的观点，填补“开放的漏洞”之方法包括类推适用与目的论扩张两种，但两者之间实际上并不存在本质的区别。

（一）类推适用

从逻辑构造的角度观察，类推适用属于类比推论的一种形式，类比意味着相似（likeness）。两个或两个以上的事物或者事件具有可类比的相似性是类推适用的前提条件。这种相似性使得类推适用依循着一种“从特殊到特殊”、“由个别到个别”的推论方式。在学理上，类推适用还可分为“个别类推”与“整体类推”。“个别类推”是指依据某一法律规则的规范评价或法律理由，根据类推适用的方法，将其转用于类似的、原本未曾规整的案件事实上。“个别

① 按照传统法学方法论中的观点，填补“开放的漏洞”之方法包括类推适用与目的论扩张，两者的区别在于：类推适用是发生在“具有相似性”的案例之间，而目的论扩张是指“拟处理案型”和“已规范之案型”之间“类似性较低”，只是基于规范的旨意，将“已规范之案型”适用到未规范之“拟处理案型”上。参见黄茂荣：《法学方法和现代民法》，319页，北京，中国政法大学出版社，2001。不过这种界分显然存在硬伤，首先，以“具有相似性”和“类似性较低”两个区分不大的标准来作一学理划分，其效果和意义不免让人怀疑。其次，类推本身是一种基于法律目的考量的漏洞补充方法，类推所依据的“相似性”，也是遵循“规范的旨意”而得来的，而绝不仅仅是局限于案件外部直观上的物理相似。由此可见，区分“目的论扩张”和“类推适用”的观点持有一个不当假定，即裁判者未经反省法律的目的，只凭外部物理特征就可以径行判断两种事态“相似”与否。因此，目的论扩张就是类推适用的一种情况。参见陈林林：《裁判的进路与方法》，第二章，北京，中国政法大学出版社，2007；林立：《法学方法论与德沃金》，2版，79页，台北，学林文化事业有限公司，2002。

② 拉伦茨漏洞理论与填补方法，参见［德］卡尔·拉伦茨：《法学方法论》，陈爱娥译，281页以下，台北，五南图书出版公司，1996。

类推”又称为“法律的类推适用”。“整体类推”则是综合数个或多数针对不同构成要件而赋予相同法律效果的规则，从中得出“一般的法律原则”，而该原则同样可以适用于法律未规整的案件事实上。所谓“整体类推”，又称“法的类推适用”①。

从外观上看，“个别类推”与“整体类推”的区别在于，后者存有一个从特殊到一般的归纳的过程，而前者只是纯粹的“从特殊到特殊”、“由个别到个别”的推论。然而，这只是类推适用的逻辑外观形式。就其内部而言，“个别类推”也存在着一个不可缺失的环节：从特殊事物推论到一般事物的步骤，即归纳——从案例原型与待决案件事实中归纳出一般意义上的相似性。归纳的存在说明类比推论之前提的不确定性，正如佩顿所言，“与从一条一般性规则出发的做法相反，裁判者必须从相关的各个案子中发现隐含于其中的一般性规则……这两种方法的最大不同，是大前提的来源 —— 演绎法中的大前提是给定的，而归纳法中大前提是从具体事例中发现的”②。类推适用过程中归纳的不可或缺，表明裁判者并不持有一种预设的支配性论点或前提，相反，支配性论点是通过规则和案例间的比较和总结发掘出来的。这就有可能出现两个问题③：

一是当面对具体个案时，裁判者如何筛选相关的准用规则和案例原型以供比较，需从法律的规范目的中得出，而目的解释方法本身即存在着不确定性，这使得准用规则和案例原型的选择成为类推适用过程中的一个难题。

二是类推无法确保正确性的情况很容易出现，类推只能提供一种可能性判断，而这些判断皆具有不同程度的不确定性。霍姆斯法官对“低能者绝育问题”的解释意见，就是一个典型的错误的类推适用。霍姆斯依据“为了公共福利可以要求公民服兵役”以及“为了公共福利可以强迫公民种牛痘”这两类事件，推断出“国家有权要求低能者绝育”的结论，其论证过程就不免虚弱和草率。孙斯坦即批评道，对于前两种情况，可以援引许多原则进行论证，但这些原则并不能类比适用到“绝育”问题上。接种牛痘远没有绝育的侵犯性强，征兵与绝育也是两类不同的事件。霍姆斯没有探究不同事件之间的相似点和不同点，仅类比“公共福利可以要求优秀公民献身”这一原则，就推断出“国家有权要求低能者绝育”，其过程是非常粗劣的。④

鉴于类推适用的上述不确定性，其适用范围往往受到诸多限制，如受到罪刑法定原则限制，刑法上“开放的漏洞”就不能以类推适用方法予以填补。例如，我国《刑法》规定的强奸罪是指男性“以暴力、胁迫或者其他手段强奸妇女”，现实中发生了妇女以暴力、胁迫或者其他手段强迫男子与其发生性关系的案件，对于此类案件则不能运用类推适用以强奸罪对加害人作出判决。尽管如此，在民法、宪法、行政法等其他领域，类推适用仍不失为填补开放漏洞的适宜方法。

霍姆斯法官对“迪奥丹（Deodand）”的解释意见，就是一个绝佳的在商事法领域运用类推适用的例子。在古代法律中，“迪奥丹”是指致人死亡的动物或物体，依法律可以对其提起诉讼并进行审判。⑤ 这一古老的法律制度经霍姆斯之手，进化出了新的用途：在海事事故中，受

---

① 陈林林：《裁判的进路与方法》，70页，北京，中国政法大学出版社，2007。

② G. Paton, *A Text Book of Jurisprudence*, New York: Landonhouse, 1951, pp. 171 - 172. 转引自陈林林：《裁判的进路与方法》，65页，北京，中国政法大学出版社，2007。

③ See Cass R. Sunstein, "On Analogy Legal Reasoning", 106 *Harvard Law Review*, 1993, p. 743; also *Legal Reasoning and Political Conflict*, New York: Oxford University, 1996, pp. 64 - 65. 转引自陈林林：《裁判的进路与方法》，67页，北京，中国政法大学出版社，2007。

④ See Cass R. Sunstein, *Legal Reasoning and Political Conflict*, New York: Oxford University, 1996, pp. 73 - 74.

⑤ See David M. Walker, *The Oxford Companion to Law*, Oxford: Clarendon Press, 1980, p. 351.

害人若想从造成伤害的船主处获得赔偿有时会遇到很大的困难，因为船主可能住得很远，受其他法律管辖。于此，霍姆斯通过类比“迪奥丹”，将船舶视为加害人并容许受害人对其提起诉讼，这样受害人不必去船主的地界，就能获得并实现一个判决。[①] 霍姆斯的这一推论在海商法广受认可并适用至今。这种类推属于典型的“由个别到个别”推论方式。

而美国宪法上著名的“格瑞斯沃尔德诉康涅狄格州案”，则是一个适用“整体类推”论证未列举宪法权利的例子。在该案的判决中，道格拉斯大法官以美国联邦宪法第一、第三、第四、第五修正案所规定的权利之“伴影（penumbra）”所包含的“隐私区域（zones of privacy）”，推导出一般性的隐私权或自我决定权，并将其适用于婚姻隐私权（是否避孕的自我决定权）之保护。[②] 这是一个典型的“整体类推”的过程：第一修正案的“言论自由”含有保护结社隐私的法律效果，而第三修正案的“士兵在和平时期未经主人同意不得驻扎任何住宅”的规定则含有保护个人住宅隐私的法律效果，同样，第四修正案所肯定的“人民的人身、住宅、文件和财产享有安全而不受无理搜查和扣押的权利”以及第五修正案的禁止“自证其罪”条款也包含着对相关领域隐私权保护的法律效果。道格拉斯所称的上述各项权利“伴影”中均包含着“隐私区域”，从法学方法论的角度则可以理解为，数个包含有不同构成要件的规则均赋予相同的法律效果——隐私权和自我决定权的保护。从中可以得出一般性的法律原则——隐私权和自我决定权，这个一般性的法律原则可以用于规整本案的待决事实——夫妻是否具有避孕的决定权等婚姻隐私事项。

（二）目的论扩张

一般认为，目的论扩张也是填补开放漏洞的常规方法。所谓目的论扩张，是指根据法律的规范意图或立法目的，对法律条文的含义作扩张解释，其扩张程度远远大于通常意义上的扩张解释，达致超出法律文义的涵盖范围之程度，从而创设新规则以涵摄待决案件事实。目的论扩张与扩张解释的区别在于：扩张解释根据法律的规范意图对法律条文的含义作扩张解释，其扩张程度只是溢出了法律文义的核心范畴，即运用法律规定的“非常规含义”来解释特定的法律条文，但尚属于法律文义的涵盖范围；而目的论扩张则完全超出法律文义的涵盖范围，因而具备了法律续造、创设新规则的性质。目的论扩张的出发点，是规范文义与规范目的之间的紧张关系，即规范文义的事实构成过于狭窄，以致根据规范目的必须被囊括在内的个案事实，无法被涵摄进来。于此裁判者须越出规范的“文义射程”，依据规范的目的将其扩张适用到个案事实之中。

典型的目的论扩张的案型如：对我国《民法通则》第120条规定的“名誉权”作扩张解释，以涵盖各种案件规定的人格利益，从而弥补我国《民法通则》中“一般人格权”条款的缺失这一开放漏洞，这种解释的扩张程度已然超出了“名誉权”的字义的涵盖范围。例如，在一个案件中，一名已经怀孕的女子因恋爱长达9年并已与其订婚的男友突然与他人结婚而蒙受巨大精神创伤导致流产，因而向法院起诉要求男方对其精神损害承担赔偿责任。在学理上，此类案件应归属于一般人格权损害的侵权之诉，但因我国《民法通则》中“一般人格权”条款的缺失构成“开放的漏洞”，法官不得不对《民法通则》第120条规定的“名誉权”作扩张解释，用以涵摄本案事实，作出赔偿判决。这种解释已然超出了“名誉权”的“文义射程”而属于目的论扩张。

---

① See Oliver Wendell Holmes, *The Common Law*, 1881. cited from Richard A. Posner, *The Problems of Jurisprudence*, Cambridge: Harvard University Press, 1990, p. 17.

② *Griswold v. Connecticut*, 381U. S. 479 (1965).

三、隐藏的漏洞及其填补方法

所谓“隐藏的漏洞”，是指法律对于系争案件事实存在着一般性的概括规定，但若将该一般性规定适用于个案事实，将产生有悖于法律规范意旨之后果，乃基于法律规范目的之考量，对一般性规定作限缩解释，将该案件事实排除于一般性规定的涵盖范围。此种填补方法被称为“目的论限缩”。按照传统理论，与目的论限缩存在紧密关系但在性质上根本不同的解释方法是所谓的“限缩解释”。该解释方法也属于目的解释范围之内，即基于法律的规范目的，对法律规定之文义作限缩解释以取得适当的裁判结果。目的论限缩与限缩解释的共同之处在于对法律规定的文义作限缩解释以期正确适用，但前者所作的限缩解释已损及法律文义的“核心范围”，因而具有创设与原规定根本不同的新规则之性质；后者所作限缩解释的结果还在法律文义的核心范围之内，只是对其适用范围作了“缩减”，尚属于传统的法律解释方法。[①] 但稍加分析的话，就能发现这一划分的意义与妥当性又是有问题的。因为所谓的“限缩性解释”，其实只是文义解释上从严操作的一种情况而已，这两种“限缩”本来就已分殊在文义解释和目的解释的大框架中。拉伦茨即认为，目的论限缩是添加限制性的规范，限缩解释则是通过采用一种较窄的字义，以限缩规范的适用范围。[②] 这种理解方式似乎较为合理。另外，对于“目的论限缩”与“扩张解释”的差异，也可作上述理解。

在宪法判决中，运用目的论限缩方法对一般性的概括规定作限缩解释，为其创设例外规则，并在此过程中确立对具体法益的保护（未列举权利的保障）之事例较为常见。例如，美国宪法上的 *Sherbert v. Verner* 案件，就是一个运用目的论限缩方法确立未列举宪法权利的例子。[③] 在此案中，上诉人是某犹太教派的成员，该教派把星期六作为其“安息日”，上诉人因不愿在周六上班而被解雇，并因此找不到其他合适的工作。上诉人向其所在的南卡罗来纳州的就业安全委员会申请失业救济，就业安全委员会以州法中的“无故拒绝接受适合工作的人不得获得失业救济”之规定拒绝了她的申请，具体理由是：以宗教理由为借口反对在周六工作的人提出的失业救济申请可能是欺骗性的，从而减少失业救济金，并阻碍必须在周六开展工作的雇主们的工作安排。南卡罗来纳州最高法院维持了这一决定。联邦最高法院否决了州就业安全委员会的决定。在判决书中，法院以美国宪法第一修正案所保护的“宗教的自由活动”为依据，对上述州法规定的“无故拒绝接受适当工作”进行限缩解释，认为：尽管宪法并不给予任何因宗教信仰而导致失业的人以获得救济的机会，如因宗教信仰而不能成为社会有用成员的人无权获得救济，但本案所涉及的有关失业救济的州法显然对宗教自由的活动带来了负担，并且违反了对宗教的自由活动之最小限制原则。因此，本案上诉人并不属于“无故拒绝接受适当工作”之情形，从而将这一规定排除于本案的适用，法院承认了上诉人的“不得因宗教的活动自由而被剥夺失业救济的权利”。

美国宪法上的“达拉斯市诉斯坦林案”（Dallas，City of v. Stanglin）[④]，则是一个运用目的论限缩方法拒绝作出未列举权利确认的例子。达拉斯市的一项法令规定，取得 E 类许可的舞厅，只限于 14 至 18 岁的青少年入场，其目的在于防止青少年在娱乐场所受到成年人的不良影

① 参见［德］卡尔·拉伦茨：《法学方法论》，陈爱娥译，300～301 页，台北，五南图书出版公司，1996；另参见黄茂荣：《法学方法与现代民法》，397 页，北京，中国政法大学出版社，2001。

② 参见［德］卡尔·拉伦茨：《法学方法论》，陈爱娥译，26 页，北京，商务印书馆，2003。

③ *Sherbert v. Verner*，374 U. S. 398（1963）.

④ *Dallas，City of v. Stanglin*，490U. S. 19（1989）.

响而发生吸毒、酗酒或滥交行为，法令还对舞厅的营业时间作出了限制。Rollerskating 溜冰场与一个 E 类舞厅同在一个楼层，该法令的实施使得 Rollerskating 溜冰场的经营大受影响。溜冰场的经营者以宪法第一修正案保护的结社自由、第十四修正案的平等保护条款为依据提起诉讼，认为达拉斯市的这项法令侵犯了“成年人与青少年交往的社交结社权”。案件最终上诉至联邦最高法院。法院驳回了这项诉讼请求，其主要理由为：第一修正案保护的“结社自由”旨在保护“有表达自由性质的结社”，保护成年人与未成年人跳舞的机会不属于这一类型，宪法不保护广义的“社交结社权”。

在该判决中，联邦最高法院从结社自由的规范目的——保护有表达自由性质的结社——出发，对“结社自由”之概括性规定作出限缩解释，将不具有“表达自由”含义的“社交结社权”排除于保护范围。该解释属于典型的超出文义核心范围、创设例外规则的目的论限缩之情形，即根据结社自由之规范目的，将“无表达自由性质的社交结社”排除于“结社自由”的文义范围，从而创设了“无表达自由性质的社交结社不属于结社自由的保护范围”之例外规则。

四、超越法律的漏洞及其填补方法

所谓“超越法律的漏洞”，是指法律规范不仅缺少对系争案件事实的规则设定，而且无论是通过主观解释还是客观解释，均无法获致法律中相关的规定意向、规范意图。在此情形中，法官唯有运用原则权衡、利益衡量方法（统称衡量模式）进行具有“结果导向”的思考，才能填补这类法律漏洞。衡量模式是在法律规则缺失的条件下，法律适用者运用法律原则或外在的社会价值与标准所作的实质意义上的合理性论证。这种论证方法对法律规则论证模式具有补充和矫正作用。

（一）权衡模式的要素

个案中的衡量模式包含以下要素：

首先，在法律规则缺失的条件下，法律适用者不得不依据抽象的法律原则展开论证——根据案件事实“发掘”出相互冲突的法律原则，将特定的法律原则视为支持当事人主张或诉求的初步理由，然后再展开法律原则之间的权衡和“碰撞”。在法理上，由于法律原则的内容体现为概括性的价值或意向，并未设置清楚的事实要件与法效果，因而对特定个案来说只是某种“初步性理由”。一个原则可能成为支持某个法律诉求的理由，其最终的效果取决于相互冲突的法律原则之间的权衡与“碰撞”①。法律原则之间的权衡之所以可能，是因为法律原则在适用中含有一个法律规则所没有的属性，即“分量”或曰“重要性”。当原则间发生冲突时，法律适用者必须权衡每一条原则的相对分量并“择优录用”，但这并不会导致落选的原则失效。而规则的冲突直接涉及效力问题，不予适用的规则会事后失效，并被排除在法秩序之外。

其次，原则权衡的结果可以产生一个法律规则，从而为个案中的法律决定提供“决定性理由”。同样，任何一个法律规则都可以视为不同法律原则权衡的结果（经过权衡后优先适用某一法律原则的结果），因而法律规则背后都存在着一个起主导性支持作用的法律原则。

最后，抽象的法律原则一般难以单独成为论证的依据，往往需要求助于利益衡量，才能完成最终的论证。按照评价法学的观点，法律的形成与发挥作用依赖于对需求和利益的解释和评

---

① Robert Alexy, *A Theory of Constitutional Rights*, translated. by Julian River, Oxford, 2002, pp. 50 - 54.

价，法律原则之间的权衡常需求助于法律外的实质性判断标准，即“个案中的法益衡量”方能产生确定的结果。这就需要将具体案件中法律原则之间的冲突“还原”为不同利益之间的冲突，对案件所涉及的各种利益进行审查并衡量，以决定优先保护哪些更值得保护的利益。总之，在法律技术上，抽象的法律原则之间的冲突常需转化为个案中当事人之间具体的利益衡量，才能提供一种更强的理由，从而在冲突的法律原则之间建立起一种有条件的优先关系。①

（二）权衡模式的具体展开：以罗伊诉韦德判决为例

美国宪法上著名的罗伊诉韦德（*Roe v. Wade*）判决，就是一个典型的宪法规范出现“超越宪法计划”的缺漏之案例。在此案中，争议的焦点在于得州禁止堕胎的法令是否违宪，即宪法是否保障妇女关于堕胎的自我决定权（privacy）。显然，美国联邦宪法没有对堕胎的自我决定权作出规定，历史上也不存在承认堕胎权的宪法判例。不仅如此，联邦宪法是否存有保护堕胎权的规范意向亦不明确，无论是运用保守原旨主义解释方法，还是美国联邦最高法院主流的历史主义的解释方法，都很难确切地得出联邦宪法对堕胎权存有保护意向这一结论。

例如，按照历史主义的解释方法（traditionalist approach），对宪法是否存在保护堕胎权规范意旨的理解，必须以宪法通过的那个时代人民的观念为出发点，进而考量制宪时期人民的观念在历史上的演化与发展，还必须以一种联系的视角探究当今社会中的人民的观念。这种试图在原旨主义（主观主义）解释论与非原旨主义（客观主义）解释论之间寻求折中的解释方法，其出发点是原旨主义的解释基准。依据这个基准，显然不能认为制宪时期的美国人民承认堕胎权是一项基本权利，正如在那个时期具有广泛影响的普芬道夫（Pufendorf）和布莱克斯通（Blackstone）所言，“父母不能通过堕胎的方式伤害存在于母亲体内的后代，也不能在它出生以后置其于死地，相反，他们必须养育它，直至它能够独立生活，正如他们在结婚誓言中所承诺，这是来自于自然法的律令”②，“生命是上帝直接的礼物、内在于自然法则中的每个人的权利……它起始于母亲的子宫之中，如果一位妇女通过药物或其他方式杀死子宫中的生命，或者她遭到殴打而导致胎死腹中或产下死婴，尽管这不属于古代法律中的杀人行为或屠杀，但现代法律也绝不会容忍这种残忍、可耻的行为”③。这种观念一直沿袭至现代，以至于美国各州中广泛存在着关于禁止堕胎的立法。那么，判决之际的美国人民是否同意保护堕胎权呢？正如布莱克曼（Blackmun）大法官在判决书的第一部分所说明的那样，这也是一个充满纷争的问题。

由此可见，关于堕胎权的保护，在美国联邦宪法上既缺乏具体的规则设定与判决先例，也难以确定是否存在规范意向。即使是那些最有可能将堕胎权予以涵盖的有关隐私权或自我决定权的判决，也只是将保护重点置于家庭、婚姻以及性关系等领域，并未提及堕胎权的保护。因此，在法学方法论的层面上，可以认为堕胎权对于美国联邦宪法而言是一个“超越宪法计划”的问题，是否要对其进行保护，唯有结合本案事实，通过原则权衡或利益衡量才能取得答案。

在该案中，得州禁止堕胎的法律与当事人请求保护的堕胎自我决定权之冲突可归结为两个原则之间的冲突——“政府保护孕妇健康与潜在生命”原则（P1）与“个人的自我选择、自我决定”原则（P2）之间的冲突。即得州禁止堕胎的法律旨在维护“政府保护孕妇健康与潜在生

---

① 参见［德］卡尔·拉伦茨：《法学方法论》，陈爱娥译，313页，台北，五南图书出版公司，1996。

② Samuel Pufendorf, 2 elementorum Jurisprudentiae Universalis [The Elements of Universal Jurisprudence] 283 (William A. Oldfather trans., Flarendon Press (1931) (1660)), cited from J. D. Droddy, *Originalist Justification and the Methodology ofunenumeratedrights*, 1999L. Rev. M. S. U. -D. C. L. 809.

③ Sir WilliamI Blackstone, Commentaries on The Laws of England 93 - 94 (Christian, Chitty, *et al.*, eds., W. E. Dean, 1847) (1765). cited from J. D. Droddy, *Originalist Justification and the Methodology of unenumeratedrights*, 1999L. Rev. M. S. U. -D. C. L. 809.

命”之法益，而当事人的堕胎自我决定权则是为了实现“个人的自我选择、自我决定”之利益。这两个原则所保护的法益都非常重要，它们之间不存在绝对的优先关系。实际上，得州法律对于孕妇堕胎的禁止也是有条件的——“只有当孕妇自身的生命危险与她腹中的生命危险相等时”，即如果不堕胎将导致孕妇自身的生命危险时，法律是允许堕胎的。[①]

得州法律所主张的上述两个原则之间的优先关系可表述为：

（1）（P1 >P2）C。即在条件 C（排除不堕胎将导致孕妇生命危险的情形）下，P1 优先于 P2。

布莱克曼大法官在此案中所作的原则权衡或利益衡量，开始于结果考量。司法过程中的结果考量过程可以区分为两个面向：认知面向与规范面向。前者是关于“结果预测”的问题（经验性部分），后者则包括“结果选定”与“结果评价”（规范性部分）[②]。在判决书中，布莱克曼以医学上的确切统计数据为依据，指出在怀孕初期的 3 个月内堕胎是“比较安全的”，因为在这一阶段堕胎孕妇的死亡率与正常分娩时的死亡率相同甚至更低，即“假设允许孕妇在怀孕初期的 3 个月内堕胎，其结果并不会损害政府保护孕妇健康的利益”。这个以现代医学为依据的“结果预测”无疑是可靠的。这意味着放松对孕妇堕胎的管制显然是可行的。这一“结果预测”颠覆了得州法律所主张的优先关系。即在（1）（P1 >P2）C 中，条件 C 对 P2 的限制超越了为实现 P1 必要的程度——为了维护“政府保护孕妇健康”的利益，对孕妇个人的自我选择、自我决定作出了不必要的限制。

布莱克曼以医学知识为依据，进一步展开了其利益衡量的过程。基于医学上对胎儿生命的理解，根据胎儿成长的不同阶段以及孕妇堕胎的安全期间等“结果预测”，布莱克曼作出了最终的“结果选定”与“结果评价”，即著名的关于堕胎权保护与限制的“三阶段理论”：

第一阶段：在怀孕的前 3 个月，堕胎的决定和施行取决于孕妇主治医生的诊断，州政府不得干预。

第二阶段：在怀孕 3 个月之后、6 个月之前，州政府可以实施与母体健康相关的管制措施。

第三阶段：在怀孕 6 个月后，胎儿能够自然存活的阶段，州政府可为保障潜在的生命禁止堕胎，但为了保护母亲的生命或健康而必须进行的堕胎除外。[③]

这一衡量结果实际上是通过优先条件的重新设定，改变了原先 P1 与 P2 之间的优先关系，“三阶段理论”可分别表述为：

（2）（P2>P1）C1，即在 C1（怀孕的前 3 个月）的条件下，P2 优先于 P1（孕妇具有堕胎的自我决定权）。

（3）（P1 >P2）C2，即在 C2（怀孕 3 个月之后、6 个月之前，若堕胎关系到母体的健康）的条件下，P1 优先于 P2（州政府可以实施与母体健康相关的管制措施）。

（4）（P1 >P2）C3，即在 C3（怀孕 6 个月后，排除不堕胎将导致孕妇生命危险的情形）的条件下，P1 优先于 P2（禁止堕胎）。

由此可见，“三阶段理论”实际上是将情况（1）（P1 >P2）C 中的优先条件 C 改变为 C1、C2、C3，从而产生了 P1 与 P2 之间优先关系的多种可能性，改变了原先得州法律中十分僵硬

---

① *Roe v. Wade*，410 U. S.（1973）.

② Martina Renate Deckert，Folgenorientierung in der Rechtsanwendung，München，1995，S. 124ff；另参见张嘉尹：《宪法解释、宪法理论与“结果考量”——宪法解释方法论的问题》，载刘孔中、陈新民主编：《宪法解释之理论与实务》，第三辑上册，台北，“中央研究院”中山人文社会科学研究所，2003。

③ *Roe v. Wade*，410 U. S. 113（1973）.

的规定，而是根据胎儿成长的不同阶段以及堕胎对于孕妇的安全性来确认P1与P2之间的不同优先关系，即在妊娠3个月之前，妇女的自我选择与自我决定优先；在6个月之后，胎儿的生命权优先；而在各阶段中生命权始终受到高度尊重。

“三阶段理论”兼顾“个人的自我选择、自我决定”与“政府保护妇女健康与潜在生命”等各项法益保障，使得“堕胎的自我决定权”被确立为宪法保障的基本权利。然而，正如前文所述，在美国联邦最高法院常规的解释框架中，无论运用何种解释方法，都不能确认堕胎自我决定权在宪法上的规范意旨。对于这一极易引发争议的权利证立，尚需从宪法规范层面上明确其规范意旨。在判决书中，布莱克曼对美国宪法第十四修正案“正当程序”条款中的自由概念以及诸多隐私权与自我决定权判例进行了解释，并得出结论：“妇女决定堕胎的权利应系植根于第十四修正案的‘自由’概念之中”，从而将堕胎权涵盖于格瑞斯沃尔德判决所确立的隐私权与自我决定权（privacy）之中，赋予了宪法关于堕胎权保护的规范意向。从司法裁判技术的角度看，如果没有前述结果考量、利益衡量的过程，布莱克曼的这个基于客观主义解释论得出的结论就会面临说服力匮乏的问题。在美国社会对是否保护堕胎权充满纷争以及司法上缺乏判决先例的条件下，布莱克曼对堕胎权的确立无疑需要强大的实质性论证依据。

需要指出的是，由于利益概念的不可精确度量和无法量化的特征，权衡模式所得出的结论并不具有传统的逻辑演绎方法所具有的高度的确定性，它所追求的毋宁是一种结合个案的具体事实、有条件成立的论辩结果。即经过衡量模式所确定的新规则也只具有以个案事实为前提条件的相对的确定性（以个案事实为前提、有条件成立的法律规则）。这是现代法学方法论中诸多法律续造方法的共同特征之一。因此，这种方法的适用只能作为对传统的法律规则论证模式的矫正和补救，即在法律规则缺失前提下“不得已”使用的方法。

（三）超越法律的漏洞填补之界限

运用权衡模式对超越法律的漏洞进行填补，法官所作的解释或论证，已达致法律解释权的“极限”，即传统意义上立足于司法权与立法权的功能划分而生的界限。这个界限简言之就是不能取代、僭越政治部门作政策决定。尽管现代权力分立制下的“功能最适原则”允许法官在一定情势下作出基于目的与政策因素的考量，但这种超越传统司法权的职能范围的思考方式毕竟不是司法权运作之“常态”，而是需受到严格条件与方法限制的“作业”。这是法律解释领域一个充满争议的“边缘地带”。在涉及宪法基本权利的判决中，法官所作的“超越宪法的法续造”往往招致非议，法官所确立的未列举权利也被认为是“抢占了立法者的形成自由”①、缺乏民主正当性。本章所列举的格瑞斯沃尔德案在美国引起了广泛的争议并且饱受诟病。

依据现代法学方法论的理论，运用权衡模式进行的超越法律的法续造已经使得法官在担任实质意义上的立法者的角色，如果不受节制将对司法权威以及法治原则造成巨大的伤害。现代权力分立制下的所谓“功能最适原则”，尽管承认这种基于“国家制度的内在目的或价值”而作出的关于司法权的弹性安排，但这不过是考量国家任务在不同国家权力之间合理分配的基础上，追求国家任务有效率、最佳地完成之例外举措。② 那么，在法律适用中，法官在什么条件下才能从事这种“超越法律计划的法续造”呢？

拉伦茨对此所作的界定或许是可行的。他认为，只有在以下情况下，才能认可法院逾越传

---

① ［德］卡尔·拉伦茨：《法学方法论》，陈爱娥译，334页，台北，五南图书出版公司，1996。

② 参见许宗力：《权力分立与机关忠诚——以德国联邦宪法法院判例为中心》，载《宪政时代》，第24卷第4期。

统意义上的司法功能而从事超越法律的法续造：因立法者长期不能发挥作用，以至于已经产生一种真正的"法律紧急状态"。那么，如何确认"法律紧急状态"的产生呢？拉伦茨以法律交易上的急迫需要、事物本质上的及法伦理上的最低需求来解释。[①] 在具体的案件裁判过程中，这种"法律上的紧急状态"大致可归结于：从法律政策的角度判断，某种类型的法益"急迫"地需要予以保障，否则将违背一般道德伦理、社会理性的要求，或引起激烈的社会纷争，导致个案结果极不公正的情况。从根本上讲，此乃社会中的政治、经济、文化、伦理等因素"博弈"的结果。罗伊诉韦德案就属于此类情形，即在美国社会关于性、生育观念已发生重大变化的情况下，仍然恪守古老的禁止堕胎的法律而引发的"宪法上的紧急状态"。宪法与普通法律不同，发动修宪的烦琐程序往往使得这类需要宪法作出重大政策调整的情形无法及时地反映到宪法文本之中。此时，则由法官从事宪法续造或实质意义上的修宪，以完成宪法制度的"自我修正的功能"[②]。

第三节 规则悖反的解决方法

一、规则悖反的判断

所谓规则悖反，意指对于待决案件事实，存在可适用的单一法律规则，但规则的适用结果有悖于规则的设立目的，甚至有违一般人的理性与道义感。于此情形，裁判者可以求诸"目的论限缩"方法，将该案件事实排除于该规则的涵盖范围，甚至另行创设一条针对当下个案的例外规则。[③] 规则悖反与前述"隐藏的漏洞"并无实质区别，均属于对于个案事实存在单一规则但该规则不宜适用的情形。两者之间的差别仅存在于表象层面：规则悖反是指存在明确的规则，但该规则的适用将有悖于法律目的；而"隐藏的漏洞"是指规则过于笼统（欠缺明确性），若适用该规则将导致不适宜的结果。因此，两者的解决方法亦具有相似性，传统法学方法论均以"目的论限缩"作为填补方法。

但规则悖反的认定——如何认定适用既有规则将导致事实上的"悖反"效果，却是一个富有争议的话题。一般而言，规则悖反的构成乃是基于法的安定性和权威性之考量，认为适用法律规则于特定个案中将导致个案结果极不公正。那么，什么是认定个案结果不公正的标准呢？一般认为，德国法哲学家拉德布鲁赫针对"实定法与正义冲突之际"的解决公式（拉德布鲁赫公式）为此提供了判准或指引。这一解决公式即为闻名遐迩的"法律的不法与超法律的法"："依据国家权力并正确制定的实证法规则具有优先的地位，即使该规则可能是不公正的，并且违背大众福利。但当规则违背正义达不可容忍的程度以至事实上成为'非法的法律'时，它必须向正义作出让步。"当然，拉德布鲁赫公式也是有局限的，如"如何探求正义的具体标准"、"何为不可容忍的程度"等内容都缺乏细致的说明，因而只能说它提供了一个大致的指示。在法律实践中，"正义的具体标准"、"不可容忍的程度"常常以一般人的社会理性与良知作为判准，即在具体个案中，如果适用某法律规则产生的结果有违一般的社会常识、普通人的理性与良知，即可认定为规则悖反。

---

① 参见［德］卡尔·拉伦茨：《法学方法论》，陈爱娥译，第六章，台北，五南图书出版公司，1996。

② 季卫东：《社会变革的法律模式》（代译序），载［美］P. 诺内特、P. 塞尔兹尼克：《转变中的法律与社会》，张志铭译，北京，中国政法大学出版社，2004。

③ 参见［德］卡尔·拉伦茨：《法学方法论》，陈爱娥译，254 页，北京，商务印书馆，2003。

二、目的论限缩向权衡模式的转化

如前所述，规则悖反与“隐藏的漏洞”性质相近，在解决方法上一般认为可用目的论限缩方法。目的论限缩的实质在于为一般性的规定创制例外规则，其正当性依据是“不同案件不同处理”的正义原则。[①] 而从阿列克西的法律原则理论角度看，目的论限缩方法的使用，实际上亦可以看作或“还原”为一个原则权衡的过程。即将规则悖反视为该法律规则与一个法律原则的冲突，然后揭示出该法律规则背后的支持性法律原则，进而转化为两个法律原则之间的冲突，然后在权衡模式下进行法律续造。具体过程如下：

在阿列克西的原则冲突法则中，原则权衡的结果可以产生一个法律规则。[②] 从这个预设中可以得出另一个重要的命题：任何一个法律规则都可以重构为原则权衡的结果。这恰好是对阿列克西原则冲突法则的逆转。[③] 原则的冲突法则是指原则衡量的结果可以得出一条规则，而逆转的冲突法则则可以表述为：

对于规则 N（如果满足构成要件 C，则应出现法律效果 R）而言，它可以被还原为——在构成要件 C 的条件下，支持 R 的原则 P1 优先于支持 R-的原则 P2。

正是法律原则 P1 与 P2 之间衡量的结果，才可以得出规则 N。既然规则可以被重构为原则权衡的结果，那么，自然就产生了这样一个问题：在什么条件下，原本已经在衡量中被排除的原则（初步性理由）会重新进入考量，使得考量的过程被再度开启？

法律规则作为具有“确定性特征”的规范，乃是因为具有“形式原则”（由合法权威制定的规则应被尊重）的支持，即预设了制定规则的权威机关已经对相关原则作出了“正确的衡量”这一前提。但是，当这种预设在个案中没有实现，即规则的适用将产生明显不合理的结果（规则悖反）时，就产生了对规则进行重新衡量的可能性与必要性。所谓“正确的衡量”，至少需满足以下两个条件：第一，衡量必须考量所有有关的原则；第二，由于原则之间的优先关系会随着案件事实的不同而发生变化，因而在衡量时还必须注意到不同案件类型的差异性。违背上述两个条件，将导致重新衡量的可能性，其具体情形表现为：第一，在制定规则时，有一个或数个原则被遗漏，如果将这些先前没有被考量的原则重新纳入权衡过程，将改变权衡的结果，即原先的规则将被改写。第二，在制定规则时没有考虑到可能出现的某个案件事实特征 M，当 M 这个案件事实特征出现时，可能会改变原先的衡量结果。即在构成要件 C 的条件下，P1 优先于 P2，但如果考虑到 M 这个特征，则在“C 且 M”的条件下，反而会得出 P2 优先于 P1 的结论。[④]“隐藏的漏洞”即属于第二种情形，即在制定一般性规定时，由于没有考虑到可能出现的案件事实特征 M，导致如果将该一般性规则适用于体现该类案件事实特征的个案时，将出现明显地违背规范目的之后果。因此，“目的论限缩”方法的适用，实质上是一个原则权衡的过程，即结合新出现的案件事实特征 M 重新进行衡量，衡量的结果表现为将具备 M 特征的系争案件事实排除于一般性规则的适用范围，从而为一般性规则创设例外规则。其较为形式化的表述方式为：

（1）一般性规则 N（如果满足构成要件 C，则应出现法律效果 R）：在构成要件 C 的条件

① 参见陈林林：《裁判的进路与方法》，第二章，北京，中国政法大学出版社，2007；另参见［德］卡尔·拉伦茨：《法学方法论》，陈爱娥译，300～301 页，台北，五南图书出版公司，1996。

② See Robert Alexy, *A Theory of Constitutional Rights*, translated by Julian River, Oxford, 2002, pp. 50 - 54.

③ 关于原则冲突法则的逆转之阐述，参见王翔鹏：《原则、规则与法律说理》，载《月旦法学教室》，第 53 期。

④ 参见王翔鹏：《原则、规则与法律说理》，载《月旦法学教室》，第 53 期。

下，支持 R 的原则 P1 优先于支持 R-的原则 P2。

（2）但由于在制定一般性规则 N 时，没有考虑到构成要件 C 可能出现的特征 M。当 M 体现为个案事实时，若将一般性规则适用于 M，将明显违反规范目的，即出现“隐藏的漏洞”。此时重新衡量的过程表现为：在“C 且 M”的条件下，支持 R-的原则 P2 优先于支持 R 的原则 P1。

（3）衡量的结果 R-否定了一般性规则 N 的法律效果 R，从而产生了一个新的规则：如果满足构成要件“C 且 M”，则出现法律效果 R-。这一规则实际上是一般性规则 N 的例外规则。

例如，本章第二节论述“隐藏的漏洞”之填补方法中提及的美国宪法上的 *Sherbert v. Verner* 案件，其中目的论限缩方法的运用就可以通过上述过程转化为法律原则之间的冲突，从而进入权衡模式进行法律续造。兹详述如下。

南卡罗来纳州法中的“无故拒绝接受适合工作的人不得获得失业救济”之一般性规定显然缺乏对失业救济申请者“宗教自由活动”保障的考量。如果将其适用于本案，将产生有悖于宪法保护“宗教的自由活动”之目的。鉴于任何规则都是原则权衡结果之预设，那么当规则的适用将产生有悖于法律规范目的的结果时，就须运用规则制定时欠缺考量的法律原则重新启动原则权衡的过程。支持“无故拒绝接受适合工作的人不得获得失业救济”这一规则的乃是“保护州政府利益”之原则。因此，本案的结果取决于“保护州政府利益”原则与“宗教的自由活动”原则之间的权衡。基于“宗教的自由活动”在宪法上的崇高地位，法院认为任何对其实施限制的政府行为都必须具有“令人信服的州政府利益”，且必须符合最小限制的原则。但州政府在诉讼中并没有提供理由证明其行为符合这些要求，因此权衡的结果是：在本案中“宗教的自由活动”原则优越于“保护州政府利益”原则，从而为有关失业救济资格的州法创设了一项例外规则，即“宗教的活动自由不得成为剥夺失业救济的原因”。

第四节　规则冲突的解决方法

一、规则冲突的含义

所谓“规则冲突”，系指存在两条以上的规则，对相同案件事实问题都作了不同的规定和指示，并且无法用“上位法优于下位法”、“后法优于前法”等冲突法则予以解决。规则冲突就其实质而言，是指法律对具体案件并未提供任何具体规则，并且裁判者也“无法借由类推适用”进行裁判，因此可将其视为规则穷尽的事例。于此情形，裁判者只能根据规则外的实质性考量，权衡规则背后的法律原则，运用权衡模式选取一条最佳规则或创设新的规则，并排除其他规则的准用性。

规则冲突最典型的适例是广泛存在于各国法律实践中的有关言论自由与人格权（名誉权）冲突之案例。有关保护言论自由的法律规则与保护人格权（名誉权）的法律规则在法律效力位阶上处于同一层级，而对这两类法律规则形成支持的法律原则往往可归结于宪法上的言论自由条款和人格权条款。根据阿列克西的理论，宪法基本权利条款表达方式的概括性和模糊性使得各国宪法上的各项基本权利往往只表现为法律原则，作为基本人权的言论自由权和人格权亦不例外。例如，我国《宪法》中的言论自由条款（第 35 条“中华人民共和国公民有言论、出版、集会、结社、游行、示威的自由”）就是一个典型的法律原则，它只是表述了宪法保护言论、出版、集会等活动的意向，而未形成明确的法律规则。当发生保护言论自由规则与保护人格权规则产生冲突的案件时，裁判者只能将其还原为言论自由原则与人格权原则之间的冲突，进而适用权衡模式结合个案事实进行权衡，并最终创制出新的规则作出裁判。

二、规则冲突中的权衡模式之运用

鉴于权衡模式须结合个案事实进行法律续造，以下将结合德国法上的一个判例来说明规则冲突情形下权衡模式的适用方法。

在德国联邦宪法法院的一个案例中①，争议的焦点在于：处于羁押状态的犯罪嫌疑人提出使用收音机的申请，侦查机关能否予以拒绝。联邦宪法法院认为：为维持侦查中的羁押秩序，对资讯自由权所作之限制，不得逾越“绝对必要的范围”。因此，只有在具体个案中确有发生严重危害（如收听到在外共犯的消息）的可能时，才能予以拒绝。

在此案中，支持被羁押者使用收音机的规范乃是以《德国基本法》上的“资讯自由”条款为依据的有关法律规定：“正在服刑的犯人以及处于羁押状态的犯罪嫌疑人具有通过书籍、报刊、大众传媒等方式接受知识而不受阻碍的权利。”而支持侦查机关作出拒绝被羁押者使用收音机申请的规范则是州监狱管理法中的有关规定：“为保护侦查中的羁押秩序，侦查机关可对被羁押犯罪嫌疑人的使用公共媒体的权利实施管制。”支持双方立场的法律规则位阶相同，无法运用规则冲突法则予以解决，因而本案出现了规则冲突的状态。法院只能适用原则权衡的方法予以解决。

一方面，本案中对侦查机关所依据的法律规则发挥支持作用的法律原则可以归结为“保护侦查中的羁押秩序”。这一法律原则可从宪法规范体系中的基本价值推导出来，因为“宪法统治秩序”乃是法治国原则、自由民主宪政秩序等宪法基本价值的应有之义，而作为国家公权力机关的侦查机关对于羁押秩序的维护当然属于广义的宪法统治秩序的具体内容之一。

另一方面，支持被羁押者使用收音机的法律规则，乃是宪法上的“资讯自由”原则的具体化。作为基本人权的“资讯自由权”，从其逻辑构造上看，同时又是一个法律原则。因此，支持被羁押者使用收音机的法律规则最终可以还原为“资讯自由”这一法律原则。

个人的“资讯自由”显然具有《德国基本法》上的崇高地位，其与言论自由同样是“自由民主政治的最重要前提”②，但作为法治国原则具体表现之一的“保护侦查中的羁押秩序”原则所保护的法益也非常重要，足以要求个人的“资讯自由”至少在“确有发生严重危害的可能性时”作出让步。此案的问题是，如果拒绝被羁押人使用收音机的申请，将违背保障个人“资讯自由”之宪法意旨，但如果允许被羁押人使用收音机，则有可能产生破坏羁押秩序的危险。因此，本案的争议焦点缘于两个法律原则之间的冲突：基本法所规定的个人“资讯自由”原则（P1）与“保护侦查中的羁押秩序”原则（P2）之间的紧张关系。因此，本案的判决取决于这两个原则权衡的结果。原则权衡的关键在于，裁判者对原则所作的“权衡”，即“比较”每个相关原则在当下个案中的分量或权重，并择优予以适用。这是原则权衡的难点所在。在司法论证中，结合具体个案事实进行法益衡量，被认为是迄今为止最合理的权衡方法。

P1 和 P2 分别指向相反的判决结果。P1 要求允许被羁押人使用收音机，P2 则要求拒绝被羁押人使用收音机的申请。这一冲突无法通过宣告一方无效来化解，因为原则并非规则，不具

① BverfGE15，288，295.

② BverfGE27，71.

有“全有或全无”之特征，但可以通过确定一种绝对的或者有条件的优先关系来解决。然而，任何原则都不享有“先定的优先（precedence per se）”[①]，P1 和 P2 之间的一种无条件的绝对优先关系并不被法院所认可。因此，P1 和 P2 在不同“优先性条件”C 下的“优先性状况”表现为两种情形[②]：

（1）（P1＞P2）C

（2）（P2＞P1）C

这两种情形代表了两种实质性的、相对的优先性关系。至于选择何者，关键在于如何确定优先性条件 C。按照拉伦茨的理论，条件 C 的确定须考量：两个原则所保护的法益的实现程度；如果某条原则或某种利益必须作出让步，那么考量其受损害的程度如何；考量损害如何最小化，以贯彻比例原则——为保护某种较为优越的法价值须侵及一种法益时，不得逾越达此目的所必要的程度。[③] 在此案中，两个原则所保护的法益的实现程度可表述为以下两种方案：

第一，如果拒绝被羁押人使用收音机的申请，“保护侦查中的羁押秩序”之法益完全得以实现，但“资讯自由”所保护的法益完全受到抑制。

第二，如果同意被羁押人使用收音机，则“资讯自由”所保护的法益完全得以实现，但“保护侦查中的羁押秩序”之法益未必不能实现，因为被羁押人使用收音机并不必然会损害羁押秩序。结合本案的实际情况，只有当被羁押人收听到在外共犯的消息时才有可能导致对羁押秩序的“严重危害”。

鉴于原则的“最佳化诫命”（最大限度地予以实现）之要求，选择第二种方案（等同于情况 P1＞P2）显然是合理的：同意被羁押人使用收音机，即认为“资讯自由”处于优越的地位，要求“保护侦查中的羁押秩序”作出让步。一方面这种让步虽然损害但并不必然完全排除保护羁押秩序之法益的实现，另一方面却最大限度地顾及了“资讯自由”法益的实现。基于比例原则的要求，还必须考虑损害的最小化问题，即将“保护侦查中的羁押秩序”之法益损害控制在最低程度——为实现“资讯自由”所必要的程度。对维护羁押秩序之法益的最低程度损害通过这个条件来加以控制：被羁押人在使用收音机的过程中不存在收听到在外共犯的消息等可能导致严重危害的情形。如此，情况（1）（P1＞P2）中的“优先性条件”（C）就得以确立。

联邦宪法法院在判决中宣称：为维持侦查中的羁押秩序，对资讯自由权所作之限制，不得逾越“绝对必要的范围”，因此，只有在具体个案中确有发生严重危害（如收听到在外共犯的消息）的可能时，才能予以拒绝。[④] 这一句话实际上决定了本案中两条法律原则的优先关系，即“资讯自由”优先于“保护侦查中的羁押秩序”（P1＞P2），也明确指出了“优先性条件”（C）——被羁押人在使用收音机的过程中不存在收听到在外共犯的消息等可能导致严重危害的情形。

同样，如果按照判决书中的推理逻辑——“只有在具体个案中确有发生严重危害（如收听到在外共犯的消息）的可能时，才能予以拒绝”，将“优先性条件”（C）作相反的设定——“在具体个案中确有发生严重危害（如收听到在外共犯的消息）的可能”，则情况（2）（P2＞

① Robert Alexy, *A Theory of Constitutional Rights*, translated by Julian River, Oxford, 2002, p. 51.

② “＞”代表优先关系。

③ 参见［德］卡尔·拉伦茨：《法学方法论》，陈爱娥译，319～320 页，台北，五南图书出版公司，1996。

④ BverfGE27，71.

P1）亦可成立，即“保护侦查中的羁押秩序”优先于“资讯自由”。

根据阿列克西的“原则间的竞争法则（Law of Competing Principles）”，相互冲突的原则在个案中权衡的结果必将产生一个规则，从而为个案提供明确的裁判准则，即，当 P1 在 C 的条件下优于 P2 时，并且，如果 P1 在 C 的条件下具有法效果 Q，那么一条新规则 R 得以生成，该规则以 C 为构成要件，以 Q 为法律效果：C→Q。[①]

在本案中，情况（1）（P1＞P2）C 可转述为以下规则：

（3）如果被羁押人在使用收音机的过程中不存在收听到在外共犯的消息等导致严重危害的情形，则不得对其使用收音机的申请予以拒绝。

而情况（2）（P2＞P1）C 则可转述为：

（4）如果被羁押人在使用收音机的过程中确有收听到在外共犯的消息等导致严重危害的情形，则不得批准其使用收音机的申请。

因此，在情况（1）、（2）和规则（3）、（4）中，C 扮演了双重角色：于前者，它是一种优先性条件；于后者，它是规则之构成要件。在有规则（3）、（4）可以参照的情况下，裁判者只需辨明个案事实是否具备规则之事实要件，即可确定冲突原则之优先性，并赋予相应的法效果。如此，通过原则 P1（资讯自由）与原则 P2（保护侦查中的羁押秩序）在此案中的权衡，可得出明确的规则，从而解决了一个规则冲突的问题。

在此过程中，原则之间的权衡、比较，最终仍须转换为原则背后所保护的法益之间的衡量，才能得出明确的答案。这正应验了评价法学的一个观点：法律体系内的价值、原则本身即是对各种相互竞逐的利益进行评价的结果，它们本身就是被评价的对象。因此，只有采用法律外的“实质性（material）”的标准，才能使法律评价获致更强的、更具说服力的答案。

第五节　规则模糊的解决方法

一、规则模糊的两种形态

规则模糊是指对于具体案件存在单一法律规则，但规则的内容（通常是其所包含的概念）并不清楚，并且无法通过解读规则的字面意思，来认定个案是否具备规则构造中的事实要件。这种模糊性或者源于调整对象的复杂性，导致立法者无法对其作出法律规则式的精确规定（立法者的概括不当），或者因法律语言的精确性不足所致。[②] 导致规则模糊的具体原因往往可归结于法律规定中含有“不确定法律概念”和“概括性条款”。

1. 不确定法律概念

所谓“不确定法律概念”，是指在内涵与外延上都具有高度不确定性的概念。由于其涵盖领域过于广泛以及语义的模糊与开放性，立法不可能对其含义作出法律规则式的准确规定。换言之，不确定法律概念具有“立法委托”的意味——立法者将高位阶法中的笼统、原则性的规定留待低位阶法的创制者根据具体立法事项予以类型化、明确化，甚至授权法律适用者根据个

---

① See Robert Alexy, *A Theory of Constitutional Rights*, translated by Julian Rivers, Oxford University Press, 2002, p. 54.

② See. H. L. A. Hart, *The Concept of Law*, 2nd edition, Oxford: Clarendon Press, 1997, p. 124.

案事实明确其具体含义。[①] 这意味着不确定法律概念具有“不可言说”或“无法定义”的性质，通过一般性的阐释无法形成关于其含义的实体规则。[②] 例如，公共利益、公序良俗、显失公平、合理期待等。现代立法为了避免法律的滞后性、僵化性，大量运用不确定法律概念以保持立法的适度与开放。所以，不确定法律概念已经成为立法中的常用技术，对其含义的解释与确定，也成为法律方法中的重要问题。一般而言，不确定法律概念可作以下分类：

（1）描述性不确定法律概念与规范性不确定法律概念

所谓描述性不确定法律概念，是指通过经验感知，以描述的方式对生活事实所作的陈述与概括。[③] 例如，刑法中的“行为动机”即属典型，动机在法律上很难作出准确的定义，它具有非常明显的主观性，而且在相当程度上取决于行为人的主观情况、客观背景等多种因素。[④] 而规范性不确定法律概念，是指通过特定的价值判断，对行为人作出必要指引的不确定法律概念。这类概念往往属于法律学中的专有术语，在本学科中具有区别于其他学科的专有含义。例如，公序良俗、诚实信用等不确定法律概念都表达了立法者所作的应然规范指引。这两类概念的区别在于：前者是对现实的直接反映和陈述，并不含有价值指引的因素，而后者则包含了立法者的价值倾向。

（2）事实型不确定法律概念和价值型不确定法律概念

所谓事实型不确定法律概念，是指对事物作出客观描述、属于经验范畴的概念，它涉及实际标的、事件，涉及可感知的或其他可体验的客体（如时间、大小等）。价值型不确定法律概念，是指以价值判断为主导、不存在可感知客体的概念。对于前者，适法者只需通过对生活事实的考察即可确定其具体所包含的对象；而后者则需适法者通过立法者的价值指引，再结合生活事实、立法目的等进行价值填充。

2. 概括性条款

“概括性条款”是指在成文法中居于重要地位的、能够概括法律关系共同属性的、具有普遍指导意义的条款。概括性条款往往具有统率性、概括和抽象性、开放性之特征，它发挥着统领具体规范，克服法律规定过于具体、详尽而难以具有足够包容性的缺陷等重要作用。[⑤] 各国宪法中的“概括性人权保障条款”，可以克服因人权的列举规定而导致的保护不周的缺点，同时也可以发挥统领具体人权列举条款的功能。例如，《德国基本法》第 2 条第 1 项规定：“人人有自由发展其人格的权利，但以不侵害他人权利、不违背宪法秩序或道德者为限。”这一被视为德国宪法上的概括性人权保障条款的规范，不仅在宪法审查中作为推定未列举宪法权利的规范依据，同时对于那些宪法明文列举权利的解释亦发挥着指导、统领功能。一般而言，概括性条款可作如下分类：

（1）基本原则型概括性条款和裁判规则型概括性条款

基本原则型概括性条款是指在性质上具有双重属性，既可以作为一般条款，又兼具基本原则功能的条款。例如，民法上的诚实信用条款，既是民法中的基本原则，同时又能作为“帝王条款”适用于具体案件，但必须经过具体化才能适用。而裁判规则型概括性条款是指存在于具体规则之中，较之于基本原则更为具体、调整范围也有所限定的概括性条款。

（2）直接作为价值填充依据的概括性条款和作为兜底性条款的概括性条款

---

① 参见杨仁寿：《法学方法论》，135 页，北京，中国政法大学出版社，1999。

② 参见余军：《公共利益的论证方法探析》，载《当代法学》，2012（4）。

③ 参见翁岳生：《行政法》（上），225 页，北京，中国法制出版社，2002。

④ 参见王利明：《法律解释学》，183 页，北京，中国人民大学出版社，2011。

⑤ 参见王利明：《法律解释学》，186～188 页，北京，中国人民大学出版社，2011。

直接作为价值填充依据的概括性条款通常不与具体列举规定发生联系，而是直接独立地作为概括性条款予以适用，如民法上的诚实信用、善良风俗等。作为兜底性条款的概括性条款通常是与具体类型的列举相联系的概括条款，这种条款一定是以具体的列举规定为基础，其目的是避免列举规定的遗漏。例如，我国《行政处罚法》第8条在列举规定了警告、罚款、没收违法所得等6种行政处罚的形式后，同时又以概括性条款的形式规定“法律、行政法规规定的其他行政处罚”，就是一个典型的兜底条款，其目的是避免上述列举规定对行政处罚形式的列举不周，同时也授权法律、法规创设6种列举的行政处罚以外的行政处罚。

二、规则模糊的解决方法

在法律适用过程中，作为裁判大前提的法律规定中若含有不确定法律概念或概括性条款，通过一般性的字义解释则难以获得足以涵摄个案事实的构成要件，适法者往往需要运用各种解释方法创制出超出法律规定字义范围的新规则，以作出最终判决。一般而言，用以解决规则模糊的法律方法可分为价值填充和类型化两种，通过价值填充和类型化逐步使其内容具体化、明确化，最终与待决案件事实相衔接。兹详述如下：

1. 价值填充

所谓价值填充，是指依据立法目的，运用社会公认的或可以探知的客观伦理价值、公平正义观念、社会经验等对法律所留下的空间进行填补充实，以增进法律规定的确定性。[①] 不确定法律概念与概括性条款由于其具有语义概括性、开放性等特点，因而往往无法与具体的案件事实相调适，需要法官进一步地填充内容，以达致含义清晰、内容明确的程度。由于不确定法律概念与概括性条款内容的概括性和模糊性，大多无法形成明确的法律规则，因而价值填充的结果在诸多情形中往往产生超越法律文义、产生新规则的效果，这属于法律续造的范畴。价值填充大致按照以下步骤操作：

（1）判断待解释法条中的相关内容是否属于不确定法律概念或概括性条款，需从文义解释着手。如果通过文义解释无法确定其比较清晰的含义，才能确定其属于不确定法律概念或概括性条款。然后再考量运用逻辑体系解释、目的解释等普通解释方法能否对其内容予以具体化。如果通过这些解释方法的运用，均不能产生有关不确定法律概念或概括性条款含义的明确法律规则，则需考虑进入类型化的阶段。例如，对于《国有土地上房屋征收与补偿条例》中“公共利益”概念的解释，无论使用何种法律解释方法，都不能获得明确的含义，只能通过逐步的类型化处理，才能确定其含义。

（2）从案件的积累出发，找出特定的典型案件类群，进行类型化处理。即对适用不确定法律概念或概括性条款的案件进行归类整理，确定其能够涵盖的范围。例如，缔约过程中违反诚信原则的情况较多，特定案件是属于合同法规范的范围，还是属于侵权法的调整对象，需要首先加以明确。

（3）如果案件没有相应的案件类群或者没有具体化的原则，则需要裁判者运用社会生活经验自己去创建案件类群以及找出处理此案件类群的原则。在此过程中，需要适法者基于社会经验和生活常识去探究社会一般理性或伦理标准，以此为标准创设合理的类型。例如，对于法律规定中的“善良风俗”这一不确定法律概念，就有必要针对个案事实结合社会生活经验来进一步建构具体类型。

---

① 参见杨仁寿：《法学方法论》，135～137页，北京，中国政法大学出版社，1999。

(4) 认定案件事实，并与特定的案件类型相连接，即确定前述案件类群是否可以与待决的特定案件事实相互连接。这需要裁判者进行比较处理。如果待决案件与案件类群之间存在可连接性，就应当将其纳入特定的类型。

(5) 说理论证。不确定法律概念或概括性条款的具体化过程中，应当强化适法者的说理和论证义务。诚如杨仁寿所言，"在具体化过程中，法官并非为同类案件厘定一个具体标准，而是应根据个案，依照法律的精神、立法目的，针对社会的情形和需要，予以具体化，以求实质的公平与妥当。因之，法官于具体化时，须将理由述说明确，而且切莫引用他例，以为判断之基准"①。

2. 类型化

所谓类型化，是指通过对某一类事物进行抽象、归类，从而使不确定法律概念或概括性条款的含义逐步趋于明确、具体，最终达致可与具体案件事实对接的程度。价值填充往往与类型化方法交织在一起，通过类型化的思考进行价值填充是对不确定法律概念或概括性条款的含义予以具体化的主要方式。在现代法律方法论上，类型化思考则是对具体事物的诸要素予以相互关联地"整体把握"。类型化思考具有填补法律漏洞、形成法体系等重要功能。

类型化思考是对事物外延的描述而不是对其内涵的定义。这种思考方式首先从具体事物中区分出一般的特征、关系及比例等要素，然后根据这些标准进行分类产生形象化的类型，从而在特定领域实现法律规定的具体化。但这种分类并非绝对，不同的类型之间会因为某些特征的混同产生"混合类型"、"中间类型"。由此便能对人类法律实践活动的丰富多样性予以把握。因此，类型化是对具体事物的诸要素予以相互关联地"整体把握"，通过无法严格区分界限甚至可能相互重叠的分类，从而形象地把握现实生活的多样性。② 例如，对于"公共利益"这个不确定法律概念的类型化而言，行之有效的方式往往是——根据社会理性与经验把握其在具体法律适用领域的要素，然后以之为标准的描述性的分类，从而形成形象化的"公共利益"类型，使其内容逐渐趋于明确。《国有土地上房屋征收与补偿条例》第8条明确列举的五种可以征收房屋的具体情形其实就是"公共利益"含义的具体类型。从学理上分析，这五种类型的设置实际上是根据引起房屋征收的具体原因，结合"公共利益"概念的"受益人的不特定性和多数性"之特征，将房屋征收活动中的"公共利益"含义划分为"国防外交"、"基础设施建设"、"公用事业需要"、"保障性安居工程建设需要"和"旧城区改建的需要"五种情形。这五种"公共利益"的类型并非逻辑意义上严格的"非此即彼"的分类，而是基于经验和常识对房屋征收活动中的"公共利益"含义的形象化描述，它们之间可能会发生重叠，甚至出现兼具两种类型特征的"混合类型"(如实践中完全可能出现既出于"保障性安居工程建设需要"又基于"旧城区改建的需要"而进行房屋征收的情形)。通过形象化的类型描述，房屋征收活动中的"公共利益"含义得以进一步明确，从而也实现了对"公共利益"这一高度抽象化的不确定法律概念的价值填充之目的。

类型大体上可以分为经验类型、逻辑类型和规范类型三种。③ 这要求适法者进行逻辑上的归纳与总结，发现存在的类型，进而上升到法律规范的层面，使之成为案件裁判的依据。类型

---

① 杨仁寿：《法学方法论》，168页，北京，中国政法大学出版社，1999。

② 参见［德］考夫曼：《类推与"事物本质"：兼论类型理论》，吴从周译，44、61、75页，台北，学林文化事业有限公司，1999。

③ 参见李可：《类型化思维及其法学方法论意义——以传统抽象思维作为参照》，载《金陵法律评论》，2003(2)。

化思考包括以下过程：

（1）对不同事物的共同特征进行描述分析，而非定性分析。这实际上是把握类型“整体性”的过程，也就是说要抽象出各类不同事物相互之间的共同特点。

（2）将具有共性的事物归类。类型化的方法就是要把握特定概念的属性，将符合该属性的事物进行归纳列举，从而实现观念的具体化。类型化不是将各种毫无关联的事物聚拢在一起，而应当在归类的过程中，依据一定的生活经验和案件类型进行归类。类型的建构，主要是找出某类事物的共同因素，并加以总结表达，从而构成法律中的类型。类型化的对象是具有共同的“意义核心”、大致相同的外部特征的经验事实和社会现象。换言之，类型所指涉的对象必须具有可比较性。不言而喻，类型暗示了一种评价性观点的存在。类型化具有分类的功能，但不是简单的分类，而是一种提炼、抽象和概括，是将具有相同性质的事物归纳为同一类型的过程。

（3）判断特定的类型是否符合不确定法律概念或概括性条款的本意，同时对已经归类出来的结果实施进一步的体系化整理，确保这些范畴在逻辑上属于同一层次，构成并置关系。如果是不同层次的，则应当在不同层次上予以考虑。在对不确定法律概念或概括性条款进行类型化的过程中，通过分层次的类型化，使得分类越来越接近案件事实。

（4）将案件的具体情况和类型化的形态加以比较，确定是否具有相似性，从而实现类似案件类似处理。类型化的最终目标是实现规范与事实的对接，因而需要将列举出来的概念涵盖于大前提之下，并与待决案件事实相联系，这就要求对案件事实与类型样态的相似性进行比较。然后，需要从特定案件的具体事实出发，去建立与所归纳的范畴之间的联系。类型化的最终目标是使法律规定中的不确定法律概念或概括性条款的含义趋于明确，产生足以发生涵摄作用的明确法律规则，因此其结论应当是可以适用于待决案件事实的结论。

思考题

1. 什么是法律适用过程中的“规则穷尽”？
2. 开放的漏洞、隐藏的漏洞与超越法律的漏洞的区分标准是什么？
3. 法律适用者从事法律续造的界限是什么？
4. 目的论扩张与扩张性解释的区别是什么？这种区分遇到了什么挑战？
5. 目的论限缩与限缩性解释的区别是什么？这种区分遇到了什么挑战？
6. 类推适用的原理及其局限性。
7. 法律原则与法律规则在逻辑结构、适用方法上存在什么不同？
8. 类型与抽象概念有何不同？

参考书目

1. 陈林林．裁判的进路与方法．北京：中国政法大学出版社，2007
2. ［德］卡尔·拉伦茨．法学方法论．陈爱娥．台北：五南图书出版公司，1996
3. 杨仁寿．法学方法论．北京：中国政法大学出版社，1996
4. ［德］考夫曼．类推与“事物本质”：兼论类型理论．吴从周译．台北：学林文化事业有限公司，1999

5. 林立. 法学方法论与德沃金. 2版，台北：学林文化事业有限公司，2002
6. 黄茂荣. 法学方法和现代民法. 北京：中国政法大学出版社，2001
7. 王利明. 法律解释学. 北京：中国人民大学出版社，2011
8. Robert Alexy. A Theory of Constitutional Rights. translated by Julian River. Oxford，2002

第七章 法律事实的认定方法

本章导读

司法裁判必须以事实为依据，以法律为准绳，其中正确认定事实是适用法律的前提和基础。本章在介绍法律事实与客观事实的概念、特征及相互关系的基础上，阐述了法律事实认定中的判断与评价方法，并对实际发生的案件事实的探知和事实问题与法律问题的区分进行了论述。法律事实的认定是司法裁判活动的重要组成部分，是法官、律师、当事人、证人等主体依据相关规则以感官观察、社会经验、价值判断为基本方法进行的事实发现和判断。法律事实的认定是由事实发现和事实判断所共同构成的动态思维过程。

第一节　法律事实与客观事实

法律事实的认定中，人们常常把法律事实与客观事实混为一谈，因此，界定法律事实的含义、总结法律事实的特征、明确法律事实与客观事实的界限显得尤为重要。

一、法律事实的概念与分类

法律适用的首要步骤就是认定法律事实，法律事实是裁判活动的逻辑起点。确定法律事实的概念主要取决于不同的立场和角度，以下是不同学说对法律事实所作的定义：

（1）构成要件说。这种观点认为，法律事实就是法律规范中的构成要件。法律事实是什么，完全取决于法律是怎样规定的。如梅仲协先生所讲的，“某种特定事实，发生某种特定效果者，我们称之为法律内容；当事人所完成的法律关系及其他事故，谓之法律事实。所完成之法律有直接紧连于法律之命令或禁令者，或依据权利授予之方式者，其因而获之结果谓之法律效果”①。把法律事实的一个类别认为是法律事实的全部内容，在大陆法系的法律技术中，它是法律中的法律事实的模型，是判断社会生活中的事实是否属于法律事实的一个标准。

（2）法律规范事实说。这种观点认为，为道德、宗教规范所支配者就是道德或宗教事实，而为法律规范所支配之事物即为法律之适用对象，人们称其为法律事实。“这种法律事实实际上是把法律看成是社会关系的调控器，认为只要能纳入法律调整和控制范围的事实都可称之为法律事实。它是把法律事实与宗教、道德等规范控制的事实进行比较后而得出的结论。”②

（3）实证法规范说。该观点认为，法律事实是指实证法所规范之生活事实，就是本来或一直是发生于或继续存在于具体案件中之事实或状态。

（4）法律事实的客观说。这是在我国法学界曾一度流行、现在仍为部分学者所坚持的一种认识，认为“以事实为依据、以法律为准绳”中的事实，只能是客观存在的事实，司法中对事实的认定必须达到确实、充分。

（5）法律适用前提说。该学说认为，“法律事实是由法律所规定的，被法律职业者证明，由法官依据法律程序认定的‘客观’事实”③。法律事实是法官根据法律规范这一大前提、案件事实这一小前提最终推论出的具备法律意义的事实。此种观点结合三段论推理，即大前提——法律规范和小前提——案件事实，认为司法判决是裁判者运用法律规范对案件事实进行推理所得的结论。

（6）因果关系说。该学说认为无论是自然事实还是人的行为，当它与生活事实有关，发生法的意义时，即成为法律关系的发生原因，总称为法律事实。④

（7）法律关系说。这种学说认为，法律事实是指引起法律关系产生、变更和消灭的事实。如公丕祥教授所说的，“法律事实是法律规定的，能够引起法律关系产生、变更、消灭的现象”⑤。在众多事实中，只有能够引起法律关系变动的事实才有法律意义。而法律事实是能够引起法律关系产生、变更和消灭的事实。在抽象的法律关系和具体的法律关系中，法律事实是法律关系演变的必要条件。在实际运行过程中，各种各样的因素可能都会影响法律关系，这些因素成为法律关系在实际运行过程中的条件，而法律事实是其中的一个条件。法律事实与其他条件不同，它在因果关系方面直接对法律关系的运行施加影响。

以上几种关于法律事实概念的学说呈现出研究法律事实概念的不同角度，反映了学术界对法律事实概念的不同看法，每一个认识法律事实的角度都有其合理性。构成要件说、法律规范

① 黄茂荣：《法学方法与现代民法》，193页，北京，中国政法大学出版社，2001。
② 陈金钊：《法律解释的哲理》，284～285页，济南，山东人民出版社，1999。
③ 杨建军：《法律事实与法律方法》，载《山东大学学报》，2005（5）。
④ 参见王利明：《民法总则研究》，180～181页，北京，中国人民大学出版社，2003。
⑤ 公丕祥：《法理学》，461页，上海，复旦大学出版社，2002。

事实说和实证法规范说，都是站在立法者的角度对生活事实加以抽象而得出的结论，侧重法律规范中蕴涵的立法宗旨。上述三种学说都认为对法律事实加以认定时，应当将案件事实放入立法模型中，符合立法模型的事实称为法律事实。而法律适用前提说则是以司法者的角度对法律事实进行定义，该观点认为法律规范与事实应当区分开来，法律事实是司法主体通过司法程序认定的事实。构成要件说、实证法规范说、法律规范事实说和法律适用前提说都失之片面，认为法律事实是法律规范的模型。这些学说显然没有注意到法律规范并非与事实一一对应，有些案件并非可以直接找到所谓的模型，而是需要结合案件事实对法律规范作出解释，这种解释绝大多数是在司法程序中完成的。而法律适用前提说虽然结合了法律规范和案件事实，却没有看到司法主体对法律规范和案件事实的价值评价。

我们认为，法律事实是由法律所规定的，被法律职业者证明、由法官依据法律程序认定的“客观”事实。法律事实并非完全是客观的，而是主观与客观的结合。法律事实不仅是靠证据证明的，同时也是靠人来发现的——依靠当事人与司法过程参与人通过司法式的言语描述发现与建构的。

站在不同立场上可以对法律事实作出不同的分类，大致说来，与法律方法有较密切关联的是以下几种分类：以是否以人们的意志为转移，将法律事实大体上分为法律事件和法律行为；依据法律关系的产生是否要求某种现象存在，法律事实又可以分为肯定性法律事实与否定性法律事实；从法律关系演变所依据的数量，可以将法律事实分为单一法律事实与法律事实构成；从法官认定事实是否需要进行鉴定来看，法律事实可分为鉴定认定的事实与非鉴定认定的事实。

二、法律事实的特征

（一）具体性与客观性

法律事实是一种具体而非抽象的事实。法律事实一定是在现实生活中发生的具体的行为或事件，它并不等同于法律中被立法者所抽象概括出来的事实。但这种具体的行为或事件一定被包含在法律中，否则就不可能得到法律的调整。在一个法律关系的演变过程中，这种具体的事实或行为可能是一个，如双方当事人签订合同，也可能是多个事实的组合，即事实构成。例如，一个商品房买卖关系的建立，既需要双方当事人签订买卖合同，还需要在房产管理部门办理过户登记手续，缺少任何一个行为，都不能产生有效的法律后果。

无论是以自然对象、社会交往事实形式存在的法律事实，还是以主体行为的形式存在的法律事实，都具有客观性。自然对象作为法律事实的客观性自不必说，社会交往事实作为法律事实的客观性，也不难理解。尽管社会事实的发生往往在起因上会有人为的因素，但一旦社会事实发生，其也就客观地存在了。主体行为是人们在其意识支配下的活动，但当主体意识表现为外在行为时，也就变成客观的行为事实。

尽管我们说法律事实不同于客观事实，但是并不否定法律事实的客观性特征。从本原上讲，任何被法官认定的事实首先应当是一种客观事实，任何引起当事人之间权利、义务产生、变更、消灭的事实首先应当满足客观性的要求，当事人或法官不能无中生有，编造、伪造事实。至于在部分案件中产生的对事实的不同认定，甚至是错误认定，则反映了人们在认识能力方面的不同和认识存在偏差的可能性。

（二）预设性与规范性

法律事实属于一种预设性的事实。预设性的事实是一种早于法律事实的安排，是法律制度为方便对生活进行调整而在制度中所作的一种预设，这种预设主要体现在法律规范、法律原则等正式法律渊源中，但也体现在政策、正义、理性、道德、习惯法等非正式法律渊源中，只不过非正式法律渊源中事实的识别与发现需要法官运用更高的法律知识、法律智慧、法律技能，需要进行更充分的法律论证。法官在面对一个事实的时候，他要拿这个事实与制度中所抽象描述的事实进行比对、分析，而且往往会结合法律规范进行衡量，即法官的目光必须穿梭往来于规范与事实之间，进而才可能将这一生活事实涵摄于制度事实中，即是一种将个别归于一般的过程。

规范性实际上体现了法律的评价功能。一种生活事实客观发生后，是否应当产生法律后果，承担何种责任，人们的认识并不一致，这就要求立法者在制定法律的时候进行取舍、权衡，消除认识上的分歧，作出权威性的评价，进而将各种应当承担法律后果的行为用法律规范固定下来。这样，一旦生活中发生了一定的客观事实，司法者就可以拿该生活事实与法律规范中的行为模式进行比照，以作出法律上的评价。生活事实是否被认定为法律事实只能以法律为指引，即是否具备法律上的关联性。法官认定的事实必须与规范性事实（事实模型）相符合，否则就失去规范的合法性，失去其应有的法律意义。因此，法律事实必须是法律规范中所涵盖的事实。“虽然法律事实是法官等在适用法律的时候认定的，但这种认定同时也是用法律规范衡量生活事实的一种结果。所以法律事实这一概念在一定程度上体现了法律规范所设计的事实模型。”①

（三）主客观结合性

法律事实是一种主客观相结合的事实。虽然事实本身是客观的，但是，完全地复原客观事实连理论上的可能性都不存在，因为我们永远也没有办法衡量法官认定的事实是否就是“客观事实”，任何事实的认定都离不开主体的参与，所以事实认定的过程必然是一种客观见之于主观的过程。任何法律事实都不能离开主体的认识而存在，很多时候，当我们说法官以证据为依据来认定事实的时候，实际上我们已经承认法律事实在很大程度上是依据证据来建构的。在大部分情形下，若没有证据，哪怕依据常理我们能推定事实的存在，法官也会以证据不足而加以否定。事实之所以具有主观性还在于，“一旦关系事实进入司法领域成为案件事实，它就成为法官观察理解和解释的对象”，“然而法官对关系事实的理解也不是铁板一块，这既体现在法官对同一案件事实的不同理解和解释上，也体现在不同法官对类似案件事实的不同判决上”②。

（四）依法确认性

法律事实是法官依法认定的事实。需要说明的是，在当事人之间产生法律后果的事实，并非都经过法官的认定。例如，买卖合同签订之后便在当事人之间产生权利、义务，依法进行婚姻登记后在当事人之间便产生了夫妻间的权利、义务，交通事故发生后肇事方主动救治病人、支付医疗费用等种种权利、义务关系的演变并未经过诉讼途径。这是因为法律的实现大多是靠当事人自觉遵守。

当我们说法律事实是法官认定的事实的时候，特指的是纠纷产生后，当事人就事实的法律后果、法律意义的认识产生分歧并诉诸法院时，交由法官（也可以是仲裁机关）依照法律程序认定的事实。这种认定不外乎是关于事实的有无、多少、和规范的联系程度、与后果的因果联系、应当承担的责任等最终进行的权威性法律评价。这里说的法律事实是法官依法认定的事实，是从终极性的角度来说的。参与事实认定过程的参与人除了法官以外，还包括当事双方或

---

① 陈金钊：《论法律事实》，载《法学家》，2000（2）。

② 谢晖：《法律的意义追问》，120页，北京，商务印书馆，2003。

多方，以及证人、事实的鉴定人、土地房产等资产的价值评估方，刑事案件中还包括侦查机关等，他们无一不在参与法律事实的“构建”。但是，诸多的事实资料最后却只能由法官依法进行“剪裁”（英美法系国家交由陪审团裁定），由法官享有法律事实认定的独断型权力，从而为法律推理的小前提作出法律评价与确认。

值得特别指出的是，法律事实并不一定是用证据证明的事实。应当承认，司法裁判中的法律事实大多是经过证据证明的事实。对于法官来讲，有些事实虽然是一种客观存在，但由于缺乏证据的支持，法院就不会采信。因此，证据是法官认定法律事实的主要手段。但是，法官最后认定事实时却并非都靠证据，这是因为，法官用以定案的事实，有些并无证据依据，但法官之所以采信，是由于它符合证据法的原理。法官认定事实时除了主要依据证据外，还可以依法采用以下非证据方式来认定事实：司法认知的事实、自认的事实、事实推定。

司法认知的事实、自认的事实、事实推定，都是法官认定事实的辅助与补充方式，司法过程中的法律事实认定的最主要渠道还是依据证据认定事实。但是，其他三种方式有其存在的意义，这是由于，并非每一个案件都有充分的证据，如果要求法官认定事实时只能完全依据证据，那么对许多案件法官将束手无策。长期以来，由于我们过分强调依据证据事实进行判决，导致在证据达不到“确实、充分”要求时，法官大多不敢依据其他方式进行裁决或进行举证责任分配，从而妨碍了司法公正的实现。可见，法官据以定案的事实并非全部都有证据的支持，但是，所有这些被认定的事实必须符合法律的规定，是法官依法认定的事实。

三、何谓客观事实

“客观事实”是发生过的“原汁原味”的案件事实，是曾经存在过的事实真相。法律事实是法官在审判程序中认定的案件事实，也即法官按照法定程序对客观事实的“再现”或者“复原”。下面我们用一个真实的案例来说明客观事实与法律事实的区别。

2004 年 6 月 29 日，广东省高级人民法院对四会市人民法院法官莫兆军涉嫌玩忽职守一案作出终审判决，驳回检察院的抗诉意见，维持一审无罪判决。由于此前审理的一起借款案件中的被告，在诉讼中提出受胁迫出具借条的抗辩事实，但未能提供相关证据，故莫兆军法官依据证据规则，以被告负有举证责任而举证不能为由，裁判被告败诉。事后被告因不服判决作出了喝农药自杀身亡的过激行为。公安机关介入侦查后，原告才承认借条确系其胁迫被告所写，这表明法院认定的案件的法律事实与客观事实不符。当地检察机关就以此为由认为莫兆军法官不尽职守，应对相关不良后果承担刑事责任。莫兆军法官涉嫌玩忽职守先被四会市人民检察院刑拘，后又改为逮捕。2003 年 12 月 4 日，广东肇庆市中级人民法院作出一审判决，认为莫兆军的行为不构成犯罪。随后，四会市人民检察院不服这一判决，由肇庆市人民检察院通过广东省人民检察院向广东省高级人民法院提出抗诉。2004 年 3 月 23 日下午，对莫兆军的抗诉案在广东省高级人民法院开庭审理。经过 3 个月的审理后，广东省高级人民法院终于对这宗颇具争议的案件作出终审判决：一审判决认定事实清楚，适用法律正确，维持原判，莫兆军无罪。该案深刻反映了我国诉讼制度中，客观事实与法律事实之间的关系。诉讼活动所认定的事实不能等于案件的本来面目，客观事实的揭示过程处处受形式理性的制约，不再是绝对的客观真相，而只能是服务于诉讼或仲裁的解决争端目标的法律事实。

四、客观事实与法律事实的关系

在诉讼过程中，通常包括以下三种事实：（1）客观事实。它指的是在现实生活中“客观发生的事实”，就是原本发生的，不依赖人们的主观意识而存在的现实生活中发生的事实。应当指出的是，完全还原现实生活中发生的客观事实是几乎不可能的。(2) 当事人陈述的事实。所谓“当事人陈述的事实”，即在诉讼中当事人通过口头、书面以及举证、质证所主张的事实。(3) 法律事实，它就是法官在审判程序中认定的案的件事实。法律事实的一个主要特征，是它必须符合法律规范逻辑结构中所假定的情况。只有当这种假定的情况在现实生活中出现时，人们才有可能依据法律规范使法律关系得以产生、变更和消灭。

（一）客观事实是法律事实的基础

诉讼中所要查明的事实，都已时过境迁，难以再次重现。而这些事实或者本身是当事人争议的对象，或者与当事人之间的争议有关，需要在诉讼过程中通过法律手段予以认定，在诉讼过程中对案件事实加以认定的结果就是使之成为法律事实。因此我们可以说客观事实是法律事实的基础，如果没有客观事实，法律事实也就成为无源之水、无本之木。客观事实是法律事实的基础，法律事实是法官在法律上对客观事实的认识或反映。客观事实是被认识或被反映的客体。法院的法官通过发挥主观能动性，在对客观事实认识的基础上形成法律认识，在此过程中，当事人以及其他事实参与人起辅助作用，而审判程序规则、证据规则、法律推定或拟制等发现事实的方式，均为认识的渠道或者中介。

（二）法律事实是客观事实的再现或者反映

法律事实是通过法律手段对客观事实的再现或反映。具体认定客观事实的法律手段虽然多种多样，但基本的法律手段主要包括审判程序规则、证据规则以及法官的认识（心证）。具体而言，当事人提供给法庭的各类证据均与已经发生的客观事实有关，能够反映客观事实，法庭按照法定程序或证据规则对其进行甄别与认定，据此再现客观事实。由于法院都是在客观事实发生以后才进行事实认定，因而这种认定只能是尽量还原客观事实，也就必然存在局限性或主观性，两者之间可能一致也可能不一致。此外，法院或者法官为追求客观真实以外的价值或政策，在特定情况下（如非法证据的排除以及诉讼时效的规定），甚至会有意无视客观事实，这些都反映了法律事实的主观性。

（三）客观事实是法律事实追求的目标

在通过审判程序、证据规则以及其他法律手段认定法律事实的过程中，除了为实现特殊的政策或者价值外，司法人员一般均以追求客观事实为目标。由于诉讼是在特定的时空和其他条件下进行的，司法人员对客观事实的认识与发现会受到各种限制。但是，在这种局限下，我们必须研究和把握审判规律，并在此基础上，尽量设计科学合理的审判规则等法律手段（主要是审判程序和证据规则），以确保客观事实的发现。因此，衡量审判程序和证据规则是否科学合理的重要标准，就是其能够在多大程度上保证通过这些程序或规则认定的法律事实最大可能地靠近客观事实，或者说最大限度地确保对客观事实的发现。前最高人民法院院长肖扬在《在全国高级法院院长会议上的讲话》中指出：“司法公正的体现，应当是在当事人举证、质证后，人民法院根据查证属实的证据，认定案件事实，依法作出裁判。人民法院应当努力做到法律事实与客观事实的一致，但由于司法机关和当事人收集证据的局限性，人民法院通过公正、公平程序，根据证据、事实和法律作出的裁判结果可能与客观实际不完全吻合。但是，在正常情况下只要做到了法律上的真实，裁判结果就应当认为是公正的。遵循和尊重司法活动这一客观规律，是实现司法公正的前提条件。”

在诉讼中，一般情形下，法官不可能找出案件的客观事实，并根据案件的客观事实进行裁判。案件的发生通常是在若干时间以前，从事法律工作的律师、法官都不可能在场，任何人都无法准确描述、再现客观事实，即使某些当事人能够准确描述、回顾客观事实，司法机关、法院法官一般都不会相信或采纳。因此，法院认定事实，不可能依人们的直观感受，不可能根据当事人的亲眼所见、亲耳所闻或者亲身感知，来判定案件事实的真伪。一个案件事实的客观性与法律事实之间是有距离的，甚至有非常大的距离，更有的是完全背离客观事实。

这一距离的远近取决于一个案件中真实、合法证据的多寡：合法真实的证据越多，自然依据其作出的裁决就越接近客观事实。

对于这一距离缩小的追求是可以实现的，但无论人们如何努力，都无法到达客观事实，借用微积分原理中的一句话——“无限接近但永远无法到达”，即所谓客观事实亦是人类认知想到达而永远无法到达之理想彼岸。

第二节　法律事实认定中的判断与评价方法

要认定案件的事实，就必须具备能够发现法律事实的判断方法。在法官认定事实的过程中，由于法官不是案件事实的亲身经历者，因而他对事实的判断只能依靠案件当事人的描述和证据。这些证据和描述通常也是零零散散，有时是杂乱无章的。面对这些描述和证据，司法主体如何才能将现有的描述和证据有效、合理并且真实地组合在一起，尽可能地还原案件的本来面目？这就要求司法主体具备良好的判断和认定法律事实的方法。

一、以感官观察为基础

法律事实的认定与判断方法必须以感官观察为基础。事实判断既有直接的感性判断，也有间接的理性判断，任何纯粹的感觉和纯粹理性的判断是几乎不存在的。[①] 认定法律事实既需要借助于直接感性的认识，也需要借助于间接理性的判断，但首先应是直接感性的认识，即法官、检察官、律师、当事人的感官认识。有些事实可能是人们亲历过的，有些则不是，但可以肯定的是，某些事实即便不是人们亲身经历过的，人们也可以凭借自己的感官，如眼睛、耳朵、鼻子等，在观察的基础上对某一事实的发生过程或物理特性得出基本的确认。例如，在以侵权行为提起的诉讼中，一件物品的毁损或者某个人的身体受伤害的程度可以通过我们凭借感官对事实的观察而感知。依靠感知，我们可以判断债权人应当能够向债务人追索债务，进而寻找衔接诉讼时效的证据；依靠感知，可以判断丈夫很难对自己的孩子下毒手，进而寻找其他凶手的证据。之所以不能离开感性判断，是因为任何事实的获得都以自己或他人某种程度的感知为基础，特别是以社会普遍的感情标准为基础。通过直觉可认知的事物或事物性质，如长短、大小、冷暖等“量”的察知，或者如质的感觉（如香、臭、酸、辣）。相对来说，量的感觉不易发生争论，而质的观察方法却因人而异，易产生争执。[②]

为什么对法律事实的认知离不开感官的观察？是因为对描述事实“不能再以推论的方式取得，而必须以感知为基础，或者以——特别是来自社会的——经验为基础”[③]。拉伦茨指出，判断一辆车是否是红色的时，由于“红色”本身不能再定义，所以感官者比较正在观察的客体与他之前学到的“红色”的客体而作出判断。[④] 弗兰克也指出，法官根据直觉获得结论的过程

① 参见［俄］舍尔巴茨基：《佛教逻辑》，宋立道等译，171、172页，北京，商务印书馆，1997。

② 参见杨仁寿：《法学方法论》，25～26页，北京，中国政法大学出版社，1999。

③ ［德］卡尔·拉伦茨：《法学方法论》，陈爱娥译，153页，北京，商务印书馆，2003。

④ 参见［德］卡尔·拉伦茨：《法学方法论》，陈爱娥译，154页，北京，商务印书馆，2003。

中，会受到心理因素的影响，如“他自身的过去可能产生了或多或少的反映——对女人、金发碧眼的女人、有胡须的男人、南方人、意大利人、英格兰人、管道工、部长、大学毕业生或者民主党人。某种特定的口音、咳嗽或手势通常就能勾起痛苦和愉快的记忆。法官的这些记忆，在听取一位有此口音、咳嗽或手势的证人作证时，可以影响法官对证词及其分量和可信度的最初的判断或随后的记忆”①。所以，法官个人的品格、秉性、习惯在自己对事实形成确信中起着重要的作用。

虽然感官观察在判断和认定事实中被广泛应用，如证据判断中的侦查实验、观察、辨认判定法，都是凭感官观察进行判断。但是感觉也可能出现错误，导致错误的原因有很多，可以由于外部对象，也可能由于观察者本身，所以感官观察的思维方法不被一些学者所推崇。约瑟夫·哈奇森就指出，凭借感情或第六感的直觉性思维，以及掷骰子赌博式思维等方法，“皆为好的法官所不取”②。大卫·休谟也告诉我们，人类的知识可以分为观念的知识和事实的知识，前者如几何、代数等诸科学，它涉及的是概念间的逻辑关系，它建立在必然真理的命题的基础之上。而有关事实的认识是有关实际存在的事物的描述，它可以通过检查它是否符合事物的状况来检验其真伪，但要证实这些事情是困难的，因为对事实的认识是基于观察，通过观察而得出的结论是具有可能错误的。例如，不能因为我们没有看到过黑天鹅就断言所有天鹅都是白的；再如，虽然太阳每天早上都升起，但我们并不能合乎逻辑地得出明天早上太阳会照常升起。③

二、以社会经验为基础

法律事实的认定与判断也应以社会经验为基础。经验的方法也称为经验法则，是指人们通过经验能够认识事物之间的因果关系或事物的性质，是“人们在长期生产、生活以及科学实验中通过对客观外界普遍现象和通常规律的一种理性认识，在观念上它属于不证自明的范畴”。通常认为日常生活经验法则具有高度的客观性，它不是证明的对象。“证据法意义上，经验法则是法官依照日常生活中所形成的反映事物之间内在必然联系的事理作为认定待证事实的根据的有关规则。也就是说，经验法则是法官通过亲身经历的感悟或者借助多方面的有关信息资料而取得的知识进而获得的涉及事物的因果关系或者常态性状的事理法则。”④ 法官虽然是专业人员，但法官也并非生活在社会真空中，所以普通民众所具有的生活经验，法官当然也有。经验法则具有两个基本特征：其一，经验法则是从人类社会的普遍规律中抽象出来的事实，是一种客观意义上的普遍知识。其二，审判意义上的经验法则是法官以其独特的人格和职业属性在一般生活经验基础上加以提炼后作为认知社会的一种常规机制。

在法律事实的认定和判断的过程中，除了感官观察以外，社会生活的经验也是必不可少的。各国的一些立法已经表明社会经验可以作为判断法律事实的基础。例如，《德国民法典》第 157 条规定：“契约应依诚信原则，斟酌‘交易习惯’解释之。”第 242 条规定：“债务人负有诚信原则，斟酌‘交易习惯’履行债务之义务。”对其中的“诚信原则”、“交易习惯”只能依社会经验加以判断。除此之外，在司法实践中，用社会生活经验来解释法律规范的例子并不少

① ［美］弗兰克：《判断的过程和法官的个性》。转引自［美］博西格诺：《法律之门》，邓子滨译，31 页，北京，华夏出版社，2002。

② ［俄］舍尔巴茨基：《佛教逻辑》，宋立道等译，188 页，北京，商务印书馆，1997。

③ 转引自［美］亚狄瑟：《法律的逻辑》，唐欣伟译，33 页，台北，商周出版社，2005。

④ 毕玉谦：《民事证据原理与实务研究》，568～569 页，北京，人民法院出版社，2003。

见。例如，我国的法院在办理民事案件时，若关于被裁决的事项没有明确的法律规定，就运用《民法通则》第4条之规定“民事活动应当遵循自愿、公平、等价有偿、诚实信用的原则”来裁决。而对于自愿、公平、等价有偿以及诚实信用的内涵，在法律没有明文规定的情况下，只能依赖社会生活的经验，在人们社会生活有着共通感的基础上加以解释。

霍姆斯曾言：法律的生命从来不来自逻辑，而是来自经验。审判人员对法律事实的认定也是这样。在刑事诉讼中，对犯罪主观要件的判断，仅凭犯罪嫌疑人或被告人的供述往往不能直接认定。为获得真实的供述，往往导致司法实践中刑讯逼供盛行。为此，需要办案人员通过经验，揭示犯罪心理而获得主观要件的证明。司法实践的大量案例表明，对犯罪行为人的主观方面的判断，是可以通过对口供以外的证据进行推理和推论加以证明的。例如，在刑事案件的证明活动中，司法人员往往会根据作案原因、案件的发生过程、作案工具、手段、打击部位与打击强度、作案情节、时间、地点、环境、行为人与被害人的关系、死亡与否的原因、行为人作案后的心态及表现去进行综合分析，判定犯罪行为人是故意杀人还是故意伤害致死。而这些认定要素，只有一位经验丰富的司法人员才能够利用和掌握。

我们对部分事实的判断只能借助经验方法。因为我们是可以通过观察来认知部分自然事实的，如是雄是雌，是鸭是鹅，但也存在许多自然事实只能根据社会经验来认定，如标的物是否存在瑕疵，需要以约定的标准或规范的标准来判断，这些社会经验包括已经被立法者加以形式化的经验和没有被立法者加以形式化的社会经验。正如梁慧星教授所言，可以作为判断标准的包括两类“知识”：一类是基本原理，但并不限于法律基本原理；另一类是“社会生活经验”，亦即平常所谓的“常理、常情、常识”。这是由于法律具有社会性，因而以“社会生活经验”作为判断标准，是由法律的社会性使然。法律既然是社会规范，就应当与社会一般人的生活经验相符。①

经验判断方法之所以如此重要，是因为经验构成我们理解的先见。我们认识一个新东西时，是从类型上去把握的，在无数个个体中，在我们的经验积累与综合中形成普遍的类型概念——共相，共相反过来也是一个包含诸多特殊个性与自身的概念。② 例如，人的行为之法律意义，之所以被理解，是因为人与人之间有相同的社会经验。③ “经验先于分析，先于理解，先于价值判断。”在我们的经验中，我们会拿记忆中的经验与现在的现象进行对比，而我们的经验则会证实或证伪对象属于类型中的对象，当然，在证实的过程中，个体对象会丰富和扩展类型的内涵。

三、以价值判断为基础

法律事实的认定与判断还应该以价值判断为基础。任何法律事实都是经过人这一主体来加以认定的，每个主体对法律事实的认定或多或少都会受制于他的价值观念，即法律事实的认定是一个客观见之于主观的活动。在诉讼中，法官是认定法律事实的主体，法律事实的主观性决定了认定过程受认定者理性、价值判断和认知能力的制约。在司法实践中，不同法院的法官或同一法院的法官针对同一案件为什么会作出不同的裁判，甚至是相反的裁判？原因在于，不同的法官存在着不同的个人主观认知因素。案件发生之后，法官需要从错综复杂的案件中裁剪出裁判所依据的法律事实，这一过程不仅受到法官自身的法律功底及办案经验的影响，而且也受

① 参见梁慧星：《法律的社会性》，载中国民商法律网，2001-02-08。
② 参见［奥］恩斯特·马赫：《认识与谬误》，李醒民译，134～135页，北京，华夏出版社，2000。
③ 参见［德］胡塞尔：《经验与判断》，邓小芒、张廷国译，384～385页，北京，三联书店，1999。

到法官的个人道德修养、逻辑思维、价值观念、认知能力等因素的影响。因此，即使是对同一案件，不同法官所认定的法律事实都会存在偏差。

法律的基本价值是自法律产生以来，始终贯穿于人类法律生活的基本理念，如诚实信用、公平、正义、自由等。法律的基本价值有其产生的社会经济基础和道德基础，它体现在各个时代、各个国家的立法与司法实践中，是人类社会生活和谐的最高境界。而诉讼之中对于事实的认定离不开人的价值主观性。当运用其他方法可能不能确认事实时，则需要运用价值判断与利益衡量作为事实判断的标准，对相关事实作出主观价值判断与选择。这是由于人们关于事实之判断，并非都具有经验可供参考，因而为事实判断者，进行评价是不可缺少的，如善良风俗与诚实信用，以衡平的寓意进行判断。① 原因还在于，诉讼案件中的当事人，不是存在于哲学家头脑中的那种只是渴望知识与真理的纯理性动物，而是像实用主义所描述的那样，是有各种需要与利益的、为了生存而不断选择与行动的人。② 法律事实认定不可能完全像自然科学那样“价值中立”，因为即便是关于事实材料的获取与选择，证据的开示与否，也一定是依据是否对自己有利为基准的。可以说，“对通过观察等手段获得的事实材料的加工整合过程，离不开主体的价值评价”③。

实际上，律师们往往不是完全中立客观地发现事实，相反，从他们接手案件起，就已经在构思何种事实是他们所需要的，哪些事实是他们必须寻找的，哪些事实是对他们的当事人有利的，哪些事实是对他们的当事人不利的。在收集事实材料、发现事实的过程中，律师会竭尽所能找寻对当事人有利的事实。有利或不利的判断主要借助于法律规定进行取舍。甚至在很多时候，当事人或律师主要关心的不是事实本身，相反，他们关注的是什么样的事实对他们来说是最为有利的，是可能保证他们胜诉的。因此，他们关注的不是所有的证据材料，而关心的是“有用的”证据材料。有时候，他们会事先确定一个方案，根据方案去发现事实材料、运用证据、解释事实材料，以便达到他们的目的。所以，法律事实中的价值判断是不可缺少的。从根本意义上说，事实认知过程服从于价值目的，是承载一定价值的。这就产生了法官在认知事实过程中的困难，因为相比较而言，法官对事实的认定是较为客观的，不应带有偏好，即便是有所偏好，也主要是事实认定后在解释上的价值偏好。

事实发现与认定是一个客观见诸主观的活动，事实的发现与认定的效果必然要受主客观因素的共同制约。同时，法律事实的发现从本质上来讲，并不是对绝对真实的探求，而是在有限的法律资源条件下寻找解决纠纷的途径。这就决定了法律事实的发现要受以下因素的制约：“事实发现能力的有限性；追求客观事实的主要路径；追求客观真实与其他价值目标之间的衡平；事实发现的成本。”④ 即事实的发现主观上受制于人的认识能力，人的认识能力的有限性决定了事实的发现与认定不可能是绝对正确的。对法官来说，当所有的证据都提出以后，他必须决定更倾向于哪种事实“版本”，他必须在双方当事人提供的现有证据的基础上作出判断。另外，冲突的司法意见也决定了发现事实之困难。⑤ 虽然我们可能借助于感觉、经验、科学知识、逻辑以及价值判断对事实加以发现与判断，但是，所有一切属于我们的“前见”的判断能

① 参见黄茂荣：《法学方法与现代民法》，219～225页，北京，中国政法大学出版社，2001。

② 参见王元明：《行动与效果：美国实用主义研究》，31页，北京，中国社会科学出版社，1998。

③ 孙伟平：《真实与价值》，113页，北京，中国社会科学出版社，2000。

④ 徐昕：《事实发现的效率维度》，载［美］波斯纳：《证据法的经济分析》，徐昕、徐昀译，中译版导言，北京，中国法制出版社，2001。

⑤ See John H. Farrar and Mthory M. Dugdsle, *Introduction to legal Method*, London: Sweet & Maxwell, 1984, pp. 59 - 61.

力的运用都离不开一个大前提的制约，那就是法律规范。“对世事的表述，也就是对世事的确定，通常要考虑相关法律规定实施构成。”① 因此，上述方法的使用都应当是在法律框架与程序内进行的。

此外，感官观察、价值判断、生活经验等方法并不是截然分开的，各种方法之间也没有先后的排列，它们在事实认定过程中往往是共同发挥作用的。

第三节　法律事实的认定

为了对当事人所陈述的、被证据所证明的案件客观事实作出法律上的认定，法律工作者必须用法律语言把原本为生活语言所表述的客观事实陈述出来，而法律语言的选择，如“故意”抑或“过失”，本身就是法律判断和法律条文加以选择的过程。因此客观事实只有转化为与某一法律规范有联结的法律事实后，才具有法律上的意义。

我们认为，法律事实的认定具有以下几个特征：第一，法律事实的认定以客观事实为基础。第二，法律事实是在客观事实与法律规范的“视界交融”中得以认定的。第三，法律事实认定的过程也是法官对客观事实进行“裁剪”的过程，这当然不排除对法律事实认定的过程加以分析、论证和说理。第四，法律事实所认定的事实是一种具有法律意义的事实，它能够引起法律关系的产生、变更和消灭。

一、实际发生的案件事实的探知

“我们平常说的‘事实认定’，不是指一般的事实，而是对于本案裁判有法律意义的事实。”② 司法裁判须以事实为依据、以法律为准绳，其中正确认定事实是适用法律的前提和基础。

（一）案件事实探知的证明模式

所谓案件事实探知，是指法官在司法裁判中审理和认定案件事实的司法活动。我们知道，司法裁判须以事实为依据，以法律为准绳，其中正确认定事实是适用法律的前提和基础。就案件事实的探知方式和方法而言，人类司法裁判活动先后经历了由无知到科学、由野蛮到理性的发展过程。在人类社会早期，人类对事实的认定没有系统的规范指引，司法裁判活动通过神示方式来进行事实探知，如采取对神宣誓、水审、火审、决斗、卜筮和十字形证明等方式，来判定当事人陈述的真假和案件的胜负。这种制度建立在宗教迷信基础之上，总体上属于“形式理性”的事实认定模式。随着人类认识能力的发展，证据制度逐渐取代神示制度而成为司法裁判探知案件事实的主要方式。迄今为止，中外司法裁判围绕证据制度的事实探知模式主要有三种：

1. 规范证明模式。即法律根据证据的不同形式，预先规定各种证据的证明力和判断证据的规则，法官必须据此作出判决的一种事实探知模式。规范证明模式的好处在于预先规定各种证据的证明力大小和判断规则，有利于消除法官认证的混乱状态，从而可以限制法官的任意性和司法专横。问题是，这一模式剥夺了法官在认证过程中的主观能动性，并且将当事人的“口供”视为证据之王。

---

① ［德］魏德士：《法理学》，丁小春、吴越译，297页，北京，法律出版社，2003。

② 梁慧星：《裁判的方法》，9页，北京，法律出版社，2003。

2. 自由心证模式。即将证据的取舍和证明力的大小，以及案件事实的认定，均交由法官（或陪审团）凭自己的良心、理性自由判断，最终形成内心确信的一种事实探知模式。自由心证模式的核心内容，就是对于各种证据的真伪、证明力的大小以及案件事实的认定，法律不作具体规定，完全听凭法官（或陪审团）根据理性和良心的指示进行自由的判断。很明显，与规范证明模式相比，自由心证模式由一个极端又走向了另一个极端，它把证据的取舍和证明力大小的认定，完全交由法官（或陪审团）凭良心和理性去自由判断，这未免又过于宽泛和失去控制，且人为地扩大了法官（或陪审团）在事实认定中的主观能动性，从而有可能影响到事实认定的客观公正性。

3. 混合证明模式。即将规范证明模式与自由心证模式相结合，择取合理成分，避免各自弊端所形成的一种证明模式。具体来讲，法律一方面对证据的种类和证明力的大小作出具体的规定，另一方面又给法官自由心证留下余地，从而在保证证据判定统一性的基础上又不失灵活性。

我国诉讼法中证据的证明力未受法定的限制，个别证据的证明力判断以及证据的综合判断主要依靠法官根据案件的具体情况作出，属于自由心证模式，然而其与典型的、通行的自由心证制度又有明显的区别。

（二）事实探知的逻辑基础是证明责任

证明责任是指当判决所要依据的案件事实经过双方的举证、质证、辩论后，仍然处于真伪不明的状态时，负有证明责任的一方就要承担败诉的责任。明确证明责任，目的在于把诉讼中的事实之争明确地引导为证据之争，促使双方当事人围绕证据问题展开公平竞争，充分调动他们参与诉讼的积极性，突出法官在诉讼中居中裁判的地位和作用，从而保障诉讼活动顺利有序地进行，确保司法公正的目的得以实现。从诉讼活动的过程来看，证明责任既是联系实体法与程序法的桥梁，也是支撑整个诉讼活动的脊梁。具体到法律事实的认定过程中，证明责任不仅是证据制度的核心，而且是事实探知的逻辑基础。

1. 证明责任的基本内涵

证明责任具有两层含义：第一层含义是指客观上的或实质上的证明责任，又称结果责任；第二层含义是指主观上的或形式上的证明责任，又称行为责任。两者间的关系密切：(1) 从发生时间的先后顺序来看，行为责任在先，结果责任在后，行为责任履行程度如何，往往决定了结果责任的发生；(2) 在行为责任与结果责任之间，结果责任是根本和最本质的责任，亦即结果责任决定行为责任；(3) 结果责任出现的前提是当事人主张的事实仍处于真伪不明的状态；(4) 行为责任与结果责任之间在一定情况下可能影响对方内容的设定。

虽然，行为责任与结果责任关系紧密，但也存在本质区别。这种区别主要表现为：(1) 产生的法律根据不同。行为责任是基于诉讼法上的要求而产生的；结果责任则是基于实体法的要求而产生的，是从实体法的原则中派生出来的。(2) 责任能否转移不同。结果责任来自预定的分配原则和规则，它从诉讼开始到诉讼结束，只能固定由一方当事人承担，不存在责任转移问题；而行为责任的承担在诉讼中并不是固定不变处于静止状态，而是随着一方当事人履行行为责任的程度在当事人之间处于一种不断转换的动态过程。(3) 能否得到协助履行不同。行为责任的实际履行须以当事人的诉讼行为能力为基础，故立法者对这种责任一般允许当事人借助外力来履行，如借助律师等；但结果责任是一种后果责任，故结果责任只能是当事人自己承担，不存在其他人协助的问题，也不存在变更负担的问题。

2. 证明责任的分配原则

证明责任的分配直接关系和影响着一方当事人实体权利的实现，法官在司法裁判中对案件证明责任的分配，应严格依照法律规定进行，此问题不属于法官自由裁量权的范畴。但是当法律对有关案件类型的证明责任之分担没有作出规定时，法官就应依据相关证据理论和案件的实际情况，为案件证明责任的分担确立相应的规则。例如，我国最高人民法院颁布的《关于民事诉讼证据的若干规定》第2条第1款就规定："当事人对自己提出的诉讼请求所依据的事实或者反驳对方诉讼请求所依据的事实有责任提供证据加以证明。"这就是所谓的"谁主张、谁举证"原则，它是我国民事诉讼中举证责任分配的一般原则，但在特定情形下，也会实行举证责任倒置或免除举证责任。

3. 证明责任的法定解除

证明责任的分配是法定的，但在特定或例外的情况下也是可以解除的，并不是永远由当事人负担下去。这些情况主要包括：(1) 证明任务已完成。负担证明责任的一方当事人通过行为责任的实际履行，已达到法律所要求的证明标准或程度，诉讼开始时争议事实所处的真伪不明的状态已消除，其证明责任也就自然可以解除。(2) 推定，即法官直接根据某一已知事实，推断另一事实的存在，并且允许当事人推翻的一种证据规则。它分为事实上的推定和法律上的推定。事实上的推定，是指以某一事实的存在或不存在为前提推出另一事实的存在或不存在。事实推定在诉讼中表现为法官依已明了的事实推定出待证事实的真伪，而无须当事人就此问题进行举证。法律上的推定又分为法律上的事实推定和法律上的权利推定，前者属于事实认定范围，后者属于法律适用范围。法律上的事实推定，是指通过适用法律的规定来推定未知的事实。在民事和行政诉讼中，适用疑惑事实从无原则；在刑事诉讼中，适用疑罪从无原则，亦即无罪推定原则。(3) 自认，也称为事实的承认，指的是当事人在诉讼过程中作出与相对方主张相一致的陈述。(4) 无须证明的事实。根据证据法的规定，下述事实属于无须证明的事实：A. 众所周知事实和自然规律及定律；B. 预决的事实，即已为法院发生法律效力的裁判文书所确认的事实；C. 公证的事实，即已为有效公证文书所证明的事实。这些事实往往属于法官凭借经验可以知悉的范围，不用当事人就此事实承担举证责任。

证明责任分配规则的主要作用不在于认定事实，而在于解决事实不能认定时法律责任的分担问题。

（三）事实探知中法官思维的特点

法官通过证据对案件事实的查明与认定，首先是建立在对证据材料感性认识的基础之上的，然后通过理性认识形成内心确信。因此，在事实探知方面，法官的思维应当符合如下几个特点①：

1. 信息的选择性。法官对案件事实的认定，是根据法律适用的需要来确定的。也就是说，并不是案件的所有事实都需要法官去查清楚，法官对待证事实的确认，目的在于满足法律适用的需要。此外，对于待证事实的认定和判断，并不是所有证据材料都有价值，对于明显不符合证据资格的证据材料，通常都是排除在庭审调查范围之外的，以免影响庭审的效率和法官的精力。

2. 运行的程序性。法官对证据的判断与确认，具有严格的程序性。这主要表现在以下几个方面：首先，庭前证据开示和证据排除程序的设立。通过证据开示，让双方了解对方的证据情况，一方面有助于防止庭审突击，另一方面有利于庭前和解。通过证据排除制度，将未经庭前开示的证据和明显不具备证据资格的证据材料，排除于庭审调查范围。其次，庭审举证和质

① 佚名：《浅议事实探知中的法律思维》，见 http://blog.chinacourt.org/wp-profile1.php?p=2083&author=670，2012-10-30。

证的程序安排。在庭审调查中，一般是先由负有证明责任的一方当事人举证，对方当事人予以质证；再由对方当事人举证，负有证明责任的一方当事人质证。依此顺序，不断反复，直至查明案件事实为止。再次，证据失权制度的设立和法官取证的条件限制。当事人举证有期限规定，逾期举证，将丧失继续举证的权利，从而引发败诉的可能；特殊情况需要延长举证期限的，需要申请并得到法官的批准。为了保证庭审的对抗性和公正性，法官原则上不能依职权调查取证；对当事人确实有困难不能调取的证据，当事人可申请法院调取，但证据规则对此作出了明确的限制性规定。最后，法官的心证公开与释明权的行使。为了保障庭审的质量和效果，法官在庭审过程中应适时适度地公开自己的心证，以使得当事人能够了解和把握自己履行证明责任的程度。与此同时，法官还应根据诉讼状态和走向，依自由裁量权决定行为责任之负担在当事人之间的转移，以保证庭审的对抗性和公正性。

3. 过程的反复性。法官对案件事实的认定，在思维上会随着双方当事人在庭审中的来回举证、质证而不断反复。当原告方举出一组证据时，法官的思维可能会倾向于原告方；当被告方在质证过程中提出不同看法，或通过提供反证予以回击时，法官的思维又会转向被告方。如此反复，直到法官在思维上作出最终的结论为止。此外，法官在对事实的探知过程中，也会"目光穿梭于事实与规范之间"，目的在于根据案件事实来寻找法律规范，随后又根据法律规范来裁剪案件事实，如此反复，直到案件事实与法律规范之间建立起某种逻辑关系为止。

4. 方法的综合性。对于证据的判断和事实的认定，法官在思维过程中，除了要依据各种证据规则进行判断的同时，还要综合运用分析、对比、印证、辨认、鉴定、排除和推理等多种方法来进行审查、判断和认定。有的还会采用测谎仪、现场实验等辅助手段帮助法官进行分析判断。与时同时，法官在分析与认定诉讼证据和案件事实时，也会采用一些心理学原理来分析证据的真伪和证明力大小，如当事人陈述时面部的表情等。具体认证方法的适用，应根据具体案件的具体情况来确定。由于篇幅所限，在此无法作具体介绍。总之，在证据认定和事实探知上，法官的司法经验和社会阅历十分重要，事实上此方面的工作仅凭理论知识是无法办到的。例如，法官以生活经验，根据老猪"识途"的事物本性，决断一头猪所有权的争议。①

5. 内心的确信性。法官通过对证据证明力的大小进行分析和判断，最终形成对案件事实的认定，其结论并非是百分之百的肯定与否定，而只是一种内心的确信。在民事案件中，也许根据原、被告双方的证据情况，法官内心难以作出判断，只是法官觉得原告方证据的证明力要比被告方的稍大一些，因此觉得原告方主张的事实存在的可能性要大一些，于是作出有利于原告方的事实判断和认定。在刑事诉讼中，法官最终作出有罪或无罪的事实认定，也不是说百分之百地接近案件的客观真实，而是在法官看来，已经排除一切可疑的因素，而这些可疑因素往往是法官根据生活经验、事物的属性和相关逻辑知识来确定的。在我国刑事司法实践中，对于一些案件事实无法做到排除一切合理怀疑的程度，但被告人构成犯罪的可能性非常大，只是部分细节无法查清，部分关键证据无法获得，如作案工具未能提取等，此时采取的往往是疑罪从轻的处理办法，特别是涉及死刑的案件。这实际上也说明了一个内心确信程度的问题，往往取决于刑事政策和具体案件在社会上的影响程度。因此，在我国实行"严打"刑事政策的情况下，要法院和法官严格执行排除一切合理怀疑的要求，往往是很难做到的，特别是对一些民愤比较大、社会影响比较广泛的刑事案件。

---

① 参见赵蒙、陈勇：《老猪也"识途"——法官以生活经验决断一头猪的争议》，载《人民法院报》，2004-03-21。

二、事实问题与法律问题的区分

（一）区分事实问题与法律问题的意义

在英美法系国家的诉讼制度中，事实问题由陪审团来认定，法律问题由法官认定。在这种情况下，区分事实问题与法律问题的重要性是显而易见的。而在我国现行诉讼制度中，法官既负责解决事实问题也负责解决法律问题，似乎没有区分“事实问题”与“法律问题”的必要。其实不然，我们认为即使是在我国现行诉讼制度下，区分事实问题与法律问题也至少具有以下几个方面的意义：

第一，有助于明确分配举证责任。“事实问题”往往与当事人有着天然的联系，而解决“法律问题”则是法官专业职责所在。这就决定了当事人负责主张“主要事实”并收集、提出证据加以证明，双方当事人围绕事实达成的一致意见对法院具有拘束力，当然当事人在享有主张“主要事实”权利的同时，也承担了举证不足或不当的法律后果，即举证责任。而法律的检索和适用不受当事人的控制，属于法院职权的范畴。

第二，有利于解决事实认定过程中的专业技术问题。我们以司法鉴定活动为例，鉴定是一个高度技术化和专业化的过程，鉴定结论是对涉及专门知识、技术的事实问题作出分析、鉴别和判断，如果我们将此类“事实问题”交予法官来解决，就不能满足事实认定过程中的专业技术要求。例如，某个音像制品是否构成“淫秽物品”，应当由公安机关的刑事技术部门进行鉴定；医疗事故责任分级应由鉴定机构来直接认定。

第三，有助于推动法律审的设立。所谓法律审，是指在三审终审的国家，上诉审为第二审，第二审从事实和法律上审查第一审判决是否正确，第三审只审查原判决的法律适用问题。因此，第二审又称事实审，第三审又称法律审。也就是说，法律审是仅审查案件的法律适用问题的审判程序。当事人不服第二审判决提起上诉时，必须以其适用法律上有错误为理由，原则上不允许当事人提出新事实和新证据。第三审只就第二审判决适用程序法和实体法有无不当进行审查，对案件事实不再进行法庭调查。我国法学界和实务界大多主张设立专门审理“法律问题”的法律审，通过制定判例或“指导性案例”的方法统一司法裁判。基于此，不对这些事项的属性作出认定，就不能界定鉴定事项的范围，也不能划分相关部门的权限。哪些问题属于“法律问题”的范畴从而可以上诉至法律审法院？法律审法院依据什么标准裁量选择哪些案件进行审理？对哪些问题的裁判可以超越个案界限，供本院及下级法院在类似案件中参照适用？对先前判决中哪些事项的违反构成“同案不同判”？诸如此类问题的解答均有赖于对“事实问题”与“法律问题”的甄别。

（二）何谓事实问题与法律问题

法官在裁判案件时，既要认定事实又要适用法律。因此法官应对事实问题和法律问题作出解答，从而获得裁判结论。①

所谓“事实问题”，是指探寻本案发生过或将要发生的行为、事件、行为人的主观意愿或其他心理状态时所产生的问题。例如，“行为人有无醉酒驾车”，“被告作出了怎样的意思表示”。在英美法的理论框架里，事实问题分为证据事实问题和结论事实问题两种类型。证据事实即原初事实，或者说可以直接用感官感知的事实；结论事实则是从证据中演绎得出，在适用陪审团裁判的场合由陪审团在商议后决定，以此构成法律适用的基础。与英美法系侧重从程序

---

① 参见陈杭平：《论“事实问题”与“法律问题”的区分》，载《中外法学》，2011（2）。

先后顺序的角度划分事实类型不同，大陆法系学说更注重“事实”与实体法规定（“要件事实”）、辩论主义（尤其是主张责任、自认）的勾连，将其划分为“主要事实”与“间接事实”（及辅助事实）。相应的，事实问题也分为对主要事实和其他事实的认定问题。两大法系对事实的分类有所区别，但在共通的意义上，“事实”构成证明的对象，对“事实问题”的探知可归纳为当事人提交证据并展示证据内容，事实裁判者予以斟酌认定，从而形成法律适用之前提的过程。

所谓“法律问题”，指的是对已认定的事实，按照法律规范应如何作出评价的问题。例如，“行为人所作意思表示是否构成要约”，“原告知假买假是否属于消费者”。假设意思表示的内容已通过证据予以证明，“知假买假”的事实也已确定，则这几个问题的解答主要取决于对作为法律规范的“要约”、“消费者”的解释。“法律问题”包含了法律解释及适用两部分的内容。

纯粹的“事实问题”独立于法律而存在，其产生、解决均无须法律的介入；纯粹的“法律问题”也只需通过法律规范的解释、识别或选择予以解答，与案件事实无涉。但是，“法律向下滋生进事实的根部，而事实持续不断地向上延伸进法律”，当事实因素与法律因素不断趋近并逐渐交织融合，就产生了区别或定性的难题。例如，“行为人主观上是否有过失”这一问题的解答，一方面需要从证据中推论或“建构”行为人的主观意愿，另一方面又需要准确阐释法律针对该情形规定的“过失”标准（如“合理注意”标准）。前者是一个事实认定问题，后者涉及法律含义的解释，又是一个“法律问题”。更为复杂的是，这两个方面就像一枚硬币的两面，在裁判过程中融为一体，难以从时间上划分先后顺序。或者说，认定事实本身隐含着对该事实作出法律评价。对诸如此类既与事实相互牵连又与法律解释不可分割的裁判问题，英美法系理论上将其称为“混合问题”。这就告诉我们，事实问题与法律问题的区分并不像黑色与白色的区分那么界限清晰，而是辩证统一于诉讼活动之中。①

（三）事实问题与法律问题的区分标准

1. 内涵的不同

我们认为，“事实问题”是关于案件事实的认定问题，相应的，“法律问题”是关于法律规则的确定、解释及适用问题。对这两个概念的阐释，取决于对“事实”与“法律”的理解。如果诉讼中“事实”与“法律”存在质的差异，则关于它们的裁判问题就能够通过定性予以甄别。

“事实”是指由“什么时间、什么地点、谁、发生了什么”等要素构成的特定事件或情状。“法律”是指具有普遍效力的规范体系。两个概念相对照，显示出事实与法律的两大区别：其一，事实是实然的或者说是客观存在的，法律是应然的，是由人类创制并赋予其规范性内涵的；其二，事实是特殊的、个别的，不能被复制或重现，而法律具有普遍性和涵盖性，能适用于不同的具体情形。

在现代诉讼制度下，“事实”主要源自当事人的主张。拉伦茨就认为：“事件必须被陈述出来，并予以整理。在无限多姿多彩，始终变动不居的事件之流中，为了形成作为陈述的案件事实，总是要先作选择，选择之时，判断者已经考量到个别事实在法律上的重要性。”换言之，诉讼中呈现的待证事实已非过往发生的原初事实，而是经过了当事人筛选裁剪，并由语言加以表述的事实图景。筛选以拟适用的法律为参考系，陈述则取决于当事人的主观意愿，因此，作为裁判对象的事实更像是一种关于案件事实的“文本”。虽然文本与原初事实之间存在显著差异，但在诉讼程序中这种差异被最小化了。待证事实自始就渗入了当事人的主观因素，因而很

① 参见陈杭平：《论“事实问题”与“法律问题”的区分》，载《中外法学》，2011（2）。

难将其归入客观的范畴。而裁判者认定事实时，不仅不会超越当事人所主张的事实范围而追求所谓的“客观真实”，反而受到严格的证据法规则的束缚。因此，法院认定的事实在某种意义上还是通过法律规则“塑造”出来的。

与此同时，法律显然是人类主观创造的产物，但这一特征无碍其作为一种事实性的存在。法律隐藏于文本的字里行间，但大多数具有确定的含义并可被直接引用，是一种超越于个人认知的共识性存在。如果某个行为或事件符合法律拟规范的类型，通常将产生可预见的后果，不会因人而异或以人的意志为转移。

我们可以通过对事实问题与法律问题的认识实践过程的差异得到区分事实与法律的方法。正如美国学者哈泽德所说，法院解决事实问题需要通过司法之外的资源作媒介进行，比如证人提供的证言。对外部资源的依赖导致在法院认定的事实与实际发生的事实之间可能产生出入。与此相对，法院解决法律议题是从法院拥有直接知识的素材中建构一种语言的公式化。这些素材包括相关法律的文件性渊源，如判例、法条。

事实上，在诉讼实践中，事实与法律往往彼此牵连、相互趋同。因此，通过内涵的不同来区分“事实问题”与“法律问题”并非根本的标准，甚至不是清晰的标准。

2. 实践效果的不同

当我们发现内涵的不同并不是区分事实问题与法律问题的根本的标准甚至不是清晰的标准时，我们可以进一步把目光转移到司法裁判的实践操作，裁判者为了履行司法任务，往往会不约而同地诉诸实用主义方法，也就是考察事实问题与法律问题的实践效果有何不同。当然，这并不意味基于内涵的法学方法彻底失去意义，也不意味着法官可以“为达目的不择手段”——任意地对裁判事项贴标签。因为法官需要阐释裁判的理由，内涵的分析和解释有助于提高结论的可接受性，而且相对清晰的定义和内涵可以使得法官的实用主义思考“有迹可循”，从而抑制个人专断。

在实践当中，我们面对诉讼中的某个问题时，首先要解决的是：应当由谁裁判该问题？是法官还是陪审团、是初审法院还是上诉法院、是法院还是鉴定机构或行政机关应该或者更适合解答该裁判问题。回答这个问题所形成的实践效果事实上往往成为区分事实问题与法律问题的重要依据。“法律适用”要达到的目的是解决重复出现的事实情形中的问题，因此我们从一个问题是否重复出现的角度加以审视，即为了防止适用的结果出现冲突，就应将其作为法律问题，交由法官统一适用或由上诉法院以判例的形式确定法律规则。如果涉及的案件事实如此罕见、特殊以致不大可能重现，对其适用法律就几乎没有类推到相似案件的价值，而仅具有解决个案纠纷的意义，则应将该“法律适用”当作事实问题予以解决。

例如，公路与铁轨在很多地方有交叉，司机驾车横穿铁轨是寻常的生活事件。这种情形下判断汽车司机是否履行了必要的“注意义务”，就应由上诉法院确立统一适用的法律标准。在霍姆斯法官执笔的一份“一致意见”中，认定司机在驾车横穿铁轨前必须停车和观察，如果“不能确定是否有火车正危险地接近”，必须“走出汽车”。由此创设了一项针对这一事实类型的次级规则，相应取消了将宽泛的法律标准适用于具体事实的必要性。据此，此后在铁轨交叉口发生的交通事故，初审法官会作为法律事项来判断汽车司机有无“过失”。至于是否适用该“次级规则”，或是选择适用其他法律规则，则属于一个纯粹的法律问题。当然，在大陆法系的理论中，这种考量并非完全取决于法官（主要是上诉法官）在个案中的自由裁量，而是置于一个相对周全的立法框架之下。

由于“事实”与“法律”难以从认识论上作整齐的界分，因而通过概念分析从而清晰区分“事实问题”与“法律问题”也几乎不可能。为了实现该区分作为配置司法权之依据的功能，实用主义的思路就在所难免。两大法系尽管都贯彻实用性、经验性的区分标准，但仍体现出各自法系的特色。就英美法系而言，法律的发展主要依赖于法官对判例法规则的创制，因此法的规范体系对新鲜生动的事实始终保持开放性，体现了一种“事实”向“规范”流变的趋势。这恰从一个侧面展示了英美法系司法理论从事实中发现法的“事实出发型”特征。反观大陆法系，存在一套成熟的、倾向于无所不包的制定法体系，已知的具有规范意义的事实差不多都被涵括于立法文本当中，裁判几乎都以法条为出发点，体现出强烈的“规范出发型”色彩。关于“事实问题”与“法律问题”的区分标准同样如此。如前所述，几乎所有的归类都可以找到直接或间接的制定法依据，或者说，对二者的区分始终没有脱离制定法的背景。与英美法系国家的司法制度离开了“事实问题”与“法律问题”的区分很快会陷入停滞不同，大陆法系国家的司法制度对该区分的依赖性并没有那么强烈。这也可以解释为什么大陆法系的法学理论没有对二者的区分展开足够细致、全面的分析。当然，大陆法系的司法理论并没有僵硬地遵循立法所确立的界线，而同样实用、灵活地调整“法律问题”的外延，服务于统一司法与续造法律的目的。①

我国是一个大陆法系国家，目前还处于法制建设过程之中。我国的立法与其他大陆法系国家相比还不够健全，因此应更多地采用考察实践效果的实用主义方法，弹性地处理“事实问题”与“法律问题”的区分。就“法律审”制度的建构而言，一方面以“法律问题”为名为法律审法院创制“判例”（或“指导性案例”）、统一司法源源不断地提供素材，以此填补立法空白，促进法律规范体系的充实和完善；另一方面，为了避免法律审法院（主要是最高人民法院）被不断增多的上诉申请所冲垮，应以“事实问题”为由将部分案件策略性地拒之门外，严格控制法律审的审理负担。如何既能使法律审法院从上诉中筛选出具有原则或示范意义的案件，又不致裁量权被滥用，主要取决于对二者区分标准的理解与运用。以“某国奥运体操冠军裸体体操表演 DVD 是否为淫秽物品”问题为例，从现行法律、法规及相关司法解释来看，对“淫秽”的概念一般不作界定，或者只简单地定义为“具体描绘性行为或者露骨宣扬色情”。通过法律解释探求“淫秽物品”的确切含义，进而判断能否将书籍涵摄或归属其中，似乎并不能解答该问题。对这一问题的答复，需要审查 DVD 的具体内容和体察社会观念、主流价值，并主要依靠生活经历所形成的主观感受作出判断。故可以将该问题视为“事实问题”，由相关主管部门或公安部门作出鉴定。当然，如果此类案件频繁出现，甚至社会舆论已达成一致意见，为了避免相似案件不能被相似处理，也为了防止裁判与社会共识发生冲突，应将它当作“法律问题”，由法律审法院作出权威判决，形成统一适用的判断标准。

思考题

1. 简述法律事实的概念、特征与分类。
2. 简述不同学说对法律事实的定义。
3. 论客观事实与法律事实的联系与区别。
4. 何谓证明责任？试述证明责任在法律事实认定中的意义。
5. 试论法律事实认定中的判断与评价方法。
6. 简要回答价值判断在法律事实认定中的运用。
7. 论法律事实认定的模式。

---

① 参见陈杭平：《论“事实问题”与“法律问题”的区分》，载《中外法学》，2011（2）。

8. 从“莫兆军案件”来看法院认定案件事实的标准。

参考书目

1. 葛洪义．法律方法讲义．北京：中国人民大学出版社，2009
2. 葛洪义．法与实践理性．北京：中国人民大学出版社，2003
3. 沈志先．法律方法论．北京：法律出版社，2012
4. 郑永流．法律方法阶梯．北京：北京大学出版社，2008
5. 王利明．法学方法论．北京：中国人民大学出版社，2012
6．郭华．案件事实认定方法．北京：中国人民公安大学出版社，2009
7. 梁慧星．裁判的方法．北京：法律出版社，2003
8. 赵玉增，郑金虎，侯学勇．法律方法，济南：山东人民出版社，2010
9. 杨建军．论法律方法．山东大学 2006 年博士学位论文
10. 陈金钊．法律方法论．北京：中国政法大学出版社，2007

第八章 判例法方法

第一节　法律问题的确定

一、案件结果
二、事实问题
三、法律问题
四、具体问题的确定：法律方法运用范围的限定
五、法律问题的转化

第二节　判例法方法中的依据

一、判例法方法依据的作用和类型
二、形式依据
三、实质依据

第三节　先例的使用原则与方式

一、遵循先例原则（*Stare Decisis*）
二、先例的类比（analogy）与区别（distinguishing）
三、先例的推翻（overruling）
四、先例的综合（synthesis）与抽象（generalization）
五、判决理由（*Ratio decidendi*）

第四节　其他依据在判例法方法中的使用

一、制定法解释
二、次要形式依据运用的方法
三、政策分析的方法

本章导读

对于中国法学界而言，判例法方法是一类比较陌生的方法。然而当今世界，以判例法为灵魂的美国法影响不断增强，而且主要大陆法系国家已经认识到判例补充制定法的重要性。因而判例法方法的学习和研究是法律方法学习和研究的重要组成部分。

判例法方法可以从多个角度论述。本章主要以普通法为材料，侧重实践中判例法方法的运用，并将判例法方法定性为回答法律问题过程中对于各种依据的使用。判例法方法使用到的依据主要分为形式性依据和实质性依据，其中形式性依据主要体现为先例等广义的法律渊源。这些依据使用的原则和方法基于依据类型的不同而有所不同，其中最为重要的是形式性依据——先例的使用原则和方法。先例使用的原则和方法体现了判例法方法的精髓，其他形式性依据以及实质性依据使用的原则和方法也是判例法方法的重要组成部分。

学习和研究判例在中国法律体系中的使用，普通法系国家无疑是一个重要的参照对象。事实上，最能体现普通法本质的就是建立在遵循先例原则之上的判例法制度，对于任何性质和形式的判例法方法进行学习和研究而言，普通法的学习和研究都是可资借鉴的宝藏。本章内容主要建立在对普通法判例制度的介绍和讨论之上。

第一节　法律问题的确定

法律方法要回答什么法律问题（legal issue or question），这本身似乎不是研究法律方法时要讨论的内容。然而，在案件中确定法律争点，是法律方法运用的开始。而且，对于法律问题有一个总体上的把握，有助于弄清楚法律方法运用的范围。

一、案件结果

在审判活动中，法官要回答的终极问题（ultimate issue or question）是本案特定的事实将导致什么样的法律后果，也即审判结果是什么。要回答这个问题，一般是要在确定案件事实的基础上，找出适用的法律规则，然后将该法律规则适用于本案事实并得出结论。得出审判结果的过程一般被学者们人为地分解为三个步骤，分别是确定适用的法律规则、确定案件事实以及将确定的法律规则适用到案件事实中。

在一些学者那里，这三个步骤与演绎推理的三段论是相对应的。适用的法律规则被看作是大前提，而案件事实被看作是小前提，而把法律规则适用到案件事实中则被看作是三段论的最后一步。所以，在高度抽象的层面，为得出案件最后结论而进行的推理活动被认为是演绎推理也就不奇怪了。我们也同意这个过程属于三段论推理，并因为其是为了回答审判中的终极问题所进行的最后推理活动而将其称为终极三段论。

不过，我们认为把案件事实看作是小前提存在疑问。三段论演绎推理应该表示为：

大前提：如 T，则 R。

小前提：S 是（属于）T。

结　论：如 S，则 R。

把一个案件中应该适用的法律规则当作大前提，那么查清案件事实只是确定了 S，而适用法律规则的过程主要是得出小前提（S 是 T）的过程，也即将案件事实涵摄到法律规则的构成要件中。因而，案件事实不是小前提，案件事实被涵摄到法律规则的构成要件中才是小前提。而在正确给出大前提的情况下，小前提的确定也就意味着结论（如 S，则 R）的自然得出，所以法律适用的关键不是三段论推理的第三步，而是第一步确定适用的法律规则与第二步得出小前提的过程。

二、事实问题

虽然与三段论不能够一一对应，上述学者们对于法律推理三个步骤的划分还是具有重要的价值，因为这三个步骤的划分得出了在寻找案件结果过程中的三个子问题：（1）案件事实是什么？（2）应该适用的法律规则是什么？（3）如何将法律规则适用到当前的案件中？三个子问题之一是案件中的事实问题，要求回答发生了什么，本质上不同于法律问题，这在英美法司法理论中被普遍承认。单纯探讨发生了什么，无关乎法律问题，也就与法律推理没有关系，这是事实问题与法律问题区别的一个重要意义。

关于事实问题与法律问题区分及其法律上的具体意义，普通法上在关于陪审团审判制度的著作以及判词本身中有着详尽的讨论。在陪审团审判中，法官负责法律问题，确定适用的法律规则，陪审团负责事实问题，确定案件事实。对于法律规则的适用则被认为是混合了法律因素与事实因素的问题，一般由陪审团作出决定，但也可以由法官作出决定。陪审团既负责案件事实的确定又负责法律规则的适用时所作出的判决被称为总判决（general verdict），如果陪审团的判决仅仅确定案件事实，那么这种判决被称为特殊判决（special verdict）。

虽然与法律问题进行区别，但是将二者截然对立起来是很困难的。即使不考虑法律适用这样的法律与事实发生混合的问题，仅仅在回答"发生了什么"这样的事实问题的过程中，也会涉及法律问题的回答。最为明显的例子就是证据规则在回答事实问题的过程中得以应用，使得事实问题的回答也要得到法律方法的帮助。从某种程度上说，证据规则对于事实问题与法律问题的混合还没有使二者达到密不可分的地步。而在另外一些情况下，由于对事实的描述使用了法律规则中使用的概念，因而事实问题与法律问题混同而难以进行区别。

可以肯定的是，在解决事实问题的时候必然会遇到法律问题，而且有时候事实问题无法与法律问题进行区别，这时候解决事实问题必然需要法律推理的帮助。不过，需要注意的是，作为普通法发展最为重要的途径的上诉法院的审判活动基本上并不处理案件的事实问题，而主要涉及法律问题，而且学者的研究除了一部分专门研究外，也不涉及事实问题，他们在研究法律问题中使用事实的时候，前提是事实已经无争议了。所以法律推理的运用在很大程度上还是局限在回答法律问题的过程中。

三、法律问题

在一个案件中应该适用的法律规则是什么？毋庸置疑，这是一个法律问题。至于法律适用问题，虽然混合了事实问题与法律问题两种因素，但是法律适用的核心是"联系法律规则与案件事实"，因而不是单纯确定案件事实。实际上这个过程理论上已经与追寻事实真相无关。由于这种"联系"活动已经脱离了回答事实问题的范畴，因而如何进行这种联系本质上被认为是一种法律问题。

回答应该适用的法律规则是什么是一个找法的问题，即从适当的法律渊源中找出适当的法律规则。然而，对于一个现实案件中的复杂事实，可能需要从超过一个的法律渊源中找出不同法律规则，并将其进行综合而获得适用于本案的具体规则。而且从法律渊源中找到的法律规则在很多情况下还不能立刻适用，而要通过分析与细化才能够适用到具体的案件中。

对法律适用问题的回答则是要判断案件事实是否满足法律规则中的构成要件。这个判断的过程是将法律规则与案件事实联系起来的过程，在很多情况下，需要对法律规则进行解释，明确法律规则用语的内涵和外延，以使法律规则中使用的概念与案件事实能够进行清晰的比较，以明确规范中的构成要件能够涵摄案件事实。

然而，容易造成迷惑的是，法律解释的结果往往等于确立了一个细化的法律规则。在普通法国家，法官对于原有的判例法规则的细化解释就是对于判例法的发展，为解决新情况下的新问题提供了新的法律规则。这样法律适用的过程就与找法的过程混同在一起，单独的法律适用过程就不复存在了。这样的疑惑是有道理的，在很多情况下，法律规则的细化与法律解释的过程是难以区分的。而且，在普通法上，对于先例中法律解释的援引，也属于判决理由的援引，这无疑等于将法律解释作为法律规则进行了援引。

不过，这两个过程虽然在具体案件中很难区分，但是为了研究方便，还是可以进行人为的区分。在法律适用中进行的法律解释是针对本案的事实，如对美国法典第 7 章第 703 节（《1964 年民权法案》）（a）条规定的“性”的解释是针对其是否包括性取向，而不再探寻“性”在其他情况下可能包括的其他含义。而在确定法律规则，提出更为具体的执行规则（implementing rule）或者检验标准（test）时，这些执行规则与检验标准具有一般性，并不是针对本案事实。然而，我们并没有刻意去对这两类法律问题进行区分，下文对普通法方法中的推理依据、推理原则与方法的论述对于回答这两类问题同样适用。

四、具体问题的确定：法律方法运用范围的限定

在案件审理中，纯粹地追寻发生了什么，并不被看作法律问题，所以法律方法仅仅在确定适用的法律规则以及将法律规则适用到案件事实中时才起到应有的作用。然而，在具体解决这两个法律问题时，分析的力量并非全部平均分配在这两个问题上。有时候法官仅仅关心的是如何确定法律规则，而有时候法官仅仅关心如何将法律规则适用到本案的事实中。而且，这两个问题还可以细化为诸多的子问题与孙问题。再以美国法典第 7 章第 703 节（《1964 年民权法案》）（a）条规定为例，该条款是由若干要素（element）组成的，每个要素是一个具有特定含义的词语与短语，但是在某些案件中，对于其他要素并没有疑问，而仅仅对于“性”的含义存在争议，那么在案件中，法律问题就不再是法律规则是什么或者该规范应该如何适用，也不是对法律规则的所有要素进行细化或者解释，而仅仅是“性”的含义包含了什么。所以，求得这两个法律问题的答案，常常并不需要对这两个问题作出直接的回答，也不需要对这两个问题所包含的所有子问题与孙问题进行回答，而仅仅需要回答其中的一个或者数个子问题或孙问题。

为了获得案件结果，问题焦点常常集中在两个法律问题中的一个或者数个子问题或者孙问题上，这往往是法律方法适用的关键。一旦焦点子问题或者孙问题得到回答，自然就回答了两个主要的法律问题，案件的结果也就唾手可得。从这个角度而言，推出案件结果的三段论其实并不是法律方法的关键，关键在于回答焦点子问题或孙问题时进行的推理。

五、法律问题的转化

无论是两个法律问题，还是这两个法律问题的子问题或者孙问题，往往针对的是“是什么（what）”以及“怎样（how）”的问题。例如，“应该适用的法律规则是什么”，或者“怎样将法律规则适用到具体事实中”，或者“适用的结果是什么”。那么法律方法运用的过程就是从未知推导出问题的答案。

然而，事实上在遇到具体的法律问题的时候，上述种类的问题并非是法律推理要直接回答的。需要寻找法律问题答案的人往往以法律为业，或者是获得以法律为业者的帮助，在这种情

况下，其对于问题的答案有着一定的预测能力，对于上述种类的问题往往在头脑中已经有了（没有最后确定的）预测答案。当然，仅仅受过正规法学教育，并不能够保证在预测法律问题答案时具有较高的水平，长期的法律实践经验与社会生活经验在这种预测中往往起着非常重要的作用。

在诉讼中，由于当事人需要提出自己的主张，其中包括对于法律规则及其适用的意见，那么法官在回答法律问题时，或依靠当事人律师的帮助，或凭借自己的学识和经验，往往在推理之前对于法律问题的答案已经有了假设。这种情况和学术研究时有一个预先的命题是一样的。

在对法律问题的答案有预测或者假设命题的情况下，法律方法要做的事情就是证明这个预测或者假设命题的真假，或者是使推理者通过直觉和经验得出的答案正当化。这样最后形成的法律问题一般不是在问“是什么”或者“怎样”，而是在问“是不是（whether）”。例如，“应该适用的法律规则应该是什么”变成了“应该适用的法律规则是否是……”，“如何将法律规则适用到事实中”则变为“是否应该这样适用”，“适用的结果是什么”变为“结果是否是……”。

第二节　判例法方法中的依据

判例法方法中的依据在判例法方法的运用中是最为基础的元素，是判例法方法所使用的重要材料。当然对判例法方法中依据的了解并不等于了解这些材料如何使用，但了解这些依据的类型和特性是进一步了解它们运用的基础。

一、判例法方法依据的作用和类型

无论是回答适用的法律规则是否应该是某一个法律规则，还是回答是否应该这样或者那样解释法律，抑或是回答一个法律规则是否能够适用到当前的案件事实中，法律方法所使用的最基本的元素都是推理的依据（reason）。推理依据是用来支撑法律问题答案的。如前文所述，在法律方法运用的过程中，推理者一般会事先对要回答的法律问题预设一个或多个答案。这样的答案可以被看作是需要被证实或被证伪的命题，而法律方法则是通过提供依据来证实或者证伪这些命题。

如果把法律问题的最终答案看作是一座完工的建筑，推理依据相当于进行建筑工作所使用的建材。当然，仅仅有了一些依据在复杂的法律方法运用中是不够的，还要把这些依据组织起来以形成有力的推理，这属于法律方法中使用推理依据的原则或者方式，相当于进行建筑工作时建筑的结构和设计。建筑的材料固然重要，要是不能合理地组建在一起，也不能盖出完美的建筑，所以推理的依据与推理依据的使用是法律方法中同等重要的核心内容。本节讨论的是推理的依据，而依据使用的原则与方式将在第四节和第五节中讨论。

在本节的讨论中，将会涉及两种依据：形式依据与实质依据。当然，推理的依据不只这两种，还可以根据分类标准的不同包括事实依据、机制（institutional）依据、批判依据、解释依据等。这些依据往往可以被归纳到形式依据与实质依据当中，而且其重要性比起形式依据与实质依据要弱。

二、形式依据

（一）概述

如果给出一个法律问题的答案，那么它就要给出一定的依据来支持这个答案。一般情况下，其中的某些依据必须来自法律渊源，如制定法或者判例。如果制定法或者判例明确显示对于法律问题的回答应该是什么样的，那么它就是答案成立的有力证据，而一般不再去问该依据是否在道德上正确或者在政策上明智。此外学者的论述、评论、法律汇编、法律重述也告诉人们或者试图宣称法律是什么或应该是什么，这些属于广义的法律渊源，其来源于在法律上具有一定权威的人或机构，只是不具备法律拘束力罢了。上述各种依据被称为形式依据。

法律在制定的时候可以是各种价值妥协的产物或者各种政策目标斗争的结果，但是法律的规范性要求对行为评价的唯一标准是“合法条性”的，而不能够把各种法律之外的因素掺杂进来。法律的规范性权威确实只能够和有效的法律渊源相连。而对法律渊源的判断主要依据其表现形式，法的一般性、稳定性与可预测性需要法律的形式化，法的形式化具有重要的价值，因而形式依据是最重要的法律推理依据。

而且虽然本章没有寻找相关实证研究成果作为证据，但是我们相信很多法律问题仅仅依靠三段论就可以从法律条文或者先例中找到答案，法律的形式与实质在很多情况下都是相互契合的，也就是说，表现为法律渊源形式的法律条文很好地体现了立法者对相关价值或者政策目标的追求，在发挥作用的时候无须再回过头来进行实质性的价值或者政策分析。所以，无论是在法律实务中进行法律分析，还是在法学研究中进行法律分析，都可以以形式性分析作为基础和出发点。特别是对于法律实务而言，法律的形式性分析永远都是第一位的。在正在努力建设法治社会的国家，法律的形式性的重要性更是需要强调的。

普通法法律推理与大陆法法律推理的一个最为基本的区别就是二者使用的形式依据有很大的不同。在问“适用的法律是什么”时，大陆法国家的法官要在制定法中寻找法条作为确定本案适用法律规则的依据，而普通法国家的法官则主要在先例中寻找法律规则（doctrine）作为确定本案适用法律规则的依据。在本案适用的法律规则整体上没有争议的情况下，如果对于该法律规则的一个要素（element）存在争议而使得案件的争论焦点由确定拟适用的法律规则转化为确定该法律规则某个要素的子问题或孙问题，寻找子问题或孙问题的答案也主要需要求助于先例。在法律适用时，如何将案件事实涵摄于法律规则的构成要件中，在先例中寻求帮助和线索也是法官要做的工作。

（二）主要形式依据（primary formal reasons）

回答一个法律问题，有拘束力的法律渊源所提供的答案具有法律上的权威，对于案件的处理具有法律上的拘束力，是法律推理主要使用的形式依据。在普通法上，这种法律渊源主要是从以往的判例中寻找和挑选的。

并非所有以往的判例都具有法律拘束力，只有上级法院与本法院的先例才具有法律上的拘束力。对于一个法院而言，其上级法院在先前案件中的判决具有绝对的拘束力，必须得到遵守。一个法院在其先前审理的案件中对于法律问题的处理或对法律问题的回答对于其自身审理的后继案件而言，也具有法律拘束力，只是这种拘束力比上级法院先例所具有的拘束力要弱一些，在必要的时候一个法院可以不受自身作出的判决的拘束。

寻找具有拘束力的先例在大多数普通法国家都不是什么难事。首先，寻找一个案件的管辖法院，该法院的先例无疑就是处理这个案件中法律问题的主要形式依据。其次，在确定了案件到了哪个法院之后，可以受理对于这个法院判决上诉的法院所作出的先例判决也是决定该案法律问题的主要形式依据。再次，在实行两审终审的普通法国家，往往高等或者最高法院虽然在法律上没有接受针对下级法院裁决所提起的上诉的义务，但是可以自由裁量是否对于下级法院的判决发出调卷令，所以，理论上能够对一个法院审理的案件发出调卷令的上级法院所作出的先前判决也是该法院进行法律推理时的主要形式依据。

不过，有些普通法国家的法院系统的复杂程度高一些，给确定一个法院进行法律推理时使用的主要形式依据带来了困难。例如在美国，存在一个联邦法院系统和50个州法院系统，一般而言，这些法院系统是彼此平行而独立的，寻找有拘束力先例的范围往往局限在一个法院系统中。但是，如果案件中包括的法律问题既有联邦法律上的问题又有州法上的问题，那么就会出现州法院要以联邦最高法院的相关先例为形式依据的情况，或者联邦法院要以州最高法院的相关先例为形式依据的情况。

当然，由于普通法国家也有制定法，而且制定法的数量越来越多，涉及的范围越来越广，在回答法律问题的时候，制定法法条也是法官经常使用的形式依据。同时，判例法意义上的普通法排他性管辖的领域也被立法机关制定的制定法“侵入”。从这个意义上讲，制定法法条成为法律推理越来越重要的形式依据。宪法、法案、地方性法规、行政法规都是法律推理的重要形式依据。

然而，如果仔细考察普通法国家的法律实践，就会发现，在使用制定法作为法律推理的形式依据时，先例依然发挥着关键性的作用。首先，即使在制定法占统治地位的法律领域，判例法依然起到填补漏洞、续造法律的作用，而且对于抽象的制定法，判例法起到了细化其规则的作用。其次，对于制定法的含义，普通法法官总是从先例中去寻找，如果一个制定法法条在某个先例中已经被适用过，后继的法官就要受到该先例的拘束，即使该先例错误地适用了该制定法法条。从这个角度讲，一旦制定法得到司法适用，它们就又转变为判例法了。所以，第一，无论在“纯粹”判例法领域还是在制定法领域，普通法国家的先例总是回答法律问题最为重要的形式依据。第二，虽然都有大量的制定法，但是普通法国家的制定法在作为法律推理的依据时，其重要性要小于大陆法国家的制定法。普通法国家中制定法与判例法的关系，对于大陆法国家也具有一定的意义。在大陆法国家，制定法也必然是使用抽象的语言写成，即使借助概念体系或原则体系进行理解，大陆法国家的制定法也必然存在漏洞，大陆法国家的制定法事实上也需要判例法来弥补制定法的这个固有缺陷。

（三）*次要形式依据*（secondary formal reasons）

普通法法官在进行法律推理的时候，不仅仅援引有拘束力的法律渊源作为推理的依据，还会引用不具有拘束力的法律渊源作为推理的依据，这种不具有拘束力的法律渊源属于次要的形式依据。单纯从效力角度来看，不具有拘束力的法律渊源对于法律推理而言不具有决定性的作用，仅仅具有一定的说服力（power or value of persuasion），一般不能单独用来作为法律推理的依据。然而，这种次要的形式依据可以作为主要形式依据的佐证，从而更为有力地证明相关的法律规则是什么或者相关的法律规则应该如何适用，或者这种次要的形式依据可以作为论证的起点或用作寻找主要形式性渊源的线索。

在普通法国家，习惯引用不具有拘束力的法律渊源最为典型的是美国。在*Minnie Maki, Administrator of the estate of Charles Raymond Maki, Deceased v. Calvin Frelk*[①]一案中，伊利诺伊州第二地区上诉法官论证，伊利诺伊州自从1858年，在侵权案件中，已经不再适用“混

① 85 III. App. 2d 439；229 N. E. 2d 284.

合过失（contributory negligence）”规则，而转而适用“比较过失（comparative negligence）”规则。为了说明该法院在该案中追随这个转变是明智的，该法院列举了若干个州已经在判例法中适用比较过失规则。① 当然其他州的法律对于伊利诺伊州是不具有拘束力的，这些案例只能算是次要形式依据。法律推理中引用次要形式依据不仅仅限于一国国内的一个法院系统援引另一个法院系统的法律或者另一个法域（jurisdiction）的制定法，还包括本法院系统援引下级法院的判决、一个国家法院援引外国法院的判决或者外国制定法。

次要形式依据不仅仅包括无拘束力的正式法律渊源，还包括不具有正式法律形式的其他渊源，如教科书、学术专著、法律重述、学术文章等。这些渊源也可以被称为广义的法律渊源，它们包含了对于法律规则的评论与解释，可以用做证实或证伪法律命题的说服性依据。其中由美国法学会编纂的法律重述系列是被广泛援引的次要形式依据之一，如在体现美国侵权法上涉及会计师注意义务在20世纪90年代重要发展的案例 *Robert R. Bily v. Arthur Young & Company*② 以及 *Onita Pacific Corporation et al. v. Trustees of Charles D. Bronson et al.*③ 中，美国法学会编纂的《侵权法（第二次）重述》（Restatement Second of Torts）的第522节均被援引。对于学术著作及文章的援引也很常见，如在美国证券法上最为著名的案例之一 *Ultramares Corporation v. George A. Touch et al.*④ 中，卡多佐法官指出：必须在有法律关系（privity）的当事人之间才有注意义务的法律规则受到了冲击，为了佐证自己的观点，他援引了数个学者的文章与专著。不过由于这一类的渊源不具有法律的形式要素，而且良莠不齐，只有其中一些权威性的才能够为法律推理提供一定的说服力。

三、实质依据

（一）概述

过度形式化的法律推理所造成的形式主义受到了严厉的批评，法律形式主义蕴涵的“自动售货机”的法律理念遭到了彻底的批判，法律分析的重点被要求放在“可感知的时代必要性、盛行的道德理论与政治理论、公共政策的直觉……”之上。⑤ 此后，各种法学流派运用不同的分析工具和方法，把分析的重点放在了包含各种考虑的“政策分析（policy analysis）”之上，传统的功利、利益，较为新兴的道德、心理、经济理性、公共选择，都被纳入政策分析之中。这些分析的对象都不是形式化的法律渊源，而是回答法律问题时所依据的法律渊源之外的依据。

对形式主义的批评并非对依赖形式性推理依据的否定。法律在制定的时候可以是各种价值妥协的产物或者各种政策目标斗争的结果，但是法律的规范性要求尽量避免把各种法律之外的因素掺杂进来。如前所述，法律的规范性权威确实只能够和法律条文相连，而且法的一般性、稳定性与可预测性也需要法律的形式化。法的形式化具有重要的价值。

不过，在阿蒂亚和萨默斯看来，政策分析同样具有重要的意义。不但“在新法的制定过程中，这些实质性依据具有首要的地位”，而且“在普通法上，它们（实质性依据）是对案件作

① Minnie Maki, Administrator of the Estate of Charles Raymond Maki, Deceased v. Calvin Frelk, 85 Ill. App. 2d 439; 229 N. E. 2d 284, p. 5.

② 3 Cal. 4th 370; 834 P. 2d 745 (1992).

③ 315 Ore. 149; 843 P. 2d 890 (1992).

④ 255 N. Y. 170; 174 N. E. 441 (1931).

⑤ 参见［美］小奥利弗·温德尔·霍姆斯：《普通法》，冉昊、姚中秋译，1页，北京，中国政法大学出版社，2004。

出初步判断的重要根据之一；在必须对相互冲突的先例作出选择时，它们也经常发挥作用”[①]。在法律适用中，它们“填补法律漏洞”，帮助解释法律，“推动普通法作出修改”[②]。政策分析还是对现行法进行“评估和批评”的依据[③]，它们对于学者的学术研究无疑具有十分重要的地位，而且法律的修改和发展也同样建立在对现行法进行评估和批评的基础之上。

政策分析具体在萨默斯教授那里被称为实质性分析，实质性分析可以提供的推理依据主要可分为两类，一类是目的性（goal）依据，另一类是公正性（rightness）依据。目的性依据是面向未来的，就是要研究法律制度要实现什么样的政策目标，并且对于其效果进行评价，内容包括经济的、政治的、制度的以及其他社会性的考虑（considerations），具体包括安全、福利、促进民主、公共健康、家庭和睦等；而公正性依据则是研究社会道德规范对于正义、公平的理解，并据此评价法律制度及其运行，内容主要包括应受惩罚性与公平性两类。[④] 如果不理会公正性依据的内容与自然法中的公平、正义概念近似，我们完全可以把法律的实质性分析与政策分析等同起来。

不过需要注意的是，在制定法管辖的领域，进行实质性分析的法官事实上是进行与立法者相同的工作。在以实质性分析佐证形式性分析结果的时候，法官还算是没有越权。但是以司法者实质性推理的结果来代替立法者制定的法律时，则明显是对于立法权的僭越。然而，“自动售货机”理想的破灭，使得人们认识到不可能将立法权与司法权截然分开，法官在很多情况下不得不进行法律的漏洞填补和法律的续造。

在实质依据的使用上，普通法与大陆法也存在明显的差别。普通法推理较多地使用实质依据来证实或证伪预设的法律问题的答案，而大陆法则很少这样做。这种差别之所以会出现，最为主要的原因是普通法在很大程度上是法官法，法官需要借助实质依据来发展普通法，而大陆法法官只是制定法的适用者，没有权力来发展或者改变法律，所以不需要实质依据来支持自己对于法律问题的观点。当然，各国的宪政框架和政治传统中的其他因素对于法官使用实质依据也具有重大的影响，即使同为普通法国家，英美两国法官对于实质依据的适用也存在差异，与美国法官相比，英国法官相对保守得多。

（二）目的性依据

作为实质依据中的一种，目的性依据的力量不是来自正式法律渊源，而是来自其支持的法律问题的答案实质上能够有助于一定社会目标的实现。目的性依据可能已经被法律所承认并体现在现行法中，这样的目的性依据的作用主要是用来帮助形式依据得到人们的心理认可或者是帮助寻求对于法律渊源的合理解释。目的性依据的种类很多，不能一一讨论，下面借用萨默斯教授的研究结果对主要的目的性依据进行论述。可以看到在下述案例中，法官没有援引法律的规定，而是根据自己对于法律应该达到什么目的的认识直接作出了裁判。

大众的安全。在一个案例中，原告诉一家铁路公司违约，向法院要求的救济种类是“特别履行（specific performance）”。但是法院不同意原告的请求，其依据的是被告的资金紧张，而

---

① ［美］P. S. 阿蒂亚、R. S. 萨默斯：《英美法中的形式与实质——法律推理、法律理论和法律制度的比较研究》，金敏、陈林林、王笑红译，5页，北京，中国政法大学出版社，2005。

② ［美］P. S. 阿蒂亚、R. S. 萨默斯：《英美法中的形式与实质——法律推理、法律理论和法律制度的比较研究》，金敏、陈林林、王笑红译，5页，北京，中国政法大学出版社，2005。

③ 参见［美］P. S. 阿蒂亚、R. S. 萨默斯：《英美法中的形式与实质——法律推理、法律理论和法律制度的比较研究》，金敏、陈林林、王笑红译，5页，北京，中国政法大学出版社，2005。

④ See Robert S. Summers, “Two Types of Substantive Reasons: The Core of a Theory of Common-Law Justification”, *Con. L. Rev.*, 1978, 63 (5): 707-788, pp. 717, 718.

特别履行会过分加重被告在资金上的负担，而被告作为一家铁路公司，运输大量的旅客，负担着大众的安全重任，应该尽可能为其保留资金以便用在保护大众的安全上。①

社区福利。在一个案例中，社区居民面临从家里被强制驱逐的诉讼，被告进行了相应的抗辩。法院不但认可了居民的抗辩，而且指出强制驱逐的手段并不能够帮助改善社区的居住条件，也即社区的福利并不依靠强制驱逐（retaliatory eviction）而实现。②

促进民主。在一个案例中，一位公职的竞选者诉一家报纸恶意披露其隐私，法院认为对于公职竞选者信息的披露有利于民主，即使这种披露是恶意的，也不能抵消其对于民主的积极意义。③

公共健康。一家机构拥有一个气体储存容器，而其储存的气体对人们的健康存在不良影响。法院判决这家机构要将该存储容器迁出原来的地点，其依据之一就是公共健康，而该容器的迁出有利于附近居民的健康。④

促进家庭和睦。一位家庭成员起诉另外一位家庭成员，在立案听证会上，法院认为这种家庭成员之间的诉讼会影响到家庭和睦，如果立案就会鼓励类似的诉讼，从而在一般意义上损害家庭和睦，所以原告的立案请求被拒绝了。⑤

（三）正当性依据

同样是实质依据，正当性依据的力量来自于它为法律问题的答案提供了道德上的支持。目的性依据在某种意义上也可以被看作是正当性依据，因为一般而言，符合公共利益目标也一般符合公共道德，而且一些目的性依据的目的就是明确地要保护和提高公共道德标准。不过，正当性依据主要是基于过去社会道德规范对于正义、公平的理解，并据此评价法律制度及其运行，其着眼点是过去。而目的性依据是以未来为着眼点，基于法律规则及其适用对于未来社会福利的影响。

正当性依据主要包括应受惩罚性（culpability）依据与公平性（mere fairness）依据两大类。应受惩罚性依据主要论证当事人过去的行为在道德上是否应该受到惩罚，所以案件中在确定法律规则以及适用法律规则时要有助于对于这种行动的惩罚。例如，在一个案件中，一桩买卖的买方不识字、无知而且讨价还价能力非常有限，卖方明知买方的上述弱点而故意利用这些弱点进而获利，法官判决卖方有违良心，进而要求卖方降低价格。⑥ 在另外一个案件中，由于一辆二手车的卖方故意对事实进行虚假陈述，即改动了车辆的里程表，法院认为卖方应该受到惩罚，故判决买方可以获得惩罚性赔偿。⑦

公平性依据不是基于当事人过去的行为在道德上是否应该受到惩罚，而是基于事情结果是否合理。即便当事人过去的行为无可厚非，甚至在道德上应该得到赞赏，但是结果可能对于另一方当事人特别不利，也可能被认为不公平。这种结果在道德上的公平性是使用公平性依据的核心。例如，在一个案例中，原告发现一只漂流的船只，对其进行了照料和看管，法院判决船只的主人不当得利，而要返还原告因为照料看管船只所耗费的费用。⑧

---

① *Seaboard Air Line R. v. Atlanta*, *B&C R. R.*, 35 F. 2d 609, 610 (5th Cir. 1929).

② *Dickhut v. Norton*, 45 Win. 389, 397. (1970).

③ *Coleman v. Maclennan*, 78 Kan. 711. (1908).

④ *Romano v. Brimingham Ry.*, *Light & Power Co.*, 182 Ala. 335, 340－341. (1913).

⑤ *Campell v. Gruttemeyer*, 222 Tenn. 133, 137－40 (1968).

⑥ *Frostifresh Corp. v. Reynoso*, 52 Misc. 2d 26, 27－28 (1966).

⑦ *Mercanti v. Persson*, 160 Conn. 468, 478 (1971).

⑧ *Chase v. Corcoran*, 106 Mass. 286, 288 (1871).

除了上述两种正当性依据之外，还有其他类型的正当性依据，如判决父母要尽到抚养子女的义务，而其依据就是父母将子女带到这个世界上，就要负担将他们抚养成人的义务。此外，正当性依据还可以包括救济的适当性以及其他可能的种类，由于具体案件的情况复杂多变，其所适用的正当性依据不可能一一列举。不过，应受惩罚性依据与公平性依据是最为常用的正当性依据，也是最为重要的正当性依据。

第三节　先例的使用原则与方式

在回答法律问题时，不仅仅要找到充分的依据，以便支撑预先设想的答案，还要注意这些依据的组织与使用。判例法方法中，最为重要的推理依据是形式依据中的先例，所以普通法法律方法中运用推理依据的原则与方式主要是关于先例依据的使用，先例在法律方法中运用的原则与方法也就构成了判例法方法的核心问题。

一、遵循先例原则（*stare decisis*）

先例在法律方法运用中的重要地位，是由遵循先例原则奠定的。普通法上，法院的判决对于后来的案件结果具有重要的影响，甚至决定后继案件的结果。也就是说，在遵循先例的原则下，一个法院将尽可能遵循自身先前的判决，并且要严格遵循上级法院的判决。

遵循先例原则本身具有实质的正当性。首先，该原则对于提高司法效率至关重要，其方便法官借鉴先例中的智慧和经验，免除了法官把每个案件中出现的法律问题都当作崭新的问题来探询其答案的繁重负担。其次，该原则有助于实现法律的稳定性与可预测性，有利于人们在安排自身事务时获得明确而细致的法律指引，特别有利于商业活动的开展。这种指引是抽象的制定法无法提供的。再次，该原则符合相同情况相同处理的社会道德规范，一定程度上满足了人们对于司法平等的追求。

要理解遵循先例原则，必须了解普通法国家的法院系统，因为如前文所述，法院要遵循的是本法院与上级法院的先例。基于篇幅限制，本节将不再介绍普通法的法院系统。对于一个法院自身的先例，遵循先例原则并非十分严格，法院可以在特别情况下背离自身创造的先例。而下级法院对于其上级法院创造的先例，则不具有上述的灵活性，而应该严格遵循。对于像美国这样具有多个平行法院系统的普通法国家，寻找先例较为复杂。

二、先例的类比（analogy）与区别（distinguishing）

仅仅熟悉普通法国家的法院系统，还不足以确定对一个案件有拘束力的先例，毕竟上级法院与本法院先前审理过的大部分案件之事实与待审的案件之事实不同。只有上级法院与本法院先前审理过的与待审案件在事实上一样或者有相似性的案件才能够作为待审案件的先例。

有拘束力的先例首先是与待审案件事实完全一致的先例。虽然很少有两个案件在案件事实上完全一致，大部分案件都在事实上有着这样或者那样的区别，但还是有些案件能够找到案件事实彼此高度相似的先例，只不过非常少见而已。如果存在与待审案件在事实上吻和程度极高的先例，那么该先例就对于待审案件具有无可争议的拘束力，先例中对于法律问题的回答及其依据必须被待审案件接受为有拘束力的法律规则。

但是，通常的情况是，两个案件在事实上、诉由以及答辩上都存在或多或少的实质性差别。在这样的情况下，先前的判例不能够明确地为后继案件提供相关法律问题的答案。如果我们把先例的作用仅仅限制在案件事实非常一致的待审案件上，那么先例的用处就太有限了，整个普通法体系也就无法工作了。所以，在普通法上，先例发挥作用最主要的方式是通过类比实现的，也即通过比较待审案件与较为类似的某个或某些先例之后，将某个或某些并非高度一致的先例适用于本案。

类比方法或技术不仅仅为待审的案件提供法律问题的答案，因为如果不允许类比，普通法上的审判将无法可依，而且它还是普通法法律规则发展的重要手段，因为通过类比将先例中的法律规则适用到新的事实中去，等于对普通法进行了发展。

大多数情况下较为相似的先例可能不止一个，而且很多时候数量会比较多，这些判例的事实与待审案件的事实存在着各种交集，但是判决结果或者其中一些对法律问题的答案却彼此不同，甚至截然相反。这种情况下，不可能通过类比将这些先例都作为形式依据适用到待审案件中，而只能够强调与其中一个或一些案例相似从而将其作为先例来援引，并强调与其他某些案例的不同，从而将这些不同的案例排除在将被援引的先例的之外。这种排除一些相似案例的方法或者技术被称为先例的区别。

先例的区别同样也是普通法发展的重要手段。不过，与先例的类比将法律规则适用的范围扩大不同，通过先例的区别，将先例中确定的法律规则或者对法律规则的解释限定在一定范围内，或者说进一步界定或限缩了先例的适用范围。

无论是通过类比来扩大先例的适用范围还是通过区别来限制先例的适用范围，这些技术都不能被看作是一门精确的科学。决定一个先例事实中与本案相似的部分足以使其成为有拘束力的先例，还是决定与本案不同的部分足以使其不能适用于本案，在很大程度上属于价值判断，与进行先例类比或区别的人的最基本价值观有着密切联系。

尽管在普通法推理过程中，由于类比类似先例或者区别类似先例不具有确定性，使得针对法律问题的回答在一定程度上变得不确定，但是普通法国家法院在进行法律推理时，对于先例的类比或者区别是最为常用的方法，以寻求回答待审案件中的法律问题。而且，通过对先例的类比或者区别是限缩、扩张、细化、澄清先例中所确立的法律规则的最为重要的方法，这是普通法发展的主要途径。

三、先例的推翻（overruling）

如果先例与待审案件足够相似，无法进行区别，那么下级法院必须将其接受为具有绝对拘束力的先例。然而，当遵循先例会与法律推理的实质依据相矛盾时，特别是遵循先例会出现荒谬的结果时，下级法院往往处于两难境地：一方面下级法院需要尊重上级法院的权威和先例的拘束力，另一方面下级法院要作出符合人类根本道德规范并“令人民群众满意”的判决。在一定的社会背景下，一些“胆大”的法官认为只要案件符合一定的特殊标准，就会公开违背先例。对于创造出先例的法院而言，遵循先例原则则具有一定的灵活性，即使没有能够对其进行区别，在特殊的情况下，也可以背离自身创造的先例。当一个法院面临与待审案件事实完全一样的先例，或者面临足够相似而无法区别的先例时，无论先例是本院的先例还是上级法院的先例，如果对先例予以背离，这被称为先例的推翻。

先例的推翻一般只会发生在特殊的情况下，但是什么样的情况足够特殊而能够使得背离遵循先例原则得以正当化，至今没有一个严格的标准。时代背景的不同、社会道德的变化、法官的离去或任命都对是否推翻先例产生影响。一个早期的美国最高法院的判决表现出对于背离遵循先例原则相当宽松的态度，该案的判词说："遵循先例原则虽然有助于法律的稳定和统一，但并非没有任何灵活性，是否对其遵循完全属于一个法庭的自由裁量权的范围。"① 而后来美国最高法院在另一个案件中表现出更为谨慎的态度，认为只有满足下列四个条件，才能够背离遵循先例原则，推翻先例。这四个条件是：(1) 一个先前的司法判决明显是错误的，将其适用于待审案件因而不会成功；(2)（先例中的）法律规则根本不具有可行性，因而是不可容忍的；(3) 相关的法律已经得到发展，导致（先例中的）旧法律规则成为废弃的法律原则的残余物；(4) 人们对于事实的看法发生了深刻的变化，再适用（先例中的）旧法律规则已经不具有正当性。

先例的推翻虽然在特殊情况下具有实质上的正当性，但是其对于普通法国家宪政构架的挑战也是不可回避的问题。无论是奉行议会至上还是奉行三权分立，立法机构总是被看作法律发展的推动机构，司法机构应该被动地适用法律。虽然司法机构事实上的立法功能也得到一定程度的承认或者默许，但是通过漏洞填补、类比、区别等方法进行的立法都可以被解释成遵守了现行法律或者是遵循了立法者的本意。在判例法领域，法律规则也是被法官"宣告"，非由法官创造。公然推翻现行的法律规则属于明显的越界，连一些法官都明确表示反对。② 所以，除了遵循先例的技术性障碍之外，机制性的障碍使得法官们在力图克服遵循先例的障碍后，仍然不能理直气壮地进行先例的推翻。

然而，先例的推翻却在一些情况下具有实质的正当性，特别是在社会生活发生重大变迁的时候，对于旧有法律的直接推翻显得十分必要。而且，除了实质性的正当性之外，还有一种机制性的正当性被提了出来。即普通法本身就是法官制定的法律，并非是法律的发现，在立法机构没有插手的情况下，其对法律的发展完全属于司法机构的职权范围，法官当然有权推翻，先例的推翻对于宪政结构没有挑战。

先例的推翻对于个案的影响肯定是巨大的，因为使得本来根据先例可以获胜的当事人输掉了官司，而使得本来没有希望的当事人赢得了官司。同时，先例的推翻对于法律发展的影响也是以更为激烈的方式体现出来的。如果说先例的类比与区别是法律发展曲线上正弦波和下弦波的顶点，先例的推翻则表现为非线性的发展，体现出比波动更为剧烈的跳跃式的法律发展。

某些时候先例的推翻导致一些与待审案件相似程度较小的先例被适用，这些得到适用的相似程度较小的先例很难令人相信是通过类比方法得到适用的，先例在更大程度上像是被直接武断地拟制适用到待审案件中。先例的推翻在更多的情况下甚至并不导致与待审案件相似程度较小的先例之适用，而是导致没有法律拘束力的其他形式法律渊源的适用，如其他法域的判例法或制定法以及学者的意见。特别是在美国的法院，先例的推翻在很多情况下导致法官通过实质性推理形成新的法律规则，进行"明目张胆"的法官造法。

四、先例的综合（synthesis）与抽象（generalization）

在判例法法律推理中，候选的先例依据往往数量很多，而且常常包含少数无争议的先例，以及大量的可以类比或者可以区别的先例。所以单单就一个法律（子或孙）问题而言，有着大量的先例要进行分析。任何一个现存的判例法法律规则或者法律解释，都是经过长时间大量先

---

① *Hertz v. Woodman*, 218 U.S. 205, 212 (1910).

② *Johnson v. Oman Constr. Co.*, 519 S.W.2d 782, 786 (Tenn. 1975).

例的发展而得出的，这些先例对于一个判例法规则或者法律解释的塑造都起着作用，有些拓展了判例法规范或者法律解释适用的范围，有些则限缩了判例法规范或者法律解释的范围，有些则对于判例法规范或者法律解释进行激进的改革，只有对这些先例进行仔细的分析之后，才能确定一条判例法规范或者法律解释在这些先例的塑造和影响下变成了什么样子。

同时，每个先例都是针对一种特殊情况回答相应的法律问题，这样的答案的适用范围往往比较窄，而一系列的判例涉及一个法律问题在不同的事实中的回答，如果综合起来，易于形成一个更为一般性的答案，并能够具有更为宽广的适用范围。即使针对一个先例的对于法律问题的回答，也可以通过抽象归纳的方法，将具体案件中的法律规则或者法律解释提高到一个更为一般的层面，以便能够在更为广泛的案件中进行适用。

而且，涉及一个法律问题的诸多先例，无论是回答法律规则是什么，还是回答如何解释法律规则以便进行法律适用，都是有着相互承袭关系的。也就是说，在审理待审案件时，待审案件通过确定无争议的先例、类比适用相似的先例、进行先例的区别来与先例发生联系，这些先例之间本身也通过这几种途径彼此之间发生联系。所以，在对待审案件进行推理的时候，还要注意先例之间的彼此关系，在类比、区别乃至推翻先例的时候，要学会利用先例之间的关系来实现推理者的目的。比如，一个先例在一个后来的先例中被类比适用，在待审案件中可以以后来的先例作为在本案中适用第一个先例的依据。再如，如果第一个先例适用于第二个先例时被区别了，那么待审案件的推理者就要比较分析第一个先例与第二个先例，选择其中一个作为如何对待第一个先例的先例。

在复杂的案件中，先例之间的关系非常复杂，会出现一个先例被区别，随后又被类比适用，然后又被推翻，然后推翻该先例的先例又被推翻这样复杂的情况或者更为复杂的情况。这些先例对于待审案件的效力除了受到待审案件要进行先例的类比、区别及推翻的影响外，还要受到它们之间各种错综复杂关系的影响。而弄清楚这种影响则是先例的综合与抽象要尽力完成的任务。由此也可以看出，先例的综合与抽象并非将相关的多个先例进行归纳，而是要进行更为复杂的工作。

五、判决理由（*ratio decidendi*）

遵循先例原则能够告诉人们，哪个法院先前的判决属于有拘束力的先例；处理先例的各种方法，无论是类比、区别还是推翻也好，也能够告诉人们哪个先例将在待审案件中得到何种待遇。但是先例中法官的判词并非字字句句都要被后继法院遵循，也并非字字句句都是法官在类比、区别或者推翻先例时所关注的内容，同样也并非字字句句都是在对先例进行综合与抽象时要用到的材料。只有对于法律问题的回答及其依据才是后继法院要注意和使用的内容，这种内容被称为判决理由。与此同时，先例中对于法律问题的回答并非都是对于该先例的审理结果必需的，法官可能对于与审理本案关系并不紧密的法律问题作出回答，这种答案及其依据被称为附带意见（*dictum*），对于后继法院不具有拘束力，只有对于审理本案必需的法律问题的回答及其依据才对后继法院具有拘束力。判决理由的遵循才是遵循先例原则的关键，同时判决理由也才是各种处理先例的方法所关注的重点，所谓先例的类比、区别或者推翻主要是要类比适用、避免适用或者推翻先例中的判决理由。

在先例中，即使能够识别出哪些对于法律问题的回答是本案所必需的、哪些内容属于判决理由，确定其具体内容却仍然是一件难事。首先，在说理比较充分的上诉案件中，一般会有三个或三个以上的法官进行审理，在一些情况下，多个法官会分别给出不同的意见或作出不同的判词。甚至在美国最高法院审理的案件中，会出现九个大法官作出九份独立的判词的情况。虽然寻找判决理由时，可以忽略少数意见，但是多数意见虽然对于案件的终极问题答案一致，但是它们对于案件中的焦点法律（子或孙）问题的意见并不同，或者对于焦点法律（子或孙）问题的回答及依据都不同。这个时候，只能够通过在多数意见中寻找最大公约数的方式找出判决理由。在很多情况下，一个由九个大法官审理的案件的判决理由仅仅是两个大法官给出的相同或相似的答案及其依据。

其次，在确定应该在哪（几）份个人判词中获取判决理由之后，确定法官在回答本案焦点法律问题时具体说了什么仍然是一件困难的事情。虽然学者人为地将普通法判词分为三个部分，分别处理事实问题、规范问题、依据规范适用问题，但是在实际情况下，这三部分是纠缠在一起的，较难区分。

再次，在回答焦点问题时，并没有固定的模式。所以，在最终确定法官的哪些文字是判决理由时，存在分歧与不确定。克罗斯（Cross）与哈里斯认为，法官在得出最终结论的必要推理过程中明确或者隐含表达的法律规则就是判决理由，或者法官给予陪审团的指导中必定明确或者隐含表达相应的法律规则。而古德哈特（Goodhart）认为，通过将（1）案件的关键事实与（2）基于这些事实得出的结论组合在一起，就能得出案件适用的法律原则，这就是判决理由。特文宁（Twining）认定判决理由的方法则多达五个，分别是法官给出的法律问题的明确答案、法官给出的法律问题的明确答案的理由、法官给出的法律问题的隐含答案、法官给出的法律问题的隐含答案的理由、后继案件中法官将其作为法律规则时援引的本案的内容。可以看出，寻找判决理由的方法并不确定，先例中的判决理由如何确定必然存在着不确定性。

第四节　其他依据在判例法方法中的使用

第三节论述了判例法中最为重要的推理依据——先例在法律方法中发挥作用的原则与方法，本部分将简要论述并评价判例法方法中其他推理依据的使用。一般而言，普通法法律方法中先例的推理原则与方法是应该关注的重点，其对于法律问题最终答案的得出至关重要。不过，其他推理依据的使用在通常情况下起着提供辅助论据的作用，而且在特殊情况下，会起到关键作用。

一、制定法解释

不可否认，普通法国家的制定法在数量上越来越多，而且由于宪法的授权，立法机构成为法律规则供给的最高机构，经常通过立法手段处理原来由普通法处理的问题。虽然在制定法的“空隙”中，普通法依然发挥着主要作用，虽然制定法适用时往往也要参考先例适用制定法的情形，但是至少在一个制定法条文首次被适用的特殊情况下，纯粹的制定法解释将在法律问题的回答中起着关键作用，而且即使在存在先例的情况下，不借助先例的制定法解释也起着辅助推理的作用。

在大陆法上，制定法解释的原则与方法是法律方法或法律推理的重点，受到的关注较多。在普通法上，先例在法律推理中的使用是法律方法的核心，制定法解释虽然也是法律方法或法律推理的重要组成部分，但是其并非像大陆法系国家那样在方法论中占据一枝独秀的地位。普通法上，常见的制定法解释原则和方法包括制定法解释从法条的字面意思开始、刑法应该从严解释、规定法律救济的法条应该从宽解释、例外排除原则、当法条字面意思导致荒诞的结果或明显错误时要寻求立法者的原意、立法者对于司法解释保持沉默时即表示对于司法解释的赞同、寻找同一部制定法中类似法条以帮助理解待解释的法条、分析一部制定法的结构以确定待解释法条的含义、借助制定法宣称的目的和宗旨来理解待解释的法条、借助立法资料来追寻立法者的原意、根据时代变化的要求来探询立法者现在的态度，等等。

在普通法上，上述各种制定法解释的原则与方法并不构成一个有机的体系。在实践中，各种制定法解释原则与方法的使用是没有固定模式的。此外，不但制定法解释的各种原则与方法不构成一个体系，而且彼此之间还存在冲突。在 20 世纪中叶，卢埃林就曾经做过一个清单，列明一系列制定法解释的原则与方法，两两成对，却彼此矛盾，导致产生冲突的制定法解释结果。

普通法国家进行制定法解释时存在比大陆法国家更严重的困难，特别是与大陆法国家的民法相比，大陆法国家的民法可以借助较为完备的外部概念体系来进行制定法解释，而普通法不具备这样的体系，这额外增加了运用各种解释原则与方法的困难和疑问。不但如此，制定法解释的原则与方法的运用还存在其他困难。例如，制定法解释原则与方法的起源与发展并不清楚，无法对其合法性与有效性进行清晰的判断。再如，法院是否有权创造新的制定法解释原则与方法以适应社会与法律的发展？又如，制定法起草过程中是否有意识地按照制定法解释的原则与方法进行安排，以便有利于通过制定法解释的原则与方法来贯彻制定法的精神？

虽然存在这样或那样的困难与疑问，但是不要忘记，在普通法国家，制定法的解释依然要遵守遵循先例原则。这无疑保持了制定法解释的稳定性与统一性，减轻了制定法解释原则与方法所肩负的任务，这种优势是大陆法国家并不具有的。

二、次要形式依据运用的方法

普通法法律方法中使用的次要推理依据中有着不同的类别，每一个类别在法律推理中都有各自不同的方法。

不具有法律拘束力的案例，是普通法法律方法中经常使用的次要形式推理依据。除了因为这些案例不属于上级法院或者本法院的先例而不适用遵循先例原则之外，先例在法律推理中的各种方法对于不具有拘束力的案例而言也都适用。不过，需要注意的是，很多普通法国家在早期都适用了大量的英国案例，这些英国案例虽然对于其他普通法国家而言只是其他法域的案例，但是具有先例效力。这是因为其他普通法国家普通法的发展不可能完全凭空产生，必须在其宗主国或母国普通法的基础上发展起来。在各个普通法国家法律发展较为成熟之后，再援引其他法域的案例，包括援引英国的案例，基本上都是将国外案件作为次要形式依据在使用。

至于援引法律重述以及其他法域的制定法作为法律推理的次要形式依据，也需要一定的解释，所使用的原则和方法与解释有拘束力的制定法并无区别。援引学者们在论文、专著或者教科书中的评论与论述，其方法很难在此一一阐述。这种做法与学者们在学术研究中援引其他学者的观点来佐证自己的观点是一样的，也并无特殊之处。

三、政策分析的方法

法律贯彻政策或者如何将一定的政策通过法律来实现根本上是一个立法性问题，立法者在宪法框架下行使立法权时，考虑最多的是要实现的政策目标，而法律条文则是在技术层面实现政策目标的形式和工具。由此可见，法律条文与法律政策存在互为表里的关系，一定的法律条文应该代表相应的法律政策。然而，由于立法技术与语言本身的限制，法律政策不能够完全以法律条文的字面意思体现出来，因而在进行法律解释的时候，还要进行直接的政策分析，以验证法律条文字面意思的正确性。

非但如此，在法官进行漏洞填补或者法律续造的时候，法官完全在行使立法者的职责，政策分析更是走到了前台，取代了先例推理或者法条分析，成为法律推理的主要内容。

至于法学研究者在进行法学研究时，无论是提出法律建议，向立法者建言，还是选择解释论的路径，向裁判者建议如何解释现行法，还是对于法律及法律运行进行评价，都离不开政策分析。政策分析贯彻在大部分法学研究之中，是学者进行评价以及提出司法或立法建议的基础。

在政策分析时采取什么样的方法？这其实根本上不是一个法学问题。如果说从法解释的方法中探询立法者的本意时，可以从包括法案前言、立法资料等资料或途径来分析立法者所力图通过法律贯彻的政策，那么这类方法还算是法学的方法。但是如果进行独立的政策分析，如普通法国家的法官在面对一个没有先例的普通法问题时，没有其他国家机构表明对于该问题的合适的政策是什么或者不存在对于法官有一定拘束力的政策目标的表示，法官就会进行全新的政策分析。而这种分析，像霍姆斯在一个多世纪以前所说的那样，法律分析的重点被要求放在“可感知的时代必要性、盛行的道德理论与政治理论、公共政策的直觉……”①之上，则本质上不属于传统法学的范围，而是其他学科研究的对象。因此，“将来法律的主宰是经济学家和统计学家”②。其实，法律一直都不是自主的，政治程序一直都在主导着法律的发展，法律工作者的工作只不过是将政治程序确定的政策以法律的形式固定下来并予以贯彻执行罢了，只是，在有些国家，法官特别是上诉法院的法官喜欢时而被动地或积极地客串一下政策制定者的角色。

由此也可以看出，法学根本不是一个自足的学科。无论是立法者、司法者，还是研究者，都要借助其他学科来分析实质依据、进行法律的实质推理。同样，无论是以立法论的途径来解答法律问题，还是以解释论的途径来解答法律问题，法律的实质分析总是无法回避，也就是说，不可能进行“纯法学”的研究，法律方法并不纯粹。当然，如果不是进行问题研究，纯粹法学可以存在，但法学的根本属性是应用性学科，解决现实的法律问题需要借助法学和其他学科。

前文已经谈到，我们相信很多法律问题仅仅依靠三段论就可以从法律条文中找到答案，法律的形式依据与实质依据在很多情况下都是相互契合的，也就是说法律条文很好地体现了立法者对相关价值或者政策目标的追求，在发挥作用的时候无须再回过头来进行实质性的价值或者政策分析。可以认为，法律分析，无论是在法律实务中进行法律分析，还是在法学研究中进行法律分析，都可以以形式性分析作为基础和出发点。特别是对于法律实务而言，法律的形式性分析永远都是第一位的。

然而，我们想要强调的是，要想回答法律问题，无论是在法律实务中，还是在法学研究中，无论是否倚重法条分析，都不可能排除实质依据的运用。即使在法律条文的字面意思可以很好地回答法律问题的情况下，利用实质依据进行政策分析依然可以起到支持法条字面意思分析的作用，更不用说在法律意思不清的情况下实质分析的必要性。法条分析与政策分析根本就不是水火不容的，而是相互渗透的。

既然政策分析是法律方法的必然组成部分，而且以不同的重要程度贯穿法律方法运用的始终，那么其科学性是保障其分析结果落在一定合理范围的基础。而要保证政策分析的科学性，

① ［美］小奥利弗·温德尔·霍姆斯：《普通法》，冉昊、姚中秋译，1页，北京，中国政法大学出版社，2004。

② ［美］小奥利弗·温德尔·霍姆斯：《普通法》，冉昊、姚中秋译，1页，北京，中国政法大学出版社，2004。

就不能够再像霍姆斯说的那样依靠法官的非专业的个人经验，而是要通过不同学科的科学研究来进行。这种认识已经被法社会学与法经济学的蓬勃发展验证了。

实践活动的目的是要解决问题，而科学研究的最终目的也是要回答问题。在回答法律问题的过程中，传统法学的方法虽然可以起到很大作用，但是还是需要其他学科的帮助。越是重大、疑难的法律问题，越需要进行政策分析，越需要打破人为的学科划分，越需要借助其他学科的方法和工具进行分析和推理。

当然，实质依据的使用并非仅仅通过政策分析进行的。从对法律形式主义的批判可以看出，法律分析的重点被要求放在“可感知的时代必要性、盛行的道德理论与政治理论、公共政策的直觉……”之上。所以，以道德评价为基础的正当性依据如何被使用也是要关注的。不过道德评价也需要、同时也可以被科学化，如伦理学或者社会学的研究对象都包括社会公共道德或者社会公共道德的某种表现形式。而且随着法学理论的发展，各种法律流派运用不同的分析工具和方法进行的“政策分析（policy analysis)”的内容既包括传统的功利、利益，又包括较为新兴的道德、心理、经济理性、公共选择。所以，从这个角度看，政策分析的内容事实上包括社会公共道德，其需要借助法学之外的学科进行研究，而涉及道德依据的法律推理无疑也要借助其他学科的方法。

总而言之，政策分析或者实质性推理中使用的方法不是传统法学的方法，或者说不是法律以之为特色的方法，而在实质上是其他学科的方法。此外，政策分析或实质性推理的结果并非总是与现行法的具体规定与精神相一致。由于必然的滞后性，法律在面对新的社会问题时会出现模糊、空白甚至错误的情形，此时进行政策分析或实质性推理是从外部对法律进行批判，从而能够帮助法律与社会发展保持同步。对于法律的批判，将在最后一章进行详细的讨论。

思考题

1. 什么是法律问题？法律问题主要有几种类型？法律问题的确定在法律方法的运用过程中起到怎样的作用？

2. 如果界定形式依据？在司法裁判中，形式依据具有何种地位？为什么？

3. 如何界定实质依据？法官在司法裁判中使用实质依据是否恰当？法学院学生在法学论文的写作中讨论法律问题时，是否能够利用实质依据来支撑自己的论点？假定法学院学生在对法律问题进行研究时，发现利用实质依据得出的答案与现行法的明确规定不符，法学院学生是否能够坚持利用实质依据得出的答案，并对现行法进行批评甚至对法律修改提出建议？如果法学院学生在进行法律问题研究时，其观点的论据主要是实质依据，那么在此基础上撰写的论文还是法学论文吗？

4. 大胆猜想一下，普通法中的遵循先例原则是法官宣布的还是立法机构规定的？如果是法官率先宣布的，遵循先例原则是否有违立法权与司法权相分离的原则？当然普通法本身具有极大的违反立法权与司法权相分离原则的嫌疑，但是普通法中法官的权力最终根源在于遵循先例原则，如果遵循先例原则是立法者确立的，那么可以说普通法中法官的权力最终是由立法者赋予的，法官并未篡夺立法权，但如果遵循先例原则最初就是由司法者创立的呢？

5. 遵循先例原则的价值何在？如果能够体现若干价值，其中是否存在相互矛盾的价值？如果遵循先例原则体现了相互矛盾的价值，那么遵循先例原则如何平衡这些价值？

6. 尝试识别判决理由的若干表现形式，并且比较这些表现形式在贯彻遵循先例原则时有何效果上的差别。首先，判决理由的表现形式不同，它们的内容会发生变化吗？其次，如果它们的内容不会发生变化，为什么学者还要总结出判决理由的不同的表现形式？再次，如果它们的内容不同，这是否说明法官在撰写判词的时候没有保持清醒的头脑从而导致自己前后矛盾，或者是否说明后来的法官在解读先例的时候没有能够准确理解先前法官的意思导致将逻辑一致的先例解读成为前后矛盾的文本？最后，如果它们的内容不同，后来的法官在选择形式和内容不同的判决理由时，他们是基于何种考虑？他们的选择对遵循先例原则是否具有影响，具有什么影响？

7. 何为政策分析或实质性分析？如果想要具有扎实的政策分析能力或实质性分析能力，应该具备什么样的素质或教育背景？

参考书目

1. ［美］小奥利弗·温德尔·霍姆斯．普通法．冉昊、姚中秋译．北京：中国政法大学出版社，2004

2. ［美］P. S. 阿蒂亚，R. S. 萨默斯．英美法中的形式与实质——法律推理、法律理论和法律制度的比较研究．金敏，陈林林，王笑红译．北京：中国政法大学出版社，2005

3. 何美欢．论当代中国的普通法教育．北京：中国政法大学出版社，2005

4. David Kennedy，William W. Fisher Ⅲ. *The Canon of American Legal Thought*. Princeton and Oxford：Princeton University Press，2006.

5. Robert S. Summers. “Two Types of Substantive Reasons：The Core of a Theory of Common-Law Justification”. *Con. L. Rev.*，1978，63（5）

第三篇

法律方法之思维方式

第九章
法律推理

本章导读

所谓推理，是指根据已知判断得出未知判断的思维程序。从不同的角度可对推理进行不同的分类，从运用领域的角度可将其分为认知推理和规范推理，从思维结构的角度可分为形式推理和实质推理。形式推理指向理论理性与实践理性的对应，实质推理则以推理前提与价值判断的关系为着眼点。一般认为，法律推理是一种以国家强制力为潜台词的规范推理，涵盖形式推理和实质推理的双重、多维结构，表现为一种以类推或类型思维为中枢神经的法律发现过程。借助于知识论和逻辑学的基本知识，本章力图展示法律推理的方法论特征。

第一节 推理的含义、种类和结构

一、推理的含义

从知识论上讲，推理是一个典型乃至纯粹的逻辑概念，严格地讲，是一个逻辑范畴[①]，

---

① 众所周知，在康德的理论体系中，认识能力分为三种：感性、知性和理性，这三种能力各自的认识工具分别为直观、范畴和理念。首先，直观体现了感性认识对象直接作用于感官而引起的认识活动。如他曾指出，感性是人通过被对象刺

这从相关的语义学历史中可窥一斑。希腊语逻辑（logike）一词的本意即为语言和推理，拉丁文承接为“logica”，现代西文承接为“logic”（英语）、“logik”（德语）、“logique”（法语），意为“推理与思维之学”[②]。可见，推理是最能体现人类理性之逻辑能力的思维过程。

所谓推理，是指“根据一个或一些判断得出另一个判断的思维过程”[③]。除此之外，推理须是由一件已知之事推知未知之事，即“我们之由一事之已有，推断另一事之有”[④]，如由闪电推断雷声，由酒旗推断酒店，由原因推断结果，由结果推断原因，等等。一般认为，推理是人类理性的一种特殊能力。理性（reason）是人们最常使用的概念之一，围绕理性这一概念的讨论，基本的指向相差不远，大致都是指人作为一种特殊的存在者所拥有的能力，而且，这种能力是其他物种所不具备的。类似的提法有：人是理性的动物，要理性地处理某某问题，经济人总是在做理性的算计，存在的即是符合理性的，等等。这些概念之间在用法上往往存在不小的差别，有时甚至是指涉根本不同的事物，特别是在某些语言习惯存在差别的情况下，试图通过翻译将这个概念在不同的语言环境之间进行转换时，有时会出现含义无法对接的情况，使中文译法被赋予了西文原词并不适宜承载的意义。举一个在中国较为常见的例子。黑格尔有名言曰：“凡是合乎理性的东西都是现实的，凡是现实的东西都是合乎理性的。”[⑤]在我国，不少人将这句话引用或转述成了：存在的即是合乎理性的；再进一步又变成了：存在的就是合理的。而“合理”一词在汉语的语言习惯里，往往具有褒扬的含义，我们常常可以听见人们说某人做某件事情的方法很合理，达到了显著的效果。这样一来，黑格尔的这句名言甚至就被理解成了：现实存在的就是好的。这样来理解这个观点，难免会认为黑格尔是在用这句话为其所处的普鲁士君主国家辩护。[⑥]其实，对黑格尔的这个观点，我们认为应该从逻辑的角度看待，它的含义大致是指：凡是合乎理性（绝对精神）的事物，从逻辑上看，都是符合观念（idea）及思维发展规律的，也就是必然会在现实中呈现出来，凡是在推理意义上实在的事物，就是存在意义上实在的事物，反之亦然。在黑格尔严密而庞大的体系中，逻辑学和本体论是能够顺利接轨的，即“推理是实在的，实在的乃是推理的”[⑦]。当

（接前页）激的方式来获得认识的能力，借助于感性，对象被给予我们，而且，只有感性才能为我们提供直观。Vgl. Kant，Immanuel，Kritik der reinen Vernunft，Hamburg：Verlag von Felix Meiner，1956，p. 63. 其次，与感性认识的应激特征相区别，康德认为知性是人类认识的一种自发能力。知性发挥作用的过程在于运用一种特殊的工具将感性所提供的认识材料以判断的形式连接起来，这种特殊的工具就是“范畴”（Kategorie），也就是来源于知性的纯粹概念，如“一”、“多”、“可能”和“必然”。谓之纯粹，原因在于这些概念仅以人类认识能力为来源，通俗地讲，当我们抽空一个逻辑判断的经验内容之后，所剩余的那些概念，就是康德所谓的范畴。Vgl. Kant，Immanuel，Kritik der reinen Vernunft，Hamburg：Verlag von Felix Meiner，1956，pp. 95，115. 最后，理念则是人类理性自身所设定的纯粹概念（pure concept），它的来源和有效性均不以经验现实为条件。虽然人们无法以对待世间经验事物的方式去达到这些概念，但是，这些概念是理性运用的必要条件。在实践哲学领域中，这些理念是理性之实践运用的条件，亦即是说，不设定这些理念，人类的实践活动就会丧失目标、方向以及规范，正如他指出的，理念的作用在于为理性的运用提供界限。See Kant，Immanuel，Prolegomena to Any Future Metaphysics，second edition，tr. James W. Ellington，Indianapolis：Hackett Publishing Company，2001，pp. 65－66，90－91. 对于人类认识的完整过程来讲，上述三种认识工具缺一不可，其中范畴和理念又被统称为“概念”，这才有了康德脍炙人口的名言：没有直观的概念是空洞的，没有概念的直观是盲目的。

② 吴康：《哲学大纲》，205 页，台北，“商务印书馆”，1992。

③ 金岳霖主编：《形式逻辑》，138 页，北京，人民出版社，2006。

④ 唐君毅：《哲学概论》（上），453 页，台北，学生书局，2005。

⑤ ［德］黑格尔：《法哲学原理》，范扬、张企泰译，序言 11 页，北京，商务印书馆，1961。

⑥ 针对《法哲学原理》中这一著名观点所遭到的这种批评，黑格尔在后来的《小逻辑》中进行了回应，参见［德］黑格尔：《小逻辑》，贺麟译，43～45 页，北京，商务印书馆，1980。

⑦ 赵雅博：《西洋哲学的发展》，270 页，台北，“商务印书馆”，1994。

然，按照黑格尔的本意，这里的“实在”并不单指物质世界中的现实存在，更重要的是指精神世界中的现实存在。因此，黑格尔的这个著名观点是在阐述逻辑学和本体论的内在关系，并不是在强调现实社会中存在之物的积极价值。原因在于，在黑格尔看来，在可见的现实世界偶然存在之物的实在性，并不是真正的本体论意义上的实在性，也未必符合观念推论的逻辑。不得不承认，我国民间对黑格尔这句名言的理解，其中包含一定的曲解，而中西语境中“理性”一词在含义及用法上的差别，是造成这种曲解的重要原因。理性概念的复杂性，以及它在不同的语言环境中如何出现而且变得愈加复杂，由此得以管窥。

或许，越是常用的概念往往也是使用得最为混乱的概念，正应了伽达默尔那句严厉的话——越是众所周知的就越是知之甚少的。因此，在探讨和使用实践理性的概念之前，有必要先就理性概念本身作一些辨析或限定。[①] 在学术界，人们对于理性的含义，大致有以下几种看法：首先，以理性为一本体意义上之概念，认为理性主要是指事物存在遵循的一个规律，即古希腊所谓的逻各斯（Logos），也类似于中国哲学中的“道”[②]。值得强调的是，该规律并不是仅对于人类有效，它代表世间万事万物所共同遵循的理智。有论者指出：“Logos 本意为出口之辞，及在心之意，引申而为理或道。”[③] 看来，逻各斯本是一个语言学或修辞学之概念，意指人之所想与所言，后来才逐渐变成一个哲学概念，与我们现在的所探讨的理性有一定的联系。其次，以理性为一认识意义上之概念，如“有科学哲学之活动以求真理为目的，即可谓此种活动为纯粹之理性的活动”[④]，在这个意义上，又可以区分出经验论和先验论视角下的理性及其相应的功能。在经验论的立场看来，所有的认识来源于并受限于经验，包括自身的直接经验和从他人处获取的间接经验，理性具有根据这些经验进行归纳、抽象和推理的作用，但是它并不能在内容上增加人类的认识，即理性具有“对经验之选择与校正，安顿引导之作用”[⑤]，突出地表现为“无论何意之理性运用，皆为不限于某一特殊之经验事物，而求贯通不同事物经验，而多多少少包含一对普遍的概念共相及其关联之不自觉或自觉的认知，而依之以推知：某一不在已有经验中之事物之情状，或推知其他普遍的概念共相与其关联者”[⑥]。从这个意义上说，理性即是把握经验世界中具有普遍性之共相的能力。从先验论的立场来看，理性不仅仅是整理经验的能力，而且是先天的心智能力[⑦]，能够先于经验、超于经验为人类提供先天的认识。与这种认识相比，通过经验得来的认识只是后天的认识。对认识持先验论立场的论者认

---

① 此处无意对理性的概念作一系统详尽的考察，那会是一项相当宏大的任务，自然应是另作专论或专著方可完成的。

② 将中国哲学中的“道”与希腊思想中的“Logos”作比较，素来是学者们热衷的题目。有学者指出，虽然二者均有世间最根本之规律的含义，但也存在显著区别：“道”是一个神秘的、超自然的实践论概念，“道”的原始意义即为“人人可走的路”。例如，孔子就将“道”作了分层理解，从父道、子道、君道、臣道、治国平天下之道一直到最终的人道和天道。而“Logos”则是自然的、逻辑的本体论概念，更偏重于万物本然之理、自然之理。从这个角度看，与印度文化的出世性及希腊文化的理论性、科学性相比，中华文化从根基上即具有实践性的特征。参见谢扶雅：《太初有道》，载《崇基学报》，1964（11）。

③ 唐君毅：《哲学概论》（上），63 页，台北，学生书局，2005。

④ 唐君毅：《文化意识与道德理性》，308 页，台北，学生书局，1986。从认识论的角度看，作者这里使用“纯粹之理性”和“真理”的提法，是为了与“实践之理性”的“正义”、“善”等实践论概念相区分。

⑤ 唐君毅：《哲学概论》（上），381 页，台北，学生书局，2005。

⑥ 唐君毅：《哲学概论》（上），378 页，台北，学生书局，2005。

⑦ 所谓“先天（a priori）”，指的是先于、独立于经验的意思，而先天的能力即是指作出不依赖于经验之概念或判断的能力。参见劳思光：《康德知识论要义新编》，49 页，香港，香港中文大学出版社，2001。

为，有关时空和数学的认识即是此种先天的认识，两点之间直线最短和二加二等于四的判断一样，均不需通过后天的经验即可获得，而且此种判断在内容上也增加了人类的认识，也就是说，它们是综合判断。① 这正如康德所言，“理性是一种为先天认识提供诸种原理的能力”②。最后，以理性为一实践意义上的概念，表现为人类合理化、正当化自身行为的能力③，这正如亚里士多德所谓的“遵循正确的理性去行为”④。这种合理化和正当化可以表现为对某种决定之正当性的证成，也可以表现为按照某种目的或价值对行为进行选择，还可以表现为对某种不符合特定目的或价值要求之行为的自我克制。总之，它是为了在各种各样的行为可能性中作出抉择而寻找理由，并且，该理由不能是纯粹情绪化的或盲目习惯化的理由。也就是说，该种理由必须是自觉的。在近现代思想史中，一般以为，实践意义上的理性与理论意义上的理性相对应，共同构成人类理性的两种功能：意志功能和认识功能。⑤ 康德在研究人类理性运用的过程中，为理性的认识功能划定了一个界限，他认为这样做能够为理性的实践运用留下余地，也说明了理性的这两大维度，即实践维度和理论维度。⑥

二、推理的类型和结构

任何种类的推理均表现为由两个或更多命题所构成的一组命题集合，这些命题集合之间应当具有内容和逻辑上的关联性。⑦ 除此共同点之外，从不同的角度看，可将推理分为不同的种类。从运用领域的角度，可将推理分为理论推理和实践推理；从思维结构的角度，又可分为形式推理和实质推理，等等。⑧

（一）理论推理和实践推理

康德有关认识论的学说在解释该问题上具有借鉴意义。他曾将他毕生研究的兴趣归结为三个问题，分别是“我能够知道什么，我应该做什么，我能够希望什么。”⑨ 显而易见，前二者相对应的正是理性运用的二分问题。与上述理性的宏观划分相对应，推理既有理论问题上的推理，也有实践问题上的推理，与概念及判断共同构成获取知识的途径。我们知道，概念、判断

---

① 此处涉及分析判断与综合判断的区别，就一个判断来讲，如果谓词中所包含的所有属性在主词中已经存在了，那么该判断就是分析的，如一切红色的东西都是红的；如果谓词增加了人们对主词属性的认识，那么该判断就是综合的，如世界上所有的草莓都是红色的。参见孙振青：《哲学概论》，43～44 页，台北，唐山出版社，1992.

② Kant，Immanuel，Kritik der reinen Vernunft，Hamburg：Verlag von Felix Meiner，1956，p. 55.

③ 参见葛洪义：《法与实践理性》，94 页，北京，中国政法大学出版社，2002.

④ Aristotle，*Nicomachean Ethics*，tr. & ed. Roger Crisp，Cambridge：Cambridge University Press，2004，p. 24.

⑤ 此处从通说。有关此点，可参见 Kant，Immanuel，Kritik der praktischen Vernunft，Leipzig：Verlag von Felix Meiner，1922，p. 18。

⑥ Vgl. Kant，Immanuel，Kritik der reinen Vernunft，Hamburg：Verlag von Felix Meiner，1956，p. 23.

⑦ 但并非任何形式的一组命题均可构成推理。例如，这一组命题的组合就并非推理：苹果是水果，黄瓜是蔬菜，它们都在冰箱里。参见金岳霖主编：《形式逻辑》，139 页，北京，人民出版社，2006。

⑧ 亦有论者从思维结构的角度将推理分为直接推理和间接推理，前者为从一命题直接推导出另一命题的推理，后者则指在前提和结论之间需要某个媒介命题的推理。参见金岳霖：《逻辑》，32 页，北京，中国人民大学出版社，2010。

⑨ Kant，Immanuel，Kritik der reinen Vernunft，Hamburg：Verlag von Felix Meiner，1956，p. 728. 一般认为，第三种兴趣指人在行道德之事后希望获得好的报应，亦即信仰问题。

(命题)[1] 和推理(推论)[2] 共同构成人类获得知识的三种途径。因此,实践和理论问题上的推理即分别为我们获取实践和理论知识的途径,或者说,将推理这种思维工具运用于实践问题即为实践推理,运用于理论问题即为理论推理。由于和关注于客观认识的理论推理不同,实践推理关乎的是为人类行为寻找根据的问题,因而,或可将实践推理称为规范推理,与理论推理意义上的认知推理相对应。说得简单一点,理论推理是为了解决一个"知什么"的问题,而实践推理则是为了解决一个"做什么"的问题。如此一来,对于分析推理的逻辑结构来讲,理性之实践或理论运用的划分问题就成了一个至关重要的问题。

1. 理论推理

前已述及,推理是理性获取知识的一种途径,除此之外,推理亦需要以某些前提性的知识为基础。因此,我们可以从为之提供基础的前提性知识的角度,对理论推理(认知推理)进行分类性的研究。主流知识论一般将知识定义为心灵与物体的结合,墨子谓之"知者,接也"。这种对知识的看法,我们将其称为"真理符合论"。哲学思想史学界一般认为,真理符合论是最为悠久的有关人类认识活动的元理论之一,在古希腊直至近代绵延千年的哲学史中,几乎所有著名的与认识论有关的基础性理论和根本性思考都以一定程度之符合性标准来看待真理问题。[3] 以此为基础,知识论的研究进一步又将知识分为逻辑、先验和经验的知识。逻辑的知识仅以自身的一贯性(consistency)为目标,不涉及现实世界中的具体事物,主要包括各种思维规律,如矛盾律、排中律、同一律、充足理由律等。经验的知识意指通过感官(sense organs)吸纳进而经范畴加工后而形成的知识。而先验的知识则是指人先于后天经验即可具有的知识,这种知识虽然不属于任何特定的现实事物,却又表述着现实事物的运作规律,如"任何变化的发生都有其原因"(因果律)。一般认为,这种知识中蕴涵了一种虽超越但又贯穿于具体经验事物中的"超验(transcendental)"规律。[4] 结合这种对知识的分类,我们可将理论认知意义上的推理分为以逻辑知识为基础的推理(逻辑推理)、以经验知识为基础的推理(经验推理)和以先验知识为基础的推理(先验推理)。从思维结构的角度看,这三种推理分别始于三种大前提。三者的形式分别如下:

逻辑推理:
大前提:任何人无法主张相矛盾的两观点同时为真(形式知识);
小前提:一个中国男人说,所有的中国男人都在说谎;
结论:此人的判断没有意义。

经验推理:
大前提:猫有捕食老鼠的习性(经验知识);
小前提:我家的花猫在追一只小老鼠;

---

① 亦有论者指出,命题和判断不同,前者是独立于认识主体的纯粹语言性存在,而判断则是包含判断者、时间地点等信息的事体性存在。参见金岳霖:《知识论》,889~890页,北京,商务印书馆,2011。鉴于主题的原因,容此处不对二者作区分。

② 有论者以推理为"reasoning",而以推论为"inference",并以后者为前者的形式或程序,参见殷海光:《逻辑新引》,33页,台北,水牛出版社,2010。

③ 参见郭继海:《真理符合论的困难及其解决》,1页,北京,中国社会科学出版社,2003。通说认为,真理符合论始于亚里士多德,参见[古希腊]亚里士多德:《形而上学》,苗力田译,80页,北京,中国人民大学出版社,2003。

④ 吴汝钧:《西方哲学的知识论》,2页,台北,"商务印书馆",2009。所谓先验与经验知识的区别,端赖是否可以不依赖于后天的经验即可获得,对该问题的精细解读,至今未有超越康德者。Kant,Immanuel,Kritik der reinen Vernunft,Hamburg:Verlag von Felix Meiner,1956,p. 39.

结论：花猫要吃老鼠。

先验推理：
大前提：任何事物的存在都有原因（先验知识）；
小前提：一个阳光直射下的石板是凉的；
结论：一定存在某种原因，导致光能向热能的转化受阻。

2. 实践推理

与上述理论（认知）推理不同，实践（规范）推理并非以已有认知成果获得新的认知成果意义上的推理不同，而是根据某种前提推导出对人类行为具有实际指导能力的行为规范。实践推理的前提可能表现为某种针对客观存在的认知性知识，也可能表现为通过某种方式产生、在某个人群范围内具有效力的行为规范，还可能表现为行为人本身在主观上确信和坚持的某种人生理想。与此相对应，实践推理的结论既可能表现为仅对当下具体语境方有效的行为指南，亦可表现为可反复适用于未来之相同或类似语境的行为规范。显然，我们应当像研究理论推理那样，为实践推理的分类找到某个立足点。不妨效仿前述研究的做法，将推理的认识起点，也就是推理的大前提，作为进行分类的起点。

对这个问题进行探讨，实际上就是要分析，理性在人类实践活动的过程中，能够为我们提供哪些种类的规范。亦即是说，实践理性有哪些运用的领域。我们认为，当代社会学家和法哲学家哈贝马斯（J. Habermas）在该问题上的学说较有说服力。从“理想类型”的意义上，他将人类实践理性的运用分为三种：道德的（moral）、伦理的（ethical）和实用的（pragmatic）。这三种运用均是为了解决“人应该做什么”的问题，分别对应于公正、善与合目的性三种独立的理念。① 具体来说，这三种运用分别是在处理如下三个问题：选择具有普遍效力的准则公正无偏地处理人与人之间的冲突；寻找一条能够通往独特之自我认同的生活之路，这种认同感建立在特定个人或集体对“善”的某种独特理解之上；运用经验知识，选择有效实用的方法途径或技术手段达成预先已被设定的目标。② 如此一来，“人应该做什么”这个构成古典及现代实践哲学出发点的问题，就获得了三种不同的解答角度，人类的实践活动也就分别取得了三种不同的意义。对于实践哲学来讲，这三种运用分别代表着对实践理性三种不同的考察进路，也代表

① See Habermas, Jürgen, *Justification and Application: Remarks on Discourse Ethics*, tr. Ciaran. Cronin, Cambridge: Polity Press, 1993. p. 2. 通常以为，伦理和道德讲的是一回事。其实，在西方思想史中，二者是存在区别的。在希腊文里，“伦理”（êthos）最初指供生物作长久停留的地方，伦理的首要价值在于为人提供一个特殊的居所。伦理的问题更多地与一个人或某个集体的自我理解和生活方式有关，最终关乎特定个人或集体意图如何塑造自身、展示自身的问题。而道德的问题则关乎一种能够解决个人与他人之间冲突的法则，并且这种法则应相对超越于特定个人或集体的独特利益诉求及生活方式。这种区别根源于“善”与“公正”这两种理念的差异。自亚里士多德以来，“善”的理念被当作特定个人或集体的自我认同问题来解读，它体现了该个人或集体对自身品格和存在方式的追求，在这种追求的过程中，实践理性的运用植根于对独特生活历史或传统的理解中。而“公正”的理念则与此不同，它以某种协调社会关系之法则的普遍有效性为指向，该法则必须能够在一定程度上超越具体的伦理或实用性考虑。亦即是说，“善”首先涉及的问题是，什么对某一特定个人或集体是“好”的，而“公正”则涉及什么对于所有相关人员来讲都是“公正”的。因此，哈贝马斯指出，与道德运用的普遍主义相比，实践理性伦理的运用仍具有自我中心主义的色彩。参见本注前揭书，6～8页。道德的主体是普遍的理性主体，而伦理的主体则是秉持不同自我理解的个人或集体。将亚里士多德《尼科马可伦理学》和康德的道德哲学文献作比较，可发现上述两种实践理性分析路径的显著差异。有关伦理的独特含义，亦可参见［德］克劳斯·黑尔德：《对伦理的现象学复原》，倪梁康译，载《中国现象学与哲学评论》，第7辑：现象学与伦理，2页，上海，上海译文出版社，2005。

② See Habermas, Jürgen, *Justification and Application: Remarks on Discourse Ethics*, tr. Ciaran. Cronin, Cambridge: Polity Press, 1993, pp. 3-6.

着人类实践活动中的三种“应当”。值得强调的是，这三种运用及其所能提供之“应当”的普遍性具有较大的差异。伦理运用的重心在于一种特殊的自我同一性[①]和自我理解（self-clarification）[②]，在持这种自我理解的人看来，这种伦理观念本身就是规范性的体现。道德运用的重点则在于那种具有普遍公正性的法则，这种公正的法则本身就是规范性的根源，而且，该法则对人类实践活动具有规范性并不以具体的“善”或“恶”为转移，亦即是说，在这种语境中，法则优先于对错，公正优先于善恶。[③] 与伦理和道德的运用相比，实践理性（实用主义）的运用则直接依赖于对特殊的、变化中的目标、方法及二者关系的把握，这种运用的基础是一种后果主义的思维方式，只有在特定的经验性目的首先被设定为具有价值并值得追求的前提之下，实用主义运用才有了产生特定规范性资源的能力，而一旦该经验性目的发生变化，这种产生于实践理性（实用主义）运用的特殊规范资源就丧失了效力。比方说，某人意图赚取足够的经费去很远的地方旅游，那么对他来说，努力工作就成了具有规范性的指导原则，而这种指导原则的有效性显然依赖于他想去旅游这么一种十分偶然的现实想法，当这种愿望被舍弃或实现之后，是否仍旧努力工作就成了一个效力待定的问题。与此相比，不论是某个人打算塑造一种克制节俭的生活品格，还是某位裁判者力图对人与人之间的利益纠纷作出公正权威的评判，在这其中具有规范性效力的行为原则都具有较为稳定和恒常的效力。实践理性（实用主义）运用是一种纯粹手段性的运用，它所生成的对人类行为具有影响力的规范资源亦只具有一种工具性的效力，这种效力依赖于特定目的的存在，并随之发生变化，而对这种目的本身的选择，却不是实践理性（实用主义）运用本身所能解决的问题。在一般情况下，能够对人类行为目的之选择形成直接影响的，仍旧是行为人所秉持的伦理观念和道德原则。因此，实用主义的实践理性运用过程所能提供的“应当”只是一种工具性的“应当”，具有一种充满相对性的规范意蕴，所维持的仅是理性与意志的偶然经验性关系。[④]

从思维结构上看，以上所述三种不同的实践理性运用途径相对应的推理分别表现为：

实用推理：
大前提：植物有助于净化空气，应当定期为植物浇水（实用性规范）；
小前提：办公室有一棵植物干了，而你意图保持空气的洁净；
结论：应立即浇水。

伦理推理：
大前提：你应当做一个勤勉的人（伦理性规范）；
小前提：你累了，但工作任务尚未完成；
结论：应当坚持完成。

道德推理：

---

① 值得强调的是，这里的自我并非仅指个人，亦包括秉持特殊之自我理解的特定共同体在内。因此，自我同一性的概念亦含有集体统一性（collective identity）的维度。See Habermas，Jürgen，*Justification and Application*：*Remarks on Discourse Ethics*，tr. Ciaran. Cronin，Cambridge：Polity Press，1993，p. 6.

② 有关“自我理解”的具体所指，参见 Habermas，Jürgen，*Justification and Application*：*Remarks on Discourse Ethics*，tr. Ciaran. Cronin，Cambridge：Polity Press，1993. p. 11。

③ 参见李明辉：《儒家与康德》，162 页，台北，联经出版事业有限公司，1997。关于伦理问题与道德问题的区别，亦可参见 Habermas，Jürgen，*The Inclusion of the Other*：*Studies in Political Theory*，tr. & ed. Ciaran Cronin & Pablo De Greiff，Cambridge，Mass.：MIT Press，1998，pp. 34 - 35。

④ See Habermas，Jürgen，*Justification and Application*：*Remarks on Discourse Ethics*，tr. Ciaran. Cronin，Cambridge，Polity Press，1993，p. 15.

大前提：所有的人都不应当欺骗他人（道德性规范）；

小前提：你遇到一个撒谎可能会带来便利的场合；

结论：不应为了获得一时的便利在该场合撒谎。

不难发现，从理论上说，上述三种实践推理的子类型之间在适用范围上具有显见的结构性差异，这表现在作为其逻辑基础的三种规范之间的差异：实用性规范的可适用范围最小，只有在特定条件下（植物有助于净化空气），对特定人（一个意图保持空气清新的人）有效，相应的，实用推理的结构具有双重变量。伦理性规范的可适用范围较实用性规范稍广，能够适用于持特定人生理想与自我认同之人的完整一生，相应的，伦理推理的结构具有单重变量。道德性规范的适用范围最广，普遍适用于具有理性之社会主体的所有相关社会行为与道德场合中。因此，从实用性规范到伦理性规范再到道德性规范，可适用范围是逐步增大的。

概而述之，从人类理性运用领域的角度，可将推理分为理论推理和实践推理；进一步以推理前提为标准，可将前者分为逻辑推理、经验推理和先验推理，而后者则可被分为实用推理、伦理推理和道德推理。

（二）形式推理和实质推理

以推理过程是否需要加入推理者的价值判断为标准，一般可将推理分为形式推理和实质推理。

1. 形式推理

一般认为，仅运用形式逻辑即可完成的推理即为形式推理，而形式逻辑的研究对象则是思维的形式及规律。① 从传统意义上看，形式逻辑代表了逻辑学最典型的组成部分，如有论者指出的那样，“逻辑学本身只是从事纯形式之推演之学”，从这个最严格的意义上讲，逻辑单纯意指思维本身的形式性规律与准则，即同一律、矛盾律和排中律。② 更有论者从哲学的高度指出，这三个规律是认识主体认识所有事物的出发点，是三个“第一原理”③。而所谓形式推理，或可理解为仅依靠这三种思维之形式性规律即可判定其是否正确的推理。三者的内涵依次分别为：对于同一个事物（主词），应以统一的属性（谓词）进行表述；对于同一事物（主词），两种互相矛盾的属性表述（谓词）不能同时为真；对于同一事物（主词），两种互相矛盾的属性表述（谓词）不能同时为假。这三种规律虽然表现为日常思维甚至谈话的准则，但是它们具有哲学上的深刻基础。首先，矛盾律和反向矛盾律（也就是排中律）的哲学前提在于存在（being）与非存在（non-being，虚无）的对立；其次，同一律的哲学前提在于事物的整体性。④ 此三种规律，亦可被称为形式逻辑的三大定律。从推理过程中一般与特殊之间关系的角度，逻辑学的通说将形式推理分为演绎推理和归纳推理。

（1）演绎推理

所谓演绎推理，是指根据已有的前提，从某个一般性、规则性的认识获得特殊性、个别性认识的推理方式。从客观事物本身的角度，可称之为涵摄、归摄或者包摄（subsumtion）。康德谓之在某个殊相与某个共相之间建立隶属关系。⑤ 相应的，进行演绎推理的能力，即为分辨

① 参见金岳霖主编：《形式逻辑》，1页，北京，人民出版社，2006。

② 最早提出者为巴门尼德。参见唐君毅：《哲学概论》（上），260、499页，台北，学生书局，2005。

③ 马臣瑞：《知识论》，123、130页，台北，学生书局，2000。

④ 参见马臣瑞：《知识论》，137、168、173页，台北，学生书局，2005。

⑤ 参见［德］H. M. 包姆加特纳：《康德〈纯粹理性批判〉导读》，李明辉译，161页，台北，经联出版事业股份有限公司，1988。

某个具体事物是否能够隶属于某种一般性规则的能力。[①] 我们知道，人对外在世界的认识总是肇始于特定感官对外界具体事物的知觉，进而以已有的经验和知识为基础，在针对该具体事物的知觉性认识与某个一般的规则性认识之间建立隶属关系，最终将该一般性规则所附带和揭示的某种其他属性添附进我们对特定具体事物的认识之中。此处所谓的“某种其他属性”，并非处于认识主体针对特定具体认识对象所产生的最初知觉的范围内，也就是说，演绎推理增进了人们对该具体事物的知识。不过，必须认识到的是，演绎推理对知识的增进并非具有普遍性的理论贡献，而仅是一种规则的运用而已。原因在于，从逻辑上讲，推理中所涉及的具体事物与抽象规则之间，本身就自始存在隶属关系，且此种关系并不以特定演绎推理是否进行为前提。于此，推理只是将此种关系有所展示罢了。但是，此种展示在某些应用性的语境中本身亦具有不可忽视的意义。

此处仍依循上文的做法，从推理前提的角度对演绎推理进行分类。推理的前提是判断。传统逻辑学认为，从形式逻辑的角度，能够成就演绎推理的判断主要有两大类，分别为假言判断、选言判断。二者的内涵分别为：前者为阐明某事物或状态的存在依赖于另一事物或状态之存在的判断（如果 P，那么 Q）；后者为对某些事物或状态中至少有一个存在的判断（P 或 Q）。[②] 以此为基础，可将演绎推理分为假言推理、选言推理和二难推理。[③]

假言推理的大前提是一个假言判断，小前提表现为判定该大前提所指涉的某一要件为真或为假，结论则表现为判定大前提中另一要件为真或为假。例如：

大前提：如果从不运动，人将发胖（假言判断）；

小前提：某人从不运动；

结论：他将发胖。

选言推理的大前提是一个选言判断，小前提表现为判定该选言判断所指涉的某一要件为真或为假，结论则表现为判定大前提中另一要件为假或为真。例如：

大前提：一个人发胖，或是由于暴饮暴食，或是由于缺乏运动（选言判断）；

小前提：某人发胖不是由于暴饮暴食；

结论：他发胖是由于缺乏运动。

二难推理的大前提是两个假言判断，小前提表现为与大前提所描述要件相关的一个选言判断，结论则表现为判定大前提中其余要件为真。例如：

大前提：如果暴饮暴食，人将发胖，如果缺乏运动，人将发胖（两个假言判断）；

小前提：某人总是暴饮暴食或者缺乏运动；

结论：他将发胖。

（2）归纳推理

从一般与特殊的关系角度来看，归纳推理是与演绎推理反向的思维过程，是“指由特殊事

---

① Kant，Immanuel，Kritik der reinen Vernunft，Hamburg：Verlag von Felix Meiner，1956，p. 193.

② 参见金岳霖主编：《形式逻辑》，105、113 页，北京，人民出版社，2006。

③ 此分类方法及以下分述参见金岳霖主编：《形式逻辑》，182～193 页，北京，人民出版社，2006。有论者认为，除此三者之外，演绎推理还有另一种联言推理。例如，前提：张三是大学生，张三是男生，张三的专业是法学，结论：张三是法学专业的大学男生。参见金岳霖主编：《形式逻辑》，191～192 页，北京，人民出版社，2006。我们认为，此处值得商榷。原因在于，推理应为由一事推出另一事的思维过程，故此，推理方得以成为人类知识增进的途径，此种得到增进的知识或是针对具体事物的（演绎推理），或是针对普遍规律的（归纳推理）。所谓联言推理只是将前提所包含的信息通过一个被当作是结论的句式进行组合性“重言”，并未在任何角度上增进人类的知识。因此，或难以成为严格意义上的推理。

物之经验，以求普遍之原理定律”[①] 的推理，是从有限的个别向无限的普遍的进步过程。归纳推理的前提是一个或数个具体的事实表述，而结论则表现为某个具有或至少主张具有普遍性的客观规律。我们知道，人类认识的链条大致表现为从感官知觉到经验知识再到科学理论的逐步加工和不断抽象的过程，在这个过程中，直观和概念（范畴和理念）分别发挥着不可替代的作用。正如康德名言所谓：无直观的概念是空洞的，无概念的直观则是盲目的。例如，直观获取（知觉：石凳变热了）——范畴加工（经验知识：太阳照射会导致石头变热）——理念整合（科学理论：光能会转化为热能）。显然，在这个思维过程中，人们运用到了一个归纳推理：石凳在太阳的照射下变热了（大前提）；太阳是发光的物体（小前提）；光能可转化为热能（结论）。该归纳推理使得人们对于客观规律的认识得到了实质性的提升，亦即是说，从前提向结论的过渡过程是一个在认识上具有实质添附性的过程。因此，一般认为，归纳推理能够使得认识在普遍规律的高度上得到提升，并非如演绎推理那般，仅仅在具体运用的语境中使人们对个别事物的认识有所增进。是故，思想史上有一派观点将演绎推理的重要性置于归纳推理之下。[②]

但是，恰恰是归纳推理可在实质意义上对于知识发挥增进作用，从另一个侧面反映出它的不完全可靠性。原因在于，仅仅从逻辑上分析感官知觉和具体经验（如太阳晒，石头热），并不能使我们顺理成章地推导出具有普遍性主张的结论（如不同形式的能量之间具有可转化性），这正如太阳总是从东边升起并不能担保明天它不会从西边升起一样。因此，康德指出，归纳推理实质上只是在通过一个这样的判断来主张一种假定的普遍性：从人们迄今所观察的事实来看，尚未发现作为推理结论的那个规则有什么例外。[③] 由此，不少学者径直将归纳推理与演绎推理的核心区别界定为是否可从前提必然地推导出结论。[④]

正如上述，归纳推理是由具体之事实过渡到抽象之规律的推理。从具体事实与抽象规律之间关系的角度，可将归纳推理分为等值归纳和扩充归纳。[⑤] 与后者在实质内容意义上扩充知识不同，前者对于人类知识的增进仅是逻辑意义上的。

等值归纳是指，以作出推理当时的知识条件为标准和背景，作为结论的抽象规律与作为前提的具体事实之间具有内容上的完全覆盖关系。例如：

大前提：水星、金星、地球、火星、木星、土星、天王星、海王星都以椭圆形的轨迹运行；

小前提：这些星球均为行星；

结论：行星都以椭圆形轨迹运行。

（作出推理时的知识背景：此八大星球为行星之全体）[⑥]

---

① 唐君毅：《哲学概论》（上），375页，台北，学生书局，2005。

② 参见唐君毅：《哲学概论》（上），66页，台北，学生书局，2005。

③ Kant，Immanuel，Kritik der reinen Vernunft，Hamburg：Verlag von Felix Meiner，1956，p. 40. 归纳推理有效性最终被归结为一个此处自然无法深入探讨的哲学根本问题：先天综合判断何以可能？

④ 参见金岳霖主编：《形式逻辑》，143页，北京，人民出版社，2006；吴康：《哲学大纲》，824页，台北，“商务印书馆”，1992。鉴于主题的缘故，我们仍将二者的根本区别从一般与特殊之关系的角度进行界定。

⑤ 此分类方法及以下分述参见吴康：《哲学大纲》，821页，台北，“商务印书馆”，1992。

⑥ 有争议的是，等值归纳是否如上文所谓“联言推理”一般，并未在任何角度上增进人类的知识。我们以为，就作出推理当时的知识背景来讲，等值归纳虽然未在实质意义上扩充知识，但其在逻辑角度上对知识有所增进。原因在于，在特定时代的认识条件下，地球、水星等八大星球虽然在内容上与“行星”之概念的外延完全重合，但二者仍为不同性质的概念，具有不同的内涵。因此，“八大星球”与“行星”二者在逻辑上并不构成重言关系，应当认为，即使是等值归纳，对于人类的知识，也是有不可忽略的添附意义的。

扩充归纳是指，以作出推理当时的知识条件为标准和背景，作为结论的抽象规律所能够覆盖的范围大于作为前提的具体事实。例如：

大前提：番茄、黄瓜、冬瓜、萝卜和白菜均含有维生素C；

小前提：它们均为蔬菜；

结论：蔬菜均含有维生素C。

（作出推理时的知识背景：蔬菜并非仅指此五类植物）

概而述之，扩充归纳与等值归纳之间的区别在于前者的结论具有前瞻性，而后者则无。但必须认识到，这种区别仅是内容上的相对区别而非逻辑上的本质区别。原因在于，作为结论的一般规律与作为前提的具体事实相比是否具有扩充性，与当时人类在相关领域的知识水平直接相关。以上述例子来讲，天文学具体知识的发展已促使人们认识到，在上述八颗太阳系行星之外，宇宙中尚有许多其他行星。显然，在这种新的知识水平之下审视当年断定行星均依照椭圆形轨迹运行的推理，它就由一个等值归纳演变为了扩充归纳。

2. 实质推理

实质推理是与形式推理相对的概念。所谓实质，旨在强调指出，在推理的过程中，除了运用同一律、矛盾律和排中律这三种形式逻辑思维规律之外，尚需要引入推理者的实质性价值判断，否则推理无法完成。因此，一般认为，虽符合推理从已知推导出未知的定义和标准，但与演绎推理、归纳推理等形式推理不同，人们既不能仅凭形式逻辑所提出的思维规律即判断某个实质推理的合理性，也不能将实质推理单纯地还原为三段论模型。由于与推理者的价值判断相关，人们通常认为，实质推理多运用于实践推理而非理论推理的场合，且其可靠性和科学性不及形式推理。以推理者价值判断在推理过程中作用方式的不同，可将常见的实质推理分为目的论延展、目的论限缩、举重明轻、举轻明重，等等。显然，由于实质推理并无固定的思维模式，因而我们无法像对待形式推理那样，为其作一个周延或至少接近周延的分类。

不过，实质推理和形式推理的区别仅是相对的，这是因为，任何形式的实质推理，如果要成其为推理，即有可能和必要以一种形式推理的形式来表现自身，其与形式推理的区别，并非在思维形式而是在价值起点之上。以下从实践推理语境中最常见的四种实质推理入手，对实质推理的特征进行进一步的分析。

形式推理（演绎推理）：

大前提：见死不救者将受到谴责（规范）；

小前提：李四在不危及自身利益的情况下拒绝救助受重伤的人（事实）；

结论：李四将受到谴责。

实质推理甲（举轻明重式推理）：

大前提：见死不救者将受到谴责（规范）；

小前提：李四故意置他人于死地（事实）；

结论：李四将受到谴责。

实质推理乙（举重明轻式推理）：

大前提：故意置他人于死地者不会受到谴责（规范）；

小前提：李四见死不救（事实）；

结论：李四不会受到谴责。

实质推理丙（目的论延展式推理）：

大前提：公园禁止轿车、卡车、面包车等机动车入内（规范）；

小前提：李四驾驶着大客车（事实）；
结论：李四不得进入公园。

实质推理丁（目的论限缩之推理）：
大前提：公园禁止车辆入内（规范）；
小前提：李四驾驶着儿童玩具车（事实）；
结论：李四可以进入公园。

显然，从表面上看，甲、乙、丙、丁四种推理似乎不符合形式逻辑的基本规律，存在明显的逻辑瑕疵。但是，我们从思维过程的角度可将这些推理的某些隐性步骤进一步展开，以考察其结构：

实质推理甲（举轻明重式推理）：
大前提：见死不救者将受到谴责（规范）：
小前提：李四故意置他人于死地，而仅见死不救就将受到谴责，因此，一种更恶劣的行为更应当受到谴责（事实＋价值判断）；
结论：李四将受到谴责。

实质推理乙（举重明轻式推理）：
大前提：故意置他人于死地者不会受到谴责（规范）；
小前提：李四见死不救，而故意置他人于死地都不会受到谴责，就更不应当谴责单纯的见死不救了（事实＋价值判断）；
结论：李四不会受到谴责。

实质推理丙（目的性延展式推理）：
大前提：公园禁止轿车、卡车、面包车等机动车入内（规范）；
小前提：李四驾驶着大客车，禁止车辆进入公园的目的在于维护公园秩序，而大客车同样会扰乱公园秩序，因此，应当对规范的字面含义进行扩展，禁止大客车进入公园（事实＋价值判断）；
结论：李四不得进入公园。

实质推理丁（目的论限缩之推理）：
大前提：公园禁止车辆入内（规范）；
小前提：李四驾驶着儿童玩具车，禁止车辆进入公园的目的在于维护公园秩序，而玩具车并不会扰乱公园秩序，因此，应当对规范的字面含义进行限缩，允许玩具车进入公园（事实＋价值判断）；
结论：李四可以进入公园。

不难发现，将上述常见的几种实质推理的隐含因素展开后，发现其仍可被还原为一个“以一普遍之原理定律为大前提，而据以定然地推断特殊事物之情状”[①] 的演绎推理。其与我们阐述形式推理时所枚举的演绎推理的区别在于，它的小前提除了单纯的事实以外，还有一个价值判断。正是由于这个价值判断的存在，实质推理表现出其与形式推理相比的核心差异。但是，即便是某种以推理者价值判断为小前提的实质推理，我们也可以乃至需要从形式推理的角度对

① 唐君毅：《哲学概论》（上），375页，台北，学生书局，2005。

其进行分析，以考察其合理性。据此，或可以认为，实质推理和形式推理并非严格的划分方式。古典的逻辑学一般较少将实质推理单列而与形式推理并举，想必是出于此故。究其根本，逻辑学本是研究思维形式性规律的学科，任何推理，不论其内容为何，从逻辑学的视角观之，最终都是可以被还原为形式逻辑的。

总之，若以演绎推理的形式表现之，常见的实质推理与形式推理中演绎推理的区别在于，后者的小前提为事实描述，而前者的小前提则为事实描述加价值判断。这体现了实质推理和形式推理在技术上的关键区别。

有关推理的种类，可概括如图一。

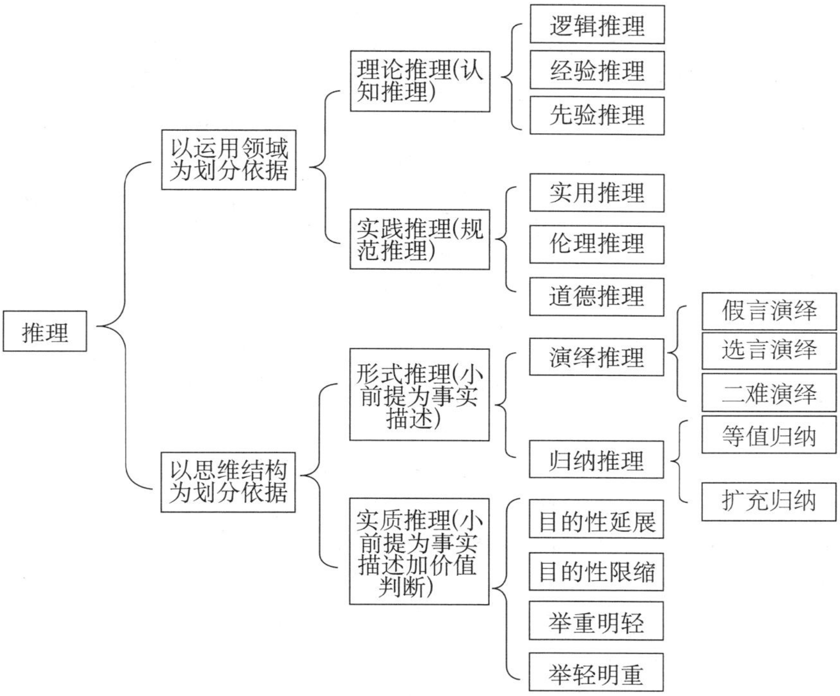

图一

第二节　法律推理中形式推理的局限性

一、法律推理的含义和特征

一般认为，法律推理是指在法律适用过程中，由已知的法律前提推导出未知的法律结论的思维过程。法律推理是具有理性的社会主体作出的，因而其与科学推理、道德推理等其他种类的推理一样，共享着上述分析所揭示出的属性和特征。由于法律毕竟代表着现代社会中一种特殊的话语体系和功能系统，因而基于法律话语的推理，或者说，为了实现法律在现代社会中之特定功能所必须完成的推理，又具有一些独特的属性，这表现在以下几个方面。

首先，从规范来源和运用领域方面来讲，法律推理是具有极强之广泛性特征的实践性推理。在社会理论或者理论社会学的视角下，现代社会是被分为生活世界和功能系统两大部分进行分析的，后者又分为科学、政治、经济、法律等多种子系统，不同的子系统与人类理性所蕴涵的不同理念（如真、善、美、公正等）相对应，履行着特殊的、不可替代的功能与使命。在这些功能系统中，法律，尤其是现代法律，是一种尤为特殊的社会子系统，它的首要功能是增加各种社会领域中人与人之间交往的可预测性，在各种其他功能系统中稳定规范性的行为期待，使各系统更有效地发挥作用。法律这种功能系统的特殊性在于，当现代法律取代道德和宗教成为社会整合的主要规范性工具后，为了发挥稳定行为期待的功能，它就必须成为一种能够覆盖其他社会子系统中社会关系的特殊系统。在现代社会中，几乎所有的功能系统均使用本领域的专业语言，这些专业语言与普通人生活的世界在绝大部分情况下是分离的。在对各种社会关系进行调整的过程中，借助于“合法/不合法”的二元代码①，法律这种特殊的功能系统就成为了对生活世界和其他功能系统双向开放的沟通媒介。通过将生活世界的日常语言和功能系统的专业语言转换为法律语言，现代法律就成为了生活世界与按照货币媒介、行政权力等专家逻辑运作的功能系统之间的转换器，维持着社会交往的跨系统网络，从而丧失了法律代码，生活世界中出现的种种需求就无法通过现代社会的各种功能系统而得到呼应，功能系统也无法再借助于生活世界获得公民认同从而进行资源上的再生产，专业语言最终只能变成空洞的符号，系统本来具有的功能也无法得到发挥。② 针对各种功能系统，现代人均有着朴素却不能被忽视的正当性追问，这种追问来自功能尚未分化的生活世界，并不以各种专业知识为背景，对以这些知识为基础的各种功能系统所也并不信赖。在这种情况下，现代社会就需要“法律”这种特殊的功能系统居中作为媒介，吸纳生活世界中的正当性追问对各种功能系统所施加的压力。“合法/不合法”的二元代码就像一个缓冲装置，能够缓解该种压力。在社会常态运作的过程中，对于社会秩序的生成来讲，这种缓解是相当重要的。对某种功能系统的运作知识并不熟悉的人，最常提出的问题莫过于该系统的运作是否合法，该领域的种种规定是否具有法律依据，这种现象正说明了这个法社会学原理。以上这些，决定了能够进入法律推理思维程序的规范性因素具有突出的多维性，既需对源于多种社会系统的规范性请求进行调节，又可从实践理性的多种规范性源泉获得正当性支撑。亦即是说，从价值理由的内在角度讲，法律推理意图对某种现实利益产生影响的制度性结论，从道德、伦理或实用等不同的角度获得支持和理解。在法律推理中，法律系统与社会关系乃至实践理性之间建立了宽口径的互动机制。

其次，从适用条件和现实后果上说，法律推理是以国家强制力为保障力和落脚点的权力性推理。从法哲学上说，法律话语以国家强制力为后盾，贯彻着多领域的规范性要求。从法社会学上看，法律系统主动且强行地将所有的社会行为用合法/不合法的二元代码进行分类、甄别和筛选，从而实现以法律途径化约现代社会关系复杂性的目的。③ 为了实现这种目的，法律推理者总是尽量将与法律无关的因素排除出法律推理的思维程序，从而力图维护法律推理的纯粹性和可预测性，并以此作为法律人应有的品格。法律推理的推理者总是现实或者潜在的法律适用者，他总是现实地或至少模拟地以公权力为法律推理的制度背景和思维起点。亦即是说，在推理的过程中，他自始对以下这一点具有明确的意识：推理的结果将对某个社会主体的利益产

① “code”，这个词用在社会科学里本是系统论社会学的专有术语，强调通过其在社会不同功能系统的语言之间进行翻译、编码和解读，而法律代码即是具备这种功能的一种特殊代码。参见［德］于尔根·哈贝马斯：《在事实与规范之间——关于法律和民主法治国的商谈理论》，童世骏译，69页译者注，北京，三联书店，2003。

② See Habermas，Jürgen，*Between Facts and Norms：Contributions to a Discourse Theory of Law and Democracy*，tr. William Rehg，Cambridge：Polity Press，1997，p. 56.

③ Vgl. G. Kneer & A. Nassehi，Niklas Luhmanns Theorie sozialer Systeme：Eine Einführung，München：W. Fink，1993，S. 39 - 40.

生影响，并且该种影响会得到国家强制力的保障。

最后，从思维结构和表现形式上看，法律推理是涵盖形式推理和实质推理等多种推理方式在内的复杂性推理。在法律适用的过程中，法律推理既可能表现为单纯形式性的演绎推理，如假言演绎、选言演绎、二难演绎，也有可能成为包含实质价值判断在内的实质推理，如目的性延展、目的论限缩、举重明轻、举轻明重，等等。尤其值得强调的是，在现实的司法裁判中，即使只是单次案件审理，也是多个种类推理接续展开和交互作用的思维过程。

二、法律推理中形式推理的局限

作为复杂的系统，实在法在现代社会中发挥着定分止争的作用。在这种作用的发挥中，法律适用扮演着核心角色。传统法律理论尤其是概念法学认为，法律适用自始是纯粹形式逻辑的涵摄过程，即将符合法律规则事实构成要件的案件事实无偏私地涵摄于法律规则之下，作演绎推理从而得到所规定的结果。此乃理想状态下法律适用的三段论，但在实际的操作中，符合上述情况的法律适用过程极少，或者说，上述情况只是法律适用过程中推理的最后步骤。法律适用其实是以法典中的法律规则为出发点，寻找适合于当下个案的具体裁判规则的过程，如此对具体个案规则（亦即语境性的推理“大前提”）的寻找过程是一个法律发现的过程。在这个过程中，法官的思维结构并不主要建立在形式逻辑三段论的单向模型上，它更多地接近于一种辩证性、浮动性的理解事件。正如恩吉施被广为流传的名言所指出的那样，“法律发现是一种不断的交互作用，一种目光往返来回于大前提与事实之间的过程”①。也就是说，有待法律发现过程去发现的法律并不是成文法典中的一般性法律规则，而是针对当下个案、具有个案裁判力的具体规范，这正如F. 米勒指出的：“规定在法律中的规范并非最终个案裁判基准的规范，前者只是法官形成后者的出发点而已”②。

在法律适用的过程中，法官通常需要在法律推理中借助于法律原则，以及通过法律原则在一定限度内进入法律方法和法律思维从而得以影响裁判的政策、道德、宗教教义等各种社会规范因素，最终形成适合于个案的裁判规则，这样形成的规则才可以作为“三段论”推理中的大前提，才是法官最终呈上公堂的“法律”。诚如佩岑尼克所指出的那样，“很多法律推理承担着社会角色，表达着习惯法和社会道德的氛围，某些体现了法律推理者个人的道德选择，某些体现着特定法律概念的内涵，某些反映了合理性的需要，所有这些影响法律发现与法律推理的因素往往同时发挥着它们的影响”③。由此可见，法律适用过程并不是传统理论所认为的那种形式推理的演绎过程，而更多的是辩证逻辑运用于其中的法律发现和实质推理的过程。在这个发现及推理的过程中，法官所面对的纠纷往往难以与现行法律规则事实构成要件完全匹配，因此，在“三段论”式的演绎推理这个最后也是最简单法律适用步骤之前，法官要进行诸如类推、设证、目的论限缩、举重明轻、反向推理等各种复杂的思维过程和逻辑操作，或多或少地考量道德、宗教、经济、舆论及政治等多种社会规范性因素，填补法律文义漏洞，寻找个案裁判规则，发现直接的或间接的、成文的或不成文的法，最终使对案件的处理符合立法原意及法律整体的意旨。是故，法律推理是一个面向多种社会规范性因素、运用多种辩证逻辑思维工

① ［德］考夫曼：《法律哲学》，刘幸义等译，120页，北京，法律出版社，2004。

② ［德］卡尔·拉伦茨：《法学方法论》，陈爱娥译，13页，北京，商务印书馆，2003。

③ Peczenik，A. “Moral and Ontological Justification of Legal Reasoning”，*Law and Philosophy*，Vol. 4，No. 2，Legal Reasoning & Legal Interpretation，p. 300（Aug.，1985）.

具、涵盖法律解释、法律补充及法律续造等多种司法环节的“找法活动”①，它的根本任务在于形成由语境性价值判断支撑、能够与待裁案件具体事实顺利对接的面向个案的“法律”，它的科学性并不在于将此过程简化为形式逻辑的演绎推理，而在于充分认识各种实质推理方法较之演绎推理等形式推理方法的更重要的地位，澄清这个过程中那些不以形式逻辑的面貌出现但影响形式性法律渊源发挥作用的因素。众所周知，拉德布鲁赫曾将法的理念分为三大类，分别是安定性、公正性以及合目的性，这其中，安定性和秩序是法律的第一要务。② 质言之，法律推理的过程表现为一个最初在立法过程中树立安定性理想、向法的公正性及合目的性价值逐步妥协的过程，这体现了法律理念的博弈原理。

第三节　法律推理中实质推理的结构

一、实质推理的核心

法律适用中的实质推理常常会在下述情况中凸显其必要性：一个案件事实虽没有被明文规定在某一法律规则的事实构成案件中，但法官通过一定途径可以确定此案件事实包含于立法原意中，或者立法者如遇到这样的事实亦会适用此法律规则，只是立法者在事实构成中或是无意疏忽了此种情况，或是有意将这一工作（指基于立法原意对法条类推适用）留给了法官。在这种情况下，法官若拘泥于法律条文的字面含义而拒绝将待裁案件涵摄于相关规则之下，将会使立法者的意愿无法得到全面的贯彻，从而影响法律系统的正常运作及社会功用的发挥。因此，法官就需要运用类比推理的方法对法律规则狭窄的字面含义进行基于立法目的的延展，即目的性延展，使待裁事实如立法原意地得到处置，这即是狭义的类比推理。③

我们知道，所谓类比推理，是“由一特殊事例之情形，以推同类之其他特殊事例之情形”④。狭义的类比推理在法律实务上主要表现为针对较为狭窄的规则字面含义进行基于立法目的的扩展，而它的理论根基则在于类型的思维方法，即对法律所意指之案件类型进行探究与寻找，即广义的类比推理。在类比推理的过程中，核心的步骤在于寻找立法目的所意指的事件类型，此事件类型是包含立法目的的类型，是应然的“规范类型”。只有找到这个类型及其据以成立的价值判断，我们才能够辨识出它的规范表现，包括显性的规范表现和隐性的规范表现，用考夫曼的话来说就是，“在具体的法律发现中，必须总是追溯到制定法意指的类型”⑤。从法律发现的角度看，当法官面对一个案件时，他一般会进行如下的思维步骤：首先，根据他受到的训练将待裁案件归入某个类型，找到在立法意图上相关的法律规则。其次，判断待裁案

① 转引自黄茂荣：《现代民法与法学方法》，378页，北京，法律出版社，2007。

② 参见［德］古斯塔夫·拉德布鲁赫：《法哲学》，王朴译，73～74页，北京，法律出版社，2005。

③ 当然，逻辑上有存在如下极端特例的可能性：法律制度中不仅无法找到针对待裁案件的明确规定，而且连针对与待裁案件相类似之其他案件形态的规定也无法找到。也就是说，在法律体系中，没有使相关案件类型得以成立的立法原意和规范视角，类型无从寻找。在这种情况下，由于完全无法找到与待裁案件存在类型关联的法律规范，作为狭义之类推的目的性延展自然无法展开，如此一来，法律适用者于此所要做的也就既不是狭义之类比推理，也不是对法律所意指之类型的寻找，而是对与待裁案件相关之类型的建构，使之以创制性的特征进入完全意义上之立法的领域。我们认为，这过分模糊了法官与立法者的权力界限，已不宜将其置于法律推理的讨论范围之内。

④ 唐君毅：《哲学概论》（上），74页，台北，学生书局，2005。

⑤ ［德］卡尔·恩吉施：《法律思维导论》，郑永流译，179页，北京，法律出版社，2004。

件事实是否与相关法律规则的事实构成要件相符，当待裁事实有幸恰好符合相关规则的事实构成要件时，立法所意指的类型就在待裁事实中获得了一种显性的规范表现，这时法官所要做的仅仅是形式推理，法律发现的过程在如此推理开始之前即告结束。最后，当法官所面对的案件并不符合相关规则的事实构成要件时，立法所意指的类型在待裁事实中就只具备隐性的规范表现，那么法官就不能再简单地作形式推理了事，而必须运用目的性延展、设证、举重明轻等实质推理工具，使由类型之隐性规范表现向个案性法律发现的过渡得以产生，从而获得裁判案件必需的大前提。显而易见的是，对立法所意指之类型的寻找与参考伴随着上述整个推理的始终，广义的类比推理参与了上述法律发现思维过程的每一个步骤，它时时刻刻与法律发现过程中的各种形式与实质推理方法密切结合。正是由于对类比推理及“类型”之思维方式的引入，立法原意所包含的价值内涵才得以进入个案裁判的语境之中，各种实质推理才得以接续展开，法律发现的过程才展开了对实质性价值问题的考量，而这是以“概念”之思维方式无法进行的。结合上述对法官思维过程的分析，可不夸张地讲，不论是表现为三段论的形式推理，还是表现为辩证推理的各种其他法律发现方法（如目的性延展、目的论限缩、举重明轻等），都与法律所意指的类型紧密相关，只是在各种推理方式中寻找类型的方法及据之展开推理的途径有所不同。[①] 法律发现时时刻刻所依赖的各种因素都与类比推理的思维结构紧密相连，法律发现的核心方法就是建立在“类型”之思维方式上的类推。据此，考夫曼指出：“法律发现过程的核心就是类推。”[②] 拉伦茨也正是在上述意义上指出：“借‘概念’与‘类型’的差异，可以阐明（法适用中）‘价值导向’思考的特征。”[③] 类比推理的核心地位在于它是法律适用过程中近乎基础的思维步骤，只有以它为突破口，才能展开法律适用过程中有关价值判断的思考，才能合理地分析那些对法律适用存在直接影响但并不以形式逻辑之样态出现的因素，而这些非形式逻辑的因素是在形式逻辑三段论式终结法律适用之前法律发现的重要对象。类比推理的特点在于它不是形式逻辑上的推论，而是结构复杂的比较，基于类型的比较，未被法律规则明文规定的待裁事实与符合法律规则事实构成得以对接。这种比较同时也是法律发现的基点。是故，类比推理是法律推理中实质推理的基石性推理。

二、类比推理的形式结构

从规则事实构成类推适用的狭义角度看，类比推理可以被作为如下“三段论”来考察其结构：

大前提：

1. 任何一个法律规则都内含一个价值规范（评价），即立法目的。

2. 若两个事实在一个规范（评价）的视角下是相同或类似的，也可以说，两个事实对于上述规范（评价）来说，意义相同或差别极小以致可以忽略，那么，这两个事实应得到上述规范（评价）的相同评价，从而产生相同或相类似的法律后果。

小前提：

---

① 上文已指出目的性延展与类型思维的密切关系，于此再以目的论限缩为例，进一步说明类推在实质推理方法中的重要作用。众所周知，目的论限缩指在规则事实构成要件的字面含义过于宽泛，以致将按照规范目的本不该涵盖的案件形态一并涵盖的情况下，将该事实构成要件的涵盖范围作限缩适用。显而易见的是，在此思维过程中，如果不能发现立法目的所意指的案件类型并据此展开推理，法官就无法决定待裁案件是否应该被涵摄于相关法律规则之下，更莫论对相关规则事实构成要件的涵盖范围进行限缩了。

② ［德］考夫曼：《法律哲学》，刘幸义等译，136页，北京，法律出版社，2004。

③ ［德］卡尔·拉伦茨：《法学方法论》，陈爱娥译，95页，北京，商务印书馆，2003。

1. 法律规则 R 内含立法原意规范 N，即价值评价 N。

2. 事实 F 与事实 F1 在规范 N 的视角下是相同或相类似的，也即是说，在作出规范（评价）N 的人看来，F 与 F1 是相同或类似的，F 与 F1 应该得到 N 的相同评价。

3. 法律规则 R 只规定了 F 的法律后果而未提及 F1。

结论：

在 N 的视角下对 R 的事实构成作目的性延展，使 F1 得到与 F 相同或相类似的评价与处理。

类比推理与形式推理相比，其特殊之处在于其与辩证逻辑的联系，也就是说，类比推理建立在价值判断的基础上。将类比推理描述成上述三段论式的思维步骤，它就貌似获得了纯演绎般的可靠性，其实不然。阿列克西指出，“从法律上看类似的事体①应当具有类似的法律结果”②，而类比推理的关键就在于对事体的相似性作出判断，风险也存在于此判断中。法官据何对两种不同的事体作出负责任的相似性判断？相似性判断的风险又如何减小？这是类比推理乃至实质推理的关键问题。

三、类比推理的风险规避

一般认为，法官通常应以立法者最初的价值判断和规范原意为基础作出相似性判断。以立法原意的价值判断为视角，才可将不同的事体视为相同或相似。类推以某种价值评价为基础，已被越来越多的学者发现。上文已提及，在类推的思维过程中，“类型（Typus）”与传统方法论中的“概念（Begriff）”相对应，不似“概念”那样有明确的定义和封闭的外延，它更像是建立在规范评价基础上拥有开放外延的辐射带，被法律规则明确规定的事体只是此类型之外延中的一部分，其真正的外延并无严格的边界，处于不断向外发散或向内紧缩的状态。因此，在类推过程中，相似性判断实质就是判断待裁事实是否属于立法原意所指的类型。考夫曼对于此问题的看法较为明确：“在寻找具体的法规范时，我们必须一再求助于法律所意指的类型，求助于类型赖以存在的模型的想法。”③

在类推中，相似性判断的风险就是把待裁事实归于立法所意指之类型的风险。那么，法官据何来规避或减小此风险？也即是说，如何寻找隐含着的与待裁事实有关之价值判断从而发现立法所意指的类型？考夫曼试图解决这一问题的出发点是：“法规范涉及的生活关系乃是一种本身已经组构成的事实，因其涉及人与人之间的关系，因此其本身已内含一定的意义。”④ 又如，“然而这种意义（指支撑类型成立并可据之作出‘相似性判断’的‘意义’）并非如传统法学方法论所说的，仅隐藏在制定法中，隐藏在抽象广泛的意义空洞的法律概念中，相反地，为了探求此种意义，我们必须回溯到某些直观的事物，回溯到有关的具体生活事实。没有意义，

① 德文“Sache”一词具有“问题、事情、物品、东西、事业”等多种含义。汉语学界亦有多种译法。我国台湾地区世新大学吴从周先生翻译考夫曼专论类推的著作《Analogie und “Natur der Sache” —Zugleich ein Beitrag zur Lehre vom Typus》时，将“Sache”译为“事物”；舒国滢教授在阿列克西《法律论证理论》中将相同语境中的“Sache”译为“事体”；郑永流教授在恩吉施《法律思维导论》中将相同语境中的“Sache”译为“事情”。我们认为，在对类推的讨论中，“Sache”既要考虑到具体事物，如“刀枪、棍棒”，又要考虑到诸如“伤害、侵权”等具体事情，而“事体”于汉语中既有“事情”之一层含义，又有“物体”之另一层含义，恰满足上述要求。所以，将“Sache”译为“事体”似更为合理。本章中，“事物、事情、事体”均是“Sache”的不同译法，在对类推的讨论中，含义无显著差别。

② ［德］阿列克西：《法律论证理论》，舒国滢译，346 页，北京，中国法制出版社，2002。

③ ［德］卡尔·拉伦茨：《法学方法论》，陈爱娥译，16 页，北京，商务印书馆，2003。

④ ［德］卡尔·拉伦茨：《法学方法论》，陈爱娥译，15 页，北京，商务印书馆，2003。

没有拟判断之生活事实的本质，是根本无法探求法律的意义的”①。据此，法官分析“事体”既可以发现事实的本质又可以发现立法者于此事实上的评价，从而作出待裁事实是否属于立法所意指之类型的判断，决定是否在当下个案中对相关规则的事实构成进行目的性延展，进而完成法律发现的任务。考夫曼指出：“只要我们由‘事物的本质’出发来思考，我们就必然会同时触及案件事实及价值，由此，我们就体会到实存与当为间不可分割的‘结构交织’。”②

判断待裁事实与法定事实是否属同一类型需要寻找一个基点，这个基点既是类推思维的立足点，亦是法律发现的出发点。对这个基点的寻找是类推思维及法律发现的首要问题。我们认为，在这个思维程序中，“事体的本质”或许并不是可靠的基点，理由有以下几点：

首先，某个事实会与其周围的近乎无数事实发生近乎无数种因果联系，产生多种结果，这个事实本身为原因。某个规范选择了这种种因果联系中的一种，对其结果进行评价，基于这个评价进而对作为原因的那个事实作出价值判断，并确定此事实在此规范视角下的意义。把这个推理过程运用于法律适用过程中可知，一个具体的法律规则通过对一种行为或事态的禁止或允许而对其作出否定或肯定的评价。法官在没有明确规范前提的情况下，多半不可得知立法者是基于这个事体的哪种后果而对其作出评价，因此也就不可得知这个法律规则评价的是该事体的哪一种因果联系，亦不可得知此事体于此语境中具有相关意义的“本质”究竟为何，更不可能获悉由任一其他具体事体引起的无数因果联系中的哪一个与被明文规定的具体事体引起的多种因果联系中被评价的那一个应被视为相同。待裁事实与法定事实二者间的所谓“本质”成了双重变元，使法律发现陷入了困境（见图二）。因此，在这种情况下，只有通过明确具体法律规则所体现的立法原意，获得明确的规范视角，才能发现类推思维所需借助的类型，才能确定所谓“事体的本质”，从而进一步确定待裁事实与法定事实究竟是否于此规范视角下相似，进而发现针对当下个案的法律，即“为认识法律所规定之案件特征中，哪些具有规范上之评价的意义，以及为何具有意义，必须求助于该法律规定之立法目的，亦即其规范意旨”③。可以举个例子形象地说明这个问题。在故意伤害罪的有关规定中，若规定“使用刀、枪、棍棒等武器伤人者应定故意伤害罪”。当出现用砖头伤人致其重伤的案例时，法官很容易就能得到贴切结论：砖头伤人与枪伤人同属“本质”类似的事体，因为在刀、枪伤人事件的无数因果联系中，法官很容易就能够发现立法原意评价的是哪一种因果联系（致人伤害）从而形成明确可靠的规范视角，以此就可以顺利地把砖头伤人和刀枪、棍棒伤人归入同一规范视角下“本质”相似的事件类型。④ 而在很多涉及民事、商事法律的案例中，规范视角并不像在上述案例中那样，建立在人皆有之的善恶是非感之上。在这种情况下，法定事实被评价的因果联系很难被发现，从“事体的本质”出发，规范视角也不易被法官发现，考夫曼所要求的对立法原意所意指的类型的回溯，对于法官来说就成了很难完成的工作，类比推理及以此为基础的法律发现当然也就无从谈起。

其次，法律体系中有很多技术性规定，制定这些规定或是基于生产安全方面的理由，或是出于交易便利方面的考虑，与刑事、民事等典型法律相比，它们所规范的事体或生活关系本身并不具有伦常善恶上的意义，所以，在涉及此类法律规则时，从“事体的本质”出发，根本无从找到规范视角，相关规则是否可以被类推适用于待裁事实，也就成了被排除讨论的问题。诚如拉伦茨所中肯地指出的那样，“在若干典型的社会关系中，例如婚姻与家庭、双亲与子女间

① ［德］考夫曼：《类推与“事物本质”：兼论类型理论》，吴从周译，89页，台北，学林文化事业有限公司，1999。

② ［德］卡尔·拉伦茨：《法学方法论》，陈爱娥译，15页，北京，商务印书馆，2003。

③ 黄茂荣：《现代民法与法学方法》，492页，北京，法律出版社，2007。

④ 当然这仅是从学理上讲，在实务中，对于涉及刑事责任的案件多规定禁止类推。

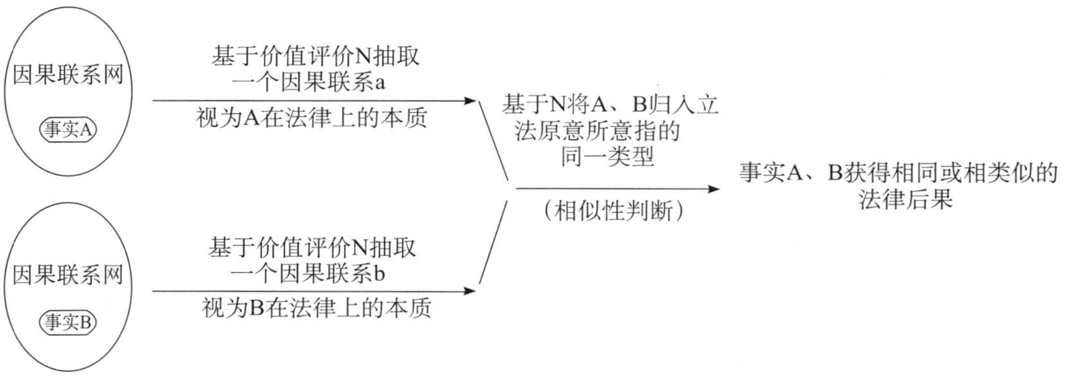

图二

以及教师与学生之间的关系、所有权（以‘非技术’意义来理解的‘为我所有’）、契约，这些关系本身已包含其特有的意义，因此并已隐含其秩序的基本特征。于此，诉诸‘事体的本质’不但是可能的，在一定界限内并且是正当的。然而，有无数与此相反的法规范存在，彼等所指涉的或是为特定目的而创设的机制，或是一些‘杂乱无章地生长出发的’交易形式或社会事实（诸如今日的‘环境污染’），规整这些生活关系的规定并未隐含于生活关系本身”①。不得不指出，脱离了立法目的，试图从事实性关系的实然中推导出具体的应然，在理论上是很难站住脚的，这也正是“事物的本质”这一概念被恩吉施及德莱尔排斥的主要原因。

最后，从经验上看，由于“事体的本质”是一个含糊并存在较大余地的词语，因而以“事体的本质”为论据几乎可以为任何政策目的服务。法律作为社会调节的工具，安定性是第一要务。法律不应成为社会改革和流行价值观风起云涌、变幻万千的桥头堡，而应作为冷静的理性代表，甚至略带保守色彩。“事体的本质”一词无疑对流行价值观不受限制地进入实在法打开了缺口，这对于法的安定性价值的实现很可能构成威胁。诚如有论者指出：“以‘事物的本质’或者本质论据进行论证，在法律史上被证明是使法官造法不受限制的工具……‘事物的本质’不是解释的工具，而是添加的工具。”②

从以上几点可以看出，以“事体的本质”作为类推思考的出发点有一个不可或缺的前提，即规范视角的获得。拉德布鲁赫也中肯地指出：“相同性不是现实存在的，事物和人都有所不同，正如每个鸡蛋都形状各异。相同性总是基于某个特定的角度从现有的差异性中抽象出来的。”③ 而由于业已提及的原因，在很大一部分案例中，相关法律规则的规范视角通过分析事实性涉案生活关系很难或几乎不可能获得，因而，大多数情况下，法律发现和类推也就不能以“事体及生活关系的本质”为出发点和立足点。可以说，“事体的本质”的思考进路在类推的应用中可适用性并不强，难以承担起法律发现的重任。④ 在这个问题上，康德主义的信条也许能

① ［德］卡尔·拉伦茨：《法学方法论》，陈爱娥译，17页，北京，商务印书馆，2003。

② ［德］魏德士：《法理学》，丁小春、吴越译，395～397页，北京，法律出版社，2003。

③ ［德］魏德士：《法理学》，丁小春、吴越译，384页，北京，法律出版社，2003。

④ 故有论者指出，理想的类推形式为一种动态的类推（dynamic analogies），不同于静态的类推（static analogies）的是，动态的类推并不过多地纠缠于“事物本身的相似性”，而是着力考察那些围绕法律发现推理与法律推理但并不以形式逻辑的面貌出现的规范性因素。See Becker，L. C. “Analogy in Legal Reasoning”，*Ethics*，Vol. 83，No. 3，p. 248（Apr.，1973）.

给我们不容忽视的启示："对某一事物，人们只能可靠地知道人们放置到自己概念中去的东西。"① 在类比推理的问题上，真正可靠的推理支点就是我们基于"规范视角"投射进具体案例中的价值选择，法律事实的相同或相似总是在法律上重要之点上的相同或相似，而何为法律上重要之点，取决于一定主体之价值选择。另外，也许更为重要的一点是正如上述第三点所指出的，"事体的本质"之思考方式在经验上有其容易被利用的一面，虽然在社会常态运作的情况下，这种危险出现的可能性很小，但是惨痛的历史教训告诫我们，绝不能忽略这种可能性，哪怕它微乎其微。

概而述之，在现实法律系统的运作中，法律适用表现为一个法律发现的过程，此过程的核心在于类型式思维，亦即广义的类比推理；而其关键步骤在于针对待裁事实与法定事实之关系的相似性判断，是否能够合理地规避必然隐含于此判断中的风险，既影响个案正义的实现，亦关乎法律秩序的安定。正如德国法学方法论学者莱嫩（D. Leenen）指出的那样，在个案语境中，类型只有在引导其类型化的价值观点下才能进一步加以确定。② 我们认为，规避上述风险的立足点在于涉案法律规则所蕴涵的规范视角，此规范视角既是实质推理据以展开之价值判断的深层来源，也是法律发现的中枢神经。本质总是特定视角下的本质，相似也总是特定视角下的相似。至于该规范视角是立法者的视角，还是司法者的视角，抑或是其他规范性来源的视角，就是一个具体语境中安定、公正与合目的性这三种法律理念的现实博弈乃至民族偏好问题了。

思考题

1. 试述推理的含义及作用。
2. 试述推理的划分依据。
3. 试从不同的角度阐述推理的分类。
4. 试述形式推理与实质推理的主要区别。
5. 简述法律推理的独特属性。
6. 试述法律推理中形式推理的局限性。
7. 试述法律推理中实质推理的必要性。
8. 试从类比推理的角度，简述法律推理与法律发现的关系。

参考书目

1. 吴康．哲学大纲．台北："商务印书馆"，1992
2. 金岳霖主编．形式逻辑．北京：人民出版社，2006
3. 唐君毅．哲学概论（上）．台北：学生书局，2005
4. ［德］黑格尔．法哲学原理．范扬，张企泰译，北京：商务印书馆，1961
5. 赵雅博．西洋哲学的发展．台北："商务印书馆"，1994

① Höffe Otfried, Immanuel Kant, tr. Marshall Farrier, Albany, State University of New York Press, 1994, p. 36.

② 参见黄茂荣：《现代民法与法学方法》，385 页，北京，法律出版社，2007。

6. 葛洪义．法与实践理性．北京：中国政法大学出版社，2002
7. 郭继海．真理符合论的困难及其解决．北京：中国社会科学出版社，2003
8. ［古希腊］亚里士多德．形而上学．苗力田译．北京：中国人民大学出版社，2003
9. 吴汝钧．西方哲学的知识论．台北："商务印书馆"，2009

第十章
法律论证

第一节　法律论证的内涵及方法论价值

一、法律论证的内涵

二、法律论证的方法论价值

第二节　法律论证的方法

一、合法性问题："规则"为中心的法律论证方法

二、合理性问题："认同"为中心的法律论证方法

三、正当性问题："程序"为中心的法律论证方法

第三节　法律论证方法的关键环节

一、法律论辩

二、法律证成

三、法律正确结论

本章导读

法律论证是法律方法论的核心问题之一。本章由三节内容组成，第一节主要介绍法律论证理论的内涵及其方法论价值。第二节以法律论证所要解决的问题为中心，着重探讨了"规则"为中心的法律论证方法、"认同"为中心的法律论证方法以及"程序"为中心的法律论证方法。第三节主要从法律论辩、法律证成和法律正确结论三个方面介绍了法律论证方法的关键环节。本章的重点在于理解法律论证的概念和掌握法律论证的方法，难点在于理解法律论辩和法律证成的规则。

第一节　法律论证的内涵及方法论价值

在我国，对法律论证进行专门的讨论，还是近年来的事情。本节在对法律论证内涵进行界定的基础上，重点从方法论角度分析法律论证的价值。

一、法律论证的内涵

从一定意义上讲，法律不同于强盗的刀枪之处正在于前者需要建立在讲道理的基础之上，

而后者则是一种赤裸裸的暴力并无须给出任何理由。法律之所以取代私力救济成为现代社会最主要的纠纷解决方式，也正是因为通过给出理由使其自身逐步得到了争议各方和社会大众的认可。法谚云，“正义不仅要得到实现，而且要以人们看得见的方式实现”。那么如何使法律正义成为一种能“看得见的”东西呢？只有通过论证这个载体去不断地证明、说服和评论，法律和判决中的正义才能变成具体化或实在化的东西，才会成为人们用感官可以直接感知的东西。与世界性的法律实证主义思潮在法学理论中的主导地位一致，近年来，法律实证主义在中国逐渐走强。人们试图借鉴社会理论、解释学、语言哲学等领域的研究成果，以更为实证化的方式，为各种法律价值问题的解决提供依据。①

要准确地把握法律论证的含义，需要对它的属概念“论证”作一些考察。根据逻辑学的一般解释，“论证”的基本含义可以解析为：“是用某些理由支持某一结论的思维方式或思维过程。”“论证有广义和狭义之分。狭义的论证大致相当于一个推理……广义的论证则要复杂得多……它通常是一连串不同的推理形式的复合。”一个论证就是“一个运用逻辑方法从理性上进行的证明”②。

法律论证是逻辑学与法学相结合而产生的新范畴，它译自英语词组“Legal argumentation”。对法律论证可以作两个方面的理解，即关于法律的论证和通过法律进行论证。关于法律的论证涉及面很宽，像立法过程中对法律规则的论证、法学研究中关于法律问题的论证以及法学教学过程中对有关法律命题的论证，还有司法过程中关于法律事实判断的论证等。比如，立法过程中人民代表或人大常委会委员就自己的立法议案和立法意见公开进行的辩论，法庭上有关当事人特别是律师陈述辩护或代理意见，法官在合议庭和判决书中阐述案件处理意见等。③上述过程存在着比较广泛的法律论证的需要，相关人员有责任通过合乎理性、逻辑或事实的形式，证明自己的主张的正确性。通过法律的论证主要是指在司法过程中对作为判决理由的规范命题依据的法律所进行的论证。④

需要注意的是，当今学界对于法律论证理论还未形成统一的理论，还没有实现内部划一的整合。但同时应该承认的是，各种理论之间还是具有某种共性的。按照季卫东教授的归纳，这种共性主要表现在：（1）法律可以左右司法判断但不能完全决定之（非决定论）；（2）法律议论不仅仅是演绎性的推论还要根据命题进行合情合理的讨论（超三段论）；（3）法律议论除了符合法律之外还要符合正义（非实证主义）；（4）在法律议论中正当程序和理由论证具有重要的意义（过程指向）；（5）承认制度与实践之间存在着互动关系（相互主观的思维模式）；等等。⑤ 按照上述归纳，我们认为，法律论证具有自身独立的范畴意义，它表征着一种独立的具有特定意蕴的法律活动。具体来说，法律论证是法律主体在法律交往活动中运用法律理由证明自己的法律行为或法律主张的正当性、合理性的证立过程和证立方式。正确地、全面地把握法律论证这一概念的含义，必须注意如下两个方面：

第一，法律论证是对法律命题（或法律判断）的证立过程，是一个说服听众、讲法说理的过程。法律人要想证立某一个理由（即裁判规范），其一，要进行合法性论证，即用于个案的命题（或法律判断）应具有逻辑上的涵盖关系。其二，要进行合理性论证，这就是指应用于个案的法律命题不仅应是合法的，而且还应该是正当的。阿列克西指出：“证立的要求以及与此

---

① 参见葛洪义：《试论法律论证的源流与旨趣》，载《法律科学》，2004（5）。

② 黄竹胜：《法律论证：概念架构与语义分析》，载《广西师范大学学报》，2003（2）。

③ 参见葛洪义：《试论法律论证的概念、意义与方法》，载《浙江社会科学》，2004（2）。

④ 参见谢晖、陈金钊：《法理学》，452页，北京，高等教育出版社，2005。

⑤ 参见季卫东：《法治秩序的建构》，105页，北京，中国政法大学出版社，1998。

相联系的正确性要求，至少就法官判决而言，可以超越此点而通过实在法加以证立……这就使法官基于实在法的判决被置于正确性的要求范围之内。”①之所以要在论证中引入法律外的因素，是因为法官判案时不仅要说法还得讲理，只有把讲法与讲理结合起来，才能增大法官判决的说服力，才能真正树立法律的权威。

第二，法律论证是一个建构法律推理的大前提及证立大小前提之间逻辑关系的过程。法律论证在某种程度上也可以说是论证法律，不过这里的法律不是指一般的法律（一般的法律在这里只是论证作为司法推理的法律的论据），而是指作为法官裁判案件具体标准的法律。作为构建裁判标准（或判决理由）的法律，它被有些法律人称为真正有效的法律。论证大前提的同时，还得解决一个问题，这就是大小前提之间的对应关系。大前提的证立仅仅在大小前提之间存在对应关系时才有意义；否则，大前提即使再正确，如果和小前提没有对应的逻辑关系，对审判来说也是毫无意义的。②

二、法律论证的方法论价值

“所有的人都会死，苏格拉底是人，因此苏格拉底会死。”这是形式逻辑三段论最著名的表述形式之一。三段论的推理非常有力，为人熟知，因此，渴求自己的活动尽量客观的律师和法官都花费很大力气使法律推理看上去尽可能像三段论。但形式逻辑推理的致命之处就在于对作为推理大前提的法律规范的确定性不加反思的认可，认为法律规范的内容是无所不包的、语言表述是准确明了的，司法过程只不过是法官严格按照三段论推理得出结论的过程。但现实的情况是，法律规范具有不周延性、滞后性和模糊性等特征，规范与事实之间并不存在一一对应的关系，并且人们对很多规范最终要表达的意思的看法也存在诸多的分歧。针对实证法学的这一困境，在法学方法论中形成了法律解释理论。法律解释学在一定程度上承认了法官的自由裁量权，但又产生了另外一个问题，这就是如何控制自由裁量、防止司法专横？法律论证理论正是为了解决严格的形式逻辑与自由的法律解释之间的矛盾而产生的。法律论证理论不但要求人们在各种法律规范之间作出选择，更要求选择者对自己的选择作出论证、给出理由。

无论是实证法学还是自然法学，都认为法律规范本身是不容置疑的，前者将人们对法律规范认可和接受的理由建立在主权者的命令之上，后者则将其归于上帝、理性或正义等抽象概念之中。事实上，现代社会已成为一个日益多元的社会，传统的以理性或权威的名义作出的各种决断越来越受到质疑，人们不得不为自己的主张进行辩护和论证，以便更好地说服他人。因此，论证在整个社会生活中的作用就显得越来越重要。法律论证试图提供这样一整套理性分析和评判的法律观与方法论。法律论证正是通过一定的方式来为某种法律主张和判断的正当性和正确性进行论辩的过程。总结起来，法律论证的方法论价值主要体现在以下几个方面：

第一，法律论证可以克服形式逻辑推理的局限性。论证需要依靠形式逻辑，特别是三段论推理，但是，形式逻辑又不能完全解决论证中存在的一些重大问题。原因在于：在运用理由来证明命题和陈述正确性的过程中，由于一个命题或陈述的正确性往往需要依靠另一个命题或陈述来证明，而每一个命题和陈述又都面临着共同的需要被证明的问题，因而论证就存在一个著

① ［德］阿列克西：《法律论证理论》，舒国滢译，266页，北京，中国法制出版社，2002。

② 参见陈金钊：《法律论证及其意义》，载《河南省政法管理干部学院学报》，2004（4）。

名的解释学难题——“明希豪森三重困境”[①]。该难题指出，论证可能陷入三种困境：其一，无限倒退。即A命题需要B命题的支持和证明，B命题需要C命题的支持，C命题又需要D命题的支持，无限后退。由于理论上任何运动的东西都需要被另一个东西推动，因而这种论证方式的确定性需要建立在一个能够证明其他命题而本身又是不证自明的公理或者优先规则之上，而在人文社会领域这种不证自明的命题又不存在，因此优先规则难以确定，必然陷入一种无限倒退的境地。其二，循环论证。即用B命题证明A命题，用C命题证明B命题，用A命题证明C命题，命题之间相互证明。其三，武断地终止论证。在论证的过程中，将某个特殊的理由和依据（如某个规则、教条、道德或宗教信条等）作为不证自明的东西，断然地终止论证。[②]如果不能走出这个困境，论证的说服力就会大打折扣。

第二，法律论证是限制自由裁量、排除司法专断的有效措施。正如有研究者所指出的那样，“对法律论证的兴趣日益高涨的主要动因之一应该与人们对法官作用的看法转变有关”[③]。法官在司法裁判活动中，无论是对案件事实的认定抑或是对法律条文的选择适用，都包含了法官个人的主观能动性，其间蕴涵着较大的自由裁量因素。操控司法权的法官在认定案件事实的过程中，其内心确信和自由裁量权的运用都无法采用任何量化标准来进行测度，因而法官往往扮演着“超人”的形象。这又产生另外一个问题，这就是如何控制自由裁量、防止司法专横？法官是否能够真诚地保护个人权利，法官能否保证不滥用权力，在很大程度上只能通过相关法律和程序进行规约。其中，权力行使过程和结果的公开化，被认为是制约法官司法裁量权的一种有效方案。[④] 所以，法律论证（尤其是在判决书中公开论证理由与过程的做法）是限制法官恣意的有效手段。

第三，法律论证试图建立以民主商讨和开放性为基础的逻辑推论理论。法律论证有自己的特点，即它是根据法律来论证某个法律判断或陈述的正确性，比较而言，法律论证有一个相对确定的支点，它必须寻求一个相对确定的结论。法律规则和法律原则在其适用于具体情况的过程中都有一个需要进一步论证的问题，在法律含义不清晰时（这种情况并不少见），法律论证的难题同样也影响着法律决定的过程。现代法律论证理论超越了实证主义方法和逻辑分析的局限性，深入探讨自身向民主的、开放的现代思想方式扩展及延伸过程中所可能产生的问题，试图通过建立对话与协商制度的方式完成法律论证。对话与协商制度的理论基础是哈贝马斯的“沟通理性”。“所谓‘沟通的合理性’是指在不受利益和强制的干扰的完全自由的状况下，当事人通过互相提出论据的方式达成合意的对话过程中所实现的合理性。”[⑤] 哈贝马斯的沟通理性的一个证立点，是在人的交往或语言使用里显示出人希冀的相互的真诚了解。也就是说，不用任何内在或外在的压力加诸对方身上，而只是用论证来说服对方达成共识或相互了解。这种以“最佳论据”作为人与人相互沟通的准则，具有深远的道德和政治上的意义。此种人际交往意味着人类放弃了用武力或其他内外的制约来协调人的行为，而以沟通和对话去处理人际间的冲突。

---

① ［德］阿列克西：《法律论证理论》，舒国滢译，223～224页，北京，中国法制出版社，2002。

② 参见舒国滢：《走出“明希豪森困境”》（代译序），载［德］阿列克西：《法律论证理论》，舒国滢译，12页，北京，中国法制出版社，2002。

③ 陈金钊：《法律论证的理论探寻》，载《东岳论丛》，2005（1）。

④ 参见万毅、林喜芬：《从“无理”的判决到判决书“说理”》，载《法学论坛》，2004（5）。

⑤ 阮新邦、尹德成：《哈贝马斯的“沟通行动理论”》，载杨善华主编：《当代西方社会学理论》，183页，北京，北京大学出版社，1999。

第二节　法律论证的方法

法律论证所要解决的问题不仅仅是单纯实证法内的合法性，而且是更广泛意义上的合理性与正当性。从形式上看，法律论证是一个窗口，当事人和公众可以通过这个窗口来审查法官的审判活动是否合法、是否公正。同时，法律论证既应该有说服人的客观内容，也应该有说服人（包括自己）的主观内容；既应该有事实描述，也应该有价值判断。另外，法律论证应是主、客观的结合体，或者应是事实和价值的结合体。这种结合具体表现为要求法律论证本身遵循一些基本规范，而不可由论证者随心所欲全凭自己的主观好恶给出。本节以法律论证所要解决的合法性、合理性和正当性问题为中心，将法律论证方法归纳为以下三种：

一、合法性问题："规则"为中心的法律论证方法

"规则"为中心的法律论证方法，简单地说，就是指如何选择和依据一定的合理的论证规则推导出法律论证的优先规则，进而保证法律决定的正确性的方法和手段。[①] 法律论证旨在保证法律推理大前提的正确性，而大前提的正确性又是结论正确的保障，所以狭义上法律论证，主要是对作为判决的大前提的法律命题的论证，重点解决作为判决标准的法律的正当性、合法性等问题。法律论证理论的关键乃是相信在疑难案件中法官仍可以通过一种合乎理性的方式进行裁判，从而使公民的权利可以得到保护。从这一角度讨论法律论证方法的主要代表是英国法学家麦考密克。他把证立区分为一阶证立与次阶证立，一阶证立是演绎性的，它只适用于简单案件。在简单案件中，由于规则是没有歧义的，法律事实也是清晰的，因而只需要演绎推理就可以解决问题。然而，也存在这样一些情况：（1）规则是否适用于某些案件事实是不清楚的；（2）没有规则可以适用于当下的案件事实；（3）案件事实是否能够作为规则之构成事实很难确定。也就是所谓的解释问题、关联性问题与定性问题。当这些情况发生时，就需要法官在现有规则体系之外重构一个规则。[②]我国学者葛洪义教授也曾指出，"论证是为了证明自己的主张的正确性，而正确的主张是建立在无可动摇的论证前提——某个普适性的优先规则或者元规则的基础上的，所以，法律论证的目标首先就是确立优先规则（或者称为法律论证的元规则），其旨趣是提出一个富有价值内涵的优先规则，然后根据优先规则证明某种主张的正确性。这包括两个方面的问题：一方面，法律体系内部的规则之间存在着一个优先性问题，法官必须选择自己所应该适用的最合适的法律规则，并论证这个规则为什么应该被优先考虑；另一方面，制定法律时，或者当已经生效的法律规则本身规定不明确，或者法律规则的适用将导致明显的荒谬结论时，行使公共权力的立法者和司法者，如何证明自己对行为模式或者具体纠纷的选择、判断确实基于一个可靠的必须优先考虑的普适性规则？"[③] 因此，"规则"为中心的法律论证方法可以具体化为两种论证类型：其一是结果的优越性；其二是价值的融贯性。

结果的优越性即按照所重构之规则进行判决的现实或逻辑结果优越于所排斥的另一规则的逻辑结果。

举例予以说明，受害人是一个聋哑农民，2010 年 7 月 5 日傍晚，其在铁道旁的田地里种

① 参见葛洪义：《试论法律论证的概念、意义与方法》，载《浙江社会科学》，2004（2）。

② 参见陈坤：《法学方法论的困境与出路——论最小损害原则》，载《西南政法大学学报》，2012（1）。

③ 葛洪义：《试论法律论证的源流与旨趣》，载《法律科学》，2004（5）。

地，回家时路过铁轨，火车鸣笛后，其因身体原因没有听见，也没有注意火车已到，后来被疾驰的火车撞倒致残。根据《铁路法》第58条第1款的规定，“因铁路行车事故及其他铁路运营事故造成人身伤亡的，铁路运输企业应当承担赔偿责任；如果伤亡是因不可抗力或者由于受害人自身的原因造成的，铁路运输企业不承担责任”。从文义解释的角度来看，“受害人自身的原因”包括受害人的故意和过失行为。一审法院认为，根据《铁路法》的上述规定，损害是由于受害人自身的原因造成的，铁路运输企业应当免责。二审法院认为，在本案中，基于《铁路法》的上述规定而完全免除铁路企业的责任，由受害人自行承受损失对受害人不公平，因此，铁路运输企业有义务赔偿损失。①

正如麦考密克所指出的那样，“我们有理由认为，在处理案件时，法官理应对摆在其面前的各种可供选择的裁判规则所可能造成的后果予以审慎考量以权衡利弊”②。在上述案件中，如果仅从形式上分析，一审法院的论证似乎并没有问题。因为受害人的过失没有注意到火车的到来，这属于受害人自身的原因所造成的伤害。但一审法院的判决结果存在着明显的不合理。二审法院之所以没有适用《铁路法》第58条的规定，而是通过重构“规则”判决铁路运输企业赔偿损失，其主要的论证依据是结果的合理性。从更深的层面分析，意外损害由行为人负担而不由受害人负担的理由主要有三：第一，行为人是这些危险源的制造者，在某种程度上也只有他们能够防止或控制这些危险；第二，行为人获得利益并应承担风险，是社会正义的要件；第三，行为人通常是非常具有财力的企业，只有这些企业才具有分散负担的能力。无过错责任原则体现了保护弱者的社会思潮。③ 很显然，二审法院在论证中抛弃了片面的形式正义观念而追求实现实质正义，考虑双方当事人的利害关系，试图作出在当时的一般人看来是合情合理的决定，使裁判结果具有社会妥当性。

价值的融贯性是指所重构之规则要和法律中的一般性原则或实质性价值保持一致。

> 举例说明之。原告：张正青，男。被告：张秀方，女。杭州市萧山区人民法院经审理查明：2008年5月19日，张正青与张秀方订立《双方协议》，双方约定：张正青借给张秀方100万元，用于购买杭州市某房产，张秀方用其所有的房产作抵押，并承诺终身不嫁他人，一生做张正青的情人。如果张秀方违反协议，则应当返还借款；如果张正青提出解除情人关系，则张秀方有权不归还借款，将该笔借款充抵精神赔偿款和生活补助款。同年11月27日，张正青与张秀方再次订立《补充协议》，双方约定：张正青已经出资70万元，以张秀方的名义购买杭州市的某房产，该房产的按揭余款由张正青支付。张秀方自愿做张正青的情人，如果张秀方违反承诺，则应退还张正青已经支付的70万元及按揭款；如果张正青提出解除与张秀方的情人关系，则张秀方有权不退还张正青已经支付的70万元以及按揭款。在双方以情人关系相聚期间，在没有专属双方的生儿育女协议之前，张秀方不得生育。2009年2月9日，张正青将张秀方诉至杭州市萧山区人民法院，要求确认双方之间的协议无效，要求张秀方归还借款70万元，并承担案件的诉讼费用。一审法院认为张正青与张秀方之间订立的协议违反法律规定和公序良俗原则，损害了社会公德，破坏了公共秩序，应属无效行为。张正青要求确认该协议无效的理由成立。民事行为无效，所得的财产应返还，故张正青要求张秀方返还已支付给张秀方的70万元的诉讼请求符合法律规定。据此判决：张秀方在判决生效后30日内返还张正青人民币70万元。二审法院经审理

① 参见王利明：《法学方法论》，669～670页，北京，中国人民大学出版社，2012。

② ［英］麦考密克：《法律推理与法律理论》，姜峰译，140页，北京，法律出版社，2005。

③ 参见尹志强：《侵权行为法的社会功能》，载《政法论坛》，2007（5）。

认为：张正青与张秀方无视我国的婚姻家庭制度，企图用金钱去维系不正当的情人关系，其行为违背了社会公德，损害了社会的公序良俗。对张正青与张秀方所订立的两份协议的内容，法律不予保护。本案不属于人民法院受理民事诉讼的范围。据此裁定：撤销一审判决，驳回张正青的起诉。①

一审法院的论证思路是，本案中张正青与张秀方之间订立的协议在表面上是附条件的赠与协议，系对私人财产权的处分，但其约定以保持情人关系作为赠与的条件，且情人关系存续与否直接影响款项是否返还。《民法通则》要求“民事活动应当尊重社会公德，不得损害社会公共利益”。《合同法》第7条规定：“当事人订立、履行合同，应当遵守法律、行政法规，尊重社会公德，不得扰乱社会经济秩序，损害社会公共利益。”原、被告双方的协议系建立在“婚外情”这一特定条件下，其目的具有不正当性。因此，该协议从立约目的上违背了善良风俗原则，影响了社会秩序，违反了社会公德和婚姻伦理秩序，在效力上应予以否定。据此，一审法院以该协议违反公序良俗为由，判决张秀方将钱款返还给张正青。从表面上看，引用公序良俗原则否定协议的效力，再按照合同无效的处理原则判决返还，符合《合同法》的一般思路。二审法院认识到本案单纯运用合同无效后返还的思路予以处理并非很妥当，按这种思路判决可能造成事实上允许包养情妇者行使撤销权，客观上造成“人财两得”的后果。二审法院没有适用“合同无效财产返还的规则”，而是重构了“非正常的民事权益，不受法律保护，也不能纳入通过民事诉讼保护的民事权益的范畴”。其实，法院并非简单的诉讼技巧竞技场，司法的价值导向和人文关怀始终是规则论证中应当体现和考量的重要因素。

二、合理性问题：“认同”为中心的法律论证方法

“认同”为中心的法律论证方法强调共识的重要性，“认同”理论者认为对于法律中的价值来说，除了达成共识之外，很难具有更强的客观性。法律论证所注重的“认同”，即“可接受性”，取决于论辩本身对听众所产生的效果。“认同”为中心的法律论证方法的理论成果主要有：佩雷尔曼的新修辞学、图尔敏的论证模型和菲韦格的论题学方法。

佩雷尔曼的新修辞学论证选择了一种命题的而不是规范的描述方法，他没有在完善论证的正当性标准上煞费苦心，而是把对论证质量的判断交给了听众。“法律推理是实践推理的一个非常精致的个案，它不是形式上的证明，而是一种论辩，该论辩旨在通过表明这种选择、决定或取向较之同时存在的其他各种选择、决定或取向皆更为可取来说服对方，令对方信服。”②由佩雷尔曼所阐发的法律论证理论主要强调判决的可接受性，其基本概念是“听众”，论辩者所指向的听众扮演着重要的角色，为了对听众施加影响并获得听众的认同，就需要进行论证。修辞的方法注重的是法律论证的内容及其可接受性，而修辞术是就每一事物觅出所有可能的说服方式的技能。在他看来，论证的公正性取决于听众的认同。作为实践论辩之特殊形式的法律论证理论应当关注如何说服听众的修辞学，而不是关注得出确定结论的形式逻辑。在佩雷尔曼所著的《新修辞学》一书中，作者描述了成功获得听众认可的有效论证技术。佩雷尔曼认为，言说者为了获得听众的认可，他必须符合某种论证结构：从某个确定的起点出发，并经由确定的论证方案赢得别人对其观点的认可。

---

① 王宓、王志华：《张正青诉张秀方其他民事纠纷案——因“婚外情”引发债务纠纷案件的处理》，见 http://www.zjcourt.cn/20060320000038/，2012-10-25。

② ［比利时］Ch. 佩雷尔曼：《法律推理》，朱庆育译，载陈金钊、谢晖主编：《法律方法》，第2卷，139页，济南，山东人民出版社，2003。

考虑不同的听众是“认同”为中心的法律论证方法的逻辑起点，佩雷尔曼将听众分为三种：第一种是所有具有正常认识能力的人，即普遍听众；第二种是说话者在对话中的单一听众，即特殊听众；第三种是说话者本人将自己作为听众。因此，法律论证针对不同的听众，要从不同的前提出发，并运用不同的论证方法。论证首先要说服自己，其次要说服对方，最后也是最理想的状况，是说服智识大众。对于法官来说，这就意味着既要说服当事人，又要说服法律职业共同体和一般意义上的民众。

论证起点的选择是“认同”为中心的法律论证方法的关键环节。论证起点可分为基于现实的共识和基于偏好的共识。基于现实的共识包括事实、真理与推定。事实是那些被认为无须讨论、被所有理性人都接受了的起点；真理涉及将事实与他者联系起来的更为广泛的原则；推定与前两者的区别在于其可被推翻。基于偏好的共识包括价值、层级和论题。价值指对某一事物的偏好胜于另一事物，层级指一种价值从属于另一种价值，而论题则是对前二者的证立。基于偏好的共识仅为特殊听众所认同，故不为普遍实践论辩所采用。比如，一份判决书的下列内容，就将论证的起点定于赡养老人是中华民族的传统美德、是法定义务之上，对于这一起点，各方是很容易达成共识的。

> 本院认为，赡养老人是做子女应尽的法定义务。本案原告年事已高，其晚年生活理应得到妥善照料，其作为老年人的合法权益应受到法律保护，本案四被告作为原告的亲生子女，对老人应该尽到法定的赡养义务，以使老人老有所养。但四被告却为一己私利，互相推诿，意见不同时却置原告于不顾。这不仅违背了中华民族敬老爱老的美德，而且也违反了法律对老年人合法权利的保护。①

论证方案的确定是“认同”为中心的法律论证方法的重要内容。论证方案是从被认同的起点到所欲证立的主张之间的传递途径，可以分为关联论证和分离论证两种类型。关联论证指将独立的元素组合为一个新的结合体，而对这一结合体进行肯定或否定的评价。② 比如，法官在一起离婚案件判决书中所描述的以下内容，就是用情感词汇将一些具体的事情结合成“从大局出发，坦诚相见、互相尊重”，并从中推出“夫妻双方和好是可能的”，为最后不准予离婚的判决结果的出现选择了合理的论证方案。

> 婚姻是人生大事，尤其是双方都已步入老年，更应珍惜婚后相当长时间内相互信任、彼此支持、依靠的历程，各自多检讨自身的不妥之处。如双方能够从大局出发，坦诚相见互相尊重，目前的僵局是可以打破并好转的。夫妻双方和好是可能的，目前夫妻感情尚未破裂。③

从表面上看，“认同”为中心的法律论证仅仅是几句论证性的文字，但这种文字的背后站立的却是活生生的人——法官。它传递着一种意义、一种情感和期望。从这一点上说，法律论证是一种主观的或精神的东西。它把法律和道德糅合到了一起，又把感性和理性结为一团；它把正义由天上迎到了人间，把抽象转换成具体，并最终使正义走进当事人的心中。

三、正当性问题：“程序”为中心的法律论证方法

一些人看来，结果具有可接受性并不意味着它已经或可能被相关主体发自内心地接受，而

---

① 蔡琳：《裁判的正当化：法律论证理论及当代中国法院判决书的分析》，104 页，中国社会科学院研究生院博士学位论文，2006。

② 参见雷磊：《法律论证的功能、进路与立场——以菲特丽丝〈法律论证原理〉一书为视角》，载葛洪义主编：《法律方法与法律思维》，第 4 辑，370～371 页，北京，法律出版社，2007。

③ 陈金钊等：《法律方法论研究》，485 页，济南，山东人民出版社，2010。

是说它是依据合法的程序产生的，即合理性取决于论辩程序是否符合可接受性的某些形式标准和实质标准。这就是第三种面向的法律论证理论，即程序论证方法。

以下是《一个中国记者看二战》作家萧乾作出的一些反思：

> 对于纽伦堡审理纳粹战犯的某些程序，我和另一位也在那里采访的苏联同行当时有点想不通。那帮罪行累累、十恶不赦的纳粹头目就是把他们碎尸万段，也不为过。然而纽伦堡战犯审判的主持者好像是在表演耐性，一点也不急于为那些恶魔定罪，把他们送上绞刑架。听说纳粹德国投降时，除了已经自我消灭的希特勒，共抓了20万名大小头目。花了足足半年时间经过初审，逐步缩小惩办范围，所以到1945年11月才开始正式开庭审理，次年8月才结束。9月30日及10月1日两天，分两批宣判并执行。总共竟然花了280天。
>
> 他们当然不是有意拖延，而是由于过程的"烦琐"。纽伦堡法院两层大楼两边各关着各级战犯，中间除了法庭外还分组办公，其中最忙的是档案组。他们对所有汇集来的材料都一丝不苟地查对核实。开庭前给有关被告充分的时间去陈述——往往是狡辩或抵赖。然后就再去调研。在法庭上被告时而自我吹嘘甚至还要表功。法官这时并不拍案制止发言，而是马上传来有关证人。所以经常一个纳粹头目在受审，法庭外候审室里总坐着几个等着被传讯的证人，准备用真凭实据来驳斥种种抵赖和狡辩。法官不是靠木槌而靠如山的铁证，来驳倒被告的狡辩。
>
> 我当时所感到困惑不解的，是法庭不但准许犯人作充分的自我辩解，并且还为他们每人各聘有律师出庭辩护。事先，法庭为每一被告开列几名律师，其中还有德国人，并附有每人的履历，任凭被告选择。因此，在法庭上除了准许战犯本人狡辩外，他们各自的律师也想尽理由为他们开脱，设法减刑。那时我想，既然明知这些家伙做尽伤天害理的事情，就是上一百次绞刑架也不为过。何以还准许他们当庭大放厥词，甚至还为他们请来律师辩护？最起码这也是浪费时间！到了1957年夏天，我才明白让被告替自己辩护再定罪的必要。及至60年代中期，我更体会到让被告当众替自己申诉不仅仅是对他本人的公道，也是对后人，对历史负责。①

在程序中，"法律的重点不是决定的内容、处理的结果，而是谁按照什么手续来作出决定的问题的决定。简单地说，程序的内容无非是决定的决定而已"②。程序本身不直接指向当事人的实体利益，那么人们为什么还要关心程序呢？原因就在于程序所承载着的利益，因为程序作为实现实体利益的手段或形式而牵涉到诸种实体利益。比如，进行诉讼而遭到败诉的当事人虽然对判决不满，但因为自己已经被给予了充分的机会表达观点和提出证据，并且由于相信会是公正无私的法官进行慎重的审理，因而对结果的不满也就因为失去客观依据而只能接受。"这种效果并不是来自于判决内容的'正确'或'没有错误'等实体性的理由，而是从程序过程本身的公正性、合理性产生出来的。"③ 程序具有超越个人意识和具体案件处理的特性，从而把纠纷的解决和决定的作出建立在"结构化"和"一般化"的制度之上。

哈贝马斯和阿列克西的法律论证理论即可归入"程序"为中心的法律论证方法这一类别。哈贝马斯的"沟通理性"认为，如果所有关系人都能在理想言谈情景的条件下就某一规范达成共识，那么该规范就能视为理性建立起来的规范。理想言谈情景的主要条件是程序性的，即论辩参与人应该被平等对待，在提出主张和考虑时不应相互隐瞒。哈贝马斯具体设计了理想的商

---

① 转引自李永红主编：《法理学》，312～313页，厦门，厦门大学出版社，2007。

② 季卫东：《法治秩序的建构》，21页，北京，中国政法大学出版社，1999。

③ ［日］谷口安平：《程序的正义与诉讼》，王亚新、刘荣军译，5页，北京，中国政法大学出版社，1996。

谈情景。①

（1）任何言说者均可参加论辩。

（2）（a）任何人均可质疑任何主张；

（b）任何人均可在论辩中提出任何主张；

（c）任何人均可表达其态度、愿望和需求。

（3）任何言说者均不因受到论辩内或论辩外的某种强制的阻碍而无法行使其在（1）和（2）中所确定的权利。

哈贝马斯的法律商谈理论只是从宏观上对达成理性、可接受性的结论的可能性进行了设计，并没有对如何达致这种结果进行更加详细的描述和分析。为了弥补理想的法律商谈理论的缺陷，阿列克西在继承哈贝马斯理论的基础上，主要从程序上对该理论进行了完善。阿列克西的代表性著作——《法律论证理论》所“讨论的核心问题是通过程序性技术（论证规则和形式）来为正确性要求提供某种理性的（可靠的、可普遍化的或可以普遍接受）基础，试图在其设定的限度内于普遍实践论辩和法律论证领域走出‘明希豪森困境’”。他认为法律论证是一个程序理论，“依照这个理论，一个规范，当且仅当其能够成为通过论辩规则界定的程序之结果时，那么它就是正确的”②。

“法律论证理论解决上述问题（优先规则的确立和元规则的发现）的基本方法是通过提出一系列论证规则的方式，试图建立一个民主的开放的商讨性的论证程序。这就是法律论证理论的主要价值所在，即将对法律实质正义的追求转化为一个程序问题，建立在程序正义的基础上。依据这种理论，一个正当的、也是正确的法律决定必须通过民主的理性的协商、交流与对话制度才能形成，把法律意义上的真理与通过沟通理性形成的共识联系起来。”③“程序”为中心的法律论证方法要求结果的得出必须依据某种程序上的理性标准，主张对于一个可接受的法律判决来说，重要的是参与者要遵循某些规则。这套系统的基本规则包括利益相对的当事人、中立的决定者、足够的信息、充分的对话和确定的结果等五个方面的内容。④

第一，利益相对的当事人。当事人在社会生活的相互行为和关系中产生意见分歧或利益冲突（程序开始于冲突一方的申请），程序是这种行为和关系的进一步延续，并且，程序通过当事人的相互行为和关系而得以实现。当事人的利益或意见必须是相互对立或相互竞争的关系，他们在其中可以公开地进行相互攻击，而这种攻击是被控制和限定在和平的程序装置之中的。这些利益和意见如果不是相互冲突或相互竞争的关系，则不符合正当程序的要求。也正是因为当事人之间存在利益冲突或竞争，才使得各方利益的协商和让步成为可能，对立的各方在程序中同时具有了妥协的机会。

第二，中立的决定者。决定者在多数情况下是指解决纠纷的第三者或程序的指挥者。正当程序对于决定者来说，最重要的要求是“中立性”。“自然公正”的两项要义之一就是强调决定者的中立问题，并在正式法律中表现为回避制度的设置。回避制度除了要求法官与案件、案件的当事人没有任何利益牵连，还包括审判者无偏见原则——审判者不能对案件产生先入为主的预断以及审判者要有表面的或者外观的中立。

第三，足够的信息。信息和证据是指与待决事项相关的事实、知识、资料、根据等。对于

① 参见［荷］伊芙琳·T·菲特丽丝：《法律论证原理》，张其山等译，62页，北京，商务印书馆，2005。

② ［德］阿列克西：《法律论证理论》，舒国滢译，105页，北京，中国法制出版社，2002。

③ 葛洪义：《试论法律论证的源流与旨趣》，载《法律科学》，2004（5）。

④ 参见李永红主编：《法理学》，314～315页，厦门，厦门大学出版社，2007。

一个事项的决定者来说，足够的信息是十分重要的。这里的“足够”意味着信息的量和质两个方面的要求。从质上来讲，信息必须是多样化、合法化、公开化的。首先，程序中的信息应该是多样化的，这就要求信息来源的多元化，否则，就容易造成偏听偏信。其次，程序中的信息应该是合法的，也就是说有合法的来源（通过正当途径获得）。再次，信息的公开化是指信息在公开的程序中提交或传达。程序的设置应当有利于当事人获得对方的证据信息，从而进行信息的比较和估计。信息的处理也是十分重要的，对于决定者来说，能否正确处理信息直接关系到他能否作出正确的决定。

第四，充分的对话。对话是指程序主体（特别是对立面）之间为达成合意而针对争论点所开展的意见交涉的方式。合意“不是你好我好的意愿，而是求大同、存小异的有原则的自愿”，交涉“不是单纯的利益交易，而是指‘在法律阴影下的交涉’”。纠纷的解决其实就是使关系恢复正常的过程，辩论等都是为了获得纠纷解决的结论而使用的一种对话手段。人们通常在听到与自己观点相左的意见时，总是会反思一下自己的想法。棚濑孝雄说，尤其当有义务就自己的观点向对方进行合理的说明时，这种反省作用会更加明显。这种对话意味着当事人必须诚实地向对方说明自己主张的合理根据。在程序中，“说明义务被高度规范化，任何强词夺理或以各种借口避免说明的行为都不能被允许，完全有可能在理想状态下展开自由而理性的对论”①。

第五，确定的结果。结果是指程序中产生的、根据事实和正当理由作出的最终决定。任何程序的目的和功能都指向解决纠纷的决定的形成，这是程序的最后环节。程序论证要求在强制方式下形成的结论必须说明理由，即说服决定者主观思想的东西以及说服其他人的那些东西。无论其形成是以合意还是以强制为方式，都要求自公布时起具有强制力、既判力和自我约束力。除非依法进入另一程序，否则这个结果是不能被撤回或变更的。这是程序的“不可逆性”所决定的，而“不可逆性”又是由程序作为一种“观念的构成物”而产生的，它区别于现实生活空间的所谓“法的空间”。程序结果的确定性是法律形式化的重要标志之一。正像“说过某句话”、“签过字”所带来的效果一样，这也就是韦伯所说的一种“采取某种特定的、其意义永远固定的象征性行动，这意味着最严格方式的法的形式主义”②。

第三节　法律论证方法的关键环节

“法律论证作为一个理性的实践活动，有两条基本线索：一条是主线，即按照法律规则效力的逻辑层次论证法律以及法律决定的合法性；另一条则是复线，即为法律论证本身的合法性提供以论证规则为内容的理性讨论程序。”“法律论证是指通过提出一定的根据和理由来证明某种立法意见、法律表述、法律陈述、法律学说和法律决定的正确性与正当性。”③ 从上述表述中，我们可以看出法律论证的关键环节包括三个方面内容，即理性讨论程序、法律以及法律决定的合法性、正确性与正当性。这三方面内容可以具体化为法律论辩、法律证成和法律正确结论三个问题。

---

① ［日］棚濑孝雄：《纠纷的解决和审判制度》，王亚新译，127 页，北京，中国政法大学出版社，1994。

② ［德］韦伯：《经济与社会》，下卷，林荣远译，17 页，北京，商务印书馆，1997。

③ 葛洪义：《试论法律论证的源流与旨趣》，载《法律科学》，2004（5）。

一、法律论辩

在哈贝马斯看来，确定一个判断之有效性的条件的满足，“不可能直接诉诸经验证据和理想直觉中提供的事实，而只能以商谈的方式，确切地说通过以论辩的方式而实施的论证过程”①。由于在多数情况中，法律论证总是要面对两种以上的命题及其论证，在这些命题之间进行权衡和选择是不可避免的，因而可反驳性是法律论证的基本特征之一。法律论证在不预设先验价值及标准的前提下，所提供的程序就是在相互竞争的观点中获得最佳答案，所以，法律论证中任何观点都有可能被辩驳，这与一般意义上的司法过程也是如出一辙的。② 在德语中，论证（Argumentation）与论辩（Diskurs）均有讨论、辩论之义，只不过 Argumentation 除讨论、辩论之义外，尚有理由、论证之义，且 Argumentation 属文雅语，而 Diskurs 属渐旧语。据舒国滢教授介绍，Diskurs 对应于英语中的 Discourse，源于拉丁文的 Discors（不同意、争执），后世西方学者用此词语所表达的含义不尽相同，法国哲学家福柯用它来指代语境复杂的“话语”，德国哲学家哈贝马斯强调它的语用学特征，指代“讨论、对话过程”。但仔细推敲，论证与论辩二者也有以下区别：（1）论辩必须有两个以上的主体才能进行，一个主体只能进行内心的论辩，而内心的论辩能够进行也必须假定有一个潜在的对立方；论证并不强调多主体性，一个主体完全可以自由地进行论证。（2）如果说论证强调论述并证明，即强调证成的话，那么，论辩强调的是论辩之过程，并不强调经过论辩一定能得出大家普遍接受的结论。假如上面所作的区分可以成立的话，那么，我们可以将宽泛意义上的法律论证称为法律论辩，而将方法论意义上的法律论证专称为法律论证。③ 当然，在不太严格的意义上讲，法律论证和法律论辩完全可以换用。有关法律决定的证立过程就是“法律论辩（Juristischer Diskurs)”。

法律论辩可以分为多种类型，比如法学上的争论、法庭上的辩论、立法机关关于法律草案的辩论、普通人关于法律问题的讨论等。在上述各种论辩中，受到最严格限制的是司法过程中的论辩，即法律论证中的论辩。该论辩的合理性取决于该论辩程序是否符合可接受性的某些形式标准和实质标准。它旨在建构理性论辩的规则与分析各种论述之逻辑结构。这要求论辩依据某种程序上的理性标准。对于一个可接受的法律判决来说，重要的是参与者要遵循某些原则。这套系统的基本原则包括一致性、有效性、可检验性、融贯性、可普遍性和真实性原则。法律论证理论迄今为止主要也就是一个围绕法律领域内共识与合意的达成而建立的程序性的法律对话与商讨的理性机制的理论。开展法律论辩必须建立一个具有“客观性”的共识形成的理性机制，因为只有在理性论辩的基础上，让所有人平等、充分地发表意见，才可能形成真正意义上的多数人的共识，所以必须提供一个能够保证理性论辩充分展开的制度。由于这个制度的目的是保证所有参与者都能够理性地参与决策的形成过程，并在理性的氛围中讨论问题，因而这个制度的主干就必须是客观的和程序性的，即对所有参加论辩者都是客观公正的。法律论辩中的理性论辩主要体现为一些论辩的规则，具体包括以下规则④：

第一个规则是一致性规则，它要求论辩中的每一个步骤都要满足逻辑一致性的要求。逻辑一致

---

① ［德］哈贝马斯：《在事实与规范之间——关于法律和民主法治国的商谈理论》，童世骏译，278 页，北京，三联书店，2003。

② 参见孙光宁：《对话方法的价值与局限——法律论证理论的视角》，载《青海社会科学》，2008（3）。

③ 参见赵玉增：《可接受的法律论证理论——读阿列克西的〈法律论证理论〉》，见 http：//www.xhfm.com/Article/falv/200510/Article_78.html，2012－10－25。

④ 参见［荷］伊芙琳·T·菲特丽丝：《法律论证原理》，张其山等译，132～133 页，北京，商务印书馆，2005。

性的要求是指没有内在矛盾，即肯定性主张与否定性主张不能在相同的论证中发生。根据禁止内在矛盾的要求，同时主张王某拥有一辆奔驰轿车和王某不拥有一辆奔驰轿车，是不允许的。

第二个规则是效率规则，它要求论辩参与人必须以相同的方式使用语言。只有当在语言上的分歧被消除时，意见内容上的分歧才能合理的解决。在很多意见对立的场合，在很多沸沸扬扬的论战中，争论的原因和焦点往往是由概念、范畴的歧义所引起的。我们常常发现，参与争论的双方虽然使用同一词语，其负载的意义和包含的信息却很不相同，甚至代表截然相反的观念；人们还时常把一些类似的或同一的词语使用于不同的事例。如果参与论辩的双方能找出同一词语、概念、命题的语义差度，即人们用同一词语所表达的实际思想内容的差别，确认要回答的是什么问题、不是什么问题，以及这个（些）问题是否真的存在，那么有些争论是可以避免或得到澄清与消解的。

第三个规则是真诚性规则。真诚性规则首先是诚实的要求，即辩论者不能使用他明知是有欠缺的证立，用阿列克西的表述就是，“任何一个言说者只许主张其本人所相信的东西”。其次要求任何提出异议的言说者都有权参与到论辩中，而且任何论辩者都有权质疑某个已经提出的陈述。不使用心理或生理上的手段阻止某人提出自己的主张，任何一个主体都不应该被排除在论辩之外。最后是公正客观的要求，意指论辩者不能仅关注自己的观点，还要认可一些反对其推理的论述。

第四个规则是普遍化规则。该规则要求论辩者仅援引其准备普遍化以涵盖其他相似案件的价值判断。普遍化规则首先意味着人们必须接受自己所认可规则的后果，即使它们反过来会影响自己的地位；其次普遍化规则要求满足既定者利益的规范的后果必须为其他任何人所接受。

二、法律证成

从法律论证的视角看，法官的主张和决定（裁判）不要求绝对的正确，而只是说：在有效法秩序的前提条件下，假如它们在遵守法律、判例和法教义学的情况下能够被理性地证立的话，那么它们就是正确的。因此，法律论证的核心问题就是“证成”，无论是使用何种论证方法，其终极目标就是使得自己的主张获得证成。法律论证所要解决的问题是，用什么方式找到可靠的理由（前提），来证明命题或主张（包括法律决定）的有效性与真实性，进而达到合理性和正确性？这就是“可证成性”问题。任何命题的结论，如果缺乏可证成性，那么就根本谈不上有真实性和正确性。在法律领域，所谓可证成性是指，无论是一般规范还是个别规范（司法判决），都必须有合理的根据（理由）来加以证成。进一步讲，所谓证成的过程，即属论辩和说服的过程，可证成性也就是规范性命题及其结论的可接受性。

法律论辩也主要涉及对法律判断的证成。这种证成可以区分为两个层面：内部证成和外部证成。内部证成主要是确立保证判决能够从判决理由中被认真讨论的法律前提中“合乎逻辑地被推导出来”的相关规则，外部证成则主要是确立保证法律论证“前提”的正确性的各种规则。内部证成所处理的问题是法律判断是否是从为了证成而引述的前提中逻辑地推导出来；外部证成的对象是这个前提的正确性问题。① 在阿列克西的著述中，他把论证分为内部证成与外部证成。所谓内部证成是指从现有法律的有效演绎中得出裁判结论，它表明裁决是由支持该陈述的法律规范中得出；而外部证成是指从人们对法律命题的可接受性角度所进行的证成，其方法包括经验法则、合理推测的公理、审判中举证责任规则等。

---

① 参见［德］阿列克西：《法律论证理论》，舒国滢译，274页，北京，中国法制出版社，2002。

由于内部证成涉及如何从前提中推导出结论，因而它在本质上不过是对应用逻辑的操作。阿列克西从内部证成的最简单的形式出发，推导出一系列内部证成的规则，比如，“欲证成法律判断，必须至少引入一个普遍性的规范”（J.2.1），“法律判断必须至少从一个普遍性的规范连同其他命题逻辑地推导出来”（J.2.2），“需要尽可能多地展开逻辑推导步骤，以使某些表达达到无人再争论的程度，即它们完全切合有争议的案件”（J.2.4），“应尽最大可能陈述逻辑的展开步骤”（J.2.5），等等。① 阿列克西指出，内部证成具有三个方面的功能：第一，在内部证成的过程中，显得越来越清楚的是：到底什么样的前提需要通过外部加以证成；第二，通过内部证成的分析，提高了识别错误和批判错误的可能性；第三，对一般规则进行论述最终将能够容易做到裁判（决定）的和谐性，并同时促进达成正义和法的安定性。②

阿列克西指出，外部证成所要证成的前提条件大致上可以分为三类，即实在法规则、经验命题以及既非经验命题、亦非实在法规则的前提。与这些不同的前提相对应的有三类证成方法。对某一实在法规则的证成，通常需要证明它符合该法秩序的有效标准。对于经验前提的证成，则视其经验性质的不同而有各种不同的证明程序，比如说经验性科学的方法，可以诉诸合理推测的公理，或者利用诉讼的证明负担规则。对于那些既非经验命题、亦非实在法规则的前提的证成，则称之为“法律论证”③。外部证成的论证规则和论证形式可分为六组：（1）解释的规则和形式；（2）教义学论证的规则和形式；（3）判例适用之规则和形式；（4）普遍实践论证的规则和形式；（5）经验论证的规则和形式；（6）所谓特殊的法律论证形式。外部证成理论的首要任务，是对这六组中概括在一起的论证形式进行逻辑分析。这些分析的最重要的成果在于审视它们之间相互联结的必要性和可能性。④

三、法律正确结论

法律论证是指通过提出一定的理由来证明某个法律规则、法律陈述或法律决定的正确性。因此，法律论证与法律规则、法律陈述或法律决定正确与否的标准问题密切联系。⑤ 不论在理性争辩上孰对孰错，单就人们对法律正确结论问题的关注程度也能说明，基于对法律确定性的心理依赖，多数人其实是希望通过法律方法的使用获得唯一正确答案的。人们早期对法律解释的认识在一定程度上就体现着这种心理倾向，比如，权威的法理学教材就认为，“法律解释是准确适用法律的需要”⑥。法律论证的目标和功能是要使人们确信某一法律评价或决策（如某一案件的裁判）是正确的。于是，如何使人们确信某一法律评价或决策是正确的，这一问题就成为法律论证理论的关键问题之一。法律论证的规则，简单地说，就是如何选择和依据一定的论证规则以保证法律决定的正确性。⑦

传统的达致正确结论的论证方法主要有两个，即自然法的论证方法和实证法的论证方法。实践证明，自然法本身并不是由确实的知识所构成，也无法经受经验事实和逻辑的检验。如果人的行为最终应该服从缺乏现实性的自然法，那么，就是用不确定的东西支撑确定的东西，用模糊的自然法

---

① 参见舒国滢：《走出“明希豪森困境”》（代译序），载［德］阿列克西：《法律论证理论》，舒国滢译，15页，北京，中国法制出版社，2002。

② 参见［德］阿列克西：《法律论证理论》，舒国滢译，284～285页，北京，中国法制出版社，2002。

③ 付子堂主编：《法理学进阶》，245页，北京，法律出版社，2005。

④ 参见［德］阿列克西：《法律论证理论》，舒国滢译，370～373页，北京，中国法制出版社，2002。

⑤ 参见葛洪义：《法律方法讲义》，214页，北京，中国人民大学出版社，2009。

⑥ 张文显主编：《法理学》，251页，北京，法律出版社，2007。

⑦ 参见葛洪义：《法律方法讲义》，214页，北京，中国人民大学出版社，2009。

支撑相对明确的实在法。这样不仅会使法律建立在一个不可靠的基础之上，与知识论思想体系寻求知识确定性和客观知识的最初构想相冲突，而且在实践上还必然导致法律虚无主义，同样与知识论所希望建构的理想秩序相对立。对于法律论证来说，自然法理论长时间没有办法提供一个精确的论证前提。法律实证主义主要在于对构成法律具体内容的命令和规则的逻辑建构和逻辑分析。秩序与规则是紧密联系的，法律（实在法）规则之间的逻辑关系是单个规则的合法性的依据，即法律规则的合法性问题，必须在现实的国家法律规则体系内部进行并完成论证，而不能求助于道德、上帝的命令、自然的规律等神秘的律令。因此，对于法律论证理论来说，法律实证主义解决了自然法理论在论证前提问题上的困境，提供了一个相对比较确定的法律论证的元规则。然而，法律实证主义事实上并没有真正克服自然法所遗留的难题，而只是回避了它，也就是把法律论证中最为核心的法律的正当性问题搁置起来了，而不是解决它。[①]

有学者基于现今社会民主、多元的现状，指出了唯一正确答案的局限性。德沃金的正确答案论题赖以存在的解释方法没有普适性，解释方法忽视了权威和共识在法律实践中的重要性，他的理论没有考虑到法律体系中公民的要求。在现今崇尚多元价值的社会，并非每一个法律问题都有唯一正确的答案[②]，法官的裁判不应当仅仅是借助独断性思维得出的结果，而是经过论辩、商谈，使用若干合理的、好的理由支持、论证裁判结论的合理性，增强判决被公众接受的可能性。此一情形下的“正确性”意味着合理的、由好的理由所支持的可接受性。

思考题

1. 试述法律论证的内涵。
2. 法律论证的方法论意义何在？
3. 试举例说明法律论证方法。
4. 试述法律论辩规则。

参考书目

1. 葛洪义．试论法律论证的源流与旨趣．法律科学，2004（5）

2. 葛洪义．试论法律论证的概念、意义与方法．浙江社会科学，2004（2）

3. 雷磊．法律论证的功能、进路与立场——以菲特丽丝《法律论证原理》一书为视角．葛洪义主编．法律方法与法律思维．第4辑．北京：法律出版社，2007

4. ［德］阿列克西．法律论证理论．舒国滢．北京：中国法制出版社，2002

5. ［英］麦考密克．法律推理与法律理论．姜峰译．北京：法律出版社，2005

6. ［荷］伊芙琳·T·菲特丽丝．法律论证原理．张其山等译．北京：商务印书馆，2005

7. ［德］哈贝马斯．在事实与规范之间——关于法律和民主法治国的商谈理论．童世骏译．北京：三联书店，2003

8. 陈金钊等．法律方法论研究．济南：山东人民出版社，2010

9. 葛洪义．法律方法讲义．北京：中国人民大学出版社，2009

---

① 参见葛洪义：《试论法律论证的源流与旨趣》，载《法律科学》，2004（5）。

② 参见邱昭继：《法律问题有唯一正确答案吗？——论德沃金的正确答案论题》，载陈金钊、谢晖主编：《法律方法》，第9卷，105～122页，济南，山东人民出版社，2009。

第十一章
法律分析与批判

第一节　法律方法的灵活本性

一、法学方法论的局限
二、永不再现的案件事实与背景
三、法律方法的实际运用

第二节　法律分析

一、法律分析及其三个阶段
二、法律分析与法律适用的其他技能

第三节　法律批判

一、法律批判的发端
二、内部法律批判
三、外部法律批判

第四节　法律分析与法律批判的训练方法

一、导向发现方法
二、法律分析训练的方法
三、法律批判训练的方法

第五节　法律方法与世界观

本章导读

法律问题的答案不是事先存在于已知的法律知识和经验当中。如果是这样，那么法律方法可以帮助我们找到正确的答案，即使有时候找不到正确的答案，那也是法律方法运用不当造成的。然而，人不能两次踏入同一条河流，已知不可能为未知提供现成的答案。每一次寻找法律问题的答案，都是一次新的探索，已知的法律知识和经验能够提供程度不一的帮助，但也仅此而已。法律方法离开了具有确定性的已知范围，探索新问题的答案，常见的方法仍然重要，但法律分析和法律批判变得更为重要。

每个案件、每个法律问题都具有独特性，永不重复，对其解答需要灵活地运用法律方法，关键是通过分析和批判的方法或技能，具体问题具体对待，将法律方法组合、变化、发展，为每个一定意义上独一无二的问题找到合适的方法，并进一步找到合适的答案。

没有人否认人类社会在有些方面具有高度的稳定性，但工业革命之后社会发展的日新月异也是不争的事实，而且社会发展的速度越来越快，社会关系的类型和数量呈现爆炸式的增长。随着社会发展而发展的法律也发生了深刻的变化，其中最为明显的变化是法律制度的“碎片化”和法律规范的具体化。相应的，与过去相对稳定的、简单的、体系化的法律相对应的法律方法也逐渐失去其地位，而为适应法律的多变性、复杂性、不成体系性，现代法律方法变得更为开放、灵活和以问题为中心。因而，企图系统化法律方法的法学方法论作为法律方法的学问，其重要性必然下降，回归基础性的智能技能成为法律方法学习者将来解决法律问题的根本保障。

第一节　法律方法的灵活本性

对法律“自动售货机”式的极端认识必然与对法律方法的过度简单认识相联系。即使面对过去的法律体系，法律方法的运用也是相当灵活的。面对永不重复的具体案件事实和背景，来源于法学方法论的法律方法并不能直接解决问题，需要对各种方法工具进行灵活组合、发展以及创新，这才能真正地回答具体法律问题。

一、法学方法论的局限

传统的法学方法论即使在认识到法律方法的灵活性之后，也没有放弃对法律确定性的追求，当然也没有降低这个任务的重要性。然而，折中是必要的，因而在具体的方法之外，法律的意义脉络成为法律方法运用的终极衡量标准。尽管比起具体的法律方法，法律的意义脉络相对抽象和灵活，但它本质上仍然优先追求法律内部的和谐，属于法教义学的内容，其最高追求是一个统一的法律体系。对法律体系的理解存在众多不同的版本，最为精妙的就是概念体系，“由——作为规整课题的——构成事实中分离出若干要素，并将此等要素一般化，由此等要素可形成类别概念，而借着增、减若干——规定类别的——要素，可以形成不同抽象程度的概念，并因此构成体系”①。如果这种体系是完整的，那么解决法律问题仅凭借逻辑上的演绎即可获得具体的答案，并且这种答案具有完全的确定性。

然而，不仅完整的概念体系不存在，而且概念抽象程度越高，概念的内容空洞化程度就越高。如果承认法律具有目的或具有维护实体的价值，那么空洞化的概念很容易让人遗忘法律背后的目的或价值，法律的目的或价值必然湮没在概念体系中。法律如果仅由缺乏目的或价值脉络的概念体系构成，一定会导致荒谬的结果。而教义学除了要建构体系以解释现行法外，其学说还要能够用来解决具体案件，因而，教义学不会严格按照概念体系提出学说。能够被广泛接受的教义学通说往往在实务上能够产生可以被接受的后果，其学说构想很难说是单纯的逻辑工作，而更多是考虑法律目的、交易需要，或在诉讼经济的基础上，选择甚至是有违体系的构想。

① ［德］卡尔·拉伦茨：《法学方法论》，陈爱娥译，316、317页，北京，商务印书馆，2003。

概念体系并非一无是处，现在的法教义学至少在一定程度上依然是概念—体系研究。但是如果追求法律的确定性，似乎概念体系无法再提供一个令人满意的途径。为了寻找更为确定的认识基础，不同的学者朝着不同的方向努力。凯尔森努力的方向是“排除所有不被认为是法律的事物”，特别是排除心理学、社会学、伦理学和政治理论，以建立一个纯粹的法学体系，而考虑法律目的、交易需要或诉讼经济的概念法学在凯尔森看来事实上就是政治。① 排除了法外因素的纯粹法学研究的对象仅是法律规范的形式结构，这样的结构不关心法律的实质内容。② 凯尔森的纯粹法学让中国人不禁想起中学里学习英语的经历，学生和教师关注的不是英语所表达的内容，而是语法。结果学了六年中学英语，学生听、说、读、写的能力还是非常低下，可能唯一学到的东西就是根据语法来做题。与凯尔森相反，寻找法律的内在体系成为另外一些学者努力的方向，而这样一个体系主要是一个价值体系。当然，现代的概念体系事实上也一直试图在价值体系中扎根，沟通所谓的“外部体系”与“内部体系”③。基于对法律哲学本体论的不同认识，这个方向又至少可以分为两条不同的岔路。如果认为价值是先验的，无论是来源于自然还是来源于绝对理性/客观精神，那么该价值构建的体系将会超越现行法。如果认为价值是实证的，那么价值可以从现行法明示或暗示的宣布中获得，那么该价值就是立法者通过命令所预设在法律中的价值。无论是先验的价值体系，还是实证的价值体系，当体现在法律中时，可以被称为法伦理或法理念，主要表现形式为法律原则。事实上，实证的法律原则也可以来源于先验的价值体系，因为传统观点认为实证法与自然法的区别在于实证法的效力根源来源于主权者的命令，而主权者的命令又来源于哪里呢？这个问题实证法不再予以回答，而事实上我们一直能够看到的以主权者命令发布的法律都有自然法的痕迹。欧陆的法典源自自然法，普通法中源自布莱克斯通的影响也可以视为是自然法的影响，连美国宪法中都宣布“生命、自由和财产”不证自明。

然而，价值体系如果来源于先验，无法用现代科学加以验证，又如何让人信服呢？拉伦茨认为，价值判断不应该如马克斯·韦伯所宣称的那样不具有任何科学性，当然如果把心理学研究或者社会学研究当做法学研究的替代品，那将是错误的。④ 然而，拉伦茨又承认，价值体系又是开放的，法律诸原则的相互契合关系会发生变化，同时新的原则也可能会被发现。⑤ 由于价值体系的开放性源于其动态特征，因此，价值体系也具有历史性的结构。⑥ 然而，先验的价值体系是不会随着人类社会的历史发展而变化的，否则这个体系也就变成经验的体系了。因此，在千变万化的具体案件面前，任何绝对的价值体系都无法成立，同时，连自己都无法认识一个明确的先验价值体系，又如何说服别人接受一个先验的价值体系的存在呢？

二、永不再现的案件事实与背景

普通法法官早期经常运用常识制定/发现手头案件需要的规则，他们优先关注规则的外部环境而非法律的内在逻辑体系。规则的外部环境在很大程度上指的就是当前案件的事实和背景，而每个案件的事实和背景都是不同的。正是由于普通法法官对于具体案例中的事实和背景

① 参见［德］考夫曼：《法律哲学》，刘幸义等译，17页，北京，法律出版社，2004。
② 参见［德］考夫曼：《法律哲学》，刘幸义等译，18页，北京，法律出版社，2004。
③ ［德］卡尔·拉伦茨：《法学方法论》，陈爱娥译，355页，北京，商务印书馆，2003。
④ 参见［德］卡尔·拉伦茨：《法学方法论》，陈爱娥译，3页，北京，商务印书馆，2003。
⑤ 参见［德］卡尔·拉伦茨：《法学方法论》，陈爱娥译，359页，北京，商务印书馆，2003。
⑥ 参见［德］卡尔·拉伦茨：《法学方法论》，陈爱娥译，359页，北京，商务印书馆，2003。

的关注，普通法才会基于具体个案的独特性而发展出一个茂盛的、混杂的、不规则的混合体。不过，遵循先例原则又是普通法运行的基本原则，这意味着普通法必然把一定数量的案件同等对待。然而，判例制度并不能实现理想的同案同判，世界上不存在两个相同的案件，之前的案件不可能绝对地为后继案件提供现成答案，凭什么把当前案件与之前的某些案件同等对待而与之前的另一些案件区别对待？这并不是一个具有绝对正确答案的问题。判例制度所能起到的作用在于有数量不等的判例来揭示法官在与本案案情相似的各种案情下如何思考，换句话说，如果当前待决的具体案件事实构成一个圆心的话，判例制度不能恰好就这个圆心应该被赋予何种法效果提供答案，但是它可以将与这个圆心相邻的区域所代表的相似案件中法官进行何种裁判以及裁判的思维提供给待决案件的法官，法官通过类比或区别，来决定借用或不借用某个案例，或组合借用若干个案例（也相当于创新），来进行裁判并进行说理。在这个过程中，法官判断圆心相邻区域中的案例与圆心的“距离”并无普遍的“尺度”。

与高度重视个案的事实和背景相伴的是普通法的非体系化。普通法成长为一个“茂盛的、混杂的、不规则的混合体”，这让部分大陆法系学者迷惑和蔑视。① 其实任何法律都有确定性的需求，从个案的特殊性中提炼一般性在普通法中也一定程度存在。事实上，普通法发展历史中也出现过比较严重的形式化倾向，其主要表现就是英国普通法诉讼程序的固化。然而，普通法系马上认识到法律的固化所带来的问题，即随着社会发展出现的新型纠纷由于没有合适的“令状”而无法进入法院，人们因为追求确定性而损害了对正义的追求，这是不能被接受的，因而衡平法得以发展和兴起以“不据法”进行审判，从而摆脱法律形式化的束缚而实现实质正义。当然，无论是普通法还是衡平法，都局限于一定的领域，并“生产”出众多的概念，因而衡平法在发展出概念之后也在不同的法律领域发展出松散的体系，一定程度上失去了其最初的灵活性。

普通法（包括衡平法）的概念体系性不能与大陆法同日而语。大陆法在民法领域和刑法领域建立起了高度精致的概念体系，并试图使用这些概念去涵摄世间存在的所有情形。与普通法相比，大陆法所使用的概念抽象程度更高，概念之间的体系性关系也更为精密，概念之间存在着包含与被包含的层级关系，一般可以被想象为一个金字塔结构。大陆法的这个特点使得法律与社会生活事实之间的对应变得更加困难。普通法将当前案件与先例进行比较，好像是让两个人站在一起，我们比较他们长得是否相像，而运用法律概念来涵摄案件事实则像利用对人主要特点进行的抽象描述来抓捕逃犯一样。因而，大陆法在面对具体案件时，其适用困难要大于普通法。对于那些对大陆法体系一知半解的人而言，经常会出现一些严重的法律适用错误。

为了解决抽象的法律难以适用到具体的五花八门的个案中的难题，大陆法国家也开始逐渐重视判例的作用。在大陆法国家，判例的法源地位虽然依然得不到承认，但判例事实上为法律适用提供了重要的辅助作用。然而，大陆法国家即使借助判例来便利法律的适用，但判例制度也存在问题，即为当前案件找到适当的先例总是一件不那么容易的事情，因为这个世界上没有两个完全一样的案件。

三、法律方法的实际运用

法律方法本身属于一种技能，仅是来源于理论的研究不能够真正掌握并揭示法律方法的具

① 参见何美欢：《论当代中国的普通法教育》，56页，北京，中国政法大学出版社，2005。

体运用，更不能在新的情况下灵活地运用法律方法解决新问题。对于法律方法的理论研究如果能够整理出系统化的方法及其运用规律，既有助于初学者的学习，也便于在此基础上展开进一步的讨论。然而，经过理论系统化的法学方法论就像武术中的套路那样，中看不中用，用来表演比较好看，但在实战中却不能这样一招一式地按照套路打下去。法学方法论具有相对完善的知识体系，对于初学者而言具有令人感到安全的确定性，但法学方法论永远不能教会学生如何在具体案件中运用法律方法。法律方法在具体案件中的运用需要具体程度不同的多种方法的组合、演变和创新，并没有形成定式。

没有一个案件中的法律方法运用是完全一样的。每个案件都有其独特的案件事实和背景，独特的案件事实和背景要求独特的法律方法的运用，而法律方法在个案中的运用的一点变化都有可能导致个案中法律方法运用的整体效果产生变化。就像在大海中航行一样，每天面临的情况都是不同的，即使是相同的航线，也会因为其他因素的变化导致船长需要处理新的问题，船长不可能机械地依赖过去的经验，其只能对新的情况进行新的分析，把自己掌握的航海技能要点和经验要点灵活地组合，以达到安全航行的目的。因此，由于总是要面临新情况，法律方法的运用必定不可能是一种固定模式。可以说，法律方法的实际运用最终训练的是一种能够把法律方法工具箱中的具体工具随时加以组合、改造并得心应手调用以解决具体法律问题的能力。而且，掌握了法律方法的灵活运用之后，对于系统化的法律方法理论也会有更深刻的认识。如果没有法律方法灵活运用的经验和能力，仅具有法律方法的理论化知识或仅在法律方法的理论化知识基础上讨论法律方法，往往是纸上谈兵，肤浅和谬误不可避免。

如何在新情况下，灵活地运用方法，以便能够解决新的问题？这只有通过智能技能来观察和临摹法律方法在判例制度中的具体运用，特别是通过分析技能，将具体案件中法律方法运用的细节剖析开来，逐个吃透，然后再组合起来以展现法官运用法律方法的结构和脉络，以感受不同法律方法之间的相互作用，并最终整体把握法律方法运用的精神。就像大海航行一样，经过长期的实践，亲身见识并体验过，才能真正明白各种航行知识和经验的具体作用，才能明白这些航行知识和经验如何相互作用、相互结合，才能最终有能力创造性地运用航行知识和经验，解决从来没有遇见过的情况。换句话说，只有经过分析，才能认清具体细节，进而才能在总体上把握精神，才能在运用具体方法的时候，摆脱具体方法在形式上的桎梏，灵活运用具体的方法，达到正确合理解决问题的效果。

当然，在解决新的法律问题时，还需具备批判技能才能灵活运用法律方法。因为面对新问题时，总是要从已知的具体方法出发，寻找解决问题的答案，但是旧的方法是否适合解决问题，需要我们批判性地对其进行检验。只有在解决问题的每一步上都保持批判的精神，才能发现需要改进之处，并创造性地对方法进行发展、变化、重新组合，最终解决新的法律问题。如果仅具有分析能力，而没有批判精神和能力，人们也无法解决新的法律问题。直觉告诉我们，虽然我们可以借助昨天的经验解决今天的问题，但旧的方法总是无法被照搬以解决新的问题。

第二节　法律分析

判例方法虽然在理论上具有一定的体系性，但该体系性是高度抽象的。个案中判例方法的具体表现和运用有着千差万别的微妙变化，因而，分析技能对于判例制度是至关重要的。每一个案例在发挥作用的时候，必然被后来者看作是一个分析的对象。隐藏在具体案例中的具体方法运用，只有通过个案分析才能被揭示出来。著名的曼宁院长对一流律师所提出的要求中，第一项就是分析能力。[①]

一、法律分析及其三个阶段

何美欢对法律思维的内容进行等级排列的时候指出，布卢母分类学对于法律思维中五项智能技能的排序与对法律思维的具体技能的排序似乎不符，法律思维的第一步应该是分析。[②] 而且，何美欢在其著作《论当代中国的普通法教育》中的诸多地方讨论到法律智能技能的时候，无论是借用别人的话，还是她自己的原话，都仅谈到分析的能力，如在讨论法学教学的性质时，其指出美国法学院教授的主要内容就是“判例分析”，没有再提到其他的智能技能。[③] 同时，何美欢在该书中进一步介绍，她开设的专门训练学生法律技能的《普通法精要》（下称《精要》）课程整体计划中的每一个课程都加入了写作部分，之所以这样做，原因在于写作训练的实质是分析训练，而《精要》的每一个课程都必须进行分析训练。同时美国学者也批评美国法学院写作课程缺乏系统的分析训练，这进一步从侧面说明写作训练的实质是分析技能训练。[④] 而且，何美欢还直接论述道，写作的具体作用似乎主要有两个，一个是沟通，另一个是分析[⑤]，而“即使在沟通层次，关键问题不在于作文而是分析”[⑥]。

如果分析技能是最为重要的法律技能，那其到底是一项怎样的技能呢？何美欢没有直接下定义，仅列举式地指出某些具体的技能应用属于法律分析技能的运用。对具体技能的举例集中体现在《论当代中国的普通法教育》一书的附录八中，共有三个例子，分别是区分判词中的事实认定和法律认定、区分判决理由和附带意见以及从判词中推断出法官就具体问题的倾向性。[⑦] 然而，这三个例子并不能帮助读者完全把握对分析技能的认识，还容易使人产生疑惑。不过，在布卢母分类学中，“分析”有着明确的定义，分析是“将某一通讯分细到它的组成成分直到有关概念的相对等级被弄清楚，或者明示的概念之间的关系被明确”[⑧]。对分析的这个界定初看起来似乎不能涵盖上述对法律分析所列举的三个例子，让人对法律分析的概念更加产生疑惑，但这三个例子与分析的概念并不矛盾，它们之间的契合关系需要一点讨论才能更为清晰地予以揭示。

根据布卢母的研究，分析可以分为三类：成分分析、关系分析、组织原则分析。[⑨] 这其实是分析的三个层次。最浅层次的分析就是成分分析，是高级分析活动的基础。在《精要》课程中，何美欢对写作有一个重要要求，便与成分分析有着密切的关系，贯彻于《精要》系列课程始终。该要求即“one item，one idea”，也即在案例报告中，每段话只能准确表达一个意思，不能把两个即使是联系紧密的意思写到一段话中。这是对分析训练最为基本的要求：不考虑分析的目的而把一个通讯（被分析的案例）细分为不能再细分的成分。第二层次的分

---

① See Bayless Manning，American Legal Education：Evolution and Mutation-Three Models（1979），unpublished speech.

② 参见何美欢：《论当代中国的普通法教育》，155页，北京，中国政法大学出版社，2005。

③ 参见何美欢：《论当代中国的普通法教育》，79页，北京，中国政法大学出版社，2005。

④ See Harry T. Edwards，“The Growing Disjunction between Legal Education and the Legal Profession”，91 *Mich. L. Rev.* 34，64（1992）.

⑤ 参见何美欢：《论当代中国的普通法教育》，181页，北京，中国政法大学出版社，2005。

⑥ 何美欢：《论当代中国的普通法教育》，174页，北京，中国政法大学出版社，2005。

⑦ 参见何美欢：《论当代中国的普通法教育》，221页，北京，中国政法大学出版社，2005。

⑧ 何美欢：《论当代中国的普通法教育》，218页，北京，中国政法大学出版社，2005。

⑨ 参见何美欢：《论当代中国的普通法教育》，218页，北京，中国政法大学出版社，2005。

析是关系分析。如果能够准确进行成分分析，并借助逻辑和头脑中的知识，我们可以看清法律材料中各种与法律有关的概念之间的关系，并且能深入一个复杂法律概念的内部，看清这个法律概念的构成。不过关系分析的范围局限于分析对象的局部或某一个层次。如果想从最为宏观的角度看清分析对象之间的关系，则需要进行组织原则分析，这是分析的第三个层次。如将分析对象的成分按照作者明示的或者暗示的整体组织原则排列起来，就可以看到在表述下隐藏的整体思想。

何美欢对具体法律分析所举的三个例子，虽然没有清晰地与分析的三个层次一一对应，但事实上涵盖了分析的所有层次。如果把案例阅读的材料——判例——看作是一个分析的对象，或者把判例的某一部分——事实部分或法律推理部分——看作是分析的对象，分析要做的首要工作则是将该分析对象拆分成为该分析对象的基本组成部分。例如，判例的基本组成部分可以分为案件的事实认定部分和法律认定部分、判决理由部分和附带意见部分。随后，对判例或判例的某一部分进行关系分析，弄明白不同部分之间的关系，如认定法律推理不同部分之间的因果关系。至于对法官在判词中流露出来的倾向性，需要利用组织原则分析对判词进行整体把握，将通过关系分析整理过的判词进行整体处理，以“察觉到作者的目的、观点、思想和感情特征”[①]。

二、法律分析与法律适用的其他技能

法律思维中的其他技能，包括理解、适用、归纳和批判，也都有独立的内容。不过，它们在法律思维中的重要性要次于分析技能，而且，通过了解分析技能的实质，还可以认识到分析技能与其他法律技能有着密切的联系，并在一定程度上成为其他法律技能的重要组成部分，进而导致其他技能失去完全的独立性。

先来看理解。理解技能有着独立于分析的内容。如果把理解对象限定为无法分析的通讯，那么理解就与分析无关，而是一项独立的技能。布卢母认为理解是“人知道被通知的是什么，也可以使用被通知的材料和概念”，并把理解分为“翻译、阐释，及外推”[②]，但这似乎并未告诉我们理解作为一项智能技能，要做什么具体事情。事实上，理解的实质应该是将理解对象与理解主体已有的知识相比较，并且进而认定理解对象的内容的能力。[③] 而“翻译、阐释和外推”成为理解活动的外在表现，可以用来判断理解是否准确。[④]《精要》课程中的案例报告写作训练中，要求之一就是不能照抄法律材料的原文，而要尽可能地进行“释义（paraphrasing)”，也即翻译[⑤]，其目的就是方便理解效果的检查和自我检查。

然而，法律上的概念往往是复杂的概念，对其理解不能直接进行，而必须将其分析为组成部分后再进行理解。再者，法律材料往往由众多概念或部分组合而成，对其理解更需要分析。“囫囵吞枣”并非理解，只有将被理解的对象拆分为基本要素予以单独理解后，再探究这些基

① 何美欢：《论当代中国的普通法教育》，218页，北京，中国政法大学出版社，2005。

② 何美欢：《论当代中国的普通法教育》，217页，北京，中国政法大学出版社，2005。

③ 如果作为理解对象的事物完全符合已有知识中对某事物的认知，那么理解对象很容易理解；如果不符合，则理解要深入到该事物的特征层次，将该事物的新特征与已有知识中所形成的事物的众多抽象特征相比，如果与某一抽象特征相符，则形成特征层面的理解。将特征层面的理解综合起来，才会形成对新事物的理解。如果新事物的特征无法与已知抽象特征相符，则需要界定新事物的新特征与已知特征的不同之处，新特征的不同之处就构成了对新特征加以理解的内核。将新事物的新特征综合起来，也可以形成对新事物的理解。

④ 当然这种准确性的判断不是完全客观的。

⑤ 参见何美欢：《论当代中国的普通法教育》，217页，北京，中国政法大学出版社，2005。

本要素之间的关系，才能最终形成对被理解对象的真正理解。何美欢曾经把人脑比喻成为并行处理信息量有限的电脑，大多数情况下，不能同时处理被理解对象的所有信息，必须先处理其中的部分信息，将其浓缩为相对抽象的认识，并按照一定的关系把它们寄存在记忆中，再处理其他部分，并将新得出的浓缩认识与记忆中的认识关联起来①，直到被理解对象已经被抽象到可以被大脑整体处理的程度。所以，从这个角度看，如果没有分析，就不可能有理解。因此，可以进而认为，在理解活动中，分析技能反而成为相对更为重要的技能，对于复杂概念而言，一旦成功分析，理解也就水到渠成。

适用似乎更不像一项独立的技能，如果能够达到理解的水平，特别是达到理解技能中"阐释，及外推"的程度，也就达到了适用的要求。布卢母也承认，"理解某类问题要求学生认识某个抽象的东西，认识程度是当他被要求时他能够正确地展示其运用"②。不过，布卢母转而又说道，适用还是比理解要更进一步，即需要在面对新问题时，能够适用抽象的概念。③ 但有意思的是，一旦将抽象的概念适用于新情况，又需要具有分析的能力才能将新情况与已知的情况相比，因为比较还是需要在分析后的层面上进行，所以，适用技能在很大程度上还要借助于分析的能力。

归纳是与分析正好相反的技能，是"将不同成分或部分放在一起形成一体"④。不过，虽然看似两种逆向的技能，分析技能的训练恰恰能够帮助归纳技能的学习。如果把分析对象拆散成基本成分、理清成分之间的关系，进而看清分析对象的整体组织原则，那么也就等于逆向观摩了别人如何将部分归纳为整体。而且这种观察在法学领域最终是通过语言文本进行的，而语言易于表现一维结构，但复杂结构若使用语言来表达，则较难理解，必须在大脑中经过加工、重新排列之后，才能清楚文本所蕴涵的复杂立体结构。这样复杂的分析活动会对大脑提供高强度的锻炼，培养大脑对于文本基本成分之间关系的敏感度。因此，虽然分析是归纳的逆向活动，但当熟练掌握分析技能之后，会很熟悉法律材料之间的关系，进而会反过来促进归纳的能力。不妨以比喻的方式对这种关系予以说明，如果分析过程属于"来路"，那么归纳过程属于"去程"，在"来路"上看到的"路标"同样可以在"去程"中帮助我们。

当然，在解决新问题时，会使用新的概念或概念组合，这时将已掌握的知识归纳为新的概念或概念组合无法逆向因循已经"走过的来路"，只能开辟新的路径，但是"来路"中已经获得的识别路途的一般性技能仍然可以在新的"去程"中提供帮助，也即我们获得的一般性分析技能在新的归纳活动中也能发挥作用。

法学中的批判被何美欢分为两类：一类是内部评价，另一类是外部评价。所谓内部评价就是以法律内部规律性对法律材料进行评价，而外部评价就是从法律之外的角度对法律材料进行评价。⑤ 由于批判是一项最为高级的方法技能，本章将其独立于法律技能的总体概述，而与分析一样进行全面讨论，此处不再赘述。

---

① 这种关联是动态的，随着新的抽象认识的产生，不但要形成新认识和旧认识之间新的关系，而且由于新认识的加入，所有相关认识之间的关系也可能会重新调整。

② 何美欢：《论当代中国的普通法教育》，218页，北京，中国政法大学出版社，2005。

③ 参见何美欢：《论当代中国的普通法教育》，218页，北京，中国政法大学出版社，2005。

④ 何美欢：《论当代中国的普通法教育》，219页，北京，中国政法大学出版社，2005。

⑤ See Richard A. Posner，"Essays Commemorating the One Hundredth Anniversary of the Harvard Law Review：The Decline of Law as an Autonomous Discipline：1962—1987"，*100 Harv. L. Rev.* 761，763 (1987).

第三节　法律批判

批判并不意味着否定，而是意味着验证自己与别人的思考与论证的正确性，目的是使得自己的观点建立在经得起检验的思考和论证之上，或者使得自己对别人观点的接受或否定建立在对其进行检验之后。无论是对于自己的观点及论证还是对于别人的观点及论证，都以一种小心谨慎的态度来思考和检验，尽可能地寻找其中的错误。批判的价值是避免自己盲目产生与接受错误想法而导致不良后果。法律中的批判可以分为两类：一类是内部批判，另一类是外部批判。所谓内部批判就是以法律内部规律性对法律材料进行批判，而外部批判就是从法律之外的角度对法律材料进行批判。

一、法律批判的发端

如果仅限于内部批判而言，那么法律批判自始存在并受到重视，所有的法学知识都是建立在不断的内部自审基础之上的。但真正意义上的内部法律批判开始于法律体系得以建立之后，因而罗马法的形成是内部法律批判开始真正发端的标志。在体系化法律得以形成之前，审查个案中法官的裁判，无非是审查法官是否前后逻辑一致，而在罗马法之后，对法律的内部批判开始转到法律体系内部的协调一致，解释法律或回答法律问题，要从法律的概念体系出发或从法律的意义脉络出发，寻求最能实现法律体系一致性的答案。在普通法中，虽然没有发展出类似于大陆法那样精致的概念体系，但也多多少少依靠遵循先例制度形成了一个松散的整体并在具体的法律制度中也建立了一个不那么严谨的概念体系。在法律体系化之后，无论是在大陆法中还是普通法中，个案的裁判不仅要考虑裁判结果的可接受性，还要考虑个案裁判是否符合法律体系化的思考，如果体系化思考的结果与社会可接受的裁判结果不符，在内部法律批判的指导下，法律的体系化价值要优先受到照顾，而个案的实质正义可以作出一定的牺牲。

法律的外部批判的发端要更晚。在古典主义法律哲学占据统治地位的时代，人们认为每一个案件都有一个唯一正确的结果，这个结果可以从一系列自然的、不言自明的规则通过逻辑推理而得，法官总是在不遗余力地寻找和遵循着这种不变的原则。① 在大陆法国家，这些规则已经形成了一个较为完善的体系，而在普通法国家，这些规则虽然没有形成一个完善的体系，但是在不同的法律领域也形成了完善程度不一的子体系。人们在寻找法律问题的答案时，如果有了法律体系的帮助，就更容易找到正确的答案。虽然人类社会一直具有程度不同的批判性，但在古典主义法律哲学占据统治地位的年代，法律的外部批判并不重要，重要的是体系化思考，也即根据法律内部体系化逻辑的检验，寻找依据体系所规定的答案。在神法作为所有法律源泉的时代，外部法律批判甚至是禁忌。

随着自然法理论的衰落，那种认为每个案件都应该只有一个正确结果的古典思想被一种新的理念所逐渐取代，人们开始认识到法律问题的答案会随着社会背景的变化而变化。霍姆斯率先展开了对古典法学的批判，他在其著作《普通法》中认为，法律需要逻辑，因为一个协调一致的法律体系需要一个确定的结果，形式逻辑能够帮助人们在建立和运用法律体系时保持其一致性，但是霍姆斯接着强调法学还需要逻辑以外的其他方法："法律的生命不是逻辑，而是经

---

① 参见［美］约翰·莫纳什、劳伦斯·沃克：《法律中的社会科学》，何美欢等译，1页，北京，法律出版社，2007。

验。”时代的要求，主导的道德，政治理论，对公共政策的直觉，甚至法官与公民之间共同的偏见等种种自觉的或不自觉的因素，在决定人们所应该服从的法律规则时，比三段论式的形式逻辑发挥着更大的作用。从根本上说，法律的发展具有立法的性质。虽然法官很少承认这一点，但这是事实。对什么是有利于我们社会的深刻思考，是法律的生命力暗藏的本源，这是促使法律从社会生活中汲取营养的动力。经验丰富的法律人不会为了符合逻辑而放弃法律的价值，在他们手中，旧的法律形式会被注入新的生命，旧的法律规则被根据新的公共政策予以解读，旧的法律形式在获得了新的内容之后，将逐渐摆脱原来的形式枷锁，最终获得新的形式以更好地体现新的社会生活价值。

二、内部法律批判

法学的内部批判指的是从法律材料内部的逻辑结构出发对法律材料进行评价，而评价的基础则是分析。比如，准确地将判例予以分解，并且理清成分之间的关系和整体组织结构。我们通过逻辑判断可以很清楚地发现判例内部的矛盾和漏洞，进而可以判断法官的观点、论点以及思想的严谨程度和正确程度。

在判例法中，内部法律批判的前提是先例制度的建立。在进行法律批判时，主要判断的标准是待批判的法律观点是否与先例相契合。首先，对待批判的法律观点的论证进行分析，不仅要辨别出其独立的论证依据，还要认识到其论证结构以领会其目的、观点、思想和感情特征。在普通法中，支持或论证一个法律观点的主要依据是先例，因此对先例的分析成为分析法律论证的重点。其次，法律论证中使用到的先例将被检验，以核查先例是否被错误使用或曲解使用。对先例的检查还需要批判者对相关先例有着独立的了解，以便能够检查出待批判的法律观点及其论证是否隐瞒或遗漏了负面的先例。最后，还需要对相关先例进行综合检查。一个法律观点所涉及的相关先例往往很多，这些先例彼此具有密切的联系，每个先例都是相关先例整体发展历史链条中的一个组成节点，很难说某个先例为待批判的法律观点提供了正确的检查标准。只有综合考虑所有相关的先例，才能确定先例到底在待批判的法律观点上持何种观点。

先例的综合考察非常复杂，对法律问题的一种观点可能在一连串的先例中反复被确立或否定，也可能被修正，直到最后变得面目全非。更为麻烦的是，任何一个先例的地位都可能或明或暗地被推翻。背离先例的原因很多，如先例在遵循其先例的时候违反了其先例，先例在形成的时候犯了其他错误，甚至使先例不能通过外部法律批判被推翻。为了一定程度解决先例考察的不确定性，内部法律批判也需要借助其他类型的论证依据来验证对先例考察之后所得出的批判结论。这些论据包括第八章第二节中论述的除先例之外的形式依据，也包括该节论述的实质依据。但是，如果使用实质依据来检验对法律论点的正确性，就涉及了外部法律批判。

无论是针对普通法还是大陆法，内部法律批判还是要依据制定法来进行。制定法需要解释，制定法解释的规则成为内部法律批判重要的原则和方法。制定法解释首先具有一套外在的规则，包括文义解释、上下文解释、立法史解释。如果把体系视为制定法外在表现形式所构成的体系，那么体系解释只能算作是广义的上下文解释，因为法律制度中的相关法律文件和条文都互为上下文。无论是大陆法还是普通法，都是适用这套解释规则的。不过，大陆法还有更为重要的解释方法，就是概念体系解释。法律概念体系虽然依附于制定法条文而存在，但是至少一部分学者认为制定法只是法律概念体系的外在表现而已，法律的本质就是一套精致的概念体系。因而对制定法的解释，必然最终要依赖于其所体现的概念体系本身。同时，由于人们逐渐认识到概念体系并非完美无缺的体系，法律的价值体系被建立以作为概念体系的“灯塔”，因而体现为原则体系的价值体系也是解释制定法时要遵循的标尺。合宪性解释原则事实上也属于价值解释，因而各国法律所保护的重要社会价值一般都规定在宪法之中。上述法律的概念体系一般被称为“外部体系”，而法律的价值体系被称为“内部体系”，但作为概念体系的外部体系与制定法解释首先需要借助的外在规则不是一回事，那套外在解释规则更多地属于语言适用上的规则。

根据制定法解释规则进行内部法律批判，有助于识别法律观点是否符合体现在制定法中的现行法。但与先例的考察一样，制定法解释也具有一定的不确定性，不仅利用外在的解释规则所得出的解释结果存在不一致或矛盾的现象，而且利用外在解释规则、概念体系、价值体系三类解释方法得出的解释结果更容易发生矛盾。

三、外部法律批判

由于法律具有不完备性，外部法律批判的正当性逐渐得到人们的承认。而且即使我们通过内部法律批判发现法律观点的论证不存在逻辑问题，符合内部法律批判的规则，我们仍然需要并可以通过我们的法律之外的知识和经验来评价法律材料中的假设或者前提，批判（根据法律的内部批判而认为）正确的法律观点，从而对该法律材料进行外部评价。在进行法律的外部批判时，我们可以超脱于法律，以道德、舆论，或者以社会学、经济学等外部角度来“打量”法律材料，这就是纯粹的外部评价。对于外部法律评价而言，分析技能并非十分重要，而相关知识成为评价的必备基础。然而，对法律的外部评价如果是严肃的科学评价，最终会要求评价者运用其他学科的知识和方法来评价法律，而布卢母分类学中的各项技能是人类认知的一般步骤，适用于各个学科。因此在跨学科的法学研究中，分析技能依然是重要的技能，只不过这个分析技能不再是法律分析技能，而是分析技能在其他学科的运用。

虽然外部法律批判的具体方法本质上属于其他学科的方法，但法社会学家在将社会科学方法运用于法学研究和法律批判时可以提出相关批判的范围和要求。庞德在《社会法学的范围和目的》一文中提出，在法学中引入社会科学，有六个方面的主要任务：（1）用于研究法律制度和法律原则产生的实际社会效果；（2）进行与立法准备过程中的法律研究相关的社会学研究；（3）研究使得法律规则能够实际有效执行的方法；（4）从社会学视角思考法制史，考察法律原则发展变化的历史、法律原则在过去产生的影响，以及产生这些影响的途径；（5）研究个案中合理与公平的重要性；（6）研究如何能够更为有效地达到法律的目的。[①]

与内部法律批判相比，进行外部法律批判时，批判的角度显著不同：（1）较之于内部法律批判关注法律的抽象内容，外部法律批判更为关注法律的运行；（2）外部法律批判更倾向于将法律看作是一种能够通过人的智力劳动加以改进的社会制度，人们的任务就是发现能够深化和引导此种努力的最佳手段；（3）外部法律批判强调法律所促进的社会目的，而不是法律制裁；（4）认为法律观点应该被看作是达到正当社会结果的指引，而非僵化的模式；（5）外部法律批判背后的世界观纷繁复杂，很可能属于实用主义哲学，即不认为法律应该仅贯彻一套绝对的价值，更不认为这套价值具有固定的体系并以一种固定的形式表现出来。[②]

---

① 参见［美］约翰·莫纳什、劳伦斯·沃克：《法律中的社会科学》，何美欢等译，10页，北京，法律出版社，2007。

② 参见［美］约翰·莫纳什、劳伦斯·沃克：《法律中的社会科学》，何美欢等译，14页，北京，法律出版社，2007。

第四节 法律分析与法律批判的训练方法

训练学生的法律分析和法律批判能力，需要精心设计教学材料、教学组织和教学方法。教学材料一般应为一手法律材料，主要是案例，教学组织最好是小班，便于讨论。不过，与教学方法相比，教学材料和教学组织的问题并不复杂，因此本节集中讨论教学方法。

一、导向发现方法

法律分析与法律批判属于思维技能，要“通过做来学（learning by doing）”，在老师的帮助和监督下，学生通过自我思维活动来领会思维的技能，这种方法也被称为导向发现方法。具体而言，就是学生要在未被告诉具体如何做的情况下，进行自主尝试，遇到挫折后进行总结，并再次尝试，直到摸索出正确的做法或者找到正确答案。法律分析与法律批判的教学也不例外，教师通过迫使学生自己思考来使学生获得思考的技能。

强迫学生进行思维，主要有两种途径。第一种途径是课堂的问答。这种问答采取的是兰德尔方法，本质也是以发现为导向的。这种方法要求被提问的学生自己寻找答案，教师通过持续提问帮助学生了解错误并继续尝试。这种方法要求没有直接被教师提问的学生在脑海中回答教师的问题并将自己的思维与回答问题学生的思维进行对比，以此来进行思维的训练。这种方法可以在学生人数较多的大课中使用，比较经济。教师在课堂上提出的问题会有一些固定的模式，首先是简单问题，涉及案件基本信息，如当事方、法院、日期和法官。这些问题往往属于热身问题，但有些时候也需要深入而细致的思考才能准确回答。接下来，教师会要求学生复述案件事实和案件的程序历史。然后，教师会要求学生找出案件涉及的争点、法官对争点的回答、法官对于案件的处理结果。最后，教师会要求学生找出法官对争点作出回答的理由。上过一两次课后，学生就会熟悉问答的大体模式，但是要对这些问题作出正确的回答并非易事，何美欢往往会在学生回答之后进行追问，迫使学生将自己获得答案的思维过程清晰展现出来，并进而判断自己的思维是否存在问题，再判断自己的答案是否正确，如果错误，错误在哪里，然后再次尝试回答问题。在课堂问答中，检验和促进学生思维的主要方式是追问，而这些追问没有固定的模式，也无法事先准备，只能根据学生对基本问题的具体回答来随时设计和提出，是“随波逐流”的问题。因此，使用兰德尔方法来上课，唯一能做的准备是课前细读判词，以达到判词能够在头脑中通过组织结构再现的程度。

然而，课堂问答对于学生思维的训练是有限的，而且课堂教学往往一次要涵盖多个案例，对于多个案例，课堂问答涉及的内容更为有限。为了解决课堂训练容量有限的难题，教师可以通过写作来对学生的思维进行训练。写作任务可以是案例报告的写作，也可以是小论文的撰写，最好是前者。案例报告涵盖整篇判词，训练学生对判词各个部分进行全面思考，避免学生偷懒只阅读判词的部分内容，能够保证学生思考训练的量。为了保证学生通过案例报告写作进行的思维训练达到一定的质，教师对于学生的案例报告要进行认真批改，并可以与负责报告写作的学生进行小组讨论。在小组讨论中，教师并不直接指出学生案例报告写作中的错误，而是继续采取兰德尔方法来引导学生自己发现错误和错误的原因，并迫使和引导学生继续进行思维的尝试，直至找到正确答案。因而，小组讨论往往非常耗费时间。小组讨论后，负责报告写作的学生需要对报告进行修改，修改的内容需要交给教师，并在全班同学面前进行口头报告，因此，修改的过程是无法偷懒的，学生必须再次在判词涉及的范围内进行一次深刻和广泛的思维训练。

二、法律分析训练的方法

相关课程通过要求学生提交案例报告的形式对学生的思维进行训练，刚开始的时候要侧重于初、中级的分析训练，并将其与理解训练相结合。根据何美欢在其《精要》课程中的要求，报告写作不得大段引用法官的原话，而是需要用自己的话精炼地进行表达，这是典型的理解训练：通过释义（paraphrasing）来强迫理解和检验理解的效果。理解训练是分析训练的基础，如果不理解分析对象的基本含义，就无法将分析对象按照其含义予以拆分，以将分析对象的组成部分分解开来。

在理解的基础上，“one item，one idea”是何美欢在其课程中对案例报告写作提出的另一项要求，这是分析三阶段中的第一阶段——成分分析的典型要求，即把判词拆分成为最小成分，一段话中只能表现该最小成分，不能在一段话中将两个不同的意思混在一起。这个要求锻炼了最为初步但也是最为基础的分析能力。在进行成分分析的时候，需要有关法律论证材料类别的知识，学生不仅要能够识别出被用作法律论证依据的法律材料的个数，还要能够识别出法律论证依据的不同类别。因而，要通过讲授的方式告诉学生可以将案例分为不同的部分，主要包括案件基本信息部分、事实部分和推理/论证部分。其中事实部分包括不同类型的事实，推理/论证部分包括不同类型的依据或理由。成分分析特别要关注的就是推理/论证部分，关于依据或理由的类别请参考本教材第八章第二节的内容。即使在成分训练的初期，对法律依据类型的区分已经突破了简单的形式理由和实质理由的分类，学生开始了解到更为细致的理由类型。不过，对于理由的各种类型，不是短时间内就能掌握的。

仅仅是成分分析的训练，并没有注重检验学生对各种理由之间关系的把握，特别是没有要求学生全面领会先例之间复杂的关系，因而，这种训练没有达到中、高级分析训练的水平，即使学生在对分析对象的不同成分进行识别时，可能意识到它们之间的关系，但初期的训练也仅是分析的初、中级训练。只有在成分分析训练较为成功之后，才开始分析训练的中、高级阶段，也即分析三阶段中的关系分析和组织结构分析。在分析训练的中、高级阶段，判词中的各个成分不仅要予以拆分，还需要按照其逻辑关系排列起来，这种逻辑关系的排列要贯彻于整个判词的推理部分，并将事实和历史部分包括进来。这种严格按照逻辑关系所进行的分析，不再满足于判词成分之间粗略的关系分析，而是要求如果判词内部所有成分之间存在联系，都需要予以揭示。这是分析训练的中间层面——关系分析的最高要求。不仅如此，这种逻辑分析要求严格按照判词成分之间的关系，分析各个成分在判词整体之中的位置，也就是说，须对判词进行整体的组织结构分析，以便看清其中的成分在整体结构中所处的位置，也便于从整体上把握判词所传达的信息。

由于训练目标的提高，中、高级分析训练中要求的案例报告在形式上与初级分析训练中要求的案例报告有所不同。在初级分析训练中，案例报告的形式是“叙述性（narrative）”的，但是叙述性的报告很难展现判词成分之间的复杂关系，也无法全面展现判词整体的组织结构，所以在中、高级分析训练中，案例报告形式应该是“树状（tree）”的。在树状报告训练中，教师按照演绎推理的三段论，要求学生判断判词中各部分之间的成分关系，进行最小单元的推理组合；然后判断不同推理单元之间的关系，再把具有演绎逻辑关系的推理单元组织起来，形成高一级的推理单元。理论上，这样推理单元的判断和组合可以在横向和纵向进行无限的延伸。而事实上，法官的思维能力是有限的，同级的推理单元的数量一般在十个以内，纵向的推理单元层级的数量会更少一些。

如果在头脑中想象树状报告，其实它更像金字塔的结构，可以用来展现立体组织机构，非常理想。同时树状报告也能方便读者发现其中某一成分与其他部分之间的纵横交错的关系。只有强迫学生进行树状报告的写作，分析训练才能真正在关系分析层面展开，也才能上升到组织结构分析层面。否则，判词在脑海中就像缠在一起的渔网，虽然可以知道每个节点的独特性，但是对于某一节点与其他节点的联系就不太清楚，而整个渔网的经纬更是乱成一团麻。

三、法律批判训练的方法

通过分析训练，学生应该可以掌握判词成分之间具有规律性的关系类型，如果某次案例分析的结果自身存在逻辑上的矛盾，或者与学生通常训练所掌握的法律规律不符，那么由于严格的分析可以清晰地揭示这些问题的存在，进而对该案例的内部批判也就一目了然了。无论是判例法中的问题还是制定法中的问题，法官都要在判词中回答并论证，因而，基于案例报告的训练可以使学生在判例法领域和制定法领域对待批判对象进行内部批判。因此，严格而全面的分析训练事实上等于法律技能的全面训练，只不过批判技能的训练是间接训练。

由于法律表现为高度形式化的体系，因而内部法律批判是最初的训练重点。又因为判例法中遵循先例原则的存在以及大陆法中案例实际作用的增加，并且对于制定法的解释也体现在判词之中，所以通过先例运用的规律检验法律观点及其论证成为训练的重中之重，即通过对判词的阅读，训练学生认识清楚先例体系中的内在规律以及法律解释的规律，并以此为标准对体现在判词中的法律观点及其论证进行批评。当然，掌握了法律的内在规律之后，可以以其为标准对表现为任何形式的法律观点及其论证进行批评。

具体而言，首先，学生应该能够辨别先例的判词中哪个部分属于判决理由，属于后继案件所要遵守的法律规则，而哪些部分属于附随意见，仅具有参考或说服的作用。[①] 其次，学生应该能够看清楚不同的先例与当前案件之间的关系，并且能够看清楚不同的先例之间的关系。[②] 不仅如此，学生还应该观察到法官如何运用先例中的这些规律进行推理，仔细揣摩法官如何运用表面客观的规律以达到自己内在真实的推理目的。[③] 由于制定法解释也需要遵循先例或尊重先例（在大陆法国家），在制定法国家的案例中也涉及之前训练过的法律推理，因而重点应该是认识制定法解释的规律并以此为标准对法律观点及其论证进行批评。然而，与先例制度相比，法律实务对于制定法解释并没有形成统一的实践，也缺乏较为和谐的理论指导。遵循先例的理论和实践虽然并不完美，但还较为统一，至少表面上较为统一。在制定法解释领域，围绕法律解释实践的焦点问题，至少有三大类解释方法，并且大都存在观点针锋相对的理论，信奉不同理论的法官在制定法解释实践的各个环节中运用的方法也截然不同。因此，对于制定法解释的批判训练必然要求掌握制定法解释的理论并且能够对这些理论进行评价以形成自己的解释哲学，在掌握理论的基础上再去批判制定法解释的各项方法，并且能够批判各种制定法解释方法的具体运用。

法律批判要求学生在掌握法律内部的规律之后，观察法官如何运用先例以保持法律的稳定性，并观察法官如何在这些规律的约束性下，“扭曲”地运用先例，以实现法律的逐步发展，

---

① 这是《精要》II课程后八周或后五周（各个学期的时间安排有所变化）训练的重点，参见何美欢：《论当代中国的普通法教育》，163页，北京，中国政法大学出版社，2005。

② 这也是《精要》II课程后八周或后五周（各个学期的时间安排有所变化）训练的重点，参见何美欢：《论当代中国的普通法教育》，163页，北京，中国政法大学出版社，2005。

③ 这是《精要》II课程前十周或前八周（各个学期的时间安排有所变化）训练的重点，参见何美欢：《论当代中国的普通法教育》，163页，北京，中国政法大学出版社，2005。

从而保持法律的灵活性和与时俱进的特性。然而，内部法律批判训练会强化学生对于法律内部规律的尊重，而判例法的发展会以或明或暗的方式违背法律内部既存的规律性，因而，学生对于判例法的发展会作出负面的评价，无法看到判例法发展的正当性，也无法学习判例法发展的相关原则和规律。事实上，法律发展的主要原因在于外部世界，法律人不仅要精通法律内部的规律，还要能够充当沟通法律内外的使者。从这个角度看，外部的法律批判更加重要。而且，从这个意义上讲，法律思维和法律方法并非封闭的领域，而是两个对外开放的领域。

不过，如前所述，对于法律进行外部评价，需要跨学科的专业知识，而法律批判的专门训练不可能真正提供相关的教学和训练。在现有的法学教育模式中，唯一能够进一步培养学生外部法律批判能力的做法就是训练学生阅读二手法律文献。学术文章的阅读在本质上也是思维训练，而且现在国际法学界的大部分文章一定程度上涵盖了跨学科的研究，所以通过学术文章阅读的训练可以培养学生对法律进行外部评价的能力。这种训练不能培养跨学科的专家，但是可以使得法学专家具有识别其他学科好的专家和研究成果的能力，方便他们借助别人的研究来从外部对法律进行批评。

第五节　法律方法与世界观

霍姆斯在《法律之路》中曾经说道：“确定性通常是一个幻象，而安宁不是人类的命运。”弗兰克在他 1930 年的著名著作中进一步说道：“法律过去一直是、现在是、将来永远也会是很大程度上模糊的和流变的……当人们之间的关系在不停地变化，法律关系不可能被固定在永恒的形式中。”[①] 上述观点体现了主流古典哲学在法学领域的失势。无论是唯心主义还是唯物主义，其本体论和认识论都是确定的，如果世界的本原是不确定的，那么法律是什么也不可能是确定的。面对不确定的法律，方法论也失去了意义，任何法学方法也无法获得客观的法律知识。自然法和实证法在本体论、认识论上存在根本的差别，但是若深入考察，却发现它们都同意正义是实体存有的，并且对法律的认识可以是客观的。因而，它们在方法论上高度一致，涵摄成为唯一重要的方法，而法律（概念）体系作为涵摄的前提必然是一个封闭的体系。[②] 规范性是法律的内在属性。然而，人类理性已经被证明无法先验地为自然立法，其尝试虽然展现了人类理性伟大的力量，但最终留下人类理性自负的教训。而将规范的来源归于绝对理性或上帝，事实上也是在自负地宣布自己具有充当上帝使者的能力，而在没有他人和上帝沟通的情况下，自己就成为实际上的上帝。同时，规范又不能根本上等同于经验，经验科学虽然可以提供确定性的知识，但这种知识本质上只能是具体的，如果人自信到相信其经验认识已经找到了世界的规律，那么现实迟早会证明这不过又是人类自负的另一种表现。经验是无涯的，归纳总是会被证伪的，人类此时的经验永远无法转换为规范。如果把实然当做应然，会使得法学的根本问题——何为善法——失去意义，而法律注定会成为弗兰克斯坦的创造物。随着古典哲学的基本命题无解的看法得到越来越多的认同，法学方法论不但需要寻找“第三条道路”，而且因为“第三条道路”存在于抛弃古典本体论和认识论上的前提下，因而其本身也具有了本体论和认识论上的意义。由此，意义在方法的运用中产生[③]，而方法成为法学的核心。

---

① Jerome Frank，*Law and the Modern Mind*，Brentano’s，Inc.，1930，pp. 14，15.

② 参见［德］考夫曼：《法律哲学》，刘幸义等译，60 页，北京，法律出版社，2004。

③ 参见［德］考夫曼：《法律哲学》，刘幸义等译，62 页，北京，法律出版社，2004。

方法论会导向哲学，即使方法论本身没有意识到。每种方法论都有相应适切的法哲学。法学方法同样也影响法哲学，方法上的认识可以使人质疑某些法哲学上的立场，如纯粹的法律实证主义或静态的自然法思想。①

抛弃了形而上学，实证主义又同时受到批判，则人类的认识就失去了最终的目标，因而采用任何方法也无法真正认识世界。方法论最后只能沦为说服的技艺，为自己的观点找出理由，并说服别人认同自己的理由并进而同意自己的观点。② 这种方法论事实上符合哈贝马斯所提出的程序理论。哈贝马斯的程序理论认为，“使人们通过理性的交谈，通过对论据的交谈，通过对处于竞争状态的不同价值观念的权衡，最终对价值和道德规范达成协议”③。显然，这种程序仅是一种形式，不能保证程序中实质内容来源和结果的正确性。哈贝马斯承认，对话伦理学不能提供实质性的准则，而只能提供一种程序，即实践对话。实践对话不是形成正当规范的程序，而是验证人们提出的并被尝试性地考量过的规范的有效性的程序。④ 有效性不是正确性或客观性，其检验准则之一是人们的确信，至于确信的正确性或客观性如何，是实践对话所不关心的。然而，不能断言说服的技艺就是狡辩的代名词。遵循了一定规则的说服活动，其最好结果是能够达到真诚共识。真诚的共识可能是错的。不过，这种错误不是诡辩的结果，而只会是人们真诚的错误。在相互说服的条件下，人们认识的错误不可避免。但除了基于确信的共识，我们还真的有认识真理的选择吗？

诠释学也反对客观性认识的定义。海德格尔认为，“人的理解不可能是不掺杂主观因素的纯粹客观认知，而是主观和客观并存。把某某东西作为某某东西加以解释，这在本质上是通过现有、先见和先把握来起作用的。解释从来就不是对某个先行给定的东西所做的无前提的把握。如果像准确的经典释文那样特殊的具体的解释喜欢援引‘有典可稽’的东西，那么最先的‘有典可稽’的东西无非只是解释者的不言自明的无可争议的先入之见。任何解释一开始就必须有这种先入之见，它作为随同解释就已经‘被设定了’的东西是先行给定了的，也就是，是在先有、先见、先把握中先行给定了的”⑤。同时，这种理解的“先有、先见、先把握”并非任意的，而是存活在“我们所存立的公共世界共同土地”上传统之“遗产”中，亦存活在我们所由生的“公共意思之明确状况中”⑥。在诠释学看来，“想理解某件与传统有关的事，应与传统连接或受传统拘束，而探讨之”⑦。由此而见，诠释学强调不同的人之所以能够达成一致的理解，基础在于人们共处于一个传统基础之上；当然，人们使用的语言也是这样一个传统基础的产物。⑧ 在拉伦茨看来，法学领域，人们所共处的传统脉络指的是现行有效的规范与普遍承认的法律思考方式，这个传统脉络是之前许多法律家辛勤研究的结果。⑨ 而法律家的辛勤研究并非是孤立的，而是一种相互借鉴、相互批判，同时又有传承和突破的研究脉络。换句话说，正是单个法律家在研究中彼此对话，才形成了一个脉络，虽然这个脉络并非确定无疑，却能够为

---

① 参见［德］卡尔·拉伦茨：《法学方法论》，陈爱娥译，120、121页，北京，商务印书馆，2003。

② 换一个角度看，说服实际上是在说服别人认同自己观点的前提，因为如果别人认同自己提出的观点及其理由，实际上即别人认同了自己观点之所以成立所必然具有的大前提。

③ 中国社会科学院哲学研究所编：《哈贝马斯在华讲演录》，207页，北京，人民出版社，2002。

④ See Simone Chambers，*Reasonable Democracy*：*Jurgen Habermas and the Politics of Discourse*，Connell University Press，p. 103.

⑤ ［德］马丁·海德格尔：《存在与时间》，陈嘉映译，184页，北京，三联书店，1987。

⑥ 转引自［德］考夫曼：《法律哲学》，刘幸义等译，62页注20，北京，法律出版社，2004。

⑦ 转引自［德］考夫曼：《法律哲学》，刘幸义等译，62页注21，北京，法律出版社，2004。

⑧ 参见［德］卡尔·拉伦茨：《法学方法论》，陈爱娥译，89页，北京，商务印书馆，2003。

⑨ 参见［德］卡尔·拉伦茨：《法学方法论》，陈爱娥译，89页，北京，商务印书馆，2003。

当前法律的理解提供一个相对坚实的基础。

法律论证理论也认为规范性命题既不像直觉主义所认为的那样指称任何一类非经验的对象、性质或关系，也不像自然主义所宣称的那样可以还原为经验的陈述。① 因而，规范性命题不能引用先验实体，也不能通过经验科学的方法加以检验。② 要找到一个理想的替代方法是不可能的，因为规范性命题的证明会遭遇没有穷尽的为什么的追问。③ 论证理论提出"通过一系列有关证明活动的要求"来替代"对任何一个规范性命题不断进行证立的要求"，而这种证明活动事实上就是理性论辩，其遵循不同于形式逻辑的规则，就可以避免确定性证明的困境。④ 虽然理性论辩的规则不能保证一切结论有百分之百的确定性，但仍然可以把这些结论称为理性的结论，因而这种理性论辩属于理性实践论辩。⑤ 理性实践论辩是阿列克西为斯蒂文森、黑尔、图尔敏、拜尔、哈贝马斯、埃尔郎根学派贴上的一个共同标签⑥，其实质就是理性商谈。⑦ 不过，法律论证理论比普遍的理性实践论辩多了一些限制的条件，这些限制的条件简单而言包括法律（制定法）、判例、法教义学，在诉讼中，还要受到程序法律的限制。⑧ 将诠释学引入普遍理性实践论辩，会发现在法学领域，普遍理性实践论辩在探讨规范性命题的同时，一定会注重法律内部因素作为一类"前见"的作用。因此，阿列克西强调法律论证与普遍理性实践论辩在约束条件上的区别似乎意义不大。不过无论如何，法律论证要遵守普遍理性实践论辩的规则。

与欧陆的思想发展相呼应，美国的法律过程流派也表达了类似的观点。其代表人物明确阐明，在一个实行分权的国家内，关于实质性问题有着各种不同的见解，"实质性的决定无法以规则和标准的形式被事先计划"，而"决策的程序可以事先确定"⑨。很明显，法律过程流派不相信认识的客观性，可行的选择是涉及一个决策的程序，而通过程序最终产生一个实质性的决策，"善法的最好标准为法是否出自一个好的法律制定/发现过程"⑩。

在抛弃了本体论和认识论之后，很多法学理论一下子都转而成为一种程序的理论，以一种合理的程序来求得具有相对正确性的认识。虽然这种认识可以被证伪，但是这种认识具有较大的可能性是正确的，而且关键是这种认识能够获得主观的认可。在众多的理论中，上述四种理论具有一定的代表性，其中三种欧陆学者的理论在中国具有极大的影响，如舒国滢教授考证了法律论证理论在国际学界所具有的显赫地位，甚至援引一位外国学者的评论，"在最近 20 年内，法律论证理论在法学研究领域已取得了统治地位"⑪。再如，谢晖教授认为法学发展分为神学取向、科学取向和阐释学取向三个阶段，而今已经进入阐释学阶段。⑫ 而美国的法律过程

---

① 参见［德］阿列克西：《法律论证理论》，舒国滢译，221 页，北京，中国法制出版社，2002。

② 参见［德］阿列克西：《法律论证理论》，舒国滢译，221 页，北京，中国法制出版社，2002。

③ 参见［德］阿列克西：《法律论证理论》，舒国滢译，222、223 页，北京，中国法制出版社，2002。

④ 参见［德］阿列克西：《法律论证理论》，舒国滢译，223 页，北京，中国法制出版社，2002。

⑤ 参见［德］阿列克西：《法律论证理论》，舒国滢译，224 页，北京，中国法制出版社，2002。

⑥ 参见［德］阿列克西：《法律论证理论》，舒国滢译，20 页，北京，中国法制出版社，2002。

⑦ 参见［德］阿列克西：《法律论证理论》，舒国滢译，21 页，北京，中国法制出版社，2002。

⑧ 参见［德］阿列克西：《法律论证理论》，舒国滢译，23 页，北京，中国法制出版社，2002。

⑨ Henry M. Hart，JR and Albert M. Sacks，*The Legal Process*：*Basic Problems in the Making and Application of Law*，The Foundation Press，1994，p. 154.

⑩ Henry M. Hart，JR and Albert M. Sacks，*The Legal Process*：*Basic Problems in the Making and Application of Law*，The Foundation Press，1994，p. 695.

⑪ ［德］阿列克西：《法律论证理论》，舒国滢译，3、4 页，北京，中国法制出版社，2002。

⑫ 参见谢晖：《法律的意义追问》，10 页，北京，商务印书馆，2003。

流派则在镀金时代统治了美国法学院[①]，并且在不断演化发展，成为美国法律思想中具有持续生命力的一个流派。[②]

仅仅认识到通过某种程序（其实质是一种商谈、对话或论辩）来取得对规范的统一认识是不够的，程序的良好运转以及善的共识的达成需要对程序加以约束。对于商谈，哈贝马斯提出若干规则，经过总结，可以被归纳为四条：一是须具备表达的可领会性，二是须具备命题构成要素（特别是事实）陈述的真实性，三是须具备规范的正当性，四是须具备自我表达的真诚性。对于诠释的过程，首先，必须认真对待诠释的循环，无论是对待自己的认识还是对待别人的认识，要通过前理解与当前理解之间的"目光往返流转"来检查其逻辑上的契合性。其次，对于当前理解的检查，需要考虑"诠释学上重要的情况"[③]，不得遗漏重要的观点，特别是不得遗漏重要的前理解类型以至于漏掉了来自于该类前理解的观点。如果别人对当前理解的观点是建立在与某类前理解之间的诠释循环之上，而自己并不具有该类前理解，则应该尽量理解别人的前理解，进而检查别人的理解循环，并最终据此决定是否接受对方的当前理解。法律过程流派提出的规则没有那么系统，主要包括：不同观点须进行对话；共识达成之前推迟问题的决定；要对新的事实和观点持一个开放且努力寻找共同基础的态度，并愿意从不同视角看待问题；为解决不同意见能够创造工作的框架；等等。[④]

如果基于以上的讨论来评价两大法系，就会发现，判例法产生、运行与发展反映了一种谦逊的、开放的、渐进式的、宽容的世界观。通过遵循先例原则，先例中积累的社会经验得到高度重视，工业文明开启的人类理性成就的辉煌反而使人类更加认识到未知领域的无限，过度的自信往往造就坏的法律。但判例法并非因循守旧而拒绝与时俱进，其谦逊也意味着当有说服力的理由存在的时候，判例法必然向新的社会发展因素开放。只不过，判例法具有极大的耐性，从不脱离当前案件的案情宣布一般性的法律原则，在陌生领域每次都是摸着石头过河，只有一步踩到坚实的基础之后，才迈出下一步。在判例法发展的过程中，各种意见都可以提出并被认真考虑，判例法从不在深思熟虑之前就排斥某种意见。判例法制度事实上构成一个较为理想的对话制度，既有包容性又有纪律性，既有稳定性又有发展弹性，由法官、律师、立法者和学者不同程度地直接参与，而整个社会通过前述的法律共同体间接参与，有序地进行着一个跨越时空永不休止的持续对话。无怪乎美国人说美国的政治问题最终都会转化为法律问题，因为判例法制度作为一个理想的对话平台，连政治问题都可以通过该制度寻找答案。在哲学上的主客观两分被抛弃的今天，一个理想的对话制度是人们寻找真理（共识）的第三条途径，而判例法制度无疑属于该途径的一个典范。

思考题

1. 你相信同案同判的说法吗？为什么？如果不同的案件获得相同的结果，会有什么原因？

2. 你读过拉伦茨撰写的《法学方法论》吗？拉伦茨所谓的"法学"指的是什么？法学方

---

① See The Legal Process: Basic Problems in the Making and Application of Law, Historical and Critical Introduction, pp. c-cvi.

② See The Legal Process: Basic Problems in the Making and Application of Law, Historical and Critical Introduction, pp. cxxxiv－cxxxv.

③ ［德］卡尔·拉伦茨：《法学方法论》，陈爱娥译，122页，北京，商务印书馆，2003。

④ See The Legal Process: Basic Problems in the Making and Application of Law, Historical and Critical Introduction, p. cxxxvi.

法包括哪些内容？拉伦茨是否认为法学方法可以为法律问题的解决提供一种可靠的途径？为什么？

3. 你原来是否思考过分析的含义？你赞同本章对分析进行的界定以及三个层次的划分吗？

4. 在日常法学学科的学习中，如何进行分析训练？你是否有意识地对自己进行过分析训练？在哪门课程中你受到过分析训练？

5. 什么是批判性思维？对法律进行批判性思维可以分为哪些角度？你认为法官可以对法律进行外部批判吗？学者呢？拉伦茨对外部法律批判会怎么看？

6. 你认为对道德的研究会是一门严肃的科学吗？你是否同意道德具有主观性？如果你同意道德具有主观性，那么对道德进行研究是否能够具有科学性？具有主观性的道德是否能够作为外部法律批判的一个标准？

7. 政策是什么？是否具有客观性？是否适合作为外部法律批判的标准？

8. 你如何看待同性恋婚姻？你相信你对同性恋婚姻的观点是正确的吗？是否大家都应该和你持相同的观点？你是否赞同把艾滋病病人隔离起来？你是否认为在讨论是否把艾滋病病人隔离起来这个问题的时候应该听一听艾滋病病人的意见？在你考虑上述关于同性恋婚姻问题和艾滋病病人隔离问题时，你是如何形成自己的认识的？

参考书目

1. [德] 卡尔·拉伦茨．法学方法论．陈爱娥译．北京：商务印书馆，2003

2. [德] 考夫曼．法律哲学．刘幸义等译．北京：法律出版社，2004

3. [德] 阿列克西．法律论证理论．舒国滢译．北京：中国法制出版社，2002

4. [美] 约翰·莫纳什，劳伦斯·沃克．法律中的社会科学．何美欢等译．北京：法律出版社，2007

5. 中国社会科学院哲学研究所编．哈贝马斯在华讲演录．北京：人民出版社，2002

6. 何美欢．论当代中国的普通法教育．北京：中国政法大学出版社，2005

7. Jerome Frank. Law and the Modern Mind. Brentano's, Inc., 1930

8. Henry M. Hart, JR and Albert M. Sacks. The Legal Process: Basic Problems in the Making and Application of Law. The Foundation Press, 1994

9. Richard A. Posner. Essays Commemorating the One Hundredth Anniversary of the Harvard Law Review: The Decline of Law as an Autonomous Discipline: 1962—1987. 100 Harv. L. Rev. 761

后　　记

一般认为，1995年梁慧星教授所著《民法解释学》的出版是我国大陆法律方法研究的起点。十几年来，经过引介和研究，法律方法已成为我国大陆法学界的一个重要研究领域。法律方法不仅成为理论法学界的重要研究领域，也成为部门法学界的研究热点之一，不仅民法学和刑法学这些传统上已经形成较为系统的方法论的部门法予以重视，连诉讼法学和国际法学也将方法问题提升到前所未有的高度。然而，面对“繁荣”，一些专家却直言当前的法律方法研究存在着不少缺陷。

第一个缺陷在于我们对法律方法的基本认识现在还存在模糊和混乱，其中典型表现为法律方法的分类工作至今还没有真正完成。在对法律方法进行分类时，将从不同角度、不同层次进行分析而得出的法律方法类型混为一谈。国内大部分学者将法律解释、法律推理和法律论证作为三类不同的法律方法进行讨论，但这种分类具有明显的缺陷。在法律解释领域，除了法律解释方法之外，事实的认定方法被认为是和法律解释方法相配合以解答法律问题的必要部分，而法律续造的方法则被认为是法律解释的延续，用以弥补法律解释方法所不能解决的现行法的漏洞和其他需要突破的情况。但拉伦茨自己就清楚地指出，法律解释方法与法律续造的方法很难进行区别。在法律推理领域，多数学者是在讨论法律方法的逻辑特征，但也有学者对推理这个词的英文词源进行了研究，提出“推理”一词译自大多数英语世界学者使用的“reasoning”一词，该词在英文文献中不是指法律方法的逻辑特征，而是泛指为法律观点提供各种依据/论据(reasons)。在法律论证领域，多数学者基于其“对话”或追求“共识”的哲学特性，对法律论证大加推崇。其中一部分学者以法律论证的哲学特性为参照物对法律解释和法律推理进行批评，认为法律解释和法律推理体现了形式主义或机械主义的法律观，应该被法律论证所取代。但也有少数学者认识到法律解释方法的具体运用既可以体现出法律论证的“对话”特征，也可以是一种“独白”。问题不在于法律解释的具体方法，而在于指导法律解释具体方法运用的哲学，因此法律论证和法律解释不是一个层面上的概念。如果认为法律推理是为法律观点提供依据，则法律推理与法律论证的关系也不是相互排斥的关系，且二者也不是一个层面上的概念。但如果把法律推理中的演绎推理理解为体现了逻辑类型的一种具体的方法，那么演绎推理不容“对话”，因而也属于机械法学。

除了上述一手或二手经日本、我国台湾地区而源自于西方（主要是德国，也包括英语学术界）的法律方法研究在我国大陆引起热议之外，还有其他一些需要总结、思考的研究。首先是民法或刑法学者提出体系化思考属于一种有效的法律方法。这种体系化思考并非基于一般意义上的法律体系内部协调的考虑，而是基于概念体系或意义体系的思考。不过也只有民法和刑法才建立了较为完备而精致的概念体系或意义体系，特定部门法中概念或意义体系为该部门法所专有，不具有一般性。法理学者如霍菲尔德和凯尔森等也曾经尝试用基础概念重构整个法律体系，但其对具体问题的解决效果或分析能力一直未得到广泛承认。然而，上述这些研究在方法论上的意义并不为理论法学所重视，原因在于研究中画地为牢，理论法学的研究者不熟悉也不愿意去熟悉部门法，与此同时整个法律体系的概念化工作的难度又太大了。

最近，重视实践的部分学者开始倡导将研究重点转向“复杂的”、“具体的”、“现行法下的”以“司法”为重心的解释“实践”。有学者进一步认为，过去的研究侧重于抽象的问题，过于“哲理化”，现在需要关注解决“真实”问题时需要使用的具体法律技术，而且对于抽象问题的研究也应建立在对具体法律（主要是司法）实践有着丰富认识的基础之上。显然，这股潮流的兴起针对的是以往研究不重视法律方法在法律实践中的具体运用的缺陷，而这种缺陷是相关研究的第二个典型缺陷。

现有的对法律方法的研究多是分析研究，即把各种法律方法从实践中方法的综合运用中分离出来予以研究。法律方法抽象层次上的研究也是以对各种具体典型法律方法的孤立观察为基础的，对法律方法的类别概括、性质界定、特点阐述都具有一定的片面性，对法律方法中逻辑的研究以及哲学层面的研究也都因而存在着片面性。可是，如欲研究法律方法在具体、复杂、实践状态下的运用，需要把握法律方法之间的相互作用和综合运用。在这方面，国内研究才刚刚起步，有学者进行了尝试，但或没有明确的框架思路或根本没有跳出对具体法律方法孤立认识的老套路。

法律方法的类型都是在现行法律制度约束下自然形成和存在的，且具体表现多有变形或在典型法律方法的交汇地带存在很多非典型的法律方法。如果要对法律方法进行分类，有学者提议可以以回答法律问题所运用的依据为基础，进而将不同的依据与不同的运用原则和具体方法相关联，特定的依据加上运用该依据的原则和具体方法，便构成某种法律方法类型。这样的分类具有统一性，且更符合司法实践。在具体案件（可以是真实的也可以是裁剪/虚构的，不过二者的复杂程度会有差别）中，将各项事实与其可能涉及的不同规范或对同一规范的不同理解进行对应时，会触发多种具体的法律方法，这些方法之间可能相互支持，也可能相互矛盾。如果相互矛盾，如何处理？虽然一些早期研究试图进行回答（如法律解释方法的顺序），但当前大家基本承认，各种方法在运用时很难有一个固定的顺序或位阶。具体情况下，两种法律方法之间的关系不仅取决于它们自身特性之间的相互作用，还取决于同时被运用的其他法律方法以及与其他法律方法相连的事实与规范的影响。因而，法律方法的具体运用是综合而复杂的。事实之间、事实与规范之间、规范之间的变化都会影响法律方法的具体表现和作用，而更为复杂的是这些影响作用下的法律方法的变化还会相互影响，而且这种影响不是平面的，而是多维的；不仅包括直接的影响，也包括传导的影响。不过，也不能把法律方法在具体运用中的变化看作是“蝴蝶效应”式的变化，法律方法之间以及事实和规范因素对于法律方法的具体影响具有相对稳定的规律性，法律方法在具体运用中的非典型性表现并非对典型法律方法类型的颠覆，而是对其的改造、发展和组合。正是在这种相对稳定而又因个案问题（一定程度上包括理论化的法律问题）各异的多维结构中，法律方法发挥着具体的作用。

研究的水平决定着教学的水平。但国内法律方法教学水平低下还有另外一个原因，那就是法律方法不是一种非常确定的知识体系，而是如上所描述的那样，具有一种动态的结构，只能在具体实践中才能清晰化，而实践又是永不重复的。这样的东西如何教？显然讲授的方式无法奏效。事实上，法律方法就像生活中常见的技能，如游泳，虽然其具有一定的规律性，但其中的具体细节无法通过口授来传递，只能通过教练指导下的训练才能习得。从来没有听说过谁是通过听讲而学会游泳的，虽然法律方法是一种思维或者一种智能技能，但其教学规律应该和游泳有着相通之处。

在写作之初，本教材编写者就已经清晰地认识到法律方法研究和教学领域的上述问题，也尝试就这些问题进行一些开创性的思考。可以肯定地说，本教材在关注“实践”中的法律方法方面，具有显著的特色。但同时，本教材也采纳了当前国内较为主流的观点。原因在于教材的编写需要相对保守一些，那些还没有经过广泛检验的内容暂时还不适于写入教材中，这只能寄希望于将来对本教材的修订。如果有修订的机会，我们将在框架和内容上把编写者有着确信的“新”思考贯彻到教材中，同时把教材编成一本案例书。不仅通过案例更加生动地体现法律方法的具体运用，更为重要的是，以案例作为训练材料来对学生进行训练，而不再是仅仅向他们宣讲教材中的抽象内容。

编者

2013 年 4 月 20 日于五山

图书在版编目（CIP）数据

法律方法论/葛洪义主编. —北京：中国人民大学出版社，2013.6
21世纪中国高校法学系列教材
ISBN 978-7-300-17497-6

Ⅰ.①法… Ⅱ.①葛… Ⅲ.①法律-方法论-高等学校-教材 Ⅳ.①D90-03

中国版本图书馆CIP数据核字（2013）第107375号

21世纪中国高校法学系列教材
法律方法论
主　编　葛洪义
Falü Fangfalun

出版发行	中国人民大学出版社		
社　　址	北京中关村大街31号	**邮政编码**	100080
电　　话	010－62511242（总编室）		010－62511770（质管部）
	010－82501766（邮购部）		010－62514148（门市部）
	010－62515195（发行公司）		010－62515275（盗版举报）
网　　址	http://www.crup.com.cn		
经　　销	新华书店		
印　　刷	北京溢漾印刷有限公司		
规　　格	185 mm×260 mm　16开本	**版　　次**	2013年6月第1版
印　　张	14.5 插页1	**印　　次**	2020年7月第2次印刷
字　　数	365 000	**定　　价**	28.00元

《　　　　　　　》※任课教师调查问卷

为了能更好地为您提供优秀的教材及良好的服务，也为了进一步提高我社法学教材出版的质量，希望您能协助我们完成本次小问卷，完成后您可以在我社网站中选择与您教学相关的 1 本教材作为今后的备选教材，我们会及时为您邮寄送达！如果您不方便邮寄，也可以申请加入我社的**法学教师 QQ 群：83961183（申请时请注明法学教师）**，然后下载本问卷填写，并发往我们指定的邮箱（cruplaw@163. com）。

邮寄地址：北京市海淀区中关村大街 31 号中国人民大学出版社 411 室收

邮　　编：100080

再次感谢您在百忙中抽出时间为我们填写这份调查问卷，您的举手之劳，将使我们获益匪浅！

基本信息及联系方式：※

姓名：__________ 性别：__________ 课程：__________

任教学校：__________ 院系（所）：__________

邮寄地址：__________ 邮编：__________

电话（办公）：__________ 手机：__________ 电子邮件：__________

调查问卷：※

1. 您认为图书的哪类特性对您使用教材最有影响力？（　　）（可多选，按重要性排序）
   A. 各级规划教材、获奖教材　　B. 知名作者教材
   C. 完善的配套资源　　D. 自编教材
   E. 行政命令
2. 在教材配套资源中，您最需要哪些？（　　）（可多选，按重要性排序）
   A. 电子教案　　B. 教学案例
   C. 教学视频　　D. 配套习题、模拟试卷
3. 您对于本书的评价如何？（　　）
   A. 该书目前仍符合教学要求，表现不错将继续采用。
   B. 该书的配套资源需要改进，才会继续使用。
   C. 该书需要在内容或实例更新再版后才能满足我的教学，才会继续使用。
   D. 该书与同类教材差距很大，不准备继续采用了。
4. 从您的教学出发，谈谈对本书的改进建议：__________

____

____

选题征集：如果您有好的选题或出版需求，欢迎您联系我们：

联系人：黄　强　联系电话：010-62515955

索取样书：书名：__________

书号：__________

备注：※ 为必填项。

21世纪高等院校法学系列精品教材

（以出版时间为序）

书名	ISBN	作者	定价
判例刑法学（教学版）	978-7-300-14059-9	陈兴良　著	39.80
商法学（第三版）	978-7-300-13955-5	徐学鹿　主编	49.80
刑法总论（第二版）	978-7-300-14090-2	周光权　著	45.00
刑法各论（第二版）	978-7-300-14202-9	周光权　著	55.00
财税法学（第三版）	978-7-300-14098-8	张守文　著	46.00
民事诉讼法	978-7-300-13632-5	张卫平　著	39.80
侵权法学	978-7-300-13533-5	周友军　著	49.80
法律解释学	978-7-300-13251-8	王利明　著	32.00
物权法（第二版）	978-7-300-13040-8	崔建远　著	59.00
证据学（第四版）	978-7-300-12740-8	陈一云　主编	32.00
刑事诉讼法学（第二版）	978-7-300-12467-4	郑　旭　著	39.80
刑事疑案演习（二）	978-7-300-12454-4	张明楷　著	39.00
中国宪法（第四版）	978-7-300-12301-1	许崇德　主编	29.80
普通公司法	978-7-300-11227-5	邓　峰　著	68.00
网络法学	978-7-300-11004-2	刘品新　著	25.00
人格权法	978-7-300-10990-9	王利明　著	35.00
民法总论	978-7-300-10961-9	王利明　著	35.00
刑事疑案演习（一）	978-7-300-10576-5	张明楷　著	38.00
经济法学	978-7-300-09953-8	张守文　著	45.00
物权法原理	978-7-300-09459-5	申卫星　著	39.00
民事诉讼法学	978-7-300-08377-3	邵　明　著	45.00